Adiós, ansiedad

Divulgación/Autoayuda

David D. Burns

Adiós, ansiedad

Cómo superar
la timidez, los miedos,
las fobias y las situaciones
de pánico

PAIDÓS

Barcelona
Buenos Aires
México

Obra editada en colaboración con Espasa Libros, S. L. U. – España

Título original: *When Panic Attacks*
Publicado en inglés, en 2006, por Morgan Road Books, Nueva York.
This translation published by arrangement with Morgan Road Books, an imprint of the Doubleday Broadway Publishing Group, a division of Random House, Inc.

Portada: Ma. José del Rey
Imagen de la portada: Corbis

© 2006, David Burns
© 2006, Traducción: Alejandro Pareja Rodríguez

© 2006, Espasa Libros, S. L. U. – Barcelona, España

Derechos reservados

© 2006, Ediciones Culturales Paidós, S.A. de C.V.
Bajo el sello editorial PAIDÓS M.R.
Avenida Presidente Masarik núm. 111, Piso 2
Polanco V Sección, Miguel Hidalgo
C.P. 11560, Ciudad de México
www.planetadelibros.com.mx
www.paidos.com.mx

Primera edición: 2006
Décima quinta reimpresión en México: febrero de 2022
ISBN-13: 978-968-853-655-1
ISBN-10: 968-853-655-5

Impreso en los talleres de Corporación de Servicios Gráficos Rojo S.A. de C.V. Progreso #10, Colonia Ixtapaluca Centro, Ixtapaluca, Estado de México, C.P. 56530.
Impreso en México – *Printed in Mexico*

Sumario

PRIMERA PARTE
PRINCIPIOS BÁSICOS

SEGUNDA PARTE
EL MODELO COGNITIVO

Nota del autor

Las ideas y las técnicas que se presentan en este libro no pretenden servir de sustituto a la consulta ni al tratamiento con un profesional cualificado de la salud mental. Los nombres y las identidades de las personas que aparecen en este libro se han modificado en tal grado que toda semejanza con cualquier persona, viva o muerta, es pura coincidencia. La mayoría de los casos son compendios de los de muchos pacientes con problemas similares. Lo he hecho así para salvaguardar la intimidad de los pacientes. No obstante, he procurado también mantener el espíritu del trabajo que realizamos juntos. Espero que los casos conserven su veracidad y sintonicen con su experiencia personal.

Agradecimientos

Quiero dar las gracias a mi hija, Signe Burns, por su aportación enorme a la creación de este libro, que habría sido radicalmente distinto sin sus brillantes correcciones y su ánimo. Hemos trabajado juntos en su elaboración durante más de un año: una experiencia gozosa, pero que a veces me servía para ponerme en mi lugar, pues las aportaciones de Signe siempre tenían una sinceridad implacable. Nos divertimos muchísimo y pasábamos mucho tiempo riendo sin parar hacia el final de cada jornada, cuando se nos empezaba a reblandecer el cerebro.

También quiero dar las gracias a Amy Hertz por haberme dado la oportunidad de escribir este libro y de trabajar con su nuevo sello editorial, Morgan Road Books. Llevo más de diez años sumergido en investigaciones académicas y en la enseñanza clínica en Stanford, y en el tratamiento de la ansiedad y de la depresión se han producido muchos avances nuevos que yo quería compartir con mis colegas y con el público general. Doy las gracias en especial a Marc Haeringer, editor asociado de Morgan Road Books, por su colaboración maravillosa en la creación y corrección de este manuscrito.

También deseo expresar mi reconocimiento a muchos colegas brillantes cuya creatividad e innovación han aportado tanto al desarrollo y a la validación de los métodos que se exponen en este libro. Como es sabido, los doctores Albert Ellis y Aaron Beck fueron dos de los primeros pioneros, pero, en realidad, se ha tratado de una labor de equipo. Han sido millares los grandes clínicos e investigadores de todo el mundo que han trabajado juntos para poner en el mapa la terapia cognitivo-conductual.

Por último, quiero dar las gracias a los residentes de Psiquiatría de la Facultad de Medicina de la Universidad de Stanford que han asistido a lo largo de los años a mis seminarios de psicoterapia de los miércoles por la tarde. Ha sido una experiencia personal y profesional muy dinámica para mí. He aprendido enormemente de todos vosotros, todas las semanas. ¡Vuestro entusiasmo, vuestra compasión y vuestro celo han sido un regalo extraordinario!

Introducción

¿Llegan a ayudar a alguien los libros de autoayuda? En los últimos quince años, el doctor Forrest Scogin y sus colegas del Centro Médico de la Universidad de Alabama han realizado una serie de experimentos innovadores con los que pretendían dar respuesta a esta pregunta. Los investigadores repartieron en dos grupos al azar a sesenta pacientes que buscaban tratamiento por haber sufrido episodios de depresión grave. Dijeron a los pacientes que tendrían que esperar cuatro semanas para que pudiera atenderlos el psiquiatra. Durante ese plazo, dieron a cada paciente de uno de los grupos un ejemplar de mi libro *Sentirse bien: Una nueva terapia contra las depresiones** y les recomendaron que lo leyeran durante el período de espera. Los pacientes del segundo grupo no recibieron el libro. Un ayudante de investigación visitaba a cada paciente todas las semanas y les administraba dos test muy conocidos que sirven para medir los cambios en la depresión.

Los resultados del estudio sorprendieron a los investigadores mismos. Al final del período de espera de cuatro semanas, dos terceras partes de los pacientes que habían leído *Sentirse bien* habían mejorado sustancialmente o se habían recuperado, a pesar de no haber recibido *ninguna* medicación ni psicoterapia. De hecho, habían mejorado tanto que no necesitaron ningún tratamiento adicional.

Por el contrario, los pacientes que no habían recibido un ejemplar de *Sentirse bien* no mejoraron. Los investigadores les dieron entonces ejemplares de *Sentirse bien* y les pidieron que lo leyeran durante un segundo período de espera de cuatro semanas. Dos terceras partes de estos pacientes se recuperaron y no precisaron ningún tratamiento adicional. Es más, los pacientes que reaccionaron a la lectura de *Sentirse bien* no han sufrido recaídas y han mantenido su mejoría hasta la fecha, tres años más tarde.

No se trataba de estudios hechos de cualquier manera, sino de investigaciones contrastadas por colegas y publicadas en revistas psicológicas y médicas de alto nivel. Los investigadores llegaron a la conclusión de que la «biblioterapia» basada en la lectura de *Sentirse bien* debería ser la primera línea de tratamiento para la mayoría de los pacientes que padecen depresión, ya que suele dar resultados más rápidos que los medicamentos o que la psicoterapia. Además, tiene una eficiencia increíble respecto de los costes y está completamente libre de los efectos secundarios problemáticos de la medicación psiquiátrica, tales como el aumento de peso, el insomnio, las dificultades sexuales o la adicción.

La terapia que describí en *Sentirse bien* se llama terapia cognitivo-conductual (TCC), porque el lector aprende a cambiar los pensamientos negativos, o «cogniciones», que provocan la depresión,

---

* Barcelona, Paidós, 1998. (*N. del e.*)

así como las pautas de conducta contraproducentes que lo mantienen atascado. Los estudios señeros del doctor Scogin demuestran claramente que la TCC puede resultar muy eficaz para muchos individuos en un formato de autoayuda, incluso sin tomar pastillas ni recibir la orientación de un terapeuta.[1]

Docenas de estudios publicados han confirmado que la TCC también es eficaz cuando la administran los terapeutas. A corto plazo es, como mínimo, tan eficaz como la mejor medicación antidepresiva, y es más eficaz que ésta a largo plazo. Por ejemplo, en un reciente estudio señero realizado en consultas de pacientes externos en la Universidad de Pensilvania y en la Universidad Vanderbilt, a 240 pacientes que padecían episodios de depresión de moderada a grave se les asignó al azar el tratamiento con TCC, con paroxetina (Paxil) o con un placebo, de modo que se pudieran comprobar los efectos de estos tratamientos tanto a corto como a largo plazo. Los resultados se publicaron hace poco en dos trabajos importantes en los *Archives of General Psychiatry*, la más destacada de las publicaciones de psiquiatría.[2] Los resultados confirmaron, una vez más, que la TCC es, como mínimo, tan eficaz a corto plazo como el antidepresivo, pero que es más eficaz a largo plazo.

El doctor Robert DeRubeis, jefe del Departamento de Psicología en la Universidad de Pensilvania, explicó que la TCC tenía efectos más duraderos porque proporcionaba a los pacientes las herramientas que éstos necesitaban para gestionar sus problemas y sus emociones. Llegó a la conclusión de que el tratamiento de elección para los pacientes que sufren depresión de moderada a grave debería ser la TCC, y no las pastillas. Afirmó: «Los pacientes con depresión suelen estar abrumados por otros factores en sus vidas que las píldoras, sencillamente, no pueden resolver [...] La terapia cognitiva tiene éxito porque enseña las habilidades que ayudan a las personas a sobrellevar las dificultades».[3]

También se ha demostrado que la TCC es eficaz en el tratamiento de la ansiedad. De hecho, en su repaso a la literatura mundial, la doctora Henny Westra, de la Universidad York de Toronto (Canadá), y la doctora Sherry Stewart, de la Universidad Dalhousie, de Halifax (Canadá), llegaron a la conclusión de que:

- La TCC es el «patrón oro» para el tratamiento de todas las formas de ansiedad.
- La TCC es más eficaz que ningún otro tipo de psicoterapia o de medicación. De hecho, parece ser que la TCC *sin* medicación es más eficaz que la TCC con medicación.[4]

Mi propia experiencia clínica concuerda con estas conclusiones. Pero, he aquí la pregunta: ¿resultará eficaz la biblioterapia TCC para la ansiedad? Si usted padece timidez, preocupación crónica, ataques de pánico, fobias, ansiedad por miedo a hablar en público, ansiedad por los exámenes, trastorno por estrés postraumático o trastorno obsesivo-compulsivo, ¿le hará algún bien este libro? Algunos estudios alentadores dan a entender que la respuesta puede ser afirmativa. El doctor Isaac Marks, del Instituto de Psiquiatría de la Universidad de Londres, ha demostrado que muchos individuos son capaces de superar los trastornos de ansiedad por medio de técnicas de TCC *sin* psicoterapia cara a cara ni medicaciones. Tengo la esperanza de que el presente libro resulte tan eficaz para las personas que padecen ansiedad como lo ha sido *Sentirse bien* para las personas que luchan contra la depresión. Sin embargo, no existe ningún libro, técnica ni pastilla que pueda funcionar para todo el mundo. Además de los métodos que se exponen en este libro, algunas personas necesitarán la ayuda de un psicoterapeuta comprensivo y hábil. Esto no tiene nada de vergonzoso.

¿Cuándo debe usted buscar tratamiento de manos de un profesional de la salud mental? No existe ninguna regla fija, pero las directrices siguientes pueden resultar útiles para determinarlo:

- **¿Cuán grave es el problema?** Si se siente usted abrumado o sin esperanza, la terapia cara a cara puede resultar enormemente útil.
- **¿Tiene usted impulsos suicidas?** Si tiene deseos de quitarse la vida, no deberá confiar nunca exclusivamente en la autoayuda. La intervención de emergencia cara a cara es imprescindible. Si ya visita al psicoterapeuta, llámele inmediatamente y descríbale cómo se siente. Si no lo visita, llame al número de emergencias o acuda a Urgencias del hospital más cercano. Su vida es demasiado preciosa como para jugar a la ruleta rusa con ella.
- **¿Tiene usted impulsos homicidas?** Si se siente lleno de ira y tiene deseos de hacer daño a otras personas o de matarlas, la intervención de emergencia es imprescindible. ¡No coquetee con esos deseos!
- **¿Qué tipo de problema tiene?** Algunos problemas son más difíciles de tratar que otros, y a veces resultan indicadas las medicaciones. Por ejemplo, si sufre usted un trastorno bipolar (maníaco-depresivo), con puntos altos y bajos extremos e incontrolables, puede resultar necesaria la medicación estabilizadora del estado de ánimo, como por ejemplo el litio.
- **¿Cuánto tiempo lleva padeciendo?** Si lleva tres o cuatro semanas trabajando con las herramientas que se exponen en este libro, pero no aprecia un principio de mejoría de sus síntomas, entonces la orientación profesional podría ayudarle a emprender el buen camino. Lo mismo sucede cuando se empieza a aprender cualquier cosa. Si no hace bien el servicio jugando al tenis, le puede resultar difícil corregir el problema por su cuenta porque no ve lo que hace mal. Pero un buen entrenador es capaz de apreciar el problema enseguida y de enseñarle cómo corregirlo.

Creo que es una gran noticia que ahora sea posible tratar de manera rápida y eficaz a tantas personas que padecen depresión y ansiedad sin medicaciones y que el pronóstico para una recuperación completa sea tan positivo. Ya esté acudiendo a un psicoterapeuta, tomando medicaciones psiquiátricas o intentando vencer sus miedos por su cuenta, las técnicas que se exponen en este libro pueden tener una importancia vital para usted. La meta no es meramente el alivio de sus síntomas, sino una transformación profunda de su manera de pensar y de sentirse.

Primera parte

Principios básicos

1

Pienso, luego temo

Prácticamente todo el mundo sabe lo que es sentirse angustiado, preocupado, nervioso, asustado, tenso o lleno de pánico. Con frecuencia, sentir ansiedad o angustia no es más que una molestia, aunque a veces puede llegar a incapacitarle e impedirle hacer lo que quiere hacer de verdad con su vida. Sin embargo, voy a darle una gran noticia: usted *sí puede* cambiar cómo se siente.

Se han desarrollado tratamientos nuevos y potentes para la depresión y para todos los tipos concebibles de ansiedad, tales como la preocupación crónica, la timidez, la ansiedad por hablar en público, la ansiedad por los exámenes, las fobias y los ataques de pánico. El objetivo del tratamiento no es una simple mejora parcial, sino la recuperación plena. Quiero que usted sea capaz de despertarse por las mañanas libre de miedos y lleno de ganas de emprender el día, diciéndose a sí mismo que es estupendo estar vivo.

La ansiedad adopta muchas formas distintas. Vea si se reconoce en alguna de las pautas siguientes:

- **Preocupación crónica:** se preocupa constantemente por su familia, su salud, su carrera profesional o su economía. Se le revuelve el estómago y tiene la impresión de que está a punto de pasarle algo malo, aunque no es capaz de determinar cuál es exactamente el problema.
- **Miedos y fobias:** puede tener miedo a las agujas, a la sangre, a las alturas, a los ascensores, a conducir, a viajar en avión, al agua, a las arañas, a las serpientes, a los perros, a las tormentas, a los puentes o a quedarse atrapado en lugares cerrados.
- **Ansiedad por la actuación:** se queda paralizado siempre que tiene que hacer un examen, actuar o hacer algo delante de otras personas o competir en una prueba deportiva.
- **Ansiedad por hablar en público:** se pone nervioso cuando tiene que hablar ante un grupo porque se dice a sí mismo: «Temblaré y todos verán lo nervioso que estoy. Se me quedará la mente en blanco y haré el idiota. Todos me despreciarán y me tomarán por un neurótico total».
- **Timidez:** se siente nervioso y apurado en las reuniones sociales porque se dice a sí mismo: «Todo el mundo parece encantador y relajado. Pero yo no tengo *nada* interesante que decir. Lo más probable es que se den cuenta de lo tímido que soy y de lo fuera de lugar que me siento. Deben de pensarse que soy una especie de tipo raro o de fracasado. Soy el *único* que se siente así. ¿Qué me pasa?».
- **Ataques de pánico:** siente ataques de pánico repentinos, terribles, que parece como si aparecieran sin más y le atacaran de manera inesperada, como un rayo. En los ataques usted se

siente mareado, el corazón le palpita con fuerza y tiene hormigueos en los dedos. Quizá se diga a sí mismo: «Debo de estar teniendo un ataque al corazón. ¿Y si me desmayo, o me muero? ¡No puedo respirar! ¿Y si me ahogo?». Intenta aferrarse a la vida. Al poco rato, la sensación de pánico desaparece de manera tan misteriosa como llegó, dejándolo a usted desconcertado, asustado y humillado. Se pregunta qué habrá pasado y cuándo volverá a pasarle aquello.

- **Agorafobia:** le da miedo estar fuera de su casa porque piensa que le va a pasar algo terrible (que va a sufrir un ataque de pánico, quizás) y que no habrá nadie que pueda ayudarle. Puede tener miedo a los espacios abiertos, a los puentes, a las multitudes, a estar en la cola del supermercado o a viajar en transportes públicos.

- **Obsesiones y compulsiones:** le acosan pensamientos obsesivos que no puede quitarse de la mente e impulsos compulsivos de realizar rituales supersticiosos para controlar sus miedos. Por ejemplo, puede que lo consuma el miedo a los microbios y que tenga el impulso irresistible de lavarse las manos una y otra vez, todo el día. O quizá se tenga que levantar varias veces después de acostarse para mirar la cocina, simplemente para cerciorarse de que no se ha dejado encendida la lumbre.

- **Trastorno de estrés postraumático:** le acosan los recuerdos o imágenes de algún suceso terrible que sucedió hace meses, e incluso hace años, como una violación, unos malos tratos, torturas o asesinatos.

- **Preocupación por su aspecto físico (trastorno dismórfico corporal):** le consume la sensación de que su aspecto tiene algo de grotesco o de anormal a pesar de que sus amigos y su familia le intentan tranquilizar diciéndole que tiene un aspecto normal. Puede que piense que tiene la nariz deformada, que le clarea el pelo o que su cuerpo tiene una forma rara. Puede que se pase muchísimo tiempo consultando a cirujanos estéticos o mirándose al espejo en el intento de corregir el defecto porque está convencida de que todo el mundo puede ver lo terrible que es su aspecto.

- **Preocupaciones por su salud (hipocondría):** va de médico en médico quejándose de molestias, dolores, fatiga, mareos u otros síntomas. Está seguro de que padece alguna enfermedad terrible, pero el médico siempre le tranquiliza diciéndole que no le pasa absolutamente nada. Usted se siente aliviado durante algunos días, pero no tarda en empezar a obsesionarse de nuevo con su salud.

Si le acosa alguno de estos miedos, quisiera preguntarle una cosa: ¿cuánto daría usted por que yo pudiera enseñarle a superarlos? Imagínese por un momento que mañana tiene que pronunciar una conferencia o que hacer un examen importante, y que esta noche podría acostarse sin tener ese nudo en el estómago, sintiéndose confiado y relajado.

Si se siente solo y mantiene una lucha contra la timidez, ¿cuánto daría por poder entablar una conversación interesante con facilidad con cualquier persona y en cualquier lugar? Y si padece fobias, ataques de pánico u obsesiones y compulsiones, ¿cuánto daría usted a cambio de que yo pudiera enseñarle a vencer esos miedos para siempre?

Estas metas pueden parecer imposibles, sobre todo si lleva años luchando contra la ansiedad o la depresión, pero estoy convencido de que puede vencer sus miedos sin píldoras y sin largos tratamientos de terapia. Puede que no sea esto lo que usted está acostumbrado a oír. Si consulta a su médico, quizás éste le diga que tiene en el cerebro un desequilibrio químico y que tendrá que tomarse una pastilla para corregirlo. Sin embargo, las últimas investigaciones confirman lo mismo que me ha enseñado mi experiencia clínica a lo largo de los años: que usted puede vencer sus miedos sin medicamentos.[1] Lo único que necesita es un poco de valor, sentido común y las técnicas que se exponen en este libro.

Existen muchas teorías sobre las causas de la ansiedad, pero nosotros nos centraremos en cuatro:

- El **modelo cognitivo** se basa en la idea de que los pensamientos negativos producen ansiedad. «Cognición» no es más que una palabra técnica que significa lo mismo que «pensamiento». Cada vez que usted se siente angustiado o asustado es porque se está diciendo a sí mismo que va a suceder algo terrible. Por ejemplo, si le da miedo viajar en avión y el aparato entra en una zona de turbulencias, quizás usted sienta pánico porque piensa: «¡Este avión se va a estrellar!». Después se imagina los gritos de los pasajeros mientras el aparato se desploma envuelto en llamas. Su miedo no es consecuencia de las turbulencias, sino de los mensajes que se transmite a sí mismo. Cuando cambie su manera de pensar, podrá cambiar su manera de *sentirse*.

- El **modelo de la exposición** se basa en la idea de que la causa de toda ansiedad es la *evitación*. Dicho de otra manera, usted se siente angustiado porque evita la cosa que teme. Si le dan miedo las alturas, lo más probable es que evite las escaleras de mano, las excursiones por la alta montaña o los ascensores con paredes de vidrio. Si se siente tímido, lo más probable es que evite a la gente. Según esta teoría, vencerá sus miedos en cuanto deje de huir y haga frente al monstruo. Es como decir a un matón: «Vamos, ataca. ¡Ya no voy a huir más de ti!».

- El **modelo de la emoción oculta** se basa en la idea de que la causa de toda ansiedad es la *amabilidad*. Las personas con tendencia a tener ansiedad son casi siempre personas que quieren agradar a la gente, que temen los conflictos y los sentimientos negativos, como la ira. Cuando usted se siente trastornado, esconde sus problemas bajo la alfombra porque no quiere trastornar a nadie. Lo hace de manera tan rápida y automática que ni siquiera es consciente de haberlo hecho. Después, vuelven a salir a la luz sus sentimientos negativos, pero disfrazados, en forma de ansiedad, de preocupaciones, de miedos o de sentimientos de pánico. Es frecuente que su ansiedad desaparezca cuando usted saque a relucir los sentimientos ocultos y resuelva el problema que le inquieta.

- El **modelo biológico** se basa en la idea de que la ansiedad y la depresión son consecuencia de un desequilibrio químico del cerebro y de que usted tendrá que tomarse una pastilla para corregirlo. En general, se recomiendan dos tipos de medicaciones: los tranquilizantes menores, como el Xanax, el Ativan y el Valium, y los antidepresivos, como el Prozac, el Paxil y el Zoloft. Puede que su médico le diga que estos medicamentos representan el único tratamiento eficaz para la depresión y la ansiedad, y que usted tendrá que seguir tomándolos toda la vida, poco más o menos que las personas que padecen diabetes y tienen que ponerse inyecciones de insulina toda la vida para regular el nivel de azúcar en sangre.

Así pues, tenemos cuatro teorías radicalmente diferentes sobre las causas y los tratamientos de la ansiedad. ¿Qué teoría es la correcta? Según el modelo cognitivo, usted debería cambiar su manera de pensar. Según el modelo de la exposición, debería dejar de huir y hacer frente a sus miedos. Según el modelo de la emoción oculta, tendría que expresar sus sentimientos. Y según el modelo biológico, tendría que tomarse una pastilla.

Las cuatro teorías tienen sus partidarios. Yo creo que las tres primeras teorías son correctas, y utilizo técnicas cognitivas, técnicas de exposición y técnicas de emoción oculta con todas las personas que trato y que sufren ansiedad. El modelo biológico es mucho más polémico. Si bien yo empecé mi carrera profesional como psicofarmacólogo y trataba a todos mis pacientes con medicamentos, prefiero con mucho los nuevos métodos libres de medicamentos para la ansiedad y la depresión. Según mi experiencia, son mucho más eficaces, dan resultados mucho más rápidos y también son superiores a largo plazo porque el paciente dispondrá durante toda su vida de las herramientas necesarias para superar los cambios de estado de ánimo dolorosos.

Sin embargo, tampoco se trata de una situación en la que haya que elegir «o esto o lo otro». Si su médico y usted consideran que la medicación es necesaria o si usted tiene una gran preferencia por tratarse con un antidepresivo, puede usar una combinación de medicamentos y psicoterapia. Con todo, el desarrollo de estos nuevos métodos, libres de medicamentos, será una buena noticia para los millones de personas que no se han curado con antidepresivos, además de para aquellos que prefieren no tratarse con ellos. Veamos cómo funcionan dichos métodos.

El modelo cognitivo

El modelo cognitivo se basa en tres ideas sencillas:

1. Usted *se siente* tal como *piensa*.
2. Cuando está angustiado, se está engañando a sí mismo. La ansiedad es consecuencia de pensamientos distorsionados, ilógicos. Es una estafa mental.
3. Cuando cambie su manera de *pensar*, podrá cambiar su manera de *sentirse*.

Descartes dijo: «Pienso, luego existo». Las técnicas de este libro se basan en una idea un poco distinta: «*Pienso*, luego *temo*», es decir, la ansiedad es consecuencia de sus pensamientos o cogniciones.

Por ejemplo, es probable que usted tenga pensamientos sobre lo que está leyendo en este mismo momento. Puede que esté pensando: «Esto no es más que otro libro estúpido de autoayuda. ¡Qué robo!». En tal caso, lo más probable es que se sienta desilusionado, frustrado o incluso molesto.

O puede que piense: «Es posible que este libro no pueda ayudarme de ninguna manera. Mis problemas son demasiado graves, con diferencia». En tal caso, lo más probable es que se sienta desanimado e impotente. O puede que piense: «Eh, esto parece interesante y tiene lógica. Quizá pueda ayudarme». En tal caso, lo más probable es que se sienta animado e interesado.

La situación es exactamente la misma en todos los casos. Cada lector está leyendo lo mismo. Sus sentimientos acerca de lo que está leyendo serán consecuencia únicamente de su manera de pensar, y no de las palabras impresas en la página.

Interpretamos constantemente lo que está pasando, pero al tratarse de un proceso automático, no somos conscientes de que lo hacemos. Los pensamientos nos fluyen por la mente sin más, pero tienen el poder de producir emociones positivas y negativas fuertes.

La terapia cognitiva* se basa en la idea de que cada tipo de pensamiento, o cognición, produce un tipo determinado de sentimiento. El doctor Aaron Beck, de la Facultad de Medicina de la Uni-

---

* Terapia cognitiva y terapia cognitivo-conductual significan lo mismo. Utilizaré indiferentemente ambos términos a lo largo del libro.

versidad de Pensilvania, ha bautizado esta teoría con el nombre de teoría de la especificidad cognitiva. Por ejemplo, si usted se siente triste o deprimido, lo más probable es que se esté diciendo a sí mismo que ha perdido a una persona querida o que ha perdido algo importante para su sentido de la autoestima. Si se siente culpable o avergonzado, se está diciendo a sí mismo que es malo o que ha transgredido sus valores personales. Si se siente desesperado, se está diciendo que las cosas no cambiarán nunca. Y si se siente lleno de ira, se está diciendo que una persona lo está tratando de manera injusta o que está intentando aprovecharse de usted. También puede que se esté diciendo a sí mismo que la otra persona es un imbécil egocéntrico.

Y ¿qué hay de la ansiedad, la preocupación, el pánico o el miedo? ¿Qué clase de pensamientos conducen a estos sentimientos? Escriba aquí sus propias ideas antes de seguir leyendo. Puede que no esté acostumbrado a realizar ejercicios por escrito cuando lee un libro. Sin embargo, mi objetivo es algo más que presentarle unas ideas. Quiero enseñarle algunas habilidades nuevas que pueden cambiar su vida. Si no sabe qué clases de pensamientos producen la ansiedad o el miedo, ponga lo que le parezca. Aunque se equivoque, el ejercicio habrá servido para que tenga conectados los circuitos cerebrales. Cuando haya escrito su opinión, siga leyendo y le expondré mis ideas al respecto.

_____

_____

_____

_____

_____

Solución

Cuando se siente angustiado, preocupado, lleno de pánico o asustado, se está diciendo a sí mismo que corre peligro y que está a punto de pasar algo terrible. Por ejemplo, si sufre un ataque de pánico, quizá se esté diciendo que está al borde de perder el control o los estribos. Si tiene miedo a conducir, probablemente crea que se va a quedar paralizado, que perderá el control del coche y provocará un accidente terrible.

Cuando empieza a sentirse angustiado, sus pensamientos y sentimientos negativos comienzan a reforzarse unos a otros, en un círculo vicioso. Los pensamientos catastróficos producen sentimientos de ansiedad y de miedo, y estos sentimientos desencadenan más pensamientos negativos. Se dice a sí mismo: «Huy, _me siento_ asustado, así que debo de _correr_ peligro de verdad. De lo contrario, no me sentiría tan aterrorizado».

Si se cuestiona a sí mismo acerca de los pensamientos que le inundan la mente cuando se siente preocupado o nervioso, sintonizará con los mensajes temibles que hacen que se desencadenen sus sentimientos. Los pensamientos parecerán completamente realistas, pero no lo son. Cuando se siente angustiado, se está diciendo a sí mismo cosas que, sencillamente, no son ciertas.

Ésta es una de las diferencias principales entre la ansiedad neurótica y el miedo saludable. Ambos son por entero una consecuencia de sus pensamientos, pero los pensamientos que desencadenan el miedo saludable no están distorsionados. El miedo saludable es consecuencia de una percepción realista del peligro. Sin embargo, el miedo saludable no requiere tratamiento. Si usted corre un peligro verdadero, una cierta dosis de miedo saludable puede servir para salvarle la vida. Por el contrario, la ansiedad neurótica no cumple ninguna función útil, pues no está relacionada con ninguna amenaza verdadera. Los pensamientos que provocan estos sentimientos serán *siempre* unos pensamientos distorsionados e ilógicos.

En la lista de comprobación de distorsiones cognitivas de la página 25 se enumeran diez distorsiones que pueden desencadenar sentimientos de ansiedad, depresión e ira. Advertirá que se solapan entre sí hasta cierto punto. Algunas de estas distorsiones son especialmente comunes cuando usted se siente angustiado, preocupado, tímido o dominado por el pánico. Entre ellas se cuentan las siguientes:

- **La adivinación del porvenir:** usted se dice a sí mismo que está a punto de pasar algo terrible. Por ejemplo, si tiene miedo a las alturas y está subido a una escalera de mano, es probable que se diga: «Esto es *verdaderamente* peligroso. ¡Me puedo caer!». Si es tímido y está hablando con una persona en una fiesta, puede decirse a sí mismo: «Sé que voy a decir alguna tontería y voy a quedar como un idiota».
- **La lectura del pensamiento:** usted da por supuesto que las demás personas lo están juzgando o que lo desprecian, aunque no existan pruebas fiables al respecto. Carrie, una estudiante de intercambio que se estaba matriculando para estudios de posgrado en la Universidad de Berkeley, se enteró de que había un problema con su matrícula. Se sintió angustiada porque se dijo a sí misma: «Lo más probable es que aquí no me quieran tener. La verdad es que este no es mi sitio». Sin embargo, el problema se solucionó enseguida. Aquel mismo día, más tarde, Carrie se enteró de que su supervisor le había cambiado su puesto como profesora adjunta y que tendría que dar clases a alumnos de segundo en vez de a los de tercero. Se sintió dolida e insegura, pues de decía a sí misma: «Seguramente se habrá dado cuenta de que no soy tan buena como él se había creído y por eso me ha dado un puesto inferior de profesora».
- **Magnificación:** usted exagera el peligro de la situación. Un hombre que se estaba afeitando se cortó y sintió ansiedad al decirse a sí mismo: «¡Oh, no! ¡Está sangrando mucho *de verdad*! ¿Y si tengo leucemia?». No podía quitarse de la cabeza ese miedo y se empeñó en que su médico le hiciera una revisión de inmediato. Naturalmente, todos los análisis dieron resultados normales.
- **Razonamiento emocional:** usted razona en función de cómo se siente. Se dice a sí mismo: «*Me siento* asustado, por lo tanto *debo* de estar en peligro» o: «*Me siento* a punto de hundirme, así que debo de *estar* verdaderamente a punto de volverme loco».
- **Afirmaciones del tipo «Debería»:** se dice a sí mismo que no debería sentirse tan angustiado, tan tímido o tan inseguro, ya que la gente normal no se siente así.
- **Poner etiquetas:** se pone a sí mismo la etiqueta de «idiota», «neurótico» o «fracasado».
- **Autoinculpación:** se riñe por el más mínimo defecto o falta, incluso por el hecho de estar angustiado.

¿Se reconoce en alguna de estas distorsiones? Si le resultan familiares, eso es bueno, porque cuando cambie su manera de *pensar* podrá cambiar su manera de *sentirse*. En cuanto desvele las mentiras de sus pensamientos distorsionados, sus miedos desaparecerán.

En cierta ocasión traté a un abogado que sufría ansiedad y acudió a mí para someterse a terapia después de una carrera profesional larga y brillante. Jeffrey era uno de los abogados de mayor éxito en los tribunales de Los Ángeles. De hecho, sólo había perdido un pleito durante toda su carrera profesional. Sin embargo, y a pesar de su éxito inmenso, Jeffrey no había conocido nunca la verdadera

LISTA DE COMPROBACIÓN DE DISTORSIONES COGNITIVAS

1. **Pensamiento todo o nada:** usted considera las cosas en categorías absolutas, o blanco o negro. Si su éxito no es absoluto, se considera un fracasado total.
2. **Generalización excesiva:** toma un hecho negativo aislado por una pauta interminable de derrotas. Puede que se diga a sí mismo: «Esto pasa *siempre*» o: «*Jamás* lo haré bien».
3. **Filtro mental:** es como la gota de tinta que tiñe todo un vaso de agua. Usted da vueltas a un solo detalle negativo, como puede ser un error que cometió, y pasa por alto todas las cosas que hizo bien.
4. **Descartar lo positivo:** se empeña en que sus logros o sus cualidades positivas no cuentan.
5. **Saltar a conclusiones:** usted salta a conclusiones que no se justifican con los hechos. Existen dos tipos:

   - **La lectura del pensamiento:** da por supuesto que la gente tiene una tendencia terrible a hacer juicios de valor y que le desprecian.
   - **La adivinación del porvenir:** se dice a sí mismo que está a punto de suceder algo terrible. «Sé que voy a meter la pata la semana que viene, cuando haga el examen».

6. **Magnificación y minimización:** usted hincha las cosas desproporcionadamente o bien empequeñece su importancia. A esto se le llama «el truco de los prismáticos». Cuando mira por un lado de los prismáticos, todos sus defectos le parecen tan grandes como el Everest. Cuando mira por el otro lado, le parece que todos sus puntos fuertes y sus cualidades positivas se empequeñecen hasta quedar en nada.
7. **Razonamiento emocional:** razona en función de cómo se siente, diciéndose, por ejemplo: «*Me siento* angustiado, así que debo de *estar* de verdad en peligro» o: «*Me siento* fracasado, así que debo de *serlo* de verdad».
8. **Afirmaciones del tipo «Debería»:** se critica a sí mismo o a otras personas con «deberías», «no deberías», «tendría que» y «no tendría que». Por ejemplo: «No debería ser tan tímido y nervioso. ¿Qué pasa conmigo?».
9. **Poner etiquetas:** a partir de una sola falta o defecto, hace usted generalizaciones que aplica a toda su identidad. En vez de decirse: «He cometido un error», se pone la etiqueta de «fracasado». Es un caso extremo de la generalización excesiva.
10. **Inculpación:** en vez de detectar la causa de un problema, se dedica a asignar culpabilidades. Existen dos pautas básicas de inculpación:

    - **Autoinculpación:** se culpa de algo que no fue responsabilidad suya o se riñe sin compasión siempre que ha cometido un error.
    - **Inculpación de los demás:** culpa a los demás, negando su propio papel en el problema.

felicidad. Estaba preocupado constantemente y no era capaz de relajarse nunca. Uno de los pensamientos negativos que lo acostaban era: «¿Y si pierdo un pleito en los tribunales? ¡Sería terrible!».

Jeffrey tenía tanto miedo a perder un pleito que trabajaba de manera compulsiva durante cada minuto que pasaba despierto, siete días a la semana. Hasta renunció a irse de vacaciones porque durante éstas no era capaz de relajarse ni de divertirse y se pasaba todo el tiempo trabajando. Toda la vida de Jeffrey se había convertido en una rueda de trabajo y preocupación, trabajo y preocupación. Temía irse a la tumba sin haber disfrutado de un solo minuto de paz interior o de felicidad.

Jeffrey había tomado muchos medicamentos y se había sometido a psicoanálisis durante treinta y cinco años, pero nada le había ayudado a superar sus sentimientos persistentes de inseguridad. Según lo entendía él, una parte del problema arrancaba de que, cuando tenía 5 años, su hermana menor había muerto de encefalitis. Uno de sus psicoanalistas le había dicho que sus sentimientos de inadecuación arrancaban probablemente de una sensación de culpabilidad por la muerte de su hermana. El psicoanalista había teorizado que Jeffrey, muy dentro de sí, se culpaba por la muerte de su hermana porque le había dolido la atención que dedicaban a ésta sus padres y había deseado con frecuencia que se muriera. Naturalmente, Jeffrey no había tenido nada que ver con la muerte de la niña, pero sí que recordaba haber sentido celos de ella.

Por desgracia, este descubrimiento no le había producido ningún alivio. Por el contrario, Jeffrey seguía sintiéndose una persona «mala» y su psicoanalista no le había dicho nunca cómo podía superar el problema. Aunque sabía que sus sentimientos eran irracionales, sencillamente no podía quitarse de encima la idea de que era una persona sucia y reprobable, y que la gente lo rechazaría si se descubriera cómo era por dentro en realidad. Por eso se había pasado la vida intentando ocultar sus sentimientos e impresionar a todo el mundo. Estudió mucho, fue uno de los alumnos más destacados de la Facultad de Derecho de la Universidad de California en Los Ángeles, y llegó a ser un abogado de gran renombre.

Jeffrey tenía fama de ser una fiera en los tribunales. Se enfrentaba él solo a grandes empresas en pleitos por contaminación y cuestiones medioambientales, y siempre las hacía claudicar. Era un rival muy temido. Sin embargo, en casi todas las demás situaciones se sentía muy incómodo e inseguro. Su secretaria, su esposa y sus hijas lo tenían dominado. Él, temiendo que lo rechazaran, accedía mansamente a sus exigencias.

Yo le propuse que probásemos la técnica del «Qué pasaría si». Esta técnica puede ayudarle a identificar las creencias y las fantasías que desencadenan sus miedos. Empezamos por el pensamiento de Jeffrey «Sería terrible que perdiera un pleito en los tribunales». Nuestro diálogo transcurrió así:

DAVID: Jeffrey, supongamos que pierdes un pleito en los tribunales. ¿Qué te pasaría entonces? ¿Qué es lo que más temes?

JEFFREY: Entonces correría la voz y la gente se enteraría de cómo soy.

DAVID: Y ¿qué pasaría si la gente se entera de cómo eres? ¿Qué es lo peor que puede pasar?

JEFFREY: La gente se daría cuenta de que no soy tan bueno como creían y dejarían de encargarme pleitos.

DAVID: De acuerdo. Supongamos que la gente, en efecto, dejara de enviarte pleitos. ¿Qué pasaría entonces?

JEFFREY: Podría arruinarme.

DAVID: A nadie le gusta la idea de arruinarse, claro. Pero quisiera saber lo que significaría para ti arruinarte. ¿Qué pasaría entonces? ¿Qué es lo que más temes?

JEFFREY: Entonces mi mujer y mis hijas dejarían de quererme.

DAVID: ¿Y después?

JEFFREY: Después me dejarían. Estaría pobre y solo.

DAVID: Y ¿qué pasaría después? ¿Cuál es tu miedo más hondo? ¿Qué te imaginas?

JEFFREY: Acabaría como un vagabundo, viviendo en las calles de Los Ángeles.

Jeffrey se imaginaba sentado en la acera, pidiendo limosna, mientras pasaban a su lado varios abogados a los que había vencido en los tribunales, con sus trajes de 2.000 dólares. Los abogados lo miraban con sorna y decían: «Vaya, si es el gran Jeffrey. ¡Mirad qué patético es ahora! ¡Qué fracasado!». Jeffrey sabía que esos miedos eran irracionales, pero emocionalmente tenía la sensación de que el peligro era real. Creía que la gente lo despreciaría, verdaderamente, y que lo abandonaría si fracasaba.

En la página 28 encontrará una lista de veintitrés creencias contraproducentes comunes (CCP). Éstas son las actitudes y las creencias que nos vuelven vulnerables ante la ansiedad, la depresión y los conflictos con los demás. Repase esa lista y vea si es capaz de identificar algunas de las CCP de Jeffrey. Recuerde que éste empieza por el pensamiento «Sería terrible que perdiera un pleito en los tribunales» y termina con la creencia de que se quedará en la calle, solo y desgraciado. ¿Qué le dice a usted esta fantasía acerca de las creencias contraproducentes de Jeffrey? Anote aquí sus ideas.

1. _____
2. _____
3. _____
4. _____

Solución

He aquí las creencias contraproducentes que identificamos Jeffrey y yo:

- **Perfeccionismo de la actuación:** Jeffrey cree que no debe fracasar ni cometer un error jamás.
- **Perfeccionismo percibido:** cree que las demás personas lo juzgarán con tanta dureza como él se juzga a sí mismo y cree que debe impresionar a todo el mundo con sus logros, pues de lo contrario lo rechazarían. No cree que las personas puedan amarlo o aceptarlo como a un ser humano con defectos y vulnerable.
- **Adicción a los logros:** Jeffrey basa su sentido de la valía personal en sus logros. Cree que sus logros tienen que ser enormes, pues de lo contrario no valen nada.
- **Adicción a la aprobación:** basa su autoestima en recibir la aprobación de todos.
- **Miedo al rechazo:** Jeffrey cree que con que una sola persona lo rechace, quedaría condenado a una vida de desgracias y miseria.
- **Agradar a los demás:** Jeffrey cree que siempre tiene que ceder a las exigencias de sus colegas y de su familia, aunque sea a costa de sus propias necesidades y sentimientos.
- **Falta de valor/inferioridad:** Jeffrey parece convencido de que es eminentemente falto de valor y deficiente, y por eso intenta siempre ocultarlo y fingir que es mucho mejor de lo que es en realidad.
- **Narcisismo percibido:** Jeffrey cree que todas las personas que le importan son extremadamente manipuladoras y exigentes.
- **Falacia del reguero de pólvora:** Jeffrey ve a todos los seres humanos como clones que piensan y se comportan exactamente igual. Está convencido de que si una persona lo desprecia, correrá la voz y, al cabo de poco tiempo, todos lo despreciarán y lo abandonarán.
- **Superhombre:** Jeffrey cree que siempre debe ganar y nunca debe perder.

Se advierte que, a pesar de todos los logros de Jeffrey, éste no tiene un gran concepto de sí mismo. Dentro de sí, se cree malo e indigno de ser amado. Al mismo tiempo, tampoco parece que tenga un gran concepto de su familia ni de sus colegas. Su mundo, tal como se lo imagina, está lleno de personas exigentes y cargadas de juicios de valor, que se volverán en contra de él si da muestras del más mínimo defecto. ¡No es de extrañar que sienta tanta ansiedad!

Más adelante enseñaré al lector a aplicar diversos métodos, entre ellos la técnica del «Qué pasaría si», para que identifique sus propias CCP. Puede probar ahora mismo a identificar algunas de

CREENCIAS CONTRAPRODUCENTES COMUNES (CCP)

Logros

1. **Perfeccionismo de la actuación:** no debo fracasar jamás ni cometer nunca un error.
2. **Perfeccionismo percibido:** la gente no me querrá ni me aceptará si tengo algún defecto o si soy vulnerable.
3. **Adicción a los logros:** mi valía como ser humano depende de mis logros o de mi inteligencia, talento, estatus, ingresos o belleza.

Amor

4. **Adicción a la aprobación:** necesito recibir la aprobación de todo el mundo para valer algo.
5. **Adicción al amor:** no puedo sentirme feliz y realizado sin ser querido. Si no me quieren, no vale la pena vivir.
6. **Miedo al rechazo:** si me rechazas, eso demuestra que hay algo malo en mí. Si estoy solo, tiendo a sentirme desgraciado y sin valía.

Sumisión

7. **Agradar a los demás:** siempre debo procurar agradar, aunque para ello me haga desgraciado a mí mismo.
8. **Fobia a los conflictos:** las personas que se quieren no deben reñir ni discutir nunca.
9. **Autoinculpación:** los problemas de mis relaciones personales han de ser por culpa mía.

Exigencias

10. **Inculpación de los demás:** los problemas de mis relaciones personales siempre son por culpa de la otra persona.
11. **Prerrogativas:** debes tratarme siempre como yo quiero.
12. **Verdad:** yo tengo la razón y tú estás equivocado.

Depresión

13. **Desesperanza:** mis problemas no podrán resolverse nunca. Jamás podré sentirme verdaderamente feliz o realizado.
14. **Falta de valor/Inferioridad:** soy eminentemente falto de valor, deficiente e inferior a los demás.

Ansiedad

15. **Perfeccionismo emocional:** debo sentirme siempre feliz, confiado y controlado.
16. **Fobia a la ira:** la ira es peligrosa y debe evitarse a cualquier precio.
17. **Emotofobia:** nunca debo sentirme triste, angustiado, inadecuado, celoso ni vulnerable. Debo esconder mis sentimientos bajo la alfombra y no trastornar a nadie.
18. **Narcisismo percibido:** las personas que me importan son exigentes, manipuladoras y poderosas.
19. **Falacia del reguero de pólvora:** las personas son clones que piensan todos igual. Si una persona me desprecia, correrá la voz como un reguero de pólvora y pronto me despreciará todo el mundo.
20. **Falacia del foco:** hablar con las personas es como tener que actuar en un escenario bajo la luz de un foco. Si no las impresiono, siendo sofisticado, ingenioso o interesante, no les gustaré.
21. **Pensamiento mágico:** si me preocupo lo suficiente, todo saldrá bien.

Otras

22. **Bajo umbral de tolerancia a la frustración:** nunca debo sentirme frustrado. La vida debe ser siempre fácil.
23. **Superhombre/Supermujer:** siempre debo ser fuerte, nunca debo ser débil.

ellas repasando simplemente la lista de la página 28. Rodee con un círculo los números de las creencias que le resultan familiares. Si bien estos descubrimientos pueden ser interesantes, nuestro objetivo es más ambicioso. Lo que buscamos es un cambio verdadero a nivel visceral. ¿Cómo podemos ayudar a Jeffrey a huir de la trampa en la que ha pasado tantos años para que sea capaz de conocer, por fin, la alegría y la autoestima que siempre se le han escapado?

Mientras Jeffrey trabajaba conmigo, perdió, en efecto, un pleito en los tribunales. Sólo era el segundo que perdía en toda su carrera profesional. Era un asunto pequeño que había aceptado defender gratuitamente, por hacer un favor a un amigo, y su defendido era verdaderamente culpable. Sin embargo, Jeffrey se sentía avergonzado y angustiado, y no quería que nadie se enterara de que había perdido.

Aquello nos brindaba una oportunidad de oro. Pregunté a Jeffrey si estaría dispuesto a hacer un experimento para poner a prueba su creencia de que todo el mundo se volvería contra él si fracasaba. Por entonces, era presidente del Colegio de Abogados de California. Le propuse que la próxima vez que asistiera a una reunión del Colegio se llevara en el bolsillo de la chaqueta una ficha. Allí diría a diez de sus colegas más destacados que acababa de perder un pleito en los tribunales. Después de cada conversación podía hacer una señal en la ficha para indicar si el abogado en cuestión había reaccionado de manera positiva, negativa o neutra. Así se enteraría de si sus colegas lo despreciarían cuando descubrieran que no era perfecto.

Jeffrey se resistía muchísimo a hacer aquello. La idea le producía una ansiedad intensa. Pero, por fin accedió, ya que después de tantos años sufriendo estaba tan desesperado como para probar casi cualquier cosa.

Los resultados del experimento impresionaron a Jeffrey. Se forzó a decir a diez abogados que había perdido un pleito en los tribunales. Cuando lo vi, a la semana siguiente, me dijo que cinco de ellos ni siquiera habían dado muestras de haber oído lo que les había dicho. En vez de ello, habían seguido hablando con gran entusiasmo de sí mismos.

¡Vaya alivio! Jeffrey dijo que había descubierto que había cometido la sexta distorsión cognitiva de la lista, la magnificación y minimización. Dijo que había magnificado enormemente su propia importancia ante los ojos de las demás personas. Dijo que era una liberación descubrir la poca importancia que tenía en realidad.

Las reacciones de los otros cinco abogados lo sorprendieron todavía más. No se volvieron contra él, como había esperado, sino que le abrieron sus corazones. Le dijeron que era un alivio enterarse de que hasta el propio Jeffrey perdía un pleito de vez en cuando. Le hablaron de todos los pleitos que habían perdido ellos últimamente y le contaron sus conflictos conyugales y sus problemas con sus hijos. Jeffrey dijo que se había sentido próximo a sus colegas por primera vez. Dijo que por fin sentía que podía dar algo a los demás.

Jeffrey descubrió que la verdad era lo contrario de lo que él había creído. Siempre había intentado ocultar sus debilidades y sus vulnerabilidades porque le parecían muy vergonzosas. Pero, a pesar de toda su riqueza, de su poder y de su éxito, Jeffrey no se había acercado nunca de verdad a las personas ni había encontrado nunca la paz interior ni la felicidad. Por el contrario, su mayor valor había resultado ser su aspecto humano y vulnerable.

Yo llamo a esto la paradoja de la aceptación. Si bien es una técnica de la terapia cognitiva, también es fundamental en la mayoría de las tradiciones espirituales. Por ejemplo, san Pablo fue uno de los pilares de los comienzos de la Iglesia cristiana. A san Pablo lo atormentaba una «espina clavada en la carne». Los expertos en estudios bíblicos no saben en qué consistía esa debilidad suya.

Algunos han especulado que podía tener trastorno bipolar (maníaco-depresivo), una confusión sexual o ser tartamudo. San Pablo, desesperado, rezaba a Dios pidiéndole que le quitara esa espina. Pero Dios no atendía a sus oraciones. Por fin, el Espíritu Santo se apareció a san Pablo y le dijo: «Mi gracia te basta, pues en tu debilidad se manifiesta de manera más completa mi fuerza».

Jeffrey dijo que siempre había oído esta enseñanza cuando era joven, pero que no la había entendido nunca. Dijo que la idea de que nuestra debilidad era nuestra fuerza siempre le había parecido absurda y que no la había creído nunca. Pero ahora, de pronto, comprendía el significado de ese pasaje. Veía que su «debilidad» era, en realidad, su mayor fuerza y que su «fuerza» había sido siempre su mayor debilidad. Y ello porque la fuerza que siempre había intentado proyectar al exterior (el aspecto impecable, la ropa de gran calidad, las victorias increíbles en los tribunales) nunca le habían proporcionado ninguna paz mental. Sus debilidades (los sentimientos de ansiedad y de desconfianza en sí mismo que siempre había intentado ocultar) le habían permitido conectar con los demás por primera vez.

Hasta aquella sesión, yo no me había sentido nunca especialmente cómodo con Jeffrey. Lo admiraba, pero me sentía intimidado ante él. Llevaba trajes caros y me hacía una reverencia formal al principio de cada sesión. Tomaba notas meticulosas y hacía un resumen de cada sesión antes de marcharse. Después, aparecía en la sesión siguiente con unos sumarios meticulosamente mecanografiados y corregidos para que yo los revisara y los aprobara. Parecían documentos legales. ¡Yo me preguntaba a veces si pensaba entablarme un pleito! Pero cuando empezó a hacer progresos, pareció de pronto más humano y tener los pies en la tierra. Entonces descubrí que lo apreciaba mucho más.

Una de las cosas que me gustan de verdad de la terapia cognitiva es que sirve de complemento a las creencias espirituales de cada uno. Sea cual sea su orientación religiosa, en el momento de la recuperación verá de pronto más hondo en sus propias raíces espirituales. Esto será así incluso si usted no es religioso y no cree en Dios. Todos tenemos valores y creencias que pueden ser fuente de opresión y ansiedad o de liberación y alegría.

También podríamos haber examinado, con la misma facilidad, la transformación de Jeffrey desde el punto de vista budista. El budismo enseña que nuestros sufrimientos no son consecuencia de la realidad, sino de los juicios que hacemos acerca de la realidad. Los budistas enseñan que en realidad no existe eso que llamamos éxito o fracaso, puntos fuertes o debilidades. Esto no son más que etiquetas que aplicamos para juzgar nuestras vivencias, y estas etiquetas pueden ser engañosas y dañinas. De hecho, poner etiquetas es la novena distorsión cognitiva de la lista de comprobación y puede conducir a depresión, ansiedad e ira.

Las enseñanzas budistas a veces parecen absurdas al principio. Puede resultar difícil entender de qué están hablando los budistas. El éxito es el éxito y el fracaso es el fracaso. Los puntos fuertes son los puntos fuertes y las debilidades son las debilidades. ¿Es que no está bien claro? Pero cuando uno experimenta un cambio personal espectacular, comprende de pronto las cosas a un nivel mucho más profundo. Jeffrey perdió un pleito en los tribunales. ¿Acaso fue esta experiencia un verdadero «fracaso», como él había creído tan firmemente? ¿O fue la puerta de entrada a la paz interior y a la alegría que siempre se le habían escapado?

El modelo de la exposición

La recuperación espectacular de Jeffrey ilustra el modelo cognitivo. Cuando uno cambia su forma de *pensar*, puede cambiar su manera de *sentirse*. El modelo de la exposición funciona de manera distinta. Cuando uno está angustiado, siempre está evitando algo que teme. Si usted planta cara al monstruo que más teme, vencerá sus miedos.

Naturalmente, podría alegarse que la recuperación repentina de Jeffrey fue consecuencia de la exposición. Cuando terminó por abrirse y por hablar a sus colegas del pleito que había perdido, plantó cara al monstruo que había temido siempre y descubrió que el monstruo no tenía dientes.

Existen muchas maneras distintas de hacer frente a nuestros miedos. Cuando yo era joven, tenía miedo a la sangre. Aquello no era un gran problema hasta que ingresé en la Facultad de Medicina. ¡Cuando, en el segundo año, llegó el momento de aprender a extraer sangre, me di cuenta de que no quería saber nada de eso! De modo que dejé la Facultad de Medicina durante un año.

En el transcurso de aquel año, reflexioné sobre las opciones que tenía y llegué a la conclusión de que lo que quería era ser médico. Pero me di cuenta de que, tarde o temprano, tendría que apretar los dientes y superar mi miedo a la sangre. Antes de empezar como interno, decidí trabajar como voluntario en la sala de urgencias del Hospital Highland, en Oakland, California, durante un mes. Era un centro importante de emergencias de traumatología y atendía unas ocho mil emergencias al mes. A nuestra sala de urgencias llegaba mucha gente en bastante mal estado, por lo que me figuré que sería un buen sitio para superar mi miedo a la sangre.

Cuando entré por primera vez en Urgencias, estaba tan angustiado que tenía la impresión de estar flotando. No tenía ni idea de qué me esperaba allí. Pero tampoco estaba tan mal. Había dos alcohólicos con *delirium tremens* y varias personas con infecciones o fracturas, pero nada sangriento ni traumático.

Sin embargo, al poco rato oí a lo lejos las sirenas que se acercaban y tuve una sensación repentina de espanto. Cuando las sirenas se oyeron con más fuerza, mi ansiedad se multiplicó y empecé a sentirme mareado. Oí de pronto a varios policías y personal de la ambulancia que gritaban frenéticamente mientras corrían por el pasillo de entrada de Urgencias, empujando un cuerpo ensangrentado en una camilla, tan deprisa como podían. Entraron en la sala principal de traumatología y una docena de médicos y enfermeras entraron a toda prisa y se pusieron a trabajar con el paciente, intentando desesperadamente salvarle la vida. Le pusieron agujas intravenosas grandes en los brazos y en las piernas y empezaron a bombearle fluidos a toda prisa, apretando las bolsas de fluidos con esfigmomanómetros para intentar mantenerle la presión sanguínea, que le caía en picado.

Yo miraba desde el pasillo y pregunté a una de las enfermeras qué había pasado. Ella me explicó que aquel hombre era un terrorista que había querido poner una bomba en el ayuntamiento, pero que la bomba le había explotado en las manos cuando la estaba preparando. Apenas vivía. Tenía graves quemaduras en la cara, el pecho y los brazos, y parecía que le faltaba la mayor parte de la piel por encima de la cintura. Yo apenas era capaz de mirarlo. Entonces, la enfermera me tiró de la manga y me dijo: «Tienes que ayudar».

Le expliqué que yo no era más que un estudiante de Medicina, que no tenía experiencia en esas cosas y que no sabía qué hacer. Ella me dio un cepillo de dientes y me dijo:

—¡Ponte a trabajar con esto!

Yo le dije:

—Este tipo está al borde de la muerte ¿y quieres que me ponga a lavarle los dientes?

—¡No! —dijo ella—. ¿No ves todas esas motas negras en su tejido? Eso es pólvora. Tienes que limpiársela; si no, lo envenenará.

Era una tarea horrible, pues todo su pecho no era más que una masa de carne viva, ensangrentada. Me obligué a ponerme a frotar con el cepillo, con las manos en todo aquel tejido ensangrentado. Y era la época en que no solíamos llevar siempre guantes, de modo que estaba aterrorizado. Pero no podía dejarlo porque estaba en juego la vida de aquel hombre, así que tuve que aguantar. Me alegré de que estuviera inconsciente y no sintiera nada. Después de unos diez minutos de auténtico pánico y mareo, me pasó una cosa extraña. Mi ansiedad empezó a reducirse y, de pronto, desapareció. En un abrir y cerrar de ojos, me «curé» de mi fobia a la sangre.

Había encontrado por casualidad una técnica que se llama «la inundación». En vez de evitar lo que tememos, nos exponemos a ello intencionadamente y nos inundamos de ansiedad. No luchamos contra la ansiedad ni intentamos controlarla; sencillamente, nos rendimos ante ella. Con el tiempo, la ansiedad se quema sola y estamos curados.

A partir de entonces, me *encantaba* trabajar en la sala de urgencias. La sangre no me aturdía en absoluto. Siempre me parecía milagroso que el equipo de médicos y enfermeras fuera capaz de llevar tantas emergencias complejas y con peligro de muerte con tanta comprensión y experiencia. A mí me resultaba difícil creer que yo formaba parte de ese equipo, que podía aportar algo y que en realidad estaba aprendiendo a ser médico. Si no hubiera estado tan comprometido con la psiquiatría, tal vez me hubiera especializado en cirugía o en medicina de urgencia.

El modelo de la emoción oculta

El modelo de la emoción oculta es muy distinto del modelo cognitivo y del modelo de la exposición. Se basa en la idea de que la causa de toda la ansiedad es la «amabilidad». De hecho, yo a veces pienso en la ansiedad como «enfermedad de la amabilidad». ¡Enséñeme a cien personas angustiadas y le enseñaré a cien de las personas más amables que haya conocido usted nunca!

Cuando imparto seminarios sobre la ansiedad para psicoterapeutas, suelo decirles que quisiera hacer un pequeño estudio sobre la amabilidad y la ansiedad, y que para ello voy a hacerles dos preguntas. En primer lugar, les pregunto cuántos de ellos han sufrido algún tipo de ansiedad en algún momento de sus vidas. Casi todos levantan la mano. Entonces les pido que no bajen la mano mientras les hago la segunda pregunta: «¿Cuántos de ustedes se consideran personas eminentemente amables?». Todas las manos siguen levantadas y la gente empieza a reírse. Entonces les digo: «¿Ven lo que quiero decir? ¡Existe una correlación del cien por cien entre la amabilidad y la ansiedad!».

Naturalmente, esto no es más que una demostración humorística, y no una verdadera investigación, pero sí que sirve para ilustrar algo muy esencial acerca de la ansiedad. Cuando usted está angustiado, casi siempre está evitando un problema que le molesta, aunque no es consciente de ello. Expulsa el problema de su atención consciente porque quiere ser amable y no quiere causar problemas ni trastornos a nadie. De pronto, se siente angustiado y no está seguro de por qué. Puede que desarrolle fobias o ataques de pánico o que empiece a tener obsesiones sobre su familia, su situación económica o su salud. Puede surgir cualquier tipo de ansiedad, pero el dinamismo es casi siempre el mismo: usted está trastornado por algo, pero no quiere reconocerlo.

El problema oculto no suele ser algo que esté enterrado en el pasado, sino algo muy evidente en el aquí y el ahora. Puede que esté trastornado por su jefe o molesto con un amigo o un familiar suyo. Cuando traiga a la atención consciente el conflicto o la emoción oculta, comprenderá de pronto *por qué* ha estado sufriendo ansiedad, miedo o pánico. Es frecuente que la ansiedad desaparezca cuando usted exprese los sentimientos que se ha estado guardando.

En un grupo de terapia cognitiva de nuestro hospital universitario de Filadelfia, trabajé con un paciente angustiado llamado Brent que había ingresado como paciente interno por la mañana, procedente de la sala de urgencias, adonde había acudido porque estaba convencido de que estaba a punto de volverse loco. Brent no había recibido nunca ningún tratamiento psiquiátrico ni había tenido ningún problema emocional en el pasado. Era feliz en su matrimonio y trabajaba como profesor de biología en un instituto de secundaria de la población. Me dijo que le encantaba su trabajo y que dedicaba casi sesenta horas a la semana a la enseñanza y a preparar sus clases. De hecho, proclamaba con orgullo que los alumnos lo habían elegido por votación «Profesor del año» durante cinco años seguidos.

Brent y su esposa deseaban más que ninguna otra cosa del mundo tener familia propia. Llevaban años intentándolo, pero su mujer no se quedaba embarazada. Tenía casi 40 años y los dos estaban preocupados porque se les acababa el tiempo. Por fin, desesperados, acudieron al departamento de fertilidad de nuestro hospital con la esperanza de que los médicos pudieran ayudarles.

Un día, cuando iban en coche a la casa de la madre de ella para asistir a una fiesta de Navidad, la esposa de Brent le dijo que tenía un regalo de Navidad especial para él. El médico le había llamado aquella mañana para comunicarle que estaba embarazada. Brent sintió pánico y le pareció que estaba a punto de perder el control del coche, de modo que se detuvo al borde de la calzada y dijo a su mujer que estaba demasiado nervioso para conducir. Ella se preocupó por él y se ofreció a llevar el coche durante el resto del trayecto, hasta la fiesta. Brent se sobrepuso al cabo de un rato, pero seguía sintiéndose enormemente angustiado.

Dos días después de Navidad, Brent seguía debatiéndose con las oleadas de ansiedad y de pánico. Fue a un restaurante de comida rápida y pidió el Megaburrito especial, para llevar. Explicó que no quería judías en el burrito y dijo claramente «Sin judías, por favor» dos veces al hacer el pedido, pues las judías no le gustaban nada. El hombre que estaba en el mostrador apenas hablaba inglés, pero pareció que le había entendido. Cuando Brent recogió su burrito, había otro hombre en la caja, de modo que le preguntó: «Sin judías, ¿verdad?». El cajero asintió con la cabeza amablemente y dijo algo al primer hombre en español. Después dijo que había entendido lo de las judías y que le habían preparado el burrito especial tal como él lo quería. Brent pagó al cajero y éste le entregó una bolsa que contenía el Megaburrito.

Cuando Brent llegó a su casa, se sentó a la mesa de la cocina con impaciencia, pero cuando abrió la bolsa descubrió que ésta contenía un inmenso burrito de judías. Se puso rabioso y empezó a atacar al burrito con su cuchillo. Lo acuchilló repetidas veces, de modo que la mesa y las paredes de la cocina quedaron llenas de salpicaduras.

Brent era muy aficionado a los programas de televisión en los que se habla de medicina forense y estaba familiarizado con el análisis de las formas de las manchas de sangre. Cuando vio la pared llena de salpicaduras de la salsa del burrito, pensó: «¡Ay, Dios mío! Parece una mancha de sangre. ¿Y si soy un asesino en serie, a punto de salir en busca de víctimas y de empezar a matar personas a puñaladas? ¡Quizá no esté preparado para ser padre! ¡Creo que estoy a punto de explotar!».

Estos miedos acosaron a Brent toda la tarde. Aquella noche apenas pudo dormir, pues se la pasó dando vueltas en la cama, obsesionado por la idea de ser un asesino. Hasta se imaginaba los titulares en el periódico de la mañana: «¡El apuñalador de burritos emprende una matanza en la población! ¡La policía lo tiene rodeado!».

A la mañana siguiente, Brent dijo a su mujer que estaba perdiendo la cabeza y que tenía que ingresar en un hospital psiquiátrico para que le pusieran una camisa de fuerza. Ella lo llevó enseguida a Urgencias del hospital de Stanford, donde lo ingresaron en la unidad de psiquiatría.

Brent no tenía ningún antecedente de violencia ni de agresiones y parecía un sujeto amable y bondadoso. Decía que siempre había querido tener un hijo y que ahora que su sueño se estaba haciendo realidad, no entendía por qué le venían a la cabeza unas ideas tan extrañas y horribles. ¿Por qué sucedía aquello?

Vamos a hacer un poco de detectives y veremos si podemos encontrar algún sentido en los temores de Brent. Un profesor de secundaria, trabajador y entregado, se encuentra de pronto apuñalando con ira un burrito con un cuchillo de cocina. Le dice a su mujer que está a punto de volverse loco. ¿Hay algo que inquiete a Brent? ¿Hay algún problema o sentimiento que esté ocultando bajo la alfombra?

Puede que usted no tenga ninguna teoría sobre esto y, naturalmente, la única persona que nos lo podría decir con seguridad sería el propio Brent. No obstante, aunque no tenga la menor idea, pruebe a ver qué se le ocurre. Le ruego que no siga leyendo hasta que haya escrito algo. Anote aquí sus ideas:

_____

_____

_____

_____

_____

Solución

Si no saca nada en limpio, le daré una pista: piense en el momento en que se produjo la ansiedad de Brent. ¿Qué estaba pasando cuando empezó a sentir tanto pánico? Su mujer acababa de decirle que estaba embarazada. ¿Es posible que Brent tenga sentimientos opuestos acerca de la idea de ser padre? Y, en tal caso, ¿por qué? Al fin y al cabo, dice que le encantan los niños y es evidente que está muy entregado a sus alumnos.

Tenemos que volver a ponernos la gorra de detective. Brent también nos dijo que trabaja sesenta horas a la semana procurando ser el mejor profesor. ¿No se sentirá abrumado por la idea de cambiar pañales y de asumir todas las nuevas responsabilidades que acompañan al hecho de ser padre? O, por decirlo de otro modo, ¿no sentirá cierta ambigüedad? Por una parte, siempre había querido tener un hijo, pero ahora que se le presenta la realidad de la situación, empieza a tener miedo. Se siente confundido y no tiene claro cómo va a poder llevarlo. ¿Quién va a cambiar los pañales a las 3 de la madrugada?

Pregunté a Brent si iba por el buen camino con estas ideas y él me dijo que lo estaba leyendo como un libro abierto. Reconoció que se sentía confundido porque no sabía cómo iba a poder llevarlo todo cuando llegara el niño. Sin embargo, no había expresado nunca estos sentimientos a su esposa porque le parecía que no era normal tener sentimientos negativos o dudas sobre el hecho de ser padre. Dijo que creía que un padre debía amar a sus hijos, en vez de sentirse como se sentía él. También temía que su mujer se quedara destrozada si se enteraba de que él se sentía confuso y no quería disgustarla.

Como se ve, las fantasías de Brent toman la palabra por él. Proyectan su mensaje de manera fuerte y clara: «No estoy seguro de si soy una persona adecuada para ser padre y no tengo una idea de cómo voy a poder ocuparme de todo cuando llegue el niño. ¡La verdad es que la idea de ser padre me está volviendo loco!».

¿Querían decir los sentimientos de pánico de Brent que no quería ser padre, o que iba a ser un peligro para su hijo? En absoluto. Brent amaba a su esposa y quería desesperadamente tener un hijo. Lo único que necesitaba era expresar aquellos sentimientos.

Yo quería que supiera que los sentimientos de duda eran perfectamente normales; por eso, me dirigí a los demás miembros del grupo y les pregunté cuántos tenían hijos. Casi todos los presentes levantaron la mano. Acto seguido, pregunté: «¿Cuántos de ustedes se sienten frustrados o molestos con sus hijos de vez en cuando?». Todas las manos se levantaron. Después, volví a preguntar: «¿Cuántos se enfadan a veces tanto con sus hijos que les dan ganas de matarlos?». Todas las manos volvieron a subir y todos se echaron a reír.

Le dije a Brent que todos los padres se sienten así en algunas ocasiones y que su mujer y él podrían acabar sintiéndose mucho más unidos si empezaban a comunicarse el uno con el otro sobre los nuevos desafíos que se iban a encontrar y sobre cómo resolverlos como equipo lleno de amor. A Brent se le iluminó el rostro y dijo que se sentía aliviado de pronto, pero que todavía le preocupaba pensar que su mujer se quedaría destrozada si se enteraba de sus dudas.

Yo le dije que ella no se enteraría si él no se lo decía, pero que sería raro que ella no tuviese también algunas dudas de vez en cuando. Le dije que lo más probable era que ella no fuera ni mucho menos tan frágil como él creía y que hablar más abiertamente el uno con el otro podía servir para que su relación de pareja fuera más significativa y gratificante. Le comenté que su esposa iba a asistir a una sesión de terapia familiar con el asistente social clínico justo después de la reunión del grupo de terapia cognitiva. Quizá le interesara a él aprovechar para hacer la prueba entonces. Brent dijo que aunque le ponía muy nervioso la idea de abrirse, estaba decidido a decirle cómo se sentía.

Resultó que a la esposa de Brent no la alteró en absoluto enterarse de los sentimientos de éste. Dijo que ya era consciente de que él estaba tenso y que era un alivio para ella ver que por fin se estaba abriendo. Brent empezó de pronto a sentirse emocionado por el embarazo y la ansiedad desapareció por completo. Le dieron de alta aquella misma tarde, sin que hubiera tenido que pasar una sola noche en el hospital.

Así pues, usted ya conoce tres modos poderosos de vencer la ansiedad. Las técnicas cognitivas le ayudarán a desmentir los pensamientos y actitudes negativas que le hacen sentirse angustiado y deprimido. Las técnicas de exposición le ayudarán a hacer frente al monstruo del que ha estado huyendo. Y la técnica de la emoción oculta le ayudará a localizar los conflictos o emociones ocultas que haya estado pasando por alto o escondiendo bajo la alfombra.

¿Qué método debe usar usted? Los tres planteamientos son preciosos, y yo aplico los tres a todos los pacientes que trato. Si he aprendido algo en mi trabajo con personas que padecen depresión y ansiedad, es lo siguiente: todos somos diferentes. *Jamás* se puede predecir cuál de los métodos dará resultado para una persona determinada, y no existe ninguna técnica que dé resultado para todos. Siempre hay que hacer algunas pruebas, pero, con un poco de tesón, encontrará siempre la técnica que da resultado para usted.

2

¿Está usted angustiado? ¿O deprimido?

Las emociones negativas no llegan en estado puro casi nunca. De hecho, la ansiedad y la depresión suelen ir juntas. Sin embargo, estos sentimientos son muy distintos el uno del otro. La ansiedad es consecuencia de la percepción de peligro. Usted no se puede sentir angustiado si no se dice a sí mismo que va a pasar algo terrible. Por ejemplo, si tiene miedo a las alturas y va caminando por un sendero de montaña al borde del abismo, es probable que lo atenace el pánico porque usted piensa que puede resbalar y caerse en cualquier momento.

Por el contrario, cuando está deprimido, tiene la sensación de que la tragedia ha sucedido ya. Le parece que ya se caído por el precipicio y que yace al fondo del abismo, destrozado irreparablemente. Se siente triste, desmoralizado y decaído. Se dice a sí mismo que no vale nada, que es un fracasado o que no es todo lo bueno que debería ser. Pierde interés por la vida y por las demás personas, y las actividades que le agradaban en otros tiempos ahora no le llenan. Ya nada le emociona. Se siente abrumado y parece que la vida es una larga postergación. Lo peor es la desesperanza. Siente que las cosas no cambiarán nunca y cree que será desgraciado para siempre.

Si está deprimido, es casi seguro que se sentirá angustiado. Y si está luchando contra la ansiedad, es posible que también se sienta deprimido. ¿A qué se debe esto? Los científicos no saben con seguridad por qué van juntas la depresión y la ansiedad, pero existen cuatro teorías alternativas. Según la primera teoría, la mayoría de las personas no son capaces de distinguir entre los diversos tipos de emociones. Lo único que saben es que se sienten trastornadas. A modo de analogía, las personas que viven en el desierto tienen sólo una palabra para designar la nieve, pues sólo la ven muy rara vez. Los esquimales, por su parte, tienen muchas palabras para designar la nieve porque la ven constantemente y necesitan un vocabulario más refinado para describir los diversos tipos de nieve que encuentran.

Según la segunda teoría, la depresión conduce a la ansiedad. Por ejemplo, si ha estado deprimido, puede preocuparse por el hecho de sentirse anormal, inferior y desmotivado. Puede temer que la depresión obstaculice su trabajo o su vida personal, que no alcanzará nunca sus metas en la vida y que no volverá a sentirse feliz jamás.

Según la tercera teoría, la ansiedad conduce a la depresión. No cabe duda de que la ansiedad, la timidez, las preocupaciones, las fobias y los ataques de pánico pueden obstaculizar su trabajo y su vida personal, sobre todo cuando la ansiedad es grave. Esto puede resultar desmoralizador y deprimente. Algunas personas han padecido ansiedad durante años, e incluso durante décadas, a pesar de seguir tratamientos con medicamentos y con psicoterapia. Con el tiempo, empiezan a sentirse desmoralizadas y deprimidas porque nada les ha servido. La vergüenza también es un rasgo fundamental de la ansiedad. Puede que usted intente ocultar sus síntomas de inseguridad o de pánico, creyendo que las demás personas lo despreciarían o lo tomarían por una persona rara si supieran cómo se siente por dentro en realidad. Los sentimientos de aislamiento y de deficiencia pueden desencadenar fácilmente la depresión porque dificultan mucho la conexión cálida y abierta con los demás.

La última teoría sobre la ansiedad y la depresión se llama «teoría de la causa común». Según ésta, la ansiedad y la depresión comparten al menos una causa común, además de sus propias causas. Dicho de otro modo, puede haber algo en el cerebro que desencadena al mismo tiempo diversos tipos de emociones, tales como la ansiedad y la depresión. A mí esta teoría me parece lógica. La mayoría de mis pacientes tienen muchos sentimientos negativos al mismo tiempo, tales como depresión, culpa, desesperanza, ansiedad, ira y frustración.

Vamos a determinar cómo se siente usted ahora. Cumplimente las cuatro secciones del siguiente test breve del estado de ánimo. Sólo tardará uno o dos minutos en realizar el test. Cuando haya completado las cuatro secciones, podrá interpretar los resultados a partir de las claves de puntuación que se indican al principio de cada sección. Puede realizar el test breve del estado de ánimo todas las veces que quiera para observar sus progresos cuando vaya leyendo este libro y realizando los ejercicios. La mayoría de mis pacientes lo hacen al menos una vez por semana.

El test breve del estado de ánimo puede parecer sencillo, pero es un instrumento válido y fiable que detectará los más mínimos cambios de su estado de ánimo. Éste no es un test como los que se ven en las revistas populares. De hecho, los estudios científicos han demostrado que es más preciso que muchos de los instrumentos que se utilizan actualmente en los estudios científicos.

TEST BREVE DEL ESTADO DE ÁNIMO

Instrucciones: escriba la fecha de hoy en una de las columnas de la derecha. Después, escriba su puntuación en cada ítem en los recuadros por debajo de la fecha, sobre la base de cómo se ha sentido últimamente. Escriba la puntuación total en el recuadro inferior. **Por favor, responda a todos los ítem.**	Escriba aquí la fecha de hoy						

Puntúe cada ítem de esta manera: 0 = Nada en absoluto; 1= Algo; 2 = Moderadamente; 3 = Mucho; 4 = Muchísimo

Sentimientos de ansiedad

1. Angustiado							
2. Nervioso							
3. Preocupado							
4. Asustado o aprensivo							
5. Tenso o con los nervios de punta							
Total de hoy →							

Sentimientos de ansiedad física

1. Palpitaciones, pulso acelerado o taqui-cardia									
2. Sudores, escalofríos o sofocos									
3. Temblores o estremecimientos									
4. Falta de aliento o dificultades para res-pirar									
5. Sensación de ahogo									
6. Dolor o tensión en el pecho									
7. Estómago revuelto o náuseas									
8. Sensación de mareo o de que todo da vueltas									
9. Sensación de que usted es irreal o de que el mundo es irreal									
10. Sensación de insensibilidad o de hor-migueos									
Total de hoy →									

Depresión

1. Triste o decaído									
2. Desanimado o desesperanzado									
3. Autoestima baja									
4. Sensación de no valer o de ser inade-cuado									
5. Pérdida de placer o de satisfacción con la vida									
Total de hoy →									

Impulsos suicidas

1. ¿Tiene algún pensamiento de suicidarse?									
2. ¿Quisiera poner fin a su vida?									
Total de hoy →									

Puede realizar el test breve del estado de ánimo hasta ocho veces en una misma hoja de papel. La mujer del ejemplo siguiente tuvo una ansiedad grave durante dos semanas, con puntuaciones de 16 puntos el 1 y el 8 de junio. Su puntuación bajó a 10 puntos a la semana siguiente, lo que indicaba una mejora significativa. El 22 de junio su puntuación había caído hasta 6 y a la semana siguiente era de sólo 3 puntos. El 5 de junio, su puntuación, de sólo 1 punto, indicaba que apenas tenía ansiedad. A la semana siguiente tuvo una recaída y su puntuación subió de nuevo a 11 puntos. Esto es corriente. Después, aplicó las mismas técnicas que le habían servido antes y su puntuación cayó hasta el 0 el 19 de julio.

TEST BREVE DEL ESTADO DE ÁNIMO

Instrucciones: escriba la fecha de hoy en una de las columnas de la derecha. Después, escriba su puntuación en cada ítem en los recuadros por debajo de la fecha, sobre la base de cómo se ha sentido últimamente. Escriba la puntuación total en el recuadro inferior. **Por favor, responda a todos los ítem.**	**Escriba aquí la fecha de hoy**							
	1 de junio	8 de junio	15 de junio	22 de junio	29 de junio	5 de julio	12 de julio	19 de julio
Puntúe cada ítem de esta manera: 0 = Nada en absoluto; 1= Algo; 2 = Moderadamente; 3 = Mucho; 4 = Muchísimo								

Sentimientos de ansiedad

1. Angustiado	3	3	2	1	1	0	2	0
2. Nervioso	2	2	2	2	1	0	1	0
3. Preocupado	4	4	3	1	0	0	3	0
4. Asustado o aprensivo	4	3	2	1	0	0	3	0
5. Tenso o con los nervios de punta	3	4	1	1	1	1	2	0
Total de hoy →	16	16	10	6	3	1	11	0

© 2005 by David D. Burns

Cómo interpretar su puntuación en el test de sentimientos de ansiedad: esta escala mide los síntomas emocionales de la ansiedad. Cuanto más alta es la puntuación, más angustiado se siente usted.

CLAVE DE PUNTUACIÓN: TEST DE SENTIMIENTOS DE ANSIEDAD DE 5 ELEMENTOS

	Puntuación	Significado
Intervalo normal	0-1	**Pocos síntomas de ansiedad o ninguno:** ésta es la puntuación más baja posible. Parece que ahora mismo no lo acosa prácticamente ninguna ansiedad o preocupación, o ninguna en absoluto.
	2-4	**Ansiedad marginal:** aunque sólo tiene unos pocos síntomas de ansiedad, las herramientas que se exponen en este libro podrían resultarle útiles.
Intervalo clínico (Puede estar indicada la psicoterapia.)	5-8	**Ansiedad leve:** esta puntuación no es especialmente alta, pero la ansiedad puede estar provocando incomodidades o perturbaciones significativas.
	9-12	**Ansiedad moderada:** ha respondido moderadamente o más en al menos dos ítem. Ésta es decididamente una ansiedad suficiente para provocar perturbaciones, y se puede mejorar mucho.
	13-16	**Ansiedad grave:** esta puntuación indica unos sentimientos fuertes de ansiedad. Usted puede estar muy incómodo, como mínimo. La buena noticia es que el pronóstico es muy positivo, si usted está dispuesto a aportar algo de valor y de trabajo duro.
	17-20	**Ansiedad extrema:** parece que lo acosan sentimientos intensos de ansiedad, y probablemente sufre usted mucho. Las herramientas de este libro, además de la terapia profesional, pueden ayudarle muchísimo.

Sus puntuaciones en este test pueden cambiar rápidamente. Usted se puede sentir absolutamente preocupado y estresado un día, y mucho más confiado y relajado al día siguiente. Si realiza el test repetidas veces, verá que sus puntuaciones cambian de una vez a otra. Además, la ansiedad depende mucho de la situación en que se encuentre. Si es tímido pero evita tratar con la gente, es probable que no llegue a sentir mucha ansiedad.

No es lo mismo la gravedad de su ansiedad que el pronóstico de recuperación de la misma. He tenido muchos pacientes que se sentían extremadamente angustiados pero que se recuperaron rápidamente. Por el contrario, la ansiedad leve puede requerir una paciencia y perseverancia considerables hasta que se supera. La ansiedad puede asustar mucho, pero no es peligrosa, y es de buen pronóstico en cuanto a posibilidades de recuperación, con independencia de la puntuación que obtenga usted.

Las investigaciones indican que muchos pacientes que sufren ansiedad pueden superar el problema por su cuenta, sirviéndose de herramientas como las que se exponen en este libro. No obstante, la psicoterapia profesional también puede resultar útil, sobre todo si usted se siente atascado o abrumado o si su ansiedad es extrema. ¡No hay ninguna regla que diga que tiene que aguantar siempre en solitario!

Cómo interpretar su puntuación en el test de síntomas físicos de ansiedad: esta escala mide los síntomas físicos de la ansiedad. Cuanto más alta es la puntuación, más síntomas físicos tiene usted. ¿Son peligrosas las puntuaciones altas? ¿Indican que padece graves problemas mentales y que no podrá mejorar?

No, en absoluto. Los síntomas físicos de la ansiedad son comunes, y ciertos tipos de ansiedades tienden a estar asociados a esos síntomas. Por ejemplo, durante un ataque de pánico, usted se puede sentir mareado y notar falta de aliento u opresión en el pecho. La mayoría de las personas que tienen ataques de pánico responden «mucho» o «muchísimo» a este tipo de síntomas. No obstante, existen técnicas nuevas y potentes para tratar los ataques de pánico, y muchos pacientes se han recuperado tras sólo unas cuantas sesiones de psicoterapia o incluso tras una única sesión.

Los síntomas físicos de la ansiedad no son ni mucho menos tan concretos como los síntomas del test de sentimientos de ansiedad. Por ejemplo, si usted se sintiera muy enfadado, es probable que notara alguna tensión muscular y respiración rápida, además de tener el corazón acelerado o palpitaciones. Sin embargo, estos síntomas indicarían ira, más que ansiedad. Del mismo modo, puede usted tener el estómago revuelto por la gripe, en vez de por la ansiedad.

Algunas personas confunden los síntomas físicos de ansiedad con problemas físicos de salud. Por ejemplo, los pacientes que sufren ataques de pánico suelen creer que sus síntomas tienen una

CLAVE DE PUNTUACIÓN: TEST DE SÍNTOMAS FÍSICOS DE ANSIEDAD DE 10 ELEMENTOS

Puntuación	Significado
0-2	Pocos síntomas físicos de ansiedad o ninguno
3-6	Algunos síntomas físicos de ansiedad
7-10	Síntomas físicos de ansiedad leves
11-20	Síntomas físicos de ansiedad moderados
21-30	Síntomas físicos de ansiedad fuertes
31-40	Síntomas físicos de ansiedad extremos

causa física. Normalmente, durante sus ataques de pánico creen que están al borde de alguna catástrofe terrible, como morirse, volverse locos o tener un ataque al corazón. Pero cuando van al médico, se enteran de que no tienen ningún problema físico.

CLAVE DE PUNTUACIÓN: TEST DE DEPRESIÓN DE 5 ELEMENTOS

	Puntuación	Significado
Intervalo normal	0-1	**Pocos síntomas de depresión o ninguno:** ésta es la mejor puntuación posible. No parece que la depresión sea un problema para usted en estos momentos. Si ha estado deprimido, ésta es la puntuación a la que debe aspirar. Puede tardar algún tiempo en llegar hasta aquí, pero, si persevera, *puede* hacerlo realidad.
	2-4	**Depresión marginal:** tiene unos síntomas mínimos de depresión y seguramente no necesite más que una puesta a punto mental. Esta puntuación suele ser indicativa de unos altibajos normales. Con todo, tener una puntuación en este intervalo es como tener unas décimas de fiebre. La fiebre no es alta, pero no tiene usted tanta energía y motivación como quisiera. Además, si se permite que una depresión marginal se prolongue, suele ir a peor. Si bien este libro se centra principalmente en la ansiedad, muchas de las técnicas pueden ser también muy útiles para la depresión.
Intervalo clínico (Puede estar indicada la psicoterapia.)	5-8	**Depresión leve:** tiene varios síntomas leves de depresión o un par de síntomas más fuertes. Si bien este grado de depresión es sólo leve, es más que suficiente para despojarle de su autoestima y de su alegría de vivir la vida.
	9-12	**Depresión moderada:** éste es un nivel significativo de depresión. Muchas personas tienen puntuaciones en este intervalo durante meses e incluso durante años seguidos. Si bien el pronóstico de recuperación es muy positivo, lo triste es que muchas personas deprimidas no se dan cuenta de ello o no lo creen. Sienten que *son verdaderamente* personas anormales o inferiores y creen que simplemente no están destinadas a sentirse jamás felices o realizadas. Espero que no caiga nunca en este esquema mental porque funcionaría a modo de profecía autocumplidora. Cuando usted se rinde, nada cambia. Entonces, llega a la conclusión de que la situación *es verdaderamente* desesperada. Estoy convencido de que todas las personas que padecen depresión pueden recuperarse y conocer de nuevo la alegría y la autoestima.
	13-16	**Depresión grave:** las personas que tienen puntuaciones en este intervalo suelen sentirse terriblemente abatidas, desanimadas y sin valor, y les parece que nada las satisface ni les vale la pena. Este grado de sufrimiento puede resultar abrumador, y difícil de entender por los demás. Cuando usted intenta explicar a sus amigos o a su familia cómo se siente, ellos quizá le digan que se anime y que mire el lado bueno de las cosas. Naturalmente, los consejos superficiales de esta clase suelen empeorar las cosas porque usted se siente rechazado y cree que no le tienen en cuenta. En realidad, el pronóstico de recuperación de la depresión grave es excelente, aunque usted no lo sienta así ahora mismo.
	17-20	**Depresión extrema:** este grado de depresión indica un sufrimiento casi increíble, pero el pronóstico de mejora y recuperación sigue siendo muy positivo. Si bien las técnicas de autoayuda pueden resultar muy útiles, también puede ser preciso un tratamiento profesional. Es muy semejante a estar perdido en el bosque. Usted se siente asustado porque está oscureciendo y hace frío y no sabe cómo encontrar el camino de vuelta a su casa. En muchos casos, un buen guía al que usted aprecie y en el que confíe podrá enseñarle el camino por el que se pondrá a salvo.

CLAVE DE PUNTUACIÓN: TEST DE IMPULSOS SUICIDAS DE 2 ELEMENTOS

	Significado
Ítem 1	Las puntuaciones elevadas en este ítem no son raras si usted se siente deprimido o desanimado. La mayoría de las personas deprimidas tienen algún pensamiento de suicidio en algún momento. Estos pensamientos no suelen ser peligrosos a no ser que usted tenga planes de llevarlos a la práctica. No obstante, sería prudente que consultara a un profesional de la salud mental si tiene fantasías o impulsos suicidas o si los sentimientos de depresión y de desánimo han durado más de una semana o dos. Su vida es preciosa, y no le interesa jugar a la ruleta rusa con ella.
Ítem 2	Este ítem trata de los impulsos suicidas. Toda puntuación de 1 o superior puede ser peligrosa, y se impone decididamente el tratamiento profesional. Si tiene algún deseo de quitarse la vida, debe llamar al número de emergencias y pedir tratamiento inmediatamente.

Las personas que sufren hipocondría también interpretan los síntomas físicos benignos, tales como un dolor de cabeza, un dolor de vientre, la fatiga o un cardenal, como indicios de que padecen un problema de salud grave, como puede ser un cáncer. Van de un médico a otro en busca de un diagnóstico porque no se dan cuenta de que la causa de sus síntomas es la aflicción emocional, y *no* una enfermedad física.

Cómo interpretar su puntuación en el test de depresión: esta escala mide los síntomas principales de la depresión, tales como los sentimientos de tristeza, de desánimo, de inferioridad o de falta de valor, además de la pérdida de satisfacción o del placer de vivir. Las puntuaciones más altas indican depresiones más graves.

Si su puntuación en este test es de 2 o más, también puede estar sintiendo algunos de los otros síntomas comunes de la depresión, como la culpa, las dificultades para dormir, la fatiga, y una pérdida paralizadora de motivación para hacer las cosas que antes le gustaban, como el trabajo, las aficiones, los deportes, o simplemente pasar tiempo con los amigos o con la familia.

La depresión es una de las peores formas de sufrimiento porque nos despoja de nuestra autoestima. Además, los sentimientos de desesperanza producen la ilusión de que nuestros sufrimientos durarán para siempre. He dicho muchas veces que la depresión es el engaño más antiguo y más cruel del mundo, porque uno se engaña a sí mismo haciéndose creer cosas que, sencillamente, son falsas. Usted se dice que no es bueno, que debería ser mejor de lo que es y que no volverá a gozar nunca más de ninguna alegría, satisfacción, creatividad o intimidad verdaderas. Además, puede estar completamente convencido de que no ve más que la terrible verdad sobre sí mismo y sobre su vida.

Sin embargo, el pronóstico de mejoría es extremadamente bueno. De hecho, la recuperación de la depresión es una de las experiencias más gozosas que puede vivir un ser humano. Muchos de mis pacientes han dicho que es como volver a nacer y que se sienten más felices que nunca.

Cómo interpretar su puntuación en el test de impulsos suicidas: los impulsos suicidas suelen ser consecuencia de sentimientos de desesperanza. Cuando usted está deprimido, puede desarrollar la convicción abrumadora de que las cosas no pueden cambiar nunca. Entonces, quizá mire el suicidio como el único alivio posible de sus sufrimientos.

De hecho, los sentimientos de desesperanza no son nunca válidos. He tenido millares de sesiones de psicoterapia con personas muy deprimidas que estaban absolutamente convencidas de que no valían nada y de que no podrían mejorar nunca. Algunas habían estado deprimidas durante décadas y habían tomado todo tipo de medicamentos que no les habían servido. Y, sin embargo, se habían recuperado y habían conocido de nuevo la alegría y la autoestima. Estoy convencido de que esto también es posible para usted.

¿Qué significa que haya obtenido puntuaciones dentro del «rango clínico» en los test de ansiedad o de depresión? ¿Quiere decir que está perturbado y que debe buscar ayuda profesional? No, en absoluto. Muchas personas que tenían puntuaciones dentro de este rango han mejorado, o incluso se han recuperado, con sólo aplicar por su cuenta técnicas como las que se describen en este libro. Sin embargo, algunas personas sí necesitarán orientación profesional. Si ha estado luchando sin éxito por superar estos problemas, o si los sentimientos de ansiedad y depresión le están causando problemas en su vida, entonces deberá solicitar una consulta con un profesional de la salud mental. Además, si tiene pensamientos o sentimientos suicidas, es esencial que busque tratamiento enseguida por parte de un profesional de la salud mental cualificado.

¿Y la otra cara de la moneda? Supongamos que usted tiene unas puntuaciones bastante bajas, digamos de 2 a 4 en el test de sentimientos de ansiedad o en el test de depresión. ¿Significa esto que no necesita ayuda o que las técnicas que se exponen en este libro no le beneficiarán? No, en absoluto. Yo, personalmente, aspiraría a una puntuación de 0. No se conforme con medianías. La puntuación de 0 puede establecer una diferencia enorme en su manera de sentirse.

Por otra parte, no considero que sea posible sentirse felices todo el tiempo, y ni siquiera estoy seguro de que fuera deseable. La vida puede traer tensiones y todos caemos de vez en cuando en agujeros negros de duda y preocupación. Lo importante es que usted sepa que cuenta con las herramientas necesarias para resolver los cambios dolorosos de estado de ánimo, de modo que no tiene por qué temerlos ni quedarse atrapado en ellos.

3

¿Tiene usted un trastorno de ansiedad?

La ansiedad es de varios tipos y colores. Algunos estamos preocupados permanentemente. Otras personas tienen ataques de pánico, obsesiones, fobias o temen por su salud. Muchas personas son terriblemente tímidas o se quedan paralizadas cada vez que tienen que hablar en público. En la tabla de la página 46 presentamos una lista de las formas más comunes de ansiedad, junto con sus nombres comunes y sus descripciones diagnósticas oficiales. Las descripciones oficiales están tomadas de la cuarta edición del *Manual diagnóstico y estadístico de los trastornos mentales* de la American Psychiatric Association, también llamado *DSM-IV*. Por ejemplo, la timidez se califica de trastorno de ansiedad social y la preocupación crónica se diagnostica con el nombre de trastorno de ansiedad generalizada. Vamos a hablar de lo que significan estas etiquetas diagnósticas… y de lo que no significan.

Supongamos que usted se ha estado preocupando últimamente por las cosas. ¿Es un manojo de nervios? ¿O padece la enfermedad llamada trastorno de ansiedad generalizada (TAG)? O supongamos que lo pasa mal en las situaciones de trato social porque se siente incómodo y avergonzado. ¿Es usted tímido? ¿O padece una enfermedad llamada trastorno de ansiedad social? ¿Dónde termina la timidez y dónde empieza el trastorno de ansiedad social? Podíamos plantearnos preguntas semejantes sobre todos los tipos de ansiedad que aparecen en la tabla. Por ejemplo, la mayoría de las personas tenemos sentimientos de inseguridad acerca de nuestro aspecto. ¿En qué momento se convierten estas preocupaciones en una enfermedad llamada trastorno dismórfico corporal (TDC)?

A los médicos les gusta utilizar términos diagnósticos, tales como «trastorno de ansiedad generalizada», «trastorno de ansiedad social» y «trastorno dismórfico corporal», porque eso les ayuda a pensar y a comunicarse entre ellos con más precisión acerca de los problemas de sus pacientes. Además, estas etiquetas diagnósticas a veces aportan indicaciones acerca de cuáles serán los tipos más eficaces de tratamiento. Por ejemplo, las técnicas que usaría yo para tratarle si tuviera ataques de pánico serían algo distintas de las que usaría para tratar su timidez, sus tendencias obsesivo-compulsivas o su depresión.

Las categorías diagnósticas también son útiles para la investigación porque permiten poner a prueba tratamientos nuevos sobre grupos de pacientes definidos claramente y determinar lo que da resultado y lo que no. Por ejemplo, si yo publico un estudio donde demuestre la efectividad de mi nuevo tratamiento para la timidez, los investigadores independientes pueden intentar reproducir los resultados de mi estudio con un grupo similar de pacientes tímidos para ver si los suyos también mejoran. En tal caso, podríamos decir que el tratamiento se ha validado empíricamente. Así es como avanza la ciencia de la conducta humana. De hecho, los métodos que expongo en este li-

SU PERFIL DE ANSIEDAD

Instrucciones: marque todos los tipos de ansiedad que puedan aplicarse a usted.

Tipo de ansiedad	Síntomas	(✓)	Descripción oficial
1. Preocupación crónica	Usted se preocupa constantemente por su trabajo, su salud, su economía, sus estudios o su familia.		Trastorno de ansiedad generalizada (TAG)
2. Ataques de ansiedad	De pronto siente que está a punto de desmayarse, de volverse loco, de morirse o de perder el control.		Trastorno de pánico (TP)
3. Agorafobia	Tiene miedo de que pase algo terrible si usted está fuera de casa y solo.		Agorafobia
4. Miedos y fobias	Tiene un miedo intenso a algo concreto, como a las serpientes, la sangre, las alturas, conducir, volar o quedarse atrapado en espacios reducidos.		Fobia específica
5. Timidez	Suele sentirse nervioso o apurado cuando está con otras personas.		Trastorno de ansiedad social
6. Síndrome de la vejiga tímida	Le produce ansiedad tener que utilizar un retrete público.		Estos problemas no tienen descripciones oficiales. Todos se consideran formas del trastorno de ansiedad social.
7. Ansiedad por los exámenes	Se pone nervioso y se queda paralizado cuando tiene que hacer un examen.		
8. Ansiedad por hablar en público	Le produciría ansiedad tener que pronunciar un discurso delante de un grupo de personas.		
9. Ansiedad por la actuación	Le pondría nervioso o angustiado actuar o competir delante de un público.		
10. Obsesiones	Tiene pensamientos trastornadores de los que no se puede librar, como miedos a perder el control y hacer daño a los demás, a confesar un delito que no ha cometido o a contaminarse por la suciedad o los microbios.		Trastorno obsesivo-compulsivo (TOC)
11. Compulsiones	Tiene el impulso de realizar determinados ritos, tales como contar las cosas, lavarse repetidamente, ordenar las cosas de una manera determinada o repetir palabras por lo bajo.		
12. Trastorno por estrés postraumático	Lo acosan recuerdos trastornadores de un suceso traumático, como una violación, una muerte, violencias, torturas o lesiones graves.		Trastorno por estrés postraumático (TEP)
13. Preocupaciones por la salud	Suele preocuparse por tener un problema o una enfermedad grave a pesar de que el médico siempre le asegura que está sano.		Hipocondría
14. Preocupaciones por el aspecto físico	Está convencido de que hay algo anormal o grotesco en su aspecto, aunque nadie más puede ver el defecto.		Trastorno dismórfico corporal (TDC)

Nota: Algunas personas tienen tendencia a la ansiedad y a la preocupación. Si usted sufre un tipo determinado de ansiedad, es probable que sufra también otros.

bro se han probado en muchos estudios y se ha demostrado su gran eficacia en el tratamiento de todas las formas de ansiedad, además de la depresión, tanto a corto como a largo plazo.

Sin embargo, estas etiquetas diagnósticas tienen asociados algunos problemas perturbadores:

- La ansiedad y la preocupación son muy corrientes, por lo que acabamos «patologizando» innecesariamente a las personas.
- Si su médico le dice que padece un trastorno de ansiedad o varios, usted puede sentirse anormal o avergonzado. Sin embargo, la mayoría de las personas con ansiedad ya se sienten anormales y avergonzadas, por lo que el diagnóstico puede agudizar estos sentimientos.
- Usted puede llegar a la conclusión de que padece una «enfermedad del cerebro» o una enfermedad mental. Lo más probable es que no sea así, como explicaré más adelante.
- Usted se puede sentir víctima de fuerzas que están fuera de su control y llegar a la conclusión de que tiene que someterse a un tratamiento con medicamentos para mejorar. En la mayoría de los casos, esto tampoco es cierto.

Si repasa usted los criterios de diagnóstico para los trastornos de ansiedad en el *DSM-IV*, descubrirá que pueden ser sorprendentemente desconcertantes. Por ejemplo, he aquí lo que le tendría que pasar a usted para que se le pudiera diagnosticar un TAG (trastorno de ansiedad general):

- Tiene que preocuparse en exceso por las cosas, «la mayoría de los días, durante seis meses al menos».
- Tiene que costarle trabajo controlar su preocupación.
- La preocupación tiene que provocarle «una aflicción significativa» en su vida.
- Tiene que sentir los síntomas físicos de la ansiedad, tales como la tensión muscular.

Estos criterios parecen perfectamente razonables hasta que nos ponemos a reflexionar sobre ellos de manera crítica. Por ejemplo, a usted no se le permite padecer TAG a menos que se haya estado preocupando de las cosas «en exceso». ¿Cuánto hay que preocuparse para que sea «en exceso»? Si usted no lo sabe, yo tampoco. Y ¿por qué tiene que durar seis meses su preocupación para que se pueda calificar de TAG? ¿Por qué no cuatro meses, dos meses o dos días? Supongamos que lleva usted cinco meses y veintinueve días preocupándose por las cosas. ¿Quiere esto decir que *no* tiene TAG? ¿Y que de repente le da el TAG a la medianoche en que se cumplen los seis meses? En tal caso, ¿qué tenía usted antes? Al fin y al cabo, una preocupación que ha durado menos de seis meses no se diferencia en nada de una preocupación que dura más de seis meses.

Los demás criterios para la determinación del TAG son igualmente extraños. ¿Cómo va a determinar usted si le cuesta trabajo controlar su preocupación? ¿Quiere eso decir que le tiene que costar trabajo siempre controlar su preocupación? ¿O sólo a veces? No he visto jamás a un paciente con ansiedad al que no le costara algún trabajo controlar su ansiedad. ¡Al fin y al cabo, no somos precisamente como robots con interruptores para encender y apagar nuestras emociones!

Por último, no se le permite tener TAG a no ser que la preocupación provoque «una aflicción significativa» en su vida. ¿Cuánta aflicción resulta «significativa»? ¿Y si usted se preocupa constantemente pero la preocupación no le provoca aflicciones? Al fin y al cabo, hay personas a las que parece que les gusta preocuparse. Por ejemplo, usted puede pensar que su preocupación constante por sus hijos es buena para protegerlos de los peligros y que forma parte de su papel como madre amorosa. ¿Significa esto que no tiene usted TAG?

Los médicos no aplican criterios tan subjetivos y difusos para diagnosticar las enfermedades reales. Si usted llegara a Urgencias con fiebre alta, tos y falta de aliento, y la radiografía confirmara una pulmonía, yo se la trataría inmediatamente. No le diría: «Ah, sólo hace dos días que tiene los síntomas. No se me permite diagnosticarle una pulmonía a no ser que haya tenido los síntomas durante una semana. Pero vuelva usted el viernes, si sigue vivo, y entonces podré tratarle la pulmonía». Eso sería absurdo, evidentemente. La pulmonía es pulmonía aunque sólo haya estado presente un día, una hora o un minuto.

Según mi manera de pensar, los criterios diagnósticos del *DSM-IV* para los trastornos de ansiedad son bastante absurdos, como tomados de *Alicia en el país de las maravillas*. Uno puede suponer que la preocupación se convierte en una enfermedad llamada «trastorno de ansiedad generalizado» al cabo de seis meses porque así es como se define oficialmente en el *DSM-IV*, pero no olvide que ese plazo es arbitrario. El TAG no es una enfermedad real en el mismo sentido en que lo es la pulmonía. La preocupación existe, pero el TAG no. La timidez existe, pero el trastorno de ansiedad social no.

¿De dónde salieron estos criterios diagnósticos en un primer momento? Quizá no sepa usted que no se decidieron sobre una base estrictamente científica. Lo que sucede es que de vez en cuando se reúnen comités de psiquiatras y determinan por votación las últimas versiones de los criterios diagnósticos. Piensan, rascándose la cabeza, cuántos meses de preocupación hacen falta para que cobre vida de pronto el TAG. El plazo de seis meses no es «correcto» en ningún sentido absoluto: no es más que el plazo que decidió por votación el comité en su última reunión. Podrían haberse sacado de la manga cualquier otro plazo y habría sido igualmente válido o absurdo. Es un poco como aquellos filósofos de la Edad Media que discutían cuántos ángeles pueden bailar en la cabeza de un alfiler.

¿Por qué son tan arbitrarios los criterios diagnósticos para los trastornos de ansiedad? Esto se debe a que la mayoría de los sentimientos que los psiquiatras clasifican como «trastornos de ansiedad» no son más que sentimientos normales que todos tenemos de vez en cuando. Cuando se intentan traducir nuestros sentimientos, que cambian constantemente, en una serie de «trastornos» que podemos «tener» o «no tener», surgen graves problemas conceptuales. Es preciso crear límites arbitrarios donde no existen. De ahí el problema. Los «trastornos de ansiedad» son, en su mayor parte, unas entidades ficticias que sólo existen en las mentes de los psiquiatras que los inventan. No son verdaderas enfermedades mentales.

He dicho anteriormente que la mayoría de los psicoterapeutas ha tenido que enfrentarse en algún momento de sus vidas a algún tipo de ansiedad, como la timidez, la ansiedad de hablar en público, las fobias o las obsesiones. Y la mayoría ha tenido momentos en los que se ha encontrado a oscuras, con sentimientos de falta de valor, de desesperanza o de duda intensa. Los psicoterapeutas son humanos, como todo el mundo. Estos sentimientos son unas experiencias humanas universales. ¿Significa esto que todos tenemos «enfermedades del cerebro»?

No cabe duda de que algunas personas sufren bastante más ansiedad y dudas que la persona media, mientras que otras sufren muy poca ansiedad y casi dan la impresión de haber nacido felices, confiadas y animadas. Los científicos no saben por qué algunas personas son más proclives a la ansiedad, pero está claro que en esto desempeñan un papel importante los factores genéticos y medioambientales. Si usted tiene tendencia a estar angustiado, eso no quiere decir que padezca una enfermedad del cerebro o un trastorno de ansiedad. Sencillamente, estas etiquetas tipo «todo o nada» no se pueden aplicar de manera significativa a los sentimientos humanos.

Quiero dejar claro lo que estoy diciendo porque tampoco quiero echar la soga tras el caldero:

- La ansiedad y la depresión son reales.
- Estos sentimientos pueden ser dolorosos y discapacitadores.
- Las personas que luchan contra la ansiedad y la depresión merecen recibir tratamiento.
- Existen actualmente nuevos tratamientos, eficaces y libres de medicamentos, y el pronóstico de recuperación plena es excepcionalmente bueno.
- No es necesario ni deseable transformar estos sentimientos en una serie de «trastornos» o de «enfermedades del cerebro» para tratarlos de manera eficaz.

Naturalmente, las enfermedades del cerebro sí existen. Algunos problemas psiquiátricos graves, como la esquizofrenia y el trastorno bipolar (maníaco-depresiva), son consecuencia indudable de un defecto biológico del cerebro. Pero en su mayor parte estas etiquetas son arbitrarias.

Sin embargo, las etiquetas tienen mucha autoridad en la mente de las personas. Si su médico le dice que tiene pulmonía, usted padece una enfermedad real con una patología real que requiere un tratamiento médico. Usted cree lo que dice el médico porque éste tiene unos estudios y una experiencia que usted no tiene. Pero si su médico le dice que tiene TAG, trastorno obsesivo-compulsivo, trastorno por estrés postraumático o trastorno de ansiedad social, lo único que le está diciendo es lo que usted ya sabía, a saber, que se ha estado sintiendo angustiado.

Cuando sepa qué tipos de ansiedad tiene y la gravedad de su ansiedad, podremos remangarnos y ponernos a trabajar. Si damos el siguiente paso y dictaminamos que usted padece un trastorno de ansiedad, tampoco hemos aportado ninguna información nueva que no conociésemos antes. Sin embargo, hemos producido la impresión de que su ansiedad es consecuencia de un desequilibrio químico de su cerebro y de que una pastilla lo curará. Vamos a examinar esta idea tan seductora en el capítulo siguiente.

4

La nación de los placebos

La verdad sobre los antidepresivos y los medicamentos antiansiedad

Habrá oído decir, probablemente, que la depresión y la ansiedad son consecuencia de un desequilibrio químico del cerebro y que este desequilibrio se puede corregir con la medicación oportuna. Hasta puede que tenga algún amigo o familiar que le jure que el Paxil o el Prozac los sacó de un bajón de ánimo. Sin embargo, existen motivos poderosos para dudar de que la depresión y la ansiedad sean consecuencia de un desequilibrio químico en el cerebro y algunos estudios recientes y sorprendentes indican que los antidepresivos pueden no ser tan eficaces como nos han hecho creer. Por si tiene usted curiosidad, voy a darle alguna información que quizá le asombre.

Puede que haya visto en la televisión anuncios como éste:

¿Se siente tímido ante la gente? Puede que sufra el trastorno de ansiedad social. Según los investigadores, esta enfermedad es consecuencia de un desequilibrio químico en el cerebro. Y ¡tiene usted suerte! El medicamento X puede corregir ese desequilibrio. ¡Pida a su médico que se lo recete hoy mismo!

Después, se ve un dibujo animado en el que unas pequeñas moléculas sonrientes de serotonina nadan felices por las sinapsis y estimulan los centros de placer del cerebro. Esta escena se funde con la imagen real de una pareja feliz que, cogida de la mano, corretea alegremente por la playa, porque los dos se han recuperado de su «trastorno de ansiedad social» gracias al medicamento X y ahora están locamente enamorados. Estos anuncios están bien hechos y son seductores. Le dan ganas a uno de tomarse una pastilla ahora mismo. ¡Eh, yo también quiero corretear por la playa con esa mujer tan hermosa!

¿Son válidos estos mensajes? ¿Es *verdad* que la ansiedad y la depresión son consecuencia de un desequilibrio químico en nuestro cerebro? ¿Representan verdaderamente las pastillas la forma de tratamiento más eficaz?

Solemos pensar que si un problema tiene causa biológica, hay que tratarlo con una pastilla. Por el contrario, si un problema tiene causa psicológica, podemos tratarlo con terapia a base de hablar. Sin embargo, un razonamiento como éste puede desencaminarnos. A veces, las pastillas pueden ser el mejor tratamiento para un problema psicológico. Supongamos que usted tiene dolor de cabeza porque ha estado sometido a estrés. Se toma una aspirina y funciona como por ensalmo. Al cabo de una hora, se le ha pasado el dolor de cabeza. Así pues, a pesar de que su dolor de cabeza era consecuencia de un problema psicológico, usted lo trató de manera eficaz con una pastilla. Esto no significa que la pastilla corrigiera una falta de aspirina en su cerebro. La aspirina fue, simplemente, la manera más rápida y más sencilla de superar su dolor de cabeza.

Por otra parte, la psicoterapia suele ser el mejor tratamiento para los problemas biológicos. Muchos estudios dan a entender que los factores genéticos desempeñan un papel significativo en la depresión y en muchas formas de ansiedad. Por ejemplo, algunos investigadores están convencidos de que la fobia a la sangre es casi totalmente genética. Evidentemente, todo lo que heredamos tiene que ser biológico; por lo tanto, la fobia a la sangre debe de tener una causa biológica, al menos en parte. Sin embargo, el lector recordará que he contado que yo superé mi fobia a la sangre en pocos minutos, trabajando con un paciente horriblemente ensangrentado en una sala de urgencias poco antes de empezar mi período de interno cuando estudiaba Medicina. En este caso, traté un problema biológico con una técnica psicoterapéutica que se llama «inundación». Así pues, la verdadera pregunta es ésta: ¿cuál es la mejor manera de superar la depresión y la ansiedad? ¿Los medicamentos, la psicoterapia o una combinación de ambos?

Según la teoría del desequilibrio químico, los medicamentos representan, sin duda alguna, el mejor tratamiento para la ansiedad y la depresión. Esta teoría ha existido desde muy antiguo. De hecho, se remonta a Hipócrates, padre de la medicina moderna. Hipócrates llamó a la depresión «melancolía» porque creía que estaba producida por una sustancia negra segregada por la vesícula biliar. *Melanos* significa «negro» y *cholia* se refiere a la vesícula. En la actualidad, los científicos siguen buscando algún tipo de desequilibrio químico que provoca la depresión y la ansiedad, pero lo buscan más bien en el cerebro que en la vesícula.

La sustancia química que ha sido objeto de toda la atención se llama serotonina. Es una de las muchas sustancias que transmiten los impulsos eléctricos entre las neuronas del cerebro. Muchos psiquiatras opinan que la depresión y la ansiedad son consecuencia de una falta de serotonina en el cerebro y que la manía (los estados de euforia extrema) es consecuencia de un exceso de serotonina. En tal caso, los medicamentos que elevan los niveles de serotonina en el cerebro deberían tener efectos antidepresivos y antiansiedad. De hecho, podríamos considerar que la serotonina es la molécula de la felicidad.

Después de mi formación como residente de psiquiatría en la Facultad de Medicina de la Universidad de Pensilvania, realicé investigaciones, durante varios años, sobre la teoría de los desequilibrios químicos. En aquella época publiqué trabajos de investigación en revistas científicas revisadas por mis colegas, escribí capítulos de libros de texto de psicofarmacología e impartí conferencias en congresos científicos de Estados Unidos y algunos en el extranjero. Tuve la fortuna de ganar el premio A. E. Bennett, uno de los más importantes del mundo a las investigaciones básicas en psiquiatría, por mi trabajo sobre el metabolismo cerebral de la serotonina.

En la década de 1970, mis colegas y yo realizamos diversos experimentos para poner a prueba la teoría de que la depresión es consecuencia de una falta de serotonina en el cerebro. Los resultados, sencillamente, no concordaron con esta teoría. Por ejemplo, en cierto estudio aumentamos los niveles cerebrales de serotonina en veteranos de guerra deprimidos, administrándoles suplementos diarios masivos de L-triptófano, un aminoácido esencial que pasa rápidamente al cerebro, donde se convierte en serotonina. Sin embargo, sus estados de ánimo no mejoraron en absoluto. Publicamos este estudio en los *Archives of General Psychiatry*, una de las publicaciones científicas más destacadas del sector.[1] Además, yo repasé toda la literatura científica mundial sobre la serotonina cerebral, pero no encontré el menor rastro de prueba fiable de que una falta de serotonina o ningún otro desequilibrio químico en el cerebro provocaran la depresión, la ansiedad u otro trastorno psiquiátrico. Hasta la fecha, no tengo noticia de ningún estudio que haya validado la teoría del desequilibrio químico.

A los antidepresivos que empezaron a salir a finales de la década de 1980, como el Prozac, los llamamos IRSS (inhibidores de la recaptación selectiva de serotonina), por sus efectos extraordinariamente potentes sobre el sistema de serotonina del cerebro. Si la teoría de la falta de serotonina fuera válida, estos nuevos medicamentos deberían ejercer unos efectos antidepresivos y antiansiedad enormemente superiores. Dicho de otro modo, los pacientes que toman IRSS deberían recuperarse enseguida, dados los efectos poderosos de estos medicamentos sobre el sistema de serotonina del cerebro. Pero no ha sucedido así. De hecho, los últimos estudios plantean serias dudas sobre si estos nuevos antidepresivos ejercen *algún* verdadero efecto antidepresivo, aparte de su efecto placebo.

Muchos neurólogos ya no creen en la validez de la teoría del desequilibrio químico para explicar la depresión y la ansiedad. En vez de ello, realizan estudios sobre los circuitos neurológicos del cerebro sin atender tanto a los equilibrios y desequilibrios químicos. Al fin y al cabo, el cerebro no es un sistema hidráulico, como los frenos de un coche. Por el contrario, es un sistema sofisticado y enormemente complejo de procesamiento de información, semejante a un superordenador capaz de pensar y de sentir. Pero una diferencia importante entre el cerebro y un ordenador es que el cerebro crea nuevas neuronas y nuevos circuitos todos los días. De hecho, cuando se despierta usted por la mañana, es una persona algo diferente, pues su cerebro ha cambiado en las últimas veinticuatro horas.

Muchas personas que padecen depresión o ansiedad siguen creyendo que sus problemas de estado de ánimo son consecuencia de un desequilibrio químico de su cerebro, y es comprensible que lo crean. Quizá lo crea usted porque se lo dijo su médico o porque lo ha oído decir en la televisión. Pero si su médico le dice que sufre un desequilibrio químico en el cerebro, puede que esté tomando por realidad lo que no es más que una teoría. La mayoría de los médicos son trabajadores bienintencionados y quieren lo mejor para usted y para todos sus pacientes, pero también es verdad que han oído repetir muchas veces la teoría del desequilibrio químico.

Esta teoría está más alimentada por el marketing de los laboratorios farmacéuticos que por las pruebas científicas sólidas. Hay en juego miles de millones de dólares de beneficios anuales por la venta de medicamentos antidepresivos y antiansiedad; por eso, los grandes laboratorios se gastan grandes sumas de dinero en apoyar la teoría del desequilibrio químico. Además, subvencionan una buena parte del presupuesto de la American Psychiatric Association, y financian enormes gastos de investigación y de educación en las facultades de Medicina.

Naturalmente, financiar la investigación y la educación no es malo, pero el dinero compra influencia, y los grandes laboratorios se centran sobre todo en vender sus medicamentos. Las investigaciones científicas deben ir dirigidas a descubrir la verdad. Las investigaciones de los laboratorios farmacéuticos van dirigidas a vender nuevos productos.

Yo, como médico, no debo hacer afirmaciones que no pueda apoyar con pruebas documentales. Si usted se ha estado sintiendo fatigado últimamente y si yo sospecho que el problema se debe a una anemia por falta de hierro, le mandaré unos análisis de sangre para determinarlo. Si los análisis confirman mi diagnóstico, le recetaré unos suplementos de hierro y se sentirá mejor al poco tiempo. Pero si le digo que su depresión o sus ataques de pánico son consecuencia de un desequilibrio químico de su cerebro, entonces le estoy diciendo algo que no se puede probar, pues no existen análisis para determinar el desequilibrio químico del cerebro humano.

A algunas personas les resulta difícil creer esto, con todo lo que se ha popularizado y fomentado la teoría del desequilibrio químico. Por ejemplo, puede que usted haya visto en televisión o en las revistas populares imágenes cerebrales de personas deprimidas o con ansiedad. Lo más probable es que los investigadores hicieran notar que las imágenes cerebrales de las personas deprimidas eran diferentes de las imágenes de las que se habían recuperado y volvían a sentirse felices. Algunas personas creen que estas imágenes demuestran que un desequilibrio químico del cerebro produce ansiedad y depresión. De hecho, los razonamientos de este tipo se han utilizado para «demostrar» que toda una diversidad de problemas emocionales y de conducta, entre ellos la depresión, la ansiedad e incluso el trastorno de déficit de atención con hiperactividad, son enfermedades cerebrales que deben tratarse con pastillas.

Los científicos están emocionados, con razón, por las nuevas técnicas de neuroimagen, como las imágenes por resonancia magnética (MRI) y la tomografía por emisión de positrones/tomografía de emisión de fotón único (PET/SPECT), pues nos permiten asomarnos por primera vez al cerebro vivo. Las imágenes indican las pautas de flujo sanguíneo y de uso del oxígeno en el cerebro. Muestran que las diversas partes del cerebro usan más sangre y oxígeno cuando están más activas. En consecuencia, midiendo el flujo sanguíneo y el consumo de oxígeno, los investigadores pueden evaluar indirectamente qué regiones del cerebro están más activas en diversos estados de conducta y emocionales.

Sin embargo, desde las pautas de flujo sanguíneo en el cerebro hasta los pensamientos y los sentimientos conscientes hay un camino muy largo. Las imágenes cerebrales no nos dicen nada de lo que es normal o anormal y tampoco pueden servir para detectar ningún tipo de «desequilibrio químico». Tampoco nos dicen nada acerca de las relaciones de causa y efecto en el cerebro. Lo único que nos muestran es que el cerebro está vivo, funciona y se dedica a lo suyo. Si se siente triste, su cerebro puede mostrar una pauta; si se siente alegre o emocionado, puede mostrar otra. Pero estas imágenes no nos permiten decir que los sentimientos de tristeza, de felicidad o de emoción son enfermedades del cerebro, y tampoco nos dicen nada acerca de cómo crea el cerebro estos sentimientos. De hecho, ni siquiera sabemos cómo crea el cerebro la conciencia, ni mucho menos los estados anormales de la conciencia tales como la depresión, la ira o un ataque de pánico.

Con independencia de la causa de la depresión y de la ansiedad, la cuestión práctica es cómo vamos a combatir estos problemas. La mayoría de las personas opinan que el tratamiento más eficaz son los medicamentos. De hecho, ésta es la postura oficial de la American Psychiatric Association, y la mayoría de los médicos de Estados Unidos lo toman por dogma de fe.

Como dije en el capítulo 1, se suelen recomendar para la ansiedad y la depresión dos tipos de medicamentos. Éstos son los tranquilizantes menores, como el Xanax, el Ativan y el Valium, y los antidepresivos, como el Prozac, el Paxil o el Zoloft. Los tranquilizantes menores también se llaman benzodiazepinas y tienen potentes efectos antiansiedad. Supongamos que usted está preocupado y le cuesta trabajo dormirse, por lo que se toma una pastilla de 0,25 mg de Xanax. Si no se ha tomado nunca hasta entonces una benzodiazepina, funcionará como por ensalmo. Se quedará dormido casi al momento y se despertará a la mañana siguiente sintiéndose relajado y fresco. Es como una pastilla milagrosa.

¿Significa esto que el Xanax ha corregido un desequilibrio químico de su cerebro? No. Lo único que significa es que el Xanax le ayudó a relajarse y a quedarse dormido. ¡Un par de copas habrían tenido el mismo efecto, probablemente, pero tampoco ellas estarían corrigiendo un desequilibrio químico de su cerebro!

Por desgracia, la solución del Xanax tiene su parte negativa. Si usted empieza a tomar con regularidad este medicamento o cualquier otra benzodiazepina, lo más probable es que desarrolle una dependencia física de ellas en un plazo aproximado de tres semanas. Así, si decide dejar de tomarlas, sufrirá síndrome de abstinencia, con ansiedad grave e insomnio. Cuanto más tiempo tome esos medicamentos y cuanto mayor sea la dosis, más intenso y prolongado se vuelve el síndrome de abstinencia. Sin embargo, estos mismos síntomas fueron los que le hicieron tomar el medicamento de entrada. Entonces, su médico y usted pueden llegar a la conclusión de que no se ha recuperado y de que tiene que seguir tomando el medicamento. Así es como se engancha la gente a las benzodiazepinas. De hecho, algunos expertos han afirmado que deshabituarse del Xanax puede ser tan difícil como deshabituarse de la heroína. Por eso yo no receto casi nunca las benzodiazepinas para la ansiedad ni para la depresión.

Naturalmente, toda regla tiene sus excepciones, y estos medicamentos pueden ser increíblemente útiles en algunas ocasiones. Supongamos, por ejemplo, que a usted le van a practicar una colonoscopia y que el médico le ofrece ponerle una inyección intravenosa de benzodiazepina para ayudarle a relajarse durante la exploración. ¡Acéptela sin dudarlo! Usted estará en el séptimo cielo y la colonoscopia le *encantará*. ¡De hecho, lo más probable es que quiera que se la repitan todas las semanas! Pero si usted padece ansiedad, insomnio o depresión, las benzodiazepinas no son la solución, decididamente.

También se han promocionado mucho los antidepresivos para la ansiedad y la depresión. Todo el mundo ha oído hablar del Prozac, y los antidepresivos tienen una gran ventaja respecto de las benzodiazepinas: no son adictivos. Pero ¿cuán eficaces son? ¿Qué indican los últimos datos?

Antes de que pueda responder a esta pregunta, debemos hablar de lo que se llama «efecto placebo». El efecto placebo es la mejora que se produce al tomar, por ejemplo, una pastilla que no contiene más que azúcar, sin ningún principio activo. Imagínese la siguiente situación: un hombre que lleva varios meses sintiéndose sin valor y desanimado acude a su psiquiatra local para recibir tratamiento. El psiquiatra le explica que padece depresión y que ésta es consecuencia de un desequilibrio químico del cerebro. Le tranquiliza y le da una receta de un antidepresivo que corregirá el desequilibrio.

Cuatro semanas más tarde, el hombre afirma que se siente mucho mejor. Duerme mejor, le ha subido el estado de ánimo y vuelve a interesarse por la vida de manera productiva. Su psiquiatra y él atribuyen su mejora espectacular al antidepresivo. ¿Es sólido el razonamiento? ¿Podemos llegar razonablemente a la conclusión de que…

- su depresión era consecuencia de un desequilibrio químico en su cerebro?
- el antidepresivo corrigió dicho desequilibrio químico?
- la mejoría del paciente fue consecuencia del antidepresivo?

Si bien muchas personas llegarán a este tipo de conclusiones, la mejoría del paciente no aporta ninguna prueba convincente a favor de ninguna de ellas. Lo único que podemos afirmar con seguridad es que estaba deprimido y que ahora se siente mejor. Eso es estupendo, pero no sabemos cuál fue la causa de su depresión ni qué fue lo que desencadenó su mejoría. Ésta pudo deberse al paso del tiempo, a hechos inesperados que le subieron el estado de ánimo, al hecho de que se volvió más activo, al medicamento *o* al efecto placebo.

¿Por qué tiene tanta importancia el efecto placebo? Nuestras expectativas pueden ejercer influencias poderosas sobre nuestra manera de pensar, de sentir o de comportarnos. Si usted está convencido de que una cosa le sentará bien, entonces es bastante probable que le siente bien, aunque no tenga ningún efecto verdadero. Supongamos que usted y yo somos ejecutivos de marketing de unos laboratorios farmacéuticos. Un día, en una conferencia de prensa, anunciamos que hemos sintetizado un nuevo antidepresivo maravilloso llamado Placebin. Destacamos los efectos antidepresivos superiores del nuevo medicamento y explicamos que apenas tiene efectos secundarios o ninguno, y prácticamente ningún efecto tóxico. De hecho, estamos tan emocionados por este nuevo medicamento revolucionario que vamos a administrar Placebin de manera completamente gratuita a un millón de personas deprimidas en una enorme prueba clínica por todo el país. El Placebin inspira un entusiasmo enorme y la valoración en Bolsa de nuestra empresa aumenta en más de 1.000 millones de dólares de un día para otro.

Naturalmente, no decimos a nadie que nuestro nuevo medicamento no es más que un placebo que no tiene principios químicos activos. ¿Cuántos pacientes que tomen el Placebin se recuperarán?

Muchos estudios de investigación han demostrado que si se administra un placebo inerte a personas que padecen depresión, al menos de un 30 a un 40% de éstas se recuperarán. Esto significa que, de aquí a unas cuantas semanas, se recuperarán de 300.000 a 400.000 pacientes de nuestra prueba clínica. Cantarán las maravillas del medicamento y dirán a todos sus amigos lo estupendo que es. Algunos hasta pueden hablar en programas de entrevistas en televisión y dar fe de cómo el Placebin corrigió el desequilibrio químico de sus cerebros y cambió sus vidas. Las ondas se llenarán de anuncios de este notable nuevo medicamento y centenares de miles de personas irán corriendo a ver a sus médicos para que se lo receten. Aparecerán libros polémicos que pondrán en tela de juicio la ética de recetar «píldoras de la felicidad» tan fuertes.

Pero, en realidad, el Placebin no hizo nada por nadie. Si los pacientes mejoraron fue gracias a sus propias expectativas, no gracias a las pastillas. En realidad, los pacientes se curaron a sí mismos sin darse cuenta de ello. La esperanza es el antidepresivo más potente que existe.

El efecto placebo produce una enorme confusión sobre cómo y por qué funcionan los medicamentos y la psicoterapia. Podemos crear cualquier nuevo tratamiento extraño para la depresión o la ansiedad, y si somos capaces de convencer a la gente de que funciona, dará resultado para algunos pacientes, aunque se trate de una farsa descarada. En consecuencia, podemos llegar a la conclusión de que nuestro tratamiento tiene poderosos efectos antidepresivos o antiansiedad, cuando no los tiene. Estos engaños han existido durante miles de años. Antiguamente, los vendedores de elixires mágicos aprovechaban el efecto placebo de sus mercancías. También aprovechaban la disposición de las personas a pedir remedios milagrosos, rápidos y sencillos, para cualquier enfermedad que pudieran tener.

Puede que usted esté pensando: «Bueno, todo esto son disquisiciones más bien teóricas, porque sabemos que los antidepresivos sí dan resultado. Se han validado en muchos estudios científicos, y están aprobados por la Food and Drug Administration». De hecho, la situación no es tan clara como usted podría figurarse. Algunos estudios recientes indican la posibilidad de que todos los antidepresivos que se recetan actualmente tengan pocos efectos terapéuticos, o ninguno, por encima de su efecto placebo. Por ejemplo, en un estudio reciente realizado en varias universidades y financiado por el National Institute of Mental Health, a 320 pacientes que padecían depresión grave se les asignó al azar uno de tres tratamientos: la hierba de San Juan o corazoncillo, sertralina (Zoloft) o un placebo. Los investigadores pretendían descubrir, de una vez por todas, si la hierba de San Juan tenía algún efecto antidepresivo, y para ello la compararon con un antidepresivo «verdadero», por un lado, y con un placebo no activo, por otro.

Ni el Zoloft ni la hierba de San Juan obtuvieron resultados muy brillantes. Mientras que un 32% de los pacientes que recibieron el placebo se recuperaron, sólo un 25% de los que recibieron Zoloft y un 24% de los que recibieron hierba de San Juan lo hicieron.[2] El estudio demostró claramente que la hierba de San Juan no tenía ningún efecto antidepresivo por encima de su efecto placebo. Sospecho que los malos resultados de la hierba de San Juan se anunciaron mucho porque a la industria farmacéutica le interesaba que la gente dejara de tomarla para que pasara a tomar, en cambio, antidepresivos. Sin embargo, los laboratorios no dieron publicidad al hecho de que el antidepresivo no obtuvo resultados mejores que la hierba de San Juan. ¡Ni el Zoloft ni la hierba de San Juan tuvieron ningún efecto antidepresivo verdadero por encima de su modesto efecto placebo!

Éste ha sido uno de los mejores estudios que se han realizado sobre los antidepresivos y los resultados no concordaban con la idea generalizada de que las sustancias químicas a las que se llama antidepresivos tienen, en efecto, efectos antidepresivos específicos. ¿Se debían estos resultados a una simple aberración de alguna clase? El doctor Irving Kirsch, de la Universidad de Connecticut, y sus colegas, que han estudiado la literatura científica mundial y los datos presentados ante la Food and Drug Administration (FDA) por los laboratorios farmacéuticos en las últimas décadas, han llegado a la conclusión de que estos resultados, en realidad, son muy típicos. Sus análisis indican que las diferencias entre los antidepresivos y los placebos son mínimas en el mejor de los casos y que al menos un 75% o un 80% de los efectos que atribuimos a los medicamentos antidepresivos son consecuencia de sus efectos placebo.[3]

La figura de la parte superior de la página 58 ilustra este problema. Es una representación esquemática de los tipos de datos que han presentado los laboratorios farmacéuticos a la FDA para que ésta apruebe sus nuevos medicamentos antidepresivos. Estos estudios se realizan sobre miles de pacientes que padecen depresión entre moderada y grave, a los que se asigna al azar un tratamiento con un placebo o con un antidepresivo.[4] La puntuación media de estos pacientes según la escala Hamilton era de 25 puntos. La depresión es tanto mayor cuanto mayor sea la puntuación en la escala Hamilton. Según se aprecia, haría falta una reducción de 25 puntos en las puntuaciones para que se produjera la recuperación completa. Los pacientes que recibieron el antidepresivo tuvieron una reducción de 10 puntos en sus puntuaciones de depresión y los que recibieron un placebo tuvieron una reducción de 8 puntos.

Estos resultados tienen tres aspectos que llaman la atención. En primer lugar, ni el antidepresivo ni el placebo tuvieron una eficacia notable. Esto resulta especialmente desconcertante si se tiene en cuenta el hecho de que éstos son los resultados de los estudios *más* favorables que han realizado los laboratorios farmacéuticos.

En segundo lugar, la diferencia entre los grupos tratados con el medicamento y con el placebo fue de sólo 2 puntos. Ésta es la máxima mejora que se puede atribuir al medicamento, y es pequeñísima, sobre todo si se tiene en cuenta que haría falta una reducción de 25 puntos para la recuperación plena. Algunos investigadores han sugerido que probablemente un efecto tan minúsculo no justifica que se receten antidepresivos, dados los efectos secundarios significativos, los efectos tóxicos y los riesgos que se asocian a estos agentes.[5] ¡Una técnica de psicoterapia que sólo produjera una mejora de 2 puntos en la depresión no llegaría ni a mi lista de las cien mejores! Esto es así porque existen docenas de técnicas que pueden provocar cambios enormes y muy rápidos en el estado de ánimo de los pacientes.

Por último, está claro que 8 de los 10 puntos de mejora del grupo del medicamento, un 80%, fueron consecuencia del efecto placebo, y no del medicamento en sí. Quiero dejar bien claro lo que

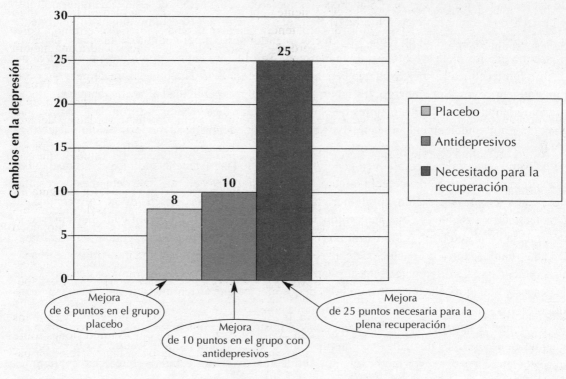

ANTIDEPRESIVOS CONTRA PLACEBOS: LOS «MEJORES» ESTUDIOS

Cambios en la depresión

- Placebo
- Antidepresivos
- Necesitado para la recuperación

Mejora de 8 puntos en el grupo placebo

Mejora de 10 puntos en el grupo con antidepresivos

Mejora de 25 puntos necesaria para la plena recuperación

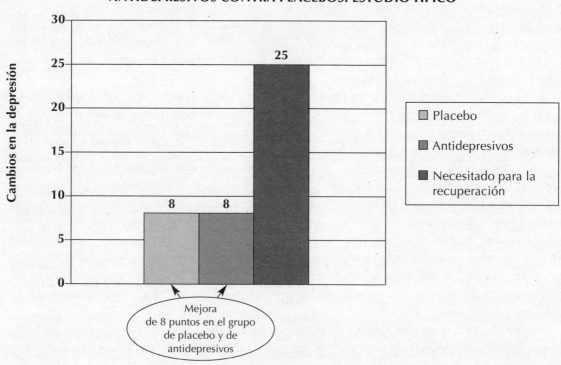

ANTIDEPRESIVOS CONTRA PLACEBOS: ESTUDIO TÍPICO

Cambios en la depresión

- Placebo
- Antidepresivos
- Necesitado para la recuperación

Mejora de 8 puntos en el grupo de placebo y de antidepresivos

significa esto, pues es importante y puede producir confusiones si usted no está acostumbrado a interpretar los estudios de investigación. Si se siente deprimido y yo le doy un placebo pero le digo que le estoy dando un antidepresivo verdadero, tendrá una mejora de 8 puntos, por término medio. Si, en cambio, le doy un antidepresivo «de verdad», como el Prozac, entonces tendrá una mejora en su depresión de 10 puntos, por término medio. Esto quiere decir que el 80% de la mejora que tiene usted cuando le doy el Prozac es resultado, en realidad, del efecto placebo, y no del Prozac en sí. Dicho de otro modo, cuando las personas creen que han respondido a un antidepresivo, en la mayoría de los casos su mejoría se debe al efecto placebo, y no a ningún efecto verdadero del medicamento en sí.

Tenga en cuenta que la figura superior de la página 58 representa los mejores estudios que han publicado los laboratorios farmacéuticos, y no resulta muy halagüeña. Sin embargo, los laboratorios farmacéuticos ocultan los resultados de muchos estudios que no salen «bien». En la figura inferior de la página 58 verá usted una representación esquemática de los resultados de muchos estudios. Como verá usted, en el estudio ilustrado no hubo *ninguna* diferencia entre el antidepresivo y el placebo.

Las personas que conocen bien el sector farmacéutico le pueden decir que los estudios como éste son corrientes, pero que sus resultados rara vez se publican… por motivos evidentes. Los laboratorios no quieren que se conozcan los estudios cuyos resultados son desfavorables para los medicamentos que ellos venden. En consecuencia, la literatura científica está manipulada, ya que los laboratorios seleccionan mucho lo que publican. Así se llegan a producir falsas impresiones sobre la eficacia de los antidepresivos: parece que en los estudios publicados casi siempre sale mejor parado el medicamento que el placebo.

Los laboratorios farmacéuticos utilizan todo tipo de mañas para que los resultados les sean favorables. Por ejemplo, a los pacientes que se presentan para participar en un estudio de unos laboratorios se les dice que se les repartirá al azar en dos grupos, uno de los cuales recibirá el nuevo antidepresivo y el otro un placebo. No se les dice en qué grupo están, ni tampoco lo saben los investigadores que evalúan el estado de ánimo de los pacientes. Es lo que se llama un estudio «doble ciego», porque ni los pacientes ni los médicos saben en qué grupo está un paciente. Hasta aquí, todo bien. Esto parece una buena práctica científica.

Sin embargo, a los pacientes también se les dice que el placebo es completamente inerte, de modo que si reciben el placebo, éste no tendrá absolutamente ningún efecto secundario, ni ningún otro efecto. Por otra parte, se les dice que si reciben el antidepresivo, deben esperar algunos efectos secundarios, como malestar de estómago, diarrea, nervios, insomnio o pérdida de deseo sexual. Cuando comienza el estudio, los pacientes que tienen efectos secundarios suelen llegar a la conclusión de que están tomando el antidepresivo. Por el contrario, los pacientes que no tienen ningún efecto secundario suelen llegar a la conclusión de que están en el grupo del placebo. Si se pregunta a los pacientes en qué grupo creen que están, aciertan hasta en un 80% de los casos. Y si se pregunta lo mismo a los investigadores que observan sus progresos, también suelen acertar.

Esto significa que los estudios no son verdaderamente doble ciegos, porque tanto los pacientes como los investigadores saben muy bien quién está recibiendo el antidepresivo y quién está recibiendo el placebo. Los pacientes que tienen efectos secundarios suelen suponer que están recibiendo el antidepresivo nuevo y poderoso, por lo que tienen más esperanza y optimismo. En consecuencia, sus puntuaciones de depresión pueden mejorar. Por su parte, los pacientes que creen que están recibiendo el placebo pueden sentirse desanimados porque se dicen a sí mismos: «¡Maldita sea! He acabado en el grupo del placebo. Un placebo no me puede servir para nada. ¡Siempre me pasa lo mismo!». En consecuencia, sus puntuaciones de depresión pueden empeorar. Así se puede provocar una diferencia artificial, pero significativa estadísticamente, entre el grupo del medicamento y el del placebo, aunque no exista ninguna diferencia real.

Estos estudios tienen también otros muchos defectos graves, entre ellos algunos especialmente bochornosos porque sería fácil resolverlos. Por ejemplo, los laboratorios podrían usar placebos activos en lugar de placebos inactivos. Si el medicamento que están investigando provoca sedación, podrían usar un antihistamínico como el Benadryl para que sirviera de placebo, ya que este medicamento provoca somnolencia. O bien, si el medicamento que están probando produce sensación de aceleración, nervios y diarrea, como el Prozac, podrían usar cafeína a modo de placebo. Así, a los pacientes les resultaría mucho más difícil determinar en qué grupo están.

¿Por qué no corrigen los laboratorios farmacéuticos estos defectos en sus métodos de investigación? He aquí una situación en que las necesidades del marketing chocan con las necesidades de la ciencia. Si una empresa farmacéutica es capaz de presentar dos estudios que demuestran una diferencia estadísticamente significativa entre su nuevo medicamento y un placebo, recibirá la aprobación de la FDA para sacar al mercado el medicamento. La cotización de la empresa subirá al instante, por lo que existe un incentivo económico enorme para que estos estudios salgan «bien».

Los estudios recientes realizados sobre los antidepresivos han arrojado resultados todavía más inquietantes. Se ha aireado mucho el hecho de que, al parecer, todos los nuevos antidepresivos provocan aumentos significativos de las tasas de suicidios consumados en los niños. La FDA ha impuesto recientemente en estos medicamentos las advertencias «de recuadro negro», unas etiquetas que sólo se aplican a los medicamentos más peligrosos.[6] Pero es posible que usted no se haya enterado de que existe esa misma relación entre el uso de antidepresivos y el suicidio en los adultos.

El doctor David Healey, de la Facultad de Medicina de la Universidad de Gales, recurrió recientemente a la ley de Libertad de Información para acceder a todos los datos de la FDA sobre los adultos a los que se asignó al azar a los grupos que tomaron IRSS, como el Prozac, o placebos en los estudios realizados en todo el mundo por los laboratorios farmacéuticos. Descubrió que las tasas de suicidios en los pacientes que recibieron los antidepresivos eran casi tres veces más altas que las tasas de los pacientes que recibieron placebos.[7] Si esos medicamentos tenían verdaderos efectos antidepresivos, ¿por qué provocaron unos *incrementos* tan notables de las tasas de suicidio, tanto en los niños como en los adultos? ¡Hasta podía alegarse que no se deben recetar antidepresivos a nadie que se sienta deprimido! (Se puede leer en Internet un artículo en inglés sobre el incremento de riesgo de suicidio en los pacientes que toman antidepresivos IRSS, en <www.ohri.ca/newsroom/02172005.asp>.)

Estos estudios dan a entender que quizá no existan todavía verdaderos medicamentos antidepresivos. Se llama antidepresivos a sustancias químicas como el Prozac y el Paxil, pero sus verdaderos efectos antidepresivos parecen poco importantes, en el mejor de los casos. A muchas personas les resulta difícil aceptar estos estudios y, sencillamente, son incapaces de creérselos al principio. Todos hemos oído decir a alguien: «El Prozac me dio resultado. Me salvó la vida». Pero recordemos que al menos de un 30 a un 40% de las personas que reciben un placebo dicen exactamente lo mismo.

Mi experiencia clínica, a lo largo de los años, ha sido acorde con los resultados de las nuevas investigaciones. Como ya he dicho, empecé a realizar investigaciones sobre el cerebro y psicofarmacología en la Unidad de Investigación de Trastornos Afectivos de la Facultad de Medicina de la

Universidad de Pensilvania. En aquellos tiempos yo administraba muchos antidepresivos. A algunos de mis pacientes les ayudaban mucho y a otros un poco, pero a muchos no les ayudaban en absoluto. Esas experiencias contrastaban marcadamente con lo que yo oía decir cuando asistía a las convenciones anuales de la American Psychiatric Association o a los simposios de educación permanente patrocinados por los laboratorios farmacéuticos. Yo oía decir constantemente que se podía tratar con éxito con antidepresivos a un 80% de los pacientes deprimidos o con ansiedad, y no entendía por qué mis experiencias clínicas diferían tanto de las de la línea oficial. Sabía que no estaba recetando mal. Teníamos uno de los mejores equipos de psicofarmacología del mundo.

Ya en mis tiempos de psicofarmacología pura buscaba algún tipo de psicoterapia que complementara las pastillas que recetaba. Sin embargo, cuando oí hablar por primera vez de la terapia cognitivo-conductual (TCC), no me impresionó demasiado. Sabía que mis pacientes se bombardeaban a sí mismos constantemente con pensamientos negativos tales como: «Soy un caso desesperado. ¡No me pondré mejor jamás!», pero no creía que pudieran recuperarse con sólo aprender a cambiar su manera de pensar. Aquello recordaba demasiado a *El poder del pensamiento tenaz* del doctor Norman Vincent Peale. La depresión y la ansiedad parecían cosas demasiado serias y graves para tratarlas con un planteamiento tan simplista.

Pero, cuando puse a prueba estos métodos con algunos de mis pacientes más difíciles, cambiaron mis impresiones. Pacientes que se habían sentido perdidos, sin valor y desesperados empezaron a recuperarse. Al principio me resultaba difícil creer que las técnicas daban resultado, pero no podía negar el hecho de que cuando mis pacientes aprendían a desmentir sus pensamientos negativos, empezaban a mejorar. A veces se recuperaban en el transcurso de las sesiones. Algunos pacientes que llevaban años sintiéndose desmoralizados y desesperanzados dejaban de pronto de lado sus problemas. Todavía recuerdo a una señora francesa mayor que llevaba más de cincuenta años muy deprimida, con tres intentos de suicidio casi consumados y que un día se puso a gritar en mi consulta: «Joie de vivre! Joie de vivre! (Alegría de vivir)». Estas experiencias me impresionaron tanto que decidí que mi vocación era el trabajo clínico, más que la investigación sobre el cerebro. Después de pensármelo, decidí dejar mi carrera de investigador y hacerme clínico a tiempo completo.

A lo largo de los años he tenido más de 35.000 sesiones de psicoterapia con pacientes deprimidos y angustiados, y sigo siendo partidario de la TCC con tanto entusiasmo como cuando empecé a estudiarla. Sin embargo, la terapia es sustancialmente más potente y refinada hoy en día que cuando mis colegas y yo empezábamos a desarrollarla a mediados de la década de 1970. En las tres últimas décadas, muchos estudios de investigación han validado la efectividad de la TCC en el tratamiento de la depresión y de la ansiedad. De hecho, la TCC se ha convertido en la forma de psicoterapia que ha sido objeto de estudios más extensos y ahora es la forma de psicoterapia más practicada en Estados Unidos.

Por ejemplo, en la introducción de este libro hablé del estudio reciente de las doctoras Henny A. Westra y Sherry H. Stewart. Estas doctoras revisaron toda la literatura mundial sobre el tratamiento de la ansiedad con medicación o la TCC y llegaron a la conclusión de que la TCC da mejores resultados que las pastillas, y la recomendaron diciendo que era «el patrón oro» del tratamiento de todos los trastornos de ansiedad.[8] En otro excelente trabajo de revisión de la literatura mundial, el doctor David Antonuccio y sus colegas compararon la TCC con los medicamentos en el tratamiento de la depresión. Llegaron a la conclusión de que la TCC, y no los medicamentos, es el tratamiento de elección para la depresión en los niños, en los adolescentes y en los adultos.[9] Los estudios recientes in-

¿PASTILLAS O TÉCNICAS? LA RECETA DEL DOCTOR BURNS

- Es indudable que los factores genéticos y medioambientales desempeñan un papel inmenso en nuestra manera de pensar, de sentirnos y de comportarnos, pero no existen pruebas convincentes de que la depresión y la ansiedad sean consecuencia de un desequilibrio químico en el cerebro. Los científicos no conocen todavía las causas de la depresión y de la ansiedad.
- No es razonable afirmar que los medicamentos son el tratamiento más eficaz para la depresión o para la ansiedad. La American Psychiatric Association ha hecho esta afirmación, que ha sido muy divulgada por los laboratorios farmacéuticos, pero que no concuerda con las últimas investigaciones, que plantean graves dudas sobre la seguridad y la efectividad de los antidepresivos y de las benzodiazepinas. Las investigaciones indican también que la TCC, y no las píldoras, son el tratamiento más eficaz para la depresión y para todos los trastornos de ansiedad, tanto a corto como a largo plazo.
- Toda regla tiene sus excepciones. Los medicamentos pueden resultar útiles, o incluso salvar la vida a algunas personas que padecen depresión o ansiedad grave, pero deben combinarse con la TCC para conseguir los mejores efectos.
- Algunos trastornos psiquiátricos graves, como la esquizofrenia y el trastorno bipolar, requieren medicación, pero la TCC también puede resultar útil.
- Los tratamientos a largo plazo con antidepresivos no suelen ser necesarios. Cuando usted se haya recuperado por completo de un episodio de depresión o de ansiedad, lo más probable es que pueda ir dejando gradualmente su medicación antidepresiva si ha sido tratado por TCC o si ha aprendido a aplicar las técnicas de este libro.
- Muchas personas pueden aprender a practicar estas técnicas con éxito por su cuenta, sin ayuda de un psicoterapeuta. Pero un buen psicoterapeuta puede acelerar su recuperación, sobre todo si sus problemas son graves.
- Con independencia de si está usted recibiendo medicación, psicoterapia, una combinación de ambas cosas o simplemente está trabajando con estas técnicas por su cuenta, deberá controlar sus estados de ánimo al menos una vez por semana por medio del test breve del estado de ánimo de las páginas 38-39 para ver si está mejorando. El único objetivo válido de cualquier terapia es que el paciente se ponga bien.
- Evite las benzodiazepinas, como el Xanax, el Valium, el Ativan y otras, ya que son adictivas.
- Evite la multimedicación (la combinación de múltiples medicamentos) siempre que sea posible. Pueden producirse interacciones peligrosas entre los medicamentos y los pacientes suelen acabar sintiéndose drogados y sobremedicados.
- Si toma un antidepresivo, esté atento a la aparición de impulsos suicidas y busque ayuda inmediatamente cuando se produzcan. (Naturalmente, el mismo consejo es aplicable a las personas que no toman antidepresivos.)
- Nunca tome por su cuenta ninguna decisión respecto a los medicamentos. Consulte siempre a su médico. La labor de equipo y la confianza son las claves de la buena terapia.

dican que la TCC no ofrece un simple alivio rápido de los problemas del estado de ánimo, sino que al parecer también es superior a largo plazo a los medicamentos antidepresivos.[10]

Estos estudios concuerdan por completo con mi experiencia clínica. Realicé cuidadosamente con todos los pacientes la instrucción para la prevención de recaídas antes de darles el alta y puedo contar con los dedos de las manos a los pacientes que volvieron a acudir en busca de ayuda por haber tenido una recaída después de haber completado el tratamiento. Además, a la mayoría de ellos les bastó con una o dos sesiones para cortar de raíz la recaída y volver a sentirse bien. A mí este hecho me parece muy prometedor, en vista del carácter crónico y con tendencias a la recaída de la depresión y de la ansiedad cuando se trata a los pacientes sólo con medicamentos.

¿Debe usted probar la TCC por su cuenta? ¿O debe buscarse un buen psicoterapeuta para trabajar con él? En la introducción hablé de estudios de investigación recientes realizados por el doctor Scogin y sus colegas en el centro médico de la Universidad de Alabama. Sus estudios han demostrado claramente que muchas personas que se sienten deprimidas o angustiadas pueden aplicar por su cuenta las técnicas de TCC, sin medicamentos ni psicoterapia, con sólo leer un libro como éste y realizar los ejercicios que explico.[11] Este tipo de tratamiento se llama biblioterapia. Creo que la investigación del doctor Scogin es alentadora e importante porque hay millones de personas que no se pueden permitir un buen psicoterapeuta o no lo tienen cerca de sus casas. Sin embargo, esto no quiere decir que todo el mundo pueda o deba intentar arreglárselas solo. Hay muchas personas que padecen problemas más graves y que necesitarán la orientación y el apoyo de un profesional de la salud mental. Esto no tiene nada de vergonzoso. ¡A veces un poco de orientación hábil puede marcar una diferencia inmensa!

5

¿Cuánto daría usted por que pudiera enseñarle a cambiar su vida?

La ansiedad y la depresión son los problemas de salud mental más comunes en todo el mundo y producen unos sufrimientos tremendos. Pueden despojarle de su confianza en sí mismo, de su productividad y de su paz de espíritu. También pueden producir conflictos en sus relaciones con las demás personas. Pero, voy a darle una gran noticia: usted *puede* cambiar su manera de sentirse, sin medicamentos y sin largas terapias. Voy a enseñarle a usar muchas técnicas poderosas que pueden ayudarle a vencer sus miedos y a superar los sentimientos de depresión. En muchos casos, usted puede conseguir estos resultados mucho más deprisa de lo que podría creer.

Sin embargo, en esta vida nada es gratis. Con sólo leer estas técnicas no basta. Comprenderlas le resultará útil, pero no le servirá para curarse la ansiedad ni la depresión. Si quiere cambiar su vida, tendrá que tomar estas herramientas y usarlas. Tendrá que hacer tres cosas, en concreto:

1. Quizá tenga que renunciar a ciertos beneficios ocultos de la ansiedad y de la depresión. Esto supondrá perder algo.
2. Tendrá que hacer frente al monstruo que más teme. Para esto hará falta algo de valor y de decisión.
3. Tendrá que hacer algunos ejercicios por escrito. Para esto hará falta cierto esfuerzo activo.

Quizá no crea que es posible el verdadero cambio, pero, si lo fuera, ¿desearía usted ese resultado? ¿Estaría dispuesto a cambiar su vida ahora mismo si yo le enseño cómo?

Vamos a descubrir la respuesta a esta pregunta por medio de un experimento mental. Imagínese que usted y yo tenemos una sesión de terapia y que en mi mesa hay un botón mágico. Si aprieta el botón, todos sus problemas desaparecerán de pronto sin el más mínimo esfuerzo por su parte y saldrá de la sesión de hoy sintiéndose maravillosamente. ¿Apretaría usted el botón?

La respuesta evidente es: «Sí, ¡por supuesto que apretaría ese botón!». Pero muchas personas tienen la reacción opuesta. No se animan a apretar el botón. Si bien sus sufrimientos son verdaderos, la idea del cambio produce sentimientos contrapuestos, y por ello se aferran a su *statu quo*. Los psicoterapeutas han asignado tradicionalmente a este fenómeno desconcertante el nombre de «resistencia». En este capítulo aprenderá usted a localizar las fuerzas ocultas que pueden estar manteniéndolo atascado. Cuando se sacan a la luz del día esas fuerzas ocultas, lo más frecuente es que pierdan el poder de vencerlo.

En cierta ocasión traté a un joven que se llamaba Sam y que trabajaba en un restaurante de comida rápida en Washington, D.C. Una noche irrumpieron en el local dos ladrones que lo atracaron a punta de pistola cuando se disponía a cerrar el restaurante. Después, lo encerraron en la cámara frigorífica, donde podía morir congelado, y se marcharon con el dinero. A la mañana siguiente, el encargado encontró a Sam en la cámara frigorífica, acurrucado y tiritando, al borde de la muerte y con un trauma agudo.

Sam acudió a mí algunos meses más tarde para recibir tratamiento con todos los síntomas clásicos del trastorno por estrés postraumático. Se había recuperado físicamente, pero lo seguían consumiendo sentimientos intensos de ansiedad y de ira. Le venían a la mente inesperadamente recuerdos vívidos, terroríficos, del incidente, los cuales hacían que Sam se sintiera lleno de pánico, impotente y vulnerable. También tenía fantasías de venganza contra los hombres que lo habían atracado.

Sam se sentía desgraciado a cada minuto y quería desesperadamente recuperar su vida. Le dije a Sam que si bien había pasado una experiencia terrorífica y humillante, el pronóstico de una recuperación completa era bueno. Le expliqué que sus pensamientos negativos eran consecuencia de los pensamientos temibles y de las fantasías vívidas que le recorrían sin cesar la mente y le dije que existían muchas técnicas nuevas y poderosas que podían ayudarle a cambiar su modo de pensar y sentirse. Con un poco de suerte y con algo de trabajo duro, su ansiedad y su ira hasta podían desaparecer por completo.

Yo creía que a Sam le encantaría enterarse de esto, pero, en vez de ello, se empeñó en que mis técnicas no podrían ayudarle de ninguna manera y empezó a luchar contra mí con uñas y dientes. De pronto me sentí más como un enemigo que como un amigo suyo. Sam sufría y necesitaba alivio desesperadamente, pero cuando yo me ofrecía a ayudarle, se ponía a discutir conmigo.

¿Por qué se me resistía Sam de esa manera? Piénselo usted un momento y apunte aquí sus ideas. Tape mi solución con un papel para no caer en la tentación de leerla antes de haber completado este ejercicio:

_____
_____
_____
_____
_____

Solución

Si bien Sam sufría, me pregunté si creía que su ansiedad y su ira le ayudaban de alguna manera. En tal caso, aquello podría explicar por qué se me resistía. Para descubrirlo, le propuse que probásemos un análisis de costes-beneficios (ACB), que es una técnica de motivación que ayuda a la persona a determinar cuáles son las fuerzas que le mantienen atascado. La persona prepara una lista de todas las ventajas y las desventajas de un pensamiento, sentimiento o hábito que le está causando problemas. Después, calcula el saldo de las ventajas y las desventajas para poder tomar una decisión más fundada sobre si quiere cambiar o no.

Le pregunté a Sam si se le ocurrían algunas ventajas que pudiera tener estar constantemente angustiado y lleno de ira. Como puede verse en la página 68, a Sam se le ocurrieron bastantes ventajas. En primer lugar, creía que su ansiedad lo mantendría en guardia y lo protegería de sufrir nuevos daños. Ésta es una creencia corriente entre las personas que se debaten contra la ansiedad. Yo lo llamo «el pensamiento mágico». Es la idea de que si bien la ansiedad es dolorosa, por otra parte nos protege o nos ayuda de alguna manera.

La ira de Sam también tenía algunos beneficios ocultos. Demostraba que Sam era fuerte y que no iba a consentir que un par de forajidos lo maltrataran y se salieran con la suya. Sus fantasías de venganza mostraban que tenía sentido del orgullo y que no estaba dispuesto a tolerar que dos pistoleros sádicos le trataran como un trapo.

Las ventajas de la ansiedad y de la ira de Sam dejaron claro por qué se resistía éste al tratamiento. No estaba siendo irracional, ni gruñón, ni cabezota, y tampoco pretendía poder más que yo. Desde su punto de vista, sentía que se estaba limitando a ser responsable, moral, viril y realista.

Pregunté entonces a Sam si el hecho de sentirse angustiado constantemente suponía alguna desventaja. ¿Tenía que pagar algún precio por sentirse de esa manera? Como se aprecia en su análisis de costes-beneficios, Sam enumeró varias desventajas de bastante peso, como el hecho de que se sentía desgraciado a cada minuto. También puso en tela de juicio la idea de que su ansiedad le fuera a proteger de peligros o a ayudarle a llevar las cosas de mejor manera en el caso poco probable de que volvieran a atracarle.

¿Tenía también alguna desventaja la ira de Sam? Éste empezó a caer en la cuenta de que los pistoleros ni siquiera se enteraban de su ira, de manera que al único al que estaba castigando con su rabia constante y sus fantasías de venganza era a él mismo. La vida que se estaba echando a perder era la *suya*, no la de ellos.

Pedí a Sam que sopesara las ventajas de la ansiedad e ira constante contra sus desventajas, en una escala de 100 puntos. ¿Qué sentía que eran superiores, los beneficios o los costes? Aunque Sam había enumerado más ventajas que desventajas, llegó a la conclusión de que éstas eran mayores, por lo que puso un 70 en el círculo de la derecha y un 30 en el círculo de la izquierda. Hay ocasiones en que una gran desventaja pesa más que varias ventajas, o viceversa.

Propuse a Sam, como tarea, que visitara la comisaría de policía local y preguntara si podían darle algunos consejos sobre cómo evitar los atracos, ya que vivía en un barrio peligroso. El agente que estaba en la recepción le entregó un folleto con ocho consejos excelentes de seguridad para evitar las agresiones. A Sam le sorprendió descubrir que «preocuparse constantemente» no figuraba en la lista de métodos recomendados. Cuando vi a Sam a la semana siguiente, había tenido un verdadero cambio de actitud. Su resistencia había desaparecido, y nos pusimos a trabajar juntos y en equipo. Al cabo de unas pocas sesiones, la ansiedad y la ira de Sam habían desaparecido por completo y él estaba preparado para poner fin a su tratamiento.

La historia de Sam ilustra el funcionamiento de la resistencia. A un cierto nivel, puede que usted no quiera recuperarse, aun en el caso de que la recuperación no requiera el más mínimo esfuerzo por su parte. Naturalmente, los motivos para resistirse al cambio serán algo diferentes de una persona a otra. Por ejemplo, si usted sufre ansiedad por los exámenes, puede tener la preocupación constante de que se le quedará la mente en blanco o de que se quedará paralizado en el examen final. Pero también puede que crea que esa ansiedad es el precio que tiene que pagar por hacer el examen verdaderamente bien. Puede que piense que la preocupación constante lo motivará para estudiar mucho y rendir al máximo. En esto hay una pizca de verdad. Una pequeña dosis de ansiedad puede ser motivadora, pero pronto se alcanza el punto de los rendimientos marginales decrecientes. Un exceso de ansiedad puede debilitarlo. Yo he descubierto que cuando mejor trabajo es cuando me siento relajado y confiado, y no cuando estoy preocupado o angustiado.

Alternativamente, puede que usted quiera superar los miedos pero que no quiera hacer lo que tiene que hacer para conseguirlo. El precio de la recuperación puede parecer demasiado alto. Hay

ANÁLISIS DE COSTES-BENEFICIOS DE SAM

Describa la actitud o sentimiento que quiere cambiar:

Sentirme constantemente enfadado y preocupado por haber sufrido un atraco.

Ventajas	Desventajas
1. Si estoy en guardia constantemente, será menos probable que me vuelvan a atracar. Estaré atento por si alguien intenta jugarme una mala pasada.	1. Me siento desgraciado a cada minuto.
2. Mi ansiedad parece realista, ya que en este barrio las agresiones y los atracos son frecuentes.	2. Lo más probable es que las personas angustiadas sufran atracos con tanta frecuencia como las que están contentas y confiadas. De hecho, las personas angustiadas e inseguras quizá tengan mayores posibilidades de convertirse en blanco de atracos.
3. Mi ira muestra que soy fuerte y que esos fracasados no pueden meterse conmigo y salirse con la suya.	3. Las probabilidades de que me vuelvan a atracar a punta de pistola son pequeñas.
4. Tengo *derecho* a estar enfadado porque lo que hicieron estaba mal.	4. La preocupación no me servirá de nada si me vuelven a atracar.
5. Mis sentimientos de rabia muestran que tengo un sistema de valores fuerte.	5. Los pistoleros que me atracaron no saben que estoy enfadado y, desde luego, no les importan mis sentimientos, de manera que el único que sufro soy yo. En realidad, sólo me estoy castigando a mí mismo.
6. Puedo sentir lástima de mí mismo, ya que fui una víctima.	
7. Si estoy atento, puede que un día los reconozca y los haga detener.	
8. Puedo tener fantasías de venganza contra ellos.	
30	**70**

una cosa que toda persona que sufra ansiedad tendrá que hacer para ponerse bien... y que no querrá hacer de ninguna manera. ¿Recuerda usted de qué se trata? Anote aquí sus ideas antes de seguir leyendo:

_____

_____

_____

_____

Solución

Puede que lo haya acertado inmediatamente. Si quiere superar su ansiedad, tendrá que afrontar sus miedos y plantar cara al monstruo que más teme. Por ejemplo, si usted sufre claustrofobia, podría pedirle que se dejara atrapar en un lugar pequeño y cerrado, como puede ser un cuarto trastero, hasta que lo inunde la ansiedad. ¿Estaría dispuesto a hacerlo?

Naturalmente, la exposición a lo que usted teme no será la única herramienta que vamos a usar. Voy a enseñarle cuarenta modos poderosos de vencer sus miedos. La mayoría de las técnicas que usaremos no le provocarán miedo. De hecho, pueden ser emocionantes. Pero la exposición sí que constituirá una parte importante de nuestro plan de tratamiento y al principio producirá miedo. Siempre exige un valor y una decisión enormes.

En cierta ocasión traté a un hombre de 31 años llamado Trevor que llevaba más de cinco años sin salir con una mujer. Aquello me sorprendió, pues se trataba de un hombre alto y con buen aspecto y parecía bastante amable y simpático. Para asegurarme de que lo estaba juzgando como es debido, consulté a mi hija, que trabajaba aquel verano en la recepción de mi consulta. Le recordé que yo no podía decirle nada acerca de mis pacientes, pero le pregunté si se había fijado en Trevor o si tenía alguna impresión acerca de él. Ella dijo que se había fijado en él, decididamente, y que era un tipo tan guapo que tiraba de espaldas. Me dijo que, de hecho, le recordaba a los modelos que salen en las fotos de la revista *Gentleman's Quarterly*.

¿Por qué a un hombre tan apuesto y atractivo le costaba tanto quedar con una mujer para salir? Resultó que Trevor tenía tendencia a sudar mucho y que se sentía intensamente apurado porque estaba convencido de que a cualquier mujer le producirían repugnancia las manchas de sudor de sus axilas. El sudor le preocupaba tanto que apenas salía de casa, sobre todo en los meses de verano.

Trevor dijo que estaba cansado de estar solo y que quería poner en orden su vida social. Yo le pregunté cuánto estaría dispuesto a dar si yo me ofrecía a enseñarle a hacerlo. Él me dijo que estaba desesperado y que estaba dispuesto a hacer prácticamente cualquier cosa para conseguirlo. Aquello era lo que yo quería oír. Le dije que quería tener con él una sesión doble para que pudiésemos salir los dos a la calle y hacer unos cuantos ejercicios de ataque a la vergüenza en vez de limitarnos a hablar en la consulta. Le expliqué que para realizar un ejercicio de ataque a la vergüenza, uno hace alguna tontería en público, a propósito, para darse cuenta de que en realidad no es el fin del mundo. Advertí a Trevor de que los ejercicios de ataque a la vergüenza le darían miedo, probablemente, pero que le ayudarían a superar sus miedos.

El martes siguiente, Trevor se presentó a las 2 de la tarde para su sesión doble. Era el mes de agosto, en Filadelfia, y hacía un día especialmente caluroso y húmedo. Cuando salíamos del hospital para realizar nuestros ejercicios de ataque a la vergüenza, me pasé por el laboratorio clínico, tomé prestada una botella de plástico con difusor y la llené de agua. Cuando salimos a la calle, le dije a Trevor que íbamos a ir a paso ligero hasta una tienda de alimentación del barrio para sudar un poco. Él parecía nervioso, pero accedió y nos pusimos en camino.

Cuando llegamos a la tienda, minutos más tarde, los dos habíamos sudado bastante. Le dije que le quería echar agua en las axilas con el difusor para que pareciera que estaba completamente empapado de sudor, así como que también quería echarle agua en la cabeza para que pareciera que tenía la cara llena de gotas de sudor. Cuando estuviera empapado, quería que entrara en la tienda y se situara cerca de la caja, donde lo vería todo el mundo. Y quería que, cuando estuviera allí, apoyara la mano derecha en la nuca, con el codo apuntando hacia un lado, para que quedara perfectamente visible su axila empapada y, señalándose la axila con la mano izquierda, dijera en voz lo bastante alta para que le oyeran todos los presentes en la tienda: «¡Caramba, qué calor hace hoy! ¡Miren cómo estoy! ¡Sudando como un cerdo!».

Trevor se quedó horrorizado, y no era capaz de creerse que yo le estuviera pidiendo que hiciera eso. Se empeñó en que no podía hacerlo de ninguna manera porque todos los presentes en la tienda se sentirían ofendidos al ver lo sudado y repugnante que estaba. Le recordé que me había prometido hacer lo que hiciera falta, aunque le diera miedo. Le dije que aquél era el precio que tenía que pagar si quería de verdad vencer sus miedos y cambiar su vida.

Debatimos durante algunos minutos los méritos del ejercicio de ataque a la vergüenza. ¿Debía hacerlo o no? Por fin, Trevor dijo: «Está bien. ¡Si le parece tan fácil, quisiera ver cómo lo hace *usted*!».

«Claro, sin problema», dije yo. Me mojé la cara y las axilas con abundante agua y entré en la tienda con la cabeza empapada. Me puse la mano en la nuca, me señalé la axila y dije en voz alta cuánto calor hacía y lo sudado que estaba. Aquello no pareció interesar gran cosa a la gente que estaba en la tienda, pues todos siguieron a lo suyo. Fue casi como si yo hubiera sido invisible.

Después vi que ante la puerta principal de la tienda estaba sentado en la acera un vagabundo que hacía «cua, cua», como un pato. ¡Tampoco a él le prestaba atención la gente!

Volví a salir y le dije a Trevor que le tocaba a él. Parecía aterrorizado. Tragó saliva con fuerza y se lanzó a ello. Tampoco en este caso pareció que sus axilas sudadas repugnaran o asustaran a nadie. La única diferencia fue que, como él era tan apuesto, varias personas de la tienda entablaron conversación con él. ¡Era como si hubieran encontrado a un viejo amigo! Trevor apenas creía lo que había pasado.

Después fuimos a paso ligero a otras tiendas del barrio, turnándonos para realizar nuestros ejercicios de ataque a la vergüenza. La gente parecía divertida al ver nuestras bromas sobre el sudor; no pareció que desagradaran a nadie. Muchas personas charlaban con nosotros acerca del calor que hacía. Aquello fue una revelación para Trevor. Le conmocionaba ver que todo el mundo reaccionaba de manera tan amistosa.

Por fin, acabamos en una tienda donde vendían ropa deportiva elegante para mujeres. Advertí que una joven atractiva miraba mucho a Trevor, pero él estaba completamente despistado y no parecía que fuera consciente de su presencia. Le dije que se acercara a ella y que se apoyara la mano en la cabeza, se señalara la axila y volviera a hacer su proclamación de cuánto había sudado.

Ofreció una fuerte resistencia y se empeñó en que no podía hacer aquello de ninguna manera porque repugnaría a la mujer. Yo le dije que era exactamente lo que tenía que hacer si quería alcanzar la liberación de sus temores. Aquél sería su ejercicio de licenciatura. Le prometí que si hacía este último ejercicio de ataque a la vergüenza, no tendría que hacer ninguno más.

Se acercó a la mujer de mala gana, se señaló la axila y comentó con timidez lo sudado que estaba. A ella no pareció preocuparle su sudor, sino que dio muestras de mucho agrado por que le hubiera dirigido la palabra. Al cabo de poco estaban absortos en una conversación. A los pocos minutos, ella comentó que podía estar bien que fueran juntos a tomarse un café a alguna parte. Trevor parecía atónito y dijo que le parecía una gran idea. Ella dijo: «Entonces, necesitarás mi número de teléfono para poder llamarme». Lo escribió en un papel, puso el papel en la mano de Trevor y le dijo: «¡Llámame pronto!». Trevor salió de la tienda como en una nube. Se quedó sin habla.

¿Por qué habían sido tan eficaces los ejercicios de ataque a la vergüenza? Trevor había descubierto que sus ideas negativas eran completamente infundadas. En cuanto había dejado de creer lo que se había estado diciendo a sí mismo, su timidez había pasado a la historia.

Muchos expertos creen que la terapia de la exposición siempre funciona así. De hecho, lo que pone fin a sus miedos no es la exposición en sí. Por el contrario, usted pierde la ansiedad en cuanto desmiente los pensamientos distorsionados que la desencadenaban en un primer momento. Por desgracia, nunca es fácil plantar cara a los propios miedos, y existe una novocaína psicológica que adormecerá el temor que siente usted al hacerlo.

Hemos hablado hasta aquí de renunciar a los beneficios ocultos de sus sentimientos negativos y de afrontar sus miedos. Pero hay otra cosa que tendrá que hacer si quiere superar su ansiedad y desarrollar una mayor autoestima. Estoy hablando de los ejercicios por escrito. Son las claves de su éxito. Si usted los realiza, será raro que fracase. Si se resiste a realizarlos, será difícil que tenga éxito.

Ya le he pedido que realice varios ejercicios por escrito. ¿Los hizo? ¿O se los saltó y siguió leyendo? Si quiere alcanzar resultados tangibles, los ejercicios serán de un valor incalculable.

En el capítulo siguiente, aprenderá a usar el registro diario de estado de ánimo, que es la espina dorsal de la terapia. El registro diario de estado de ánimo le ayudará a detectar y a cambiar los pensamientos que desencadenan la ansiedad y la depresión. No obstante, requerirá un esfuerzo constante y no podrá realizarlo de cabeza. Muchos estudios publicados, además de mi propia experiencia clínica, subrayan un hecho importante: las personas deprimidas y con ansiedad que no realizan las tareas de autoayuda entre sesiones no suelen mejorar. A veces hasta empeoran. Por el contrario, las personas que se remangan y trabajan duro son las que tienen mejorías más rápidas y duraderas. Quiero que usted sea una de éstas.

Muchas personas se resisten a hacer los ejercicios por escrito. No quieren coger un lápiz o bolígrafo porque no lo consideran necesario. Entran en un estado mental pasivo. Quieren la magia sin el trabajo duro. Pero el verdadero cambio emocional requiere esfuerzo y práctica.

En cierta ocasión traté a una mujer intensamente infeliz llamada Eileen que siempre se «olvidaba» de cumplimentar el registro diario de estado de ánimo entre las sesiones. Durante las sesiones, se quejaba de toda la gente que le había fallado en la vida, pero no quería señalar con precisión ningún problema concreto con el que quisiera trabajar. Un día, Eileen dijo: «Quizá sea que me gusta sentirme angustiada y deprimida».

Le dije que probablemente había dado en el clavo y le propuse que preparásemos una lista de todas las ventajas de estar deprimida y angustiada y todas las desventajas de mejorar. Esto es semejante al análisis de costes-beneficios que realizó Sam, pero de una manera contradictoria. Sólo estamos estudiando los factores que mantienen atascada a Eileen y pasaremos por alto las ventajas de su recuperación.

A Eileen se le ocurrieron muchas ventajas de sentirse desgraciada, entre ellas:

- Cuando estoy alterada, mi marido me presta mucha atención.
- No tengo que cocinar ni hacer las tareas de la casa. Él lo hace todo por mí.
- No tengo que salir a buscar trabajo, que es una cosa que me asusta.
- Puedo hacer el papel de víctima y sentir lástima de mí misma.
- Puedo quejarme de toda la gente que no me quiere lo suficiente, sobre todo de mi padre y de mi hermano.
- Puedo estar enfadada constantemente.
- Puedo sentirme especial.
- Puedo frustrar al doctor Burns y demostrarle que no es capaz de controlarme ni de decirme qué debo hacer.
- Puedo justificar el hecho de beber alcohol y tomar tranquilizantes siempre que quiero.

Eileen preparó también una lista de las desventajas que suponía ponerse mejor. Eran éstas:

- Tendré que trabajar mucho realizando las tareas de psicoterapia para hacer en casa entre sesión y sesión.

- Tendré que dejar de beber y quizás, incluso, asistir a reuniones de Alcohólicos Anónimos.
- Tendré que cocinar y hacer las tareas de la casa.
- Puede que tenga que buscar un trabajo.
- No tendré ningún motivo para volver a reunirme con el doctor Burns.
- Ya no me sentiré especial. Seré corriente, como todo el mundo.
- Tendré que entablar relaciones personales con la gente, y eso me provoca ansiedad.
- Tendré que hacer todas las cosas que he estado dejando para después.
- No podré quejarme de todas las personas que me han tratado mal.
- Perderé mi sentido de la identidad como víctima.

Dije a Eileen que su depresión, claramente, le venía muy bien. Le dije que sentía un gran alivio al ver que la depresión tenía tantas ventajas y la recuperación tantas desventajas, teniendo en cuenta sobre todo que ella era una paciente de pago y que solía asistir a una sesión doble conmigo todas las semanas. Le dije que, aunque tendíamos a reñir y discutir durante las sesiones, era una de mis contrincantes favoritas y que la echaría mucho de menos si se recuperaba y no volvíamos a vernos. Añadí que esperaba que siguiera «olvidándose» de hacer las tareas para que pudiésemos seguir trabajando juntos durante los años venideros.

A la semana siguiente, cuando Eileen volvió a su sesión, me dijo que había trabajado media hora al día o más en su registro diario de estado de ánimo. También había dejado de beber y ya había asistido a dos reuniones de Alcohólicos Anónimos. Dijo que se sentía mucho mejor y le parecía que pronto estaría preparada para poner fin al tratamiento. Si bien el sufrimiento de Eileen era real, llevaba años resistiéndose al tratamiento. Su resistencia a hacer las tareas por escrito era en realidad un reflejo de sus miedos de que el tratamiento pudiera dar resultado y de que ella tuviera que despedirse de un amigo viejo y fiel.

Muchas personas son como Eileen. Tienen un pie en el agua y otro en la orilla. Por una parte, quieren desesperadamente cambiar sus vidas, pero, al mismo tiempo, se resisten al cambio. Cada uno de nosotros tendremos nuestros motivos, algo distintos, para resistirnos al cambio. Sea cual sea el problema, si usted quiere cambiar su vida, siempre tendrá que renunciar a ciertos beneficios ocultos y siempre tendrá que pagar un precio.

Como habrá visto por los ejemplos de este capítulo, el tratamiento efectivo no consiste simplemente en tenderse en el diván y expresar sus sentimientos o en intentar comprender cuál fue la primera causa de sus miedos. Consiste en trabajar juntos, en colaboración. Así pues, ahora tengo que enterarme de algo acerca de usted. ¿Cómo respondería a estas tres preguntas?

- Si usted pudiera apretar un botón mágico que hiciera que toda su ansiedad, su depresión o su ira desaparecieran *ahora mismo*, ¿lo apretaría?
- ¿Está usted dispuesto a plantar cara a la cosa que más teme, aunque al principio le produzca una ansiedad tremenda?
- ¿Está usted dispuesto a realizar algunos ejercicios por escrito mientras lee este libro, aunque ello suponga algo de trabajo duro?

¡Si es capaz de responder afirmativamente a las tres preguntas, puede que el final de su ansiedad esté al alcance de su mano!

6

El registro diario de estado de ánimo

En un seminario que impartí recientemente en Nueva York, pedí que saliera un voluntario que estuviera dispuesto a trabajar sobre algún problema personal delante del grupo. Una psicoterapeuta llamada Marsha levantó la mano y explicó que necesitaba ayuda para resolver su preocupación constante acerca de su hija Leslie, de 26 años. Marsha dijo que era la típica «madre judía» y que su preocupación compulsiva la avergonzaba y a veces molestaba a Leslie.

Marsha explicó que Leslie había tenido problemas con el peso desde que era niña. Cuando llegó a la adolescencia, el problema se había agravado. Las dietas no habían servido y Leslie adquirió una obesidad enfermiza. Como último recurso, Leslie se había sometido recientemente a una operación de reducción de estómago, con resultados notables. Ya había perdido más de 30 kilos y se sentía estupendamente. Sin embargo, Marsha se preocupaba constantemente por Leslie y no se quitaba de la cabeza pensamientos como éstos: «¿Se ha acordado Leslie de tomarse las medicinas? ¿Está bebiendo bastante líquido?». Se ponía tan nerviosa que llamaba por teléfono a Leslie varias veces al día para interesarse por su estado.

Si bien la preocupación obsesiva de Marsha y sus llamadas compulsivas resultaban pesadas, Leslie solía reaccionar con sentido del humor y tolerancia. Marsha dijo que mantenían una relación sólida y cariñosa.

Resulta difícil comprender los sentimientos de Marsha, pues todo padre cariñoso se preocupa en algunas ocasiones. Sin embargo, la preocupación de Marsha era excesiva, teniendo en cuenta que Leslie era una persona responsable y le iba bien. Marsha dijo que se sentía apurada, ya que ella era una profesional de la salud mental y trabajaba todos los días con pacientes que sufrían ansiedad. Dijo que se sentía como una farsante, ya que daba muchos consejos a sus pacientes pero parecía que ella no se aplicaba lo que predicaba. Estaba frustrada consigo misma.

Pedí a Marsha que cumplimentara un registro diario de estado de ánimo, el cual se basa en la idea de que, cuando uno cambia su manera de *pensar*, puede cambiar su manera de *sentirse*. En las páginas 74-75 aparece un formulario en blanco del registro. Se siguen cinco pasos:

Paso 1. **Suceso trastornador:** escriba en la parte superior del registro diario de estado de ánimo una breve descripción del suceso trastornador. Elija cualquier momento en que se sintiera angustiado o trastornado.

Paso 2. **Emociones:** rodee con un círculo las palabras que describan sus sentimientos en ese momento y califique cada sentimiento en una escala que va del 0% (nada en absoluto) al 100% (extremadamente). Anote estas puntuaciones en la columna de «% antes».

REGISTRO DIARIO DE ESTADO DE ÁNIMO

Suceso trastornador: _____

Emociones	% antes	% después	Emociones	% antes	% después
Triste, melancólico, deprimido, decaído, infeliz			**Frustrado**, atascado, chasqueado, derrotado		
Turbado, tonto, humillado, apurado			**Inferior**, sin valor, inadecuado, deficiente, incompetente		
Angustiado, preocupado, con pánico, nervioso, asustado			**Airado**, enfadado, resentido, molesto, irritado, trastornado, furioso		
Desesperanzado, desanimado, pesimista, descorazonado			**Solitario**, no querido, no deseado, rechazado, solo, abandonado		
Culpable, con remordimientos, malo, avergonzado			**Otras (describir)**		

Pensamientos negativos	% antes	% después	Distorsiones	Pensamientos positivos	% creencia
1.			1.		
2.			2.		
3.			3.		
4.			4.		
5.			5.		

Pensamientos negativos	% antes	% después	Distorsiones	Pensamientos positivos	% creencia
6.				6.	
7.				7.	
8.				8.	

LISTA DE COMPROBACIÓN DE DISTORSIONES COGNITIVAS

1. **Pensamiento todo o nada:** usted considera las cosas en categorías absolutas, o blanco o negro.

2. **Generalización excesiva:** toma un hecho negativo aislado por una pauta interminable de derrotas: «Esto pasa *siempre*».

3. **Filtro mental:** usted da vueltas a lo negativo y pasa por alto lo positivo.

4. **Descartar lo positivo:** se empeña en que sus cualidades positivas no cuentan.

5. **Saltar a conclusiones:** usted salta a conclusiones que no se justifican con los hechos.

   - **La lectura del pensamiento:** da por supuesto que la gente reacciona negativamente ante usted.
   - **La adivinación del porvenir:** predice que las cosas saldrán mal.

6. **Magnificación y minimización:** usted hincha las cosas desproporcionadamente o bien empequeñece su importancia.

7. **Razonamiento emocional:** razona en función de cómo se siente, diciéndose, por ejemplo: «Me siento idiota, así que debo *serlo* de verdad».

8. **Afirmaciones del tipo «Debería»:** utiliza verbos del tipo «Debería», «No debería», «Tendría que» y «No tendría que».

9. **Poner etiquetas:** en vez de decirse: «He cometido un error», dice: «Soy un mismo» o «Soy un perdedor».

10. **Inculpación:** en vez de detectar la causa de un problema, usted asigna culpabilidades.

    - **Autoinculpación:** se culpa a sí mismo de algo que no fue responsabilidad suya.
    - **Inculpación de los demás:** culpa a los demás, negando el papel de usted mismo en el problema.

Paso 3. **Pensamientos negativos:** determine cuáles son los pensamientos negativos que se asocian a cada sentimiento. Formúlese preguntas como ésta: «Cuando me siento culpable,
¿qué estoy pensando? ¿Qué pensamientos me pasan por la mente?». O bien: «Cuando me
siento angustiado y preocupado, ¿qué me estoy diciendo a mí mismo?». Por ejemplo, si se
siente deprimido, puede que se esté diciendo a sí mismo que no vale nada o que nadie le
puede querer. Indique en qué medida se cree usted cada uno de estos pensamientos, según
una escala que va del 0% (nada en absoluto) al 100% (completamente). Anote estas puntuaciones en la columna de «% antes».

Paso 4. **Distorsiones:** identifique las distorsiones de cada pensamiento negativo, utilizando la lista de comprobación de distorsiones cognitivas que aparece en la parte inferior de la segunda página del registro diario de estado de ánimo.

Paso 5. **Pensamientos positivos:** ataque cada pensamiento negativo oponiéndole un nuevo pensamiento más positivo y realista. Indique en qué medida cree en cada uno de los pensamientos positivos según una escala que va del 0% (nada en absoluto) al 100% (completamente). Lleve estas escalas a la columna de «% creencia». Después, vuelva a calificar su
creencia en sus pensamientos negativos y lleve las nuevas calificaciones a la columna de
«% después».

El primer paso es importantísimo, porque todos sus problemas estarán fijados en cualquier
momento determinado en que usted se sienta angustiado o alterado. Cuando aprenda a cambiar su
manera de pensar y de sentir en ese momento, comprenderá la solución de todos sus problemas.

El registro diario de estado de ánimo de Marsha aparece en la página 77. Como puede verse,
Marsha describió el suceso trastornador escribiendo simplemente: «Preocuparme por Leslie durante el seminario». Pedí a Marsha que identificara sus sentimientos negativos y los puntuara. El
registro diario de estado de ánimo consta de diez categorías de emociones. La primera categoría
es: «Triste, melancólico, deprimido, decaído, infeliz». Marsha rodeó la palabra «triste» y valoró
este sentimiento en un 100% en la columna de «% antes» porque sentía una tristeza profunda.
También rodeó angustiado, culpable, avergonzado, inadecuado, incompetente, solitario, turbado,
desanimado, atascado, irritado y abrumado. Los sentimientos más fuertes eran los de «atascado» y
«abrumado», que evaluó en un 200%. ¡Estos sentimientos se salían de la tabla!

A continuación, Marsha anotó los siguientes pensamientos en la columna de «Pensamientos negativos»:

1. *No debería* ser tan tonta y estúpida preocupándome tanto por Leslie.
2. *Debería* ser capaz de soltarme. Al fin y al cabo, soy psicóloga, de modo que no debería ser
   tan neurótica.
3. Puedo pasarme de la raya y perder el respeto de Leslie por ser demasiado controladora.

Como se aprecia en la página 77, las puntuaciones en la columna de «% antes» indican que
Marsha creía en los dos primeros pensamientos negativos al 100% y en el tercero al 50%. En realidad, Marsha tiene dos problemas. En primer lugar, se preocupa; después, se riñe a sí misma por haberse preocupado.

Sabemos que Marsha está motivada porque tuvo el valor de ofrecerse voluntaria para hacer
una demostración delante de sus colegas. Pero las cosas no siempre son tan evidentes como pue-

REGISTRO DIARIO DE ESTADO DE ÁNIMO DE MARSHA

Suceso trastornador: Preocuparme por Leslie durante el seminario.

Emociones	% antes	% después
Triste: melancólico, deprimido, decaído, infeliz	100%	
Angustiado: preocupado, con pánico, nervioso, asustado	100%	
Culpable: con remordimientos, malo, avergonzado	90%	
Inferior, sin valor, inadecuado, deficiente, incompetente	75%	
Solitario: no querido, no deseado, rechazado, solo, abandonado	90%	

Emociones	% antes	% después
Turbado, tonto, humillado, apurado	60%	
Desesperanzado, desanimado, pesimista, descorazonado	90%	
Frustrado, atascado, chasqueado, derrotado	200%	
Airado, enfadado, resentido, molesto, irritado, trastornado, furioso	25%	
Otras (describir) Abrumada	200%	

Pensamientos negativos	% antes	% después	Distorsiones
1. *No debería* ser tan tonta y estúpida, preocupándome tanto por Leslie.	100%		
2. *Debería* ser capaz de soltarme. Al fin y al cabo, soy psicóloga, de modo que no debería ser tan neurótica.	100%		
3. Puedo pasarme de la raya y perder el respeto de Leslie por ser demasiado controladora.	50%		
4. Sería muy duro perder a otra hija.	100%		
5. Fui responsable de la muerte de Elisa. Fui egoísta y le fallé.	100%		
6. ¡Será mejor que no vuelva a fallar!	100%		

Distorsiones	Pensamientos positivos	% creencia
1.		
2.		
3.		
4.		
5.		
6.		

den parecer a primera vista. ¿Es posible que tenga sentimientos contrapuestos sobre la posibilidad de dejar su preocupación constante y sus autocríticas? ¿Se le ocurre algún motivo por el que Marsha pudiera resistirse al cambio? Escriba aquí sus ideas. Aunque no dé con ello, ponga lo que se le ocurra:

_____

_____

_____

_____

Solución

Marsha puede resistirse a dejar su ansiedad y sus autocríticas porque:

- Puede que sienta que la preocupación es fundamental para su papel de madre cariñosa. Puede tener la sensación de que está protegiendo a Leslie.
- Puede que tenga la creencia supersticiosa de que, si deja de preocuparse, pasará algo terrible.
- Puede que piense que toda esa culpa y esas autocríticas le ayudarán a superar el problema.
- Puede que piense que sus pensamientos negativos son completamente ciertos.
- La preocupación constante puede impedirle afrontar otros problemas que ha estado pasando por alto, como la soledad o un problema en su matrimonio.

Naturalmente, todo esto no son más que especulaciones, y no lo sabremos con certeza mientras no se lo preguntemos a Marsha. Dije entonces: «Marsha, si pudiera enseñarte a superar tu ansiedad *hoy mismo*, de tal modo que dejaras de preocuparte por Leslie por completo, ¿lo harías?».

Marsha dijo que lo haría sin dudarlo si le enseñaba cómo. Como yo quería estar completamente seguro, le planteé la pregunta de manera ligeramente distinta: «Pero ¿no sería eso peligroso? Al fin y al cabo, si a Leslie se le olvida tomarse la medicina o beber mucho líquido, tú estarás allí para recordárselo. Pero si dejas de preocuparte, quizá no hagas esa llamada. Además, toda esa preocupación demuestra que eres una madre atenta y cariñosa».

Marsha se dio cuenta de adónde quería llegar yo, pero señaló que Leslie era muy responsable y que no necesitaba que le recordaran constantemente lo que tenía que hacer. Después, se quedó callada y bajó la cabeza. Dijo en voz baja: «Pero... ¡sería tan duro perder a otra hija!». Al borde de las lágrimas, Marsha explicó que había tenido otra hija, Elisa, que había nacido con hidrocefalia, una dilatación del cerebro provocada por un bloqueo de los ventrículos cerebrales. Poco después de nacer Elisa, un neurocirujano tuvo que implantarle una válvula en el cerebro para superar el bloqueo y evitar una dilatación mortal del cerebro.

A pesar de este problema, Elisa creció con normalidad y era una niña lista y adaptada. Estudió mucho en el instituto y se matriculó en la Universidad Cornell como estudiante de medicina. El día de las familias, Marsha viajó hasta Ithaca desde su casa en Manhattan para visitar a Elisa. A Elisa le encantó ver a su madre, pero se quejó de dolores de cabeza y náuseas. Marsha le preguntó si había limpiado la válvula recientemente, pues esos síntomas podían deberse a un bloqueo.

Elisa tranquilizó a Marsha diciéndole que la válvula estaba bien. Marsha estaba agotada tras el largo viaje en coche, pero le preguntó a Elisa si quería salir a cenar. Cuando Elisa le dijo que tenía que quedarse a estudiar para un examen importante que tenía al día siguiente, Marsha se sintió aliviada, pues tenía ganas de relajarse en el hotel.

Marsha volvió a quedarse callada. Yo veía que las lágrimas se le acumulaban en los ojos, pero ella las contenía. Había tal silencio que se habría oído caer un alfiler en la sala. Después, Marsha exclamó: «¡Elisa murió esa noche!», y empezó a sollozar sin poder contenerse.

Cuando Marsha hubo llorado un poco, le pregunté si el dolor por la muerte de Elisa la inquietaba. Ella asintió con la cabeza. Le pregunté si se sentía culpable por la muerte de Elisa. Volvió a asentir con la cabeza y dijo que sentía que había sido egoísta y que si se hubiera quedado con Elisa un poco más, podría haberle salvado la vida. Dijo que sentía que había fallado a su hija y que quería asegurarse de no volver a cometer ese mismo error.

Pedí a Marsha que añadiera estos pensamientos negativos adicionales a su registro diario de estado de ánimo. Como se ve en la página 77, ella los creía todos al 100%.

Pregunté a Marsha con qué pensamiento quería trabajar primero. Ella eligió el quinto pensamiento: «Fui responsable de la muerte de Elisa. Fui egoísta y le fallé». En la tabla siguiente, marque con una señal las distorsiones que están presentes en este pensamiento. Para realizar este ejercicio, consulte las definiciones de las distorsiones cognitivas de la página 75. Identificar las distorsiones de un pensamiento negativo tiene más de arte que de ciencia; por tanto, no debe preocuparse por si acierta o no.

Distorsión	(✓)	Distorsión	(✓)
1. Pensamiento todo o nada		6. Magnificación o minimización	
2. Generalización excesiva		7. Razonamiento emocional	
3. Filtro mental		8. Afirmaciones del tipo «Debería»	
4. Descartar lo positivo		9. Poner etiquetas	
5. Saltar a conclusiones • Lectura del pensamiento • Adivinación del porvenir		10. Inculpación • Autoinculpación • Inculpación de los demás	

Solución

Creo que podría alegarse que están presentes las diez distorsiones.

En la página 81 se observa cómo enumeró Marsha las distorsiones de todos los pensamientos negativos de su registro diario de estado de ánimo. Para ello utilizó abreviaturas tales como FM por «filtro mental» y DP por «descartar lo positivo».

¿Qué gana usted al identificar las distorsiones en sus pensamientos negativos? En primer lugar, descubre que los pensamientos negativos no son, ni con mucho, tan realistas como creía. Recuerde que Marsha creía casi todos sus pensamientos negativos al 100%. Pero ¿cuán realista puede ser un pensamiento cuando contiene tantas distorsiones? En segundo lugar, las distorsiones le aportarán alguna orientación sobre cómo desmentir el pensamiento. Voy a enseñarle el modo de aplicar muchas técnicas que pondrán fin a los sentimientos de ansiedad, de pánico y de depresión. Cuan-

Distorsión	(✓)	Explicación
1. Pensamiento todo o nada	✓	Marsha se está diciendo a sí misma que la muerte de Elisa fue culpa suya a pesar de que contribuyeron a ella multitud de factores.
2. Generalización excesiva	✓	Marsha está generalizando excesivamente de su conducta de aquella noche a todo su sentido de la identidad. La noche que murió Elisa, Marsha estaba agotada y quería descansar; por eso llega a la conclusión de que es un ser humano egoísta.
3. Filtro mental	✓	Piensa en el «error» que cometió y en todas las maneras en que falló a Elisa.
4. Descartar lo positivo	✓	Marsha descarta todos los sacrificios que ha hecho a lo largo de los años por sus dos hijas.
5. Saltar a conclusiones • Lectura del pensamiento • Adivinación del porvenir	✓	Marsha cree que debería haber sido capaz de predecir lo que iba a pasar y salvar la vida a su hija (adivinación del porvenir). Naturalmente, si hubiera sabido que Elisa corría peligro, habría intervenido. También está diciendo que falló a Elisa (lectura del pensamiento), pero no hay ningún motivo para sospechar que Elisa sintió alguna vez que su madre le había fallado.
6. Magnificación o minimización	✓	Marsha magnifica su propia importancia y minimiza el hecho de que Elisa era una persona muy responsable y autosuficiente.
7. Razonamiento emocional	✓	Marsha llega a la conclusión de que *es* culpable porque *se siente* culpable.
8. Afirmaciones del tipo «Debería»	✓	Marsha se está diciendo a sí misma que *debería* haber hecho algo diferente aquella noche.
9. Poner etiquetas	✓	Se está poniendo la etiqueta de «egoísta».
10. Inculpación • Autoinculpación • Inculpación de los demás	✓	Marsha se culpa de la muerte de Elisa.

do haya identificado las distorsiones de un pensamiento, podrá decidir con cierto criterio qué técnicas debe probar en primer lugar.

Dado que en el quinto pensamiento negativo de Marsha intervenía claramente la Culpa, opté por probar en primer lugar la técnica del doble parámetro. Esta técnica se basa en el hecho de que

REGISTRO DIARIO DE ESTADO DE ÁNIMO DE MARSHA

Suceso trastornador: Preocuparme por Leslie durante el seminario.

Emociones	% antes	% después		Emociones	% antes	% después
(Triste), melancólico, deprimido, decaído, infeliz	100%			(Turbado), tonto, humillado, apurado	60%	
(Angustiado), preocupado, con pánico, nervioso, asustado	100%			(Desesperanzado), desanimado, pesimista, descorazonado	90%	
(Culpable), con remordimientos, malo, (avergonzado)	90%			(Frustrado), (atascado), chasqueado, derrotado	200%	
Inferior, sin valor, (inadecuado), deficiente, (incompetente)	75%			Airado, enfadado, resentido, molesto, (irritado), trastornado, furioso	25%	
(Solitario), no deseado, rechazado, solo, abandonado	90%			Otras (describir) (Abrumada)	200%	

Pensamientos negativos	% antes	% después	Distorsiones	Pensamientos positivos	% creencia
1. *No debería* ser tan tonta y estúpida, preocupándome tanto por Leslie.	100%		FM, DP, RE, ATD, PE, AI	1.	
2. *Debería* ser capaz de soltarme. Al fin y al cabo, soy psicóloga, de modo que no debería ser tan neurótica.	100%		ATD, PE, AI	2.	
3. Puedo pasarme de la raya y perder el respeto de Leslie por ser demasiado controladora.	50%		LP, AP, ATD, PE	3.	
4. Sería muy duro perder a otra hija.	100%		AP	4.	
5. Fui responsable de la muerte de Elisa. Fui egoísta, y le fallé.	100%		PTN, GE, FM, DP, LP, AP, MAG/MIN, RE, ATD, PE, AI	5.	
6. ¡Será mejor que no vuelva a fallar!	100%		AP, RE, ATD, PE, AI	6.	

muchos de nosotros funcionamos según un doble patrón. Cuando estamos trastornados, nos hacemos trizas. Pero si estamos hablando con un amigo querido que tiene justamente el mismo problema, somos mucho más objetivos y comprensivos. Pregunté a Marsha qué diría ella a una amiga cuya hija hubiera muerto en circunstancias semejantes. ¿Le diría: «Has sido responsable de la muerte de tu hija. Has sido egoísta y le has fallado»?

Marsha dio muestras de consternación y dijo que *jamás* hablaría así a una amiga. Le pregunté qué diría en vez de aquello. Marsha respondió: «Le diría que ella no es Dios y que no puede estar allí para ayudar a sus hijos en cada momento. Le recordaría que si ella hubiera sabido que su hija necesitaba ayuda aquella noche, habría estado allí sólo para ella, como había estado antes, tantas veces. También le recordaría que siempre había sido una persona muy amable y generosa y una madre muy entregada, y que no era nada realista ponerse la etiqueta de egoísta».

Pregunté a Marsha si diría eso a su amiga por simple amabilidad o si estaría diciendo la verdad. Ella dijo que sus afirmaciones eran completamente ciertas. Le pedí que las anotara en la columna de «Pensamientos positivos» de su registro diario de estado de ánimo, enfrente del quinto pensamiento negativo. Como se ve en la página 83, escribió: «Si hubiera sabido que Elisa necesitaba mi ayuda aquella noche, yo habría estado a su lado, como habría hecho cualquier madre cariñosa». Pedí a Marsha que puntuara el grado en que creía en este pensamiento. Ella puso un 100% en la columna de «% creencia» porque el pensamiento positivo le parecía absolutamente cierto.

Señalé que el pensamiento positivo parecía contradecir el pensamiento negativo. Por una parte, se estaba diciendo a sí misma que era egoísta y que era responsable de la muerte de Elisa. Pero, por otra parte, sabía que habría hecho cualquier cosa para salvar la vida a su hija. No es posible creer cosas contradictorias al mismo tiempo, de modo que tendría que renunciar a una de sus creencias, la del pensamiento negativo o la del pensamiento positivo.

Marsha dijo que el pensamiento negativo ya no le parecía realista. Le pedí que indicara en qué grado lo creía ahora, del 0 al 100%. Como se ve, tachó el 100% en la columna de «% antes» y puso un 5% en la columna de «% después», indicando que ya no creía el quinto pensamiento negativo.

Para que un pensamiento positivo cambie su manera de sentirse a nivel visceral, tiene que cumplir dos condiciones:

- **La condición necesaria:** el pensamiento positivo debe ser cierto al cien por cien, o casi; de lo contrario, no servirá. Las racionalizaciones y las verdades a medias no cambiarán su manera de pensar y de sentirse.
- **La condición suficiente:** el pensamiento positivo debe desmentir el pensamiento negativo. Recuerde: cuando cambie su manera de *pensar*, podrá cambiar su manera de *sentirse*.

El pensamiento positivo de Marsha era absolutamente válido. Además, desmentía su pensamiento negativo y ella ya no creía que la causa de la muerte de Elisa hubiera sido su egoísmo. Esto significa que el pensamiento positivo cumplía las condiciones necesaria y suficiente para el cambio emocional. De hecho, Marsha sintió una oleada repentina de alivio y ya no se sentía culpable ni avergonzada por la muerte de su hija. Le pregunté si la culpa que sentía por la muerte de Elisa estaba relacionada con su preocupación constante por Leslie. Dicho de otro modo, ¿se preocupaba constantemente por Leslie para poder estar segura de que no perdería a una segunda hija del mismo modo?

REGISTRO DIARIO DE ESTADO DE ÁNIMO DE MARSHA

Suceso trastornador: Preocuparme por Leslie durante el seminario.

Emociones	% antes	% después	Emociones	% antes	% después
Triste, melancólico, deprimido, decaído, infeliz	100%	15%	**Turbado**, tonto, humillado, apurado	60%	0%
Angustiado, preocupado, con pánico, nervioso, asustado	100%	5%	**Desesperanzado**, desanimado, pesimista, descorazonado	90%	0%
Culpable, con remordimientos, malo, **avergonzado**	90%	5%	**Frustrado**, atascado, chasqueado, derrotado	200%	0%
Inferior, sin valor, **inadecuado**, deficiente, **incompetente**	75%	0%	**Airado**, enfadado, resentido, molesto, **irritado**, trastornado, furioso	25%	0%
Solitario, no deseado, rechazado, solo, abandonado	90%	0%	**Otras (describir)** Abrumada	200%	0%

Pensamientos negativos	% antes	% después	Distorsiones	Pensamientos positivos	% creencia
1. *No debería* ser tan tonta y estúpida, preocupándome tanto por Leslie.	100%	10%	FM, DP, RE, ATD, PE, AI	**1.** Lo más probable es que mi preocupación constante no sea necesaria, pero tampoco es tonta ni estúpida. Es una señal de amor y de interés.	100%
2. *Debería* ser capaz de soltarme. Al fin y al cabo, soy psicóloga, de modo que no debería ser tan neurótica.	100%	10%	ATD, PE, AI	**2.** Hasta los psicólogos tienen derecho a tener sentimientos.	100%
3. Puedo pasarme de la raya y perder el respeto de Leslie por ser demasiado controladora.	50%	5%	LP, AP, ATD, PE	**3.** Sería deseable dejar de preocuparme y de llamar a Leslie con tanta frecuencia, pero no voy a perder su respeto si doy muestras de comprensión e interés.	100%
4. Sería muy duro perder a otra hija.	100%	0%	AP	**4.** Parece muy poco probable. Leslie está bien.	100%
5. Fui responsable de la muerte de Elisa. Fui egoísta y le fallé.	~~100%~~	5%	PTN, GE, FM, DP, LP, AP, MAG/MIN, RE, ATD, PE, AI	**5.** Si hubiera sabido que Elisa necesitaba mi ayuda aquella noche, yo habría estado a su lado, como habría hecho cualquier madre cariñosa.	100%
6. ¡Será mejor que no vuelva a fallar!	100%	0%	AP, RE, ATD, PE, AI	**6.** Esto es durísimo y me hace sentir como si fuera constantemente de puntillas. En primer lugar, yo no «fallé».	100%

Si bien este motivo puede parecer evidente al lector, para Marsha fue una sorpresa absoluta. Aunque ella era psicóloga, no se le había ocurrido nunca esa posibilidad. A veces tenemos mucha visión de los problemas de los demás pero tenemos un punto ciego cuando se trata de los nuestros.

Esta visión arrojó una luz completamente nueva sobre su preocupación. En vez de verla como una neurosis compulsiva que debía superar, la vio como una expresión de amor hacia sus dos hijas. También le pregunté si toda esa culpa y vergüenza no podía haber sido el tropiezo que le había impedido superar la muerte de Elisa y dejar el dolor. Marsha asintió con la cabeza y rompió a llorar otra vez.

Los sentimientos no resueltos, tales como la ira o la culpa, a veces dificultan el proceso de superación de una muerte. Estos sentimientos hacen que sea difícil decir adiós a la persona que ha muerto, por lo que la muerte se queda congelada en el tiempo. Pero ahora que Marsha había dejado de sentirse culpable, podía conocer ya los sentimientos profundos de tristeza y de pérdida que llevaban embotellados tantos años.

Después de haber llorado, Marsha sintió una subida espectacular de su estado de ánimo. En aquel momento le pregunté si era capaz de oponerse a los demás pensamientos de su registro diario de estado de ánimo. Como se puede ver en la página 83, presentó unos pensamientos positivos convincentes que, al parecer, rebatían todos los pensamientos negativos que la habían estado acosando. Todos los números de la columna de «% creencia» eran del 100%. Como se ve en la columna de «% después», su creencia en los pensamientos negativos se redujo sustancialmente, lo que indicaba que los pensamientos positivos cumplían las condiciones necesaria y suficiente para el cambio emocional.

Para determinar si Marsha se sentía mejor, le pedí que reevaluara sus emociones negativas en una escala del 0% (nada en absoluto) al 100% (extrema). Como se ve en la columna de «% después» de la sección de «Emociones», todos sus sentimientos negativos mejoraron espectacularmente. Seguía sintiendo alguna tristeza y algo de ansiedad y de culpa, pero aquello era perfectamente normal. Al fin y al cabo, había estado pensando en la muerte de su hija.

Le pregunté si había comentado alguna vez con Leslie sus sentimientos acerca de la muerte de Elisa. Esto no se le había ocurrido nunca y decidió hablarlo aquella misma noche, inmediatamente después del seminario.

Habían bastado tres cuartos de hora para que Marsha pusiera fin a años de preocupación y de culpa. ¡No pretendo dar a entender que todo el mundo vaya a sentir alivio en tres cuartos de hora! Pero estoy convencido de que a toda persona que sufre ansiedad o depresión se le puede ayudar tanto como a Marsha.

Su recuperación tuvo varias claves. En primer lugar, Marsha se centró en un momento concreto en que se sentía angustiada. En segundo lugar, determinó con exactitud cómo se sentía y anotó en el registro diario de estado de ánimo los pensamientos negativos que le provocaban toda aquella preocupación, culpa y vergüenza. Eso nos permitió a los dos ver con exactitud lo que se estaba diciendo a sí misma. Todos somos diferentes y todos pensamos de manera diferente acerca de las cosas. Una de las grandes ventajas del registro diario de estado de ánimo es que recoge los pensamientos y sentimientos particulares de cada uno.

En tercer lugar, desvelamos las emociones ocultas que alimentaban los miedos de Marsha sobre Leslie. En un principio, no se daba cuenta de que se estaba preocupando por Leslie a consecuencia de toda la culpa y vergüenza que sentía por la muerte de Elisa. Nunca había sido capaz de asimilar esa pérdida porque los sentimientos de culpa y de vergüenza habían bloqueado el proceso de aceptación.

En cuarto lugar, Marsha estaba dispuesta a arriesgarse a plantar cara al demonio del que había estado huyendo. Había temido aquellos recuerdos y sentimientos porque eran muy dolorosos. Pero cuando los sacó a la luz y les plantó cara, frente a frente, la recuperación ya era una cuestión de tiempo.

Por fin, cuando desmintió los pensamientos negativos, se perdonó a sí misma y se consintió superar aquella muerte. En aquel momento sintió un alivio profundo y se recuperó. Cuando usted experimenta la iluminación en un momento de su vida, casi siempre se produce un cambio dramático de todas sus percepciones sobre sí mismo y sobre el mundo.

Puede parecer que el registro diario de estado de ánimo es una herramienta sencilla, pero en realidad es una herramienta muy sofisticada para cambiar el modo en que usted piensa y se siente. Será, además, la piedra angular de su tratamiento.

A continuación, voy a repasar los cinco pasos y a señalar los errores más comunes que comete la gente en cada uno de ellos. ¿Por qué no empieza usted ahora mismo su propio registro diario de estado de ánimo? Mientras repasa estos pasos puede utilizar el formulario en blanco que aparece en las páginas 74-75. Recuerde que debe hacerlo sobre el papel. Si intenta hacerlo de memoria, simplemente no dará resultado porque sus pensamientos negativos se perseguirán unos a otros en círculos sin fin. No se preocupe por escribir sobre el libro. Hay otra copia del registro diario de estado de ánimo en las páginas 350-351. Puede hacer copias del formulario para su uso personal con toda libertad.

Paso 1. Suceso trastornador

Al principio del registro diario de estado de ánimo escriba una breve descripción de un momento en que usted se siente trastornado. Asegúrese de que el problema que describe es concreto en cuanto a persona, lugar y tiempo. Puede tratarse de cualquier momento en que usted se haya sentido decaído, preocupado o con pánico. Unas preguntas oportunas que se puede hacer son las siguientes:

- ¿Qué hora del día era?
- ¿Dónde estaba yo?
- ¿Qué estaba pasando?

Recuerde que todos sus problemas quedarán fijados en un momento determinado en el que usted estaba sufriendo. Cuando determinamos los pensamientos y sentimientos negativos que tenía Marsha durante el seminario, comprendimos la causa de todas sus preocupaciones. Y cuando ella cambió su manera de pensar y de sentir en ese momento, experimentó un cambio profundo que afectó a toda su vida.

Uno de los errores más corrientes que comete la gente en el primer paso es intentar resolver sus problemas mentalmente. Como ya he dicho, esto no dará resultado. Usted no haría más que dar vueltas, pues sus pensamientos y sus sentimientos le parecerían demasiado abrumadores y convincentes. Le resultará mucho más sencilla la tarea si registra sus pensamientos y sus sentimientos negativos sobre el papel. Así podrá centrarse en ellos de uno en uno.

Este consejo puede parecer de sentido común, pero muchas personas lo pasan por alto. Prefieren limitarse a hablar de los problemas de sus vidas. Naturalmente, a todos nos gusta tener quien nos escuche cuando nos sentimos trastornados. Pero si usted quiere cambiar su vida, tarde o temprano tendrá que centrarse en un momento concreto en que se sintió trastornado. En ese momento único estará fijada la clave de todos sus sufrimientos.

Esto es bastante distinto de la psicoterapia tradicional en la que usted habla y habla de cosas generales a un psicoterapeuta que le escucha con atención y que de vez en cuando asiente con la cabeza y dice: «Cuénteme más». La idea de la terapia tradicional es que si usted habla de sus sentimientos y explora su pasado durante el tiempo suficiente, acabará por producirse algún tipo de cambio profundo. Este modelo de psicoterapia es el que se presenta en casi todas las películas y series de televisión que tratan del tema, como por ejemplo en *El indomable Will Hunting* y en *Gente corriente*. Estas películas me encantaron, y desde luego que presentaban una imagen inspiradora del modelo tradicional de la terapia. Pero, según mi experiencia, la terapia a base de hablar de manera no estructurada tiene la tendencia a alargarse de forma interminable sin que nada cambie verdaderamente. Seguramente sabe a qué me refiero, si tiene algún amigo o familiar que lleve años y años asistiendo a psicoterapia.

Si ha estado padeciendo sentimientos de ansiedad, de inseguridad o de depresión, quiero que pueda levantarse por la mañana diciendo: «Qué bello es vivir». Para conseguir este objetivo tendrá que tomar el registro diario de estado de ánimo, remangarse y ponerse a trabajar.

Paso 2. Emociones

Cuando haya descrito el suceso trastornador, rodee con un círculo todas las palabras que describan cómo se siente y puntúe cada sentimiento en una escala del 0% (nada en absoluto) al 100% (extremadamente). Lleve sus puntuaciones a la columna de «% antes». Cuando haya completado el registro diario de estado de ánimo, podrá puntuar de nuevo sus sentimientos en la columna de «% antes», tal como hizo Marsha en la página 83.

Es importante que identifique y puntúe sus emociones negativas porque tipos concretos de sentimientos son consecuencia de tipos determinados de pensamientos negativos. Al hacer esto, le resultará más fácil después identificar sus pensamientos negativos en el paso 3. Las emociones que se relacionan en el registro diario de estado de ánimo son las siguientes:

- **Ansiedad, nervios o preocupación:** usted se dice a sí mismo que corre peligro y que está a punto de suceder algo terrible.
- **Pánico:** se dice a sí mismo que está a punto de morirse, de ahogarse, de desmayarse, de perder el control o de volverse loco.
- **Turbación:** se dice que ha quedado tonto delante de otras personas.
- **Timidez:** usted se dice que las demás personas verán lo nervioso e inseguro que se siente y le despreciarán.
- **Soledad:** se dice que no le puede querer nadie y que está condenado a quedarse solo para siempre.
- **Depresión:** se dice que es un fracasado o que ha perdido algo que es importante para su sentido de la autoestima.
- **Desesperanza:** se dice que sus problemas no se resolverán nunca y que sus sufrimientos serán para siempre.

- **Culpa:** se dice que es una mala persona o que ha quebrantado su propio sistema de valores.
- **Vergüenza:** se dice que las demás personas verán lo malo, lo imperfecto o lo defectuoso que es usted y le despreciarán.
- **Inferioridad:** se dice que no es tan bueno como las demás personas o que no es tan bueno como debería ser.
- **Frustración:** se dice que las demás personas, o los hechos, deberían ser como usted espera que sean.
- **Ira:** se dice que los demás son unos canallas egoístas que le están tratando injustamente o que se están aprovechando de usted intencionadamente.
- **Sentirse atrapado:** se dice que tiene que ceder ante las exigencias de su cónyuge, de su novio o novia, de sus amigos o de su familia.

Paso 3. Pensamientos negativos

Anote los pensamientos negativos que le pasan por la mente cuando se siente trastornado. Formúlese preguntas como la siguiente: «Cuando me siento desesperanzado y desanimado, ¿qué me estoy diciendo a mí mismo?», «Cuando me siento lleno de pánico, ¿qué mensajes me estoy transmitiendo a mí mismo?».

Enumérelos en la columna de «Pensamientos negativos» de su registro diario de estado de ánimo y califique el grado en que usted cree cada uno de los pensamientos, desde el 0% (nada en absoluto) hasta el 100% (completamente). Anote sus puntuaciones en la columna de «% antes». He aquí algunos consejos que deberá tener presentes al cumplimentar el paso de los pensamientos negativos:

- Escriba frases completas. No escriba «Volverme loco» en la columna de «Pensamientos negativos» porque eso no significa nada. En vez de ello, puede escribir: «Estoy a punto de volverme loco».
- Limite cada pensamiento negativo a una extensión razonable. Con una sola frase suele bastar. Es difícil trabajar con pensamientos largos y farragosos.
- Procure evitar las preguntas retóricas tales como: «¿Por qué estoy tan angustiado siempre?» o «¿Qué me pasa?». No debe hacerlo así porque una pregunta no se puede desmentir. Sin embargo, una pregunta retórica se puede convertir fácilmente en un pensamiento negativo, por ejemplo: «No debería estar siempre tan angustiado» o «Debe de pasarme algo».
- No ponga descripciones de sus sentimientos en la columna de «Pensamientos negativos». Evite afirmaciones tales como: «Estoy preocupado por mi examen» o «Siento pánico ahora mismo». Anote sus sentimientos en la sección de «Emociones» del registro diario de estado de ánimo. Si describe sus sentimientos en la columna de «Pensamientos negativos», se sentirá frustrado porque los sentimientos no se pueden rebatir. Sin embargo, sí que se pueden desmentir los pensamientos distorsionados que provocan el sentimiento negativo.
- Asegúrese de que el pensamiento negativo no incluye la descripción de un suceso. Por ejemplo, «Trisha me rechazó y me siento desgraciado» no debe estar en la columna de «Pensamientos negativos» porque se trata de la descripción de un suceso (que Trisha me rechazó) y de un sentimiento (me siento desgraciado). Anote el suceso en la parte superior del registro diario de estado de ánimo y enumere justo debajo sus emociones (solitario, do-

lido, enfadado, inferior, rechazado, desanimado y desgraciado). En la columna de «Pensamientos negativos» puede anotar los pensamientos que provocaron estos sentimientos, como por ejemplo:

1. «Todo es culpa mía.» 100%
2. «Ninguna mujer me querrá nunca.» 100%
3. «Siempre estaré solo.» 100%

Paso 4. Distorsiones

Anote las distorsiones de cada pensamiento negativo en la columna de «Distorsiones». Como se advierte en la página 75, en el recuadro de la parte inferior del registro diario de estado de ánimo se relacionan las definiciones de las diez distorsiones, lo que le permite repasar la lista fácilmente después de haber recogido sus pensamientos negativos. En general, encontrará muchas distorsiones en cada pensamiento.

Recuerde que cuando enumere las distorsiones en su registro diario de estado de ánimo puede servirse de abreviaturas para ahorrar tiempo. Por ejemplo, puede escribir MAG como abreviatura de «Magnificación», PE como abreviatura de «Poner etiquetas», ATD como abreviatura de «Afirmaciones del tipo "Debería"» y AI como abreviatura de «Autoinculpación».

Paso 5. Pensamientos positivos

Genere más pensamientos positivos y realistas que desmientan sus pensamientos negativos. Pregúntese a sí mismo: «¿Puedo pensar en este problema de una manera más positiva y realista?». Recuerde las condiciones necesaria y suficiente para el cambio emocional:

- **La condición necesaria:** el pensamiento positivo debe ser verdadero al cien por cien.
- **La condición suficiente:** el pensamiento positivo debe desmentir el pensamiento negativo.

El paso 5 será difícil. ¡Si desmentir sus pensamientos negativos fuera fácil, a usted no le haría falta este libro! Indique el grado en que cree cada pensamiento positivo en la columna de «% creencia» y reevalúe después su creencia en el pensamiento negativo correspondiente.

Si usted se parece a las muchas personas con las que he trabajado a lo largo de los años, sus primeros esfuerzos no serán muy eficaces por uno o dos motivos. O bien los pensamientos positivos no serán verdaderos al cien por cien, con lo que no cumplirán la condición necesaria para el cambio emocional, o bien no desmentirán los pensamientos negativos, por lo que no cumplirán la condición suficiente para el cambio emocional. ¡No se preocupe por eso! Así es como deben ser las cosas de momento, ni más ni menos. Voy a enseñarle a usar una batería de técnicas poderosas que le ayudarán a desmentir los pensamientos negativos que le hacen sentirse angustiado, preocupado, lleno de pánico, inadecuado o deprimido. También le enseñaré a seleccionar las técnicas que tienen más posibilidades de dar resultado para usted, ahora y para el resto de su vida.

Segunda parte

El modelo cognitivo

7

Desvelar sus creencias contraproducentes

La terapia cognitivo-conductual se basa en la idea de que la depresión, la ansiedad y la ira son consecuencia de pensamientos negativos distorsionados en el aquí y el ahora. Esta teoría explica por qué nos sentimos como nos sentimos, pero no aborda varias cuestiones importantes:

- ¿Por qué son algunas personas tan vulnerables a los cambios dolorosos de estado de ánimo, mientras otras dan la impresión de ser felices y confiadas siempre y por naturaleza?
- ¿Por qué las diversas personas son vulnerables a diversos tipos de problemas? Por ejemplo, algunas personas nos hundimos cuando nos critican, mientras que otras se ponen furiosas cuando alguien les corta el paso en el tráfico.
- ¿Cómo se explica el momento de aparición de los episodios de depresión, de ansiedad o de ira y qué es lo que desencadena, de entrada, estos episodios?

Aquí es donde intervienen las creencias contraproducentes (CCP). Sus actitudes y sus valores personales explican sus vulnerabilidades psicológicas. Cuando haya determinado usted sus CCP, sabrá exactamente por qué se trastorna y cuándo es probable que se trastorne en el futuro.

Existen dos tipos básicos de CCP: las CCP individuales y las CCP interpersonales. Las CCP individuales suelen ser ecuaciones de autoestima que le dicen lo que tiene que ser o que hacer para convertirse en un ser humano como es debido. La fórmula básica sigue el esquema: «Necesito X para sentirme feliz y realizado». X puede ser la perfección, los logros, el amor o la aprobación de los demás. He aquí algunos ejemplos de creencias contraproducentes individuales:

- **Perfeccionismo:** usted cree que siempre debe intentar ser perfecto. Siempre que fracasa o que no alcanza un objetivo, se riñe sin piedad y se dice que no es tan bueno como debería ser.
- **Perfeccionismo percibido:** cree que tiene que impresionar a todo el mundo con su talento o con sus logros para que le aprecien y le acepten. Cree que sus amigos y sus colegas no le respetarán si descubren que usted tiene algún defecto o que es vulnerable.
- **Adicción a los logros:** usted basa su autoestima en su inteligencia, en su talento, en sus logros o en su productividad.
- **Adicción a la aprobación:** cree que necesita la aprobación de todos para valer la pena. Siempre que alguien lo critica o lo desaprueba, usted se pone a la defensiva y se siente amenazado.

Las creencias contraproducentes interpersonales conducen a conflictos con otras personas. Suelen ser expectativas acerca de lo que sucede en las relaciones personales estrechas e íntimas. Dan forma a nuestra manera de entender lo que tenemos que hacer para ser amados y respetados, y de cómo nos tratarán las demás personas. He aquí algunos ejemplos:

- **Inculpación:** usted cree que es inocente y que la persona con la que no se lleva bien es la culpable de los problemas en sus relaciones personales.
- **Verdad:** usted está convencido de que tiene razón y de que la otra persona se equivoca.
- **Prerrogativas:** usted cree que la gente tiene que pensar, sentir y comportarse tal como usted espera. Cuando no lo hacen así, se enfada y se siente frustrado.
- **Adicción al amor:** cree que la única felicidad verdadera se alcanza al ser amado por una persona que a usted le importa. Cree que si lo rechazan o si se queda solo, estará condenado a sufrir sentimientos de vacío y de falta de valor.
- **Sumisión:** cree que usted tiene que satisfacer las necesidades y las expectativas de todo el mundo, aunque para ello tenga que hacerse desgraciado a sí mismo. El amor se convierte en una forma de esclavitud, porque usted siente que siempre tiene que dar, dar, dar, para ser amado.
- **Narcisismo percibido:** usted cree que las personas que le importan serán centradas en sí mismas, explotadoras y frágiles. Siente que jamás podrá ser abierto ni espontáneo, ni decirles cómo se siente por dentro porque se escandalizarán y lo rechazarán.
- **Fobia a los conflictos:** usted cree que la ira, los conflictos y los desacuerdos con las demás personas son peligrosos y deben evitarse.

Muchas personas no comprenden la diferencia entre un pensamiento negativo y una CCP. Sus CCP están presentes *siempre*, pero los pensamientos negativos sólo salen a la luz cuando usted está trastornado.

Supongamos, por ejemplo, que usted tiene una adicción a los logros. Esto significa que basa su autoestima en su productividad, en su estatus social, en su inteligencia o en sus logros. Mientras las cosas le marchen bien en sus estudios o en su carrera profesional, se sentirá razonablemente feliz y satisfecho. Pero en cuanto fracase o no alcance sus objetivos, será vulnerable a cambios dolorosos del estado de ánimo. En ese punto, se le inundará la mente de pensamientos negativos tales como: «Soy un fracasado. ¿Por qué he metido la pata de esa manera? ¡No debería haber cometido ese error!».

Sus vulnerabilidades pueden ser diferentes. Por ejemplo, si tiene usted una adicción al amor, se sentirá razonablemente feliz y realizado mientras mantenga una relación amorosa con una persona que le importe. Pero si se siente solo, rechazado o no amado, puede caer en una depresión grave porque se siente sin valor.

Identificar sus creencias contraproducentes es algo más que un mero ejercicio de autoconocimiento. Cuando modifique usted esas creencias, será mucho menos vulnerable a los cambios dolorosos de estado de ánimo en el futuro. Disfrutará de más creatividad, productividad, alegría e intimidad.

Puede localizar sus propias CCP por medio de la técnica de la flecha descendente. Seleccione un pensamiento negativo de su registro diario de estado de ánimo y trace bajo el mismo una flecha descendente. La flecha sirve de símbolo que representa preguntas como la siguiente: «Si este pensamiento fuera cierto, ¿me trastornaría? ¿Qué significaría para mí?».

Cuando usted se haga estas preguntas, le vendrá a la mente un nuevo pensamiento negativo. Escríbalo justo debajo de la flecha y dibuje otra flecha por debajo de él. Formúlese de nuevo los mismos tipos de preguntas. Si repite este proceso varias veces, generará una cadena de pensamientos negativos. Cuando usted repase estos pensamientos, podrá determinar con facilidad sus creencias contraproducentes.

Le enseñaré cómo funciona. Un joven llamado Rasheed estudiaba para ser piloto y estaba nervioso porque tenía que hacer el examen de la Administración Federal de Aviación (FAA). Aunque Rasheed era el primero de su clase, estaba nervioso y tenso constantemente porque se preguntaba: «¿Y si suspendo el examen?».

Recordará usted del capítulo 6 que es bueno convertir las preguntas retóricas del tipo «Y si» en afirmaciones cuando se trasladan a la columna de «Pensamientos negativos» del registro diario de estado de ánimo. Así podrá desmentir con más facilidad ese pensamiento. Verá que Rasheed escribió «Puedo suspender el examen» en su registro diario de estado de ánimo, en la página 94.

Pedí a Rasheed que trazara una flecha descendente por debajo de este pensamiento y le dije:

—Rasheed, sabemos que eres un gran estudiante, de modo que lo más probable es que hagas muy bien el examen. Pero vamos a suponer lo contrario. Imaginémonos que verdaderamente suspendes el examen de la FAA dentro de seis meses. ¿Qué significaría eso para ti? ¿Por qué te trastornaría eso?

—Entonces, quedaría mal delante de mis compañeros —dijo.

Le dije que escribiera esto bajo la flecha y que pusiera otra flecha debajo. Después, le pregunté:

—Y entonces, ¿qué? Supongamos que suspendes el examen y que quedas mal delante de tus compañeros. ¿Qué significará eso para ti? ¿Por qué te trastornaría eso?

—Entonces, me perderían el respeto —dijo él.

Yo le pedí que escribiera eso también y que pusiera otra flecha debajo. Repetimos este proceso varias veces hasta que acabamos con el pensamiento: «Eso significaría que yo no valgo nada».

En general, uno ya ha terminado con la técnica de la flecha descendente cuando llega a un pensamiento como éstos:

- Eso significaría que no valgo nada.
- Eso significaría que la vida no vale la pena.
- Entonces no podría volver a ser feliz nunca.

Puede verse en la página 95 toda la cadena de pensamientos negativos que generamos Rasheed y yo. Repase estos pensamientos y vea si puede identificar algunas de las creencias contraproducentes de Rasheed. La lista de las veintitrés creencias contraproducentes comunes de la página 97 le resultará útil para ello. Antes de seguir leyendo, anote aquí varias de las CCP de Rasheed:

1. _____

2. _____

3. _____

4. _____

REGISTRO DIARIO DE ESTADO DE ÁNIMO DE RASHEED

Suceso trastornador: Pensar en mi examen de la FAA dentro de seis meses.

Emociones	% antes	% después
Triste, melancólico, deprimido, decaído, infeliz	50%	
Angustiado, preocupado, con pánico, nervioso, asustado	85%	
Culpable, con remordimientos, malo, avergonzado	25%	
Inferior, sin valor, inadecuado, deficiente, incompetente	90%	
Solitario, no querido, no deseado, rechazado, solo abandonado	80%	

Emociones	% antes	% después
Turbado, tonto, humillado, apurado	0%	
Desesperanzado, desanimado, pesimista, descorazonado	80%	
Frustrado, atascado, chasqueado, derrotado	50%	
Airado, enfadado, resentido, molesto, irritado, trastornado, furioso	0%	
Otras (describir)		

Pensamientos negativos	% antes	% después	Distorsiones	Pensamientos positivos	% creencia
1. Puedo suspender el examen →	100%			1.	
2.				2.	
3.				3.	
4.				4.	
5.				5.	
6.				6.	
7.				7.	
8.				8.	

TÉCNICA DE LA FLECHA DESCENDENTE DE RASHEED

Pensamientos negativos	% antes	% después	Distorsiones	Pensamientos positivos	% creencia
1. Puedo suspender el examen.	100%		1.		
2. Entonces, quedaría mal delante de mis compañeros.	100%		2.		
3. Entonces, me perderían el respeto.	100%		3.		
4. Eso significaría que he perdido el tiempo y el dinero.	100%		4.		
5. Entonces, todo por lo que he vivido y trabajado iría a la basura.	100%		5.		
6. Eso significaría que soy un fracasado.	100%		6.		
7. Eso significaría que no valgo nada.	100%		7.		

Solución

Éstas son las CCP de Rasheed que encontré:

- Perfeccionismo.
- Perfeccionismo percibido.
- Adicción a la aprobación.
- Adicción a los logros.
- Falacia del foco.
- Falacia del reguero de pólvora.

Estas creencias son extremadamente comunes en las personas que padecen ansiedad por la actuación. La preocupación de Rasheed no se debía al hecho de que debía hacer el examen, sino a su manera de pensar en ello. Al parecer, basa su autoestima en sus logros y en recibir la aprobación de todos. Es muy perfeccionista y supone que sus compañeros de clase serán tan dados a juzgar y a criticar como él. Se siente como si estuviera actuando en un escenario, bajo la luz de un foco, y como si tuviera que impresionar a sus amigos para que éstos le apreciaran. También cree que sus amigos son como clones, que reaccionarán todos exactamente de la misma manera, de modo que si uno de ellos lo desprecia, todos lo despreciarán. Naturalmente, estas actitudes lo someten a una presión enorme.

Si bien las CCP siempre contienen un fondo de verdad, tienden a ser muy engañosas. En primer lugar, Rasheed era el primero de su clase, de manera que no era muy probable que suspendiera el examen. Un cierto porcentaje de los estudiantes que hacen el examen de la FAA suspenden la primera vez, pero se les permite examinarse de nuevo, de modo que las ideas catastrofistas de Rasheed no eran realistas. No era verdad que su carrera profesional fuera a hundirse ni que su vida fuera a parar a la basura si no aprobaba el examen al primer intento. Además, lo más probable era que los compañeros de Rasheed estuvieran mucho más dispuestos a aceptarlo que lo que él se imaginaba, y que se preocuparan mucho más de su propia actuación que de la de Rasheed.

Le propuse que preguntara a varios compañeros si se sentirían desilusionados con él si suspendía el examen y si tenía que presentarse otra vez. Se enteró que sus compañeros se preocupaban por el examen tanto como él y de que les representaba un alivio saber que él se sentía igual que ellos, ya que siempre aparentaba mucha confianza. Al final, Rasheed aprobó el examen al primer intento y con muy buena nota.

La técnica de la flecha descendente es fácil de aprender y puede aportarle enseguida una gran riqueza de información valiosa sobre sus propias actitudes y creencias. Parta siempre de un pensamiento negativo de su registro diario de estado de ánimo. No tiene importancia qué pensamiento sea el que elige; por lo tanto, elija uno que tenga interés para usted. Trace bajo el pensamiento una flecha descendente y pregúntese a sí mismo: «Si esto fuese verdad, ¿qué significaría para mí? ¿Por qué me trastornaría?». Le vendrá a la cabeza un pensamiento nuevo, que podrá apuntar debajo de la flecha.

Si repite este proceso varias veces, llegará por fin al fondo. Repase entonces la lista de creencias contraproducentes comunes, en la página 97. Normalmente, sus CCP serán evidentes. Este ejercicio le ayudará a comprender por qué es usted vulnerable a los tipos de problemas de estado de ánimo que le han estado molestando. Naturalmente, no bastará con sólo comprenderlo. En el capítulo siguiente le enseñaré a desarrollar un sistema de valores más gratificante.

CREENCIAS CONTRAPRODUCENTES COMUNES (CCP)

Logros

1. **Perfeccionismo de la actuación:** no debo fracasar jamás ni cometer nunca un error.
2. **Perfeccionismo percibido:** la gente no me querrá ni me aceptará si tengo algún defecto o si soy vulnerable.
3. **Adicción a los logros:** mi valía como ser humano depende de mis logros o de mi inteligencia, talento, estatus, ingresos o belleza.

Amor

4. **Adicción a la aprobación:** necesito recibir la aprobación de todo el mundo para valer algo.
5. **Adicción al amor:** no puedo sentirme feliz y realizado sin ser querido. Si no me quieren, no vale la pena vivir.
6. **Miedo al rechazo:** si me rechazas, eso demuestra que hay algo malo en mí. Si estoy solo, tiendo a sentirme desgraciado y sin valía.

Sumisión

7. **Agradar a los demás:** siempre debo procurar agradar, aunque para ello me haga desgraciado a mí mismo.
8. **Fobia a los conflictos:** las personas que se quieren no deben reñir ni discutir nunca.
9. **Autoinculpación:** los problemas de mis relaciones personales han de ser por culpa mía.

Exigencias

10. **Inculpación de los demás:** los problemas de mis relaciones personales siempre son por culpa de la otra persona.
11. **Prerrogativas:** debes tratarme siempre como yo quiero.
12. **Verdad:** yo tengo la razón y tú estás equivocado.

Depresión

13. **Desesperanza:** mis problemas no podrán resolverse nunca. Jamás podré sentirme verdaderamente feliz o realizado.
14. **Falta de valor/Inferioridad:** soy eminentemente falto de valor, deficiente e inferior a los demás.

Ansiedad

15. **Perfeccionismo emocional:** debo sentirme siempre feliz, confiado y controlado.
16. **Fobia a la ira:** la ira es peligrosa y debe evitarse a cualquier precio.
17. **Emotofobia:** nunca debo sentirme triste, angustiado, inadecuado, celoso ni vulnerable. Debo esconder mis sentimientos bajo la alfombra y no trastornar a nadie.
18. **Narcisismo percibido:** las personas que me importan son exigentes, manipuladoras y poderosas.
19. **Falacia del reguero de pólvora:** las personas son clones que piensan todos igual. Si una persona me desprecia, correrá la voz como un reguero de pólvora y pronto me despreciará todo el mundo.
20. **Falacia del foco:** hablar con las personas es como tener que actuar en un escenario bajo la luz de un foco. Si no las impresiono, siendo sofisticado, ingenioso o interesante, no les gustaré.
21. **Pensamiento mágico:** si me preocupo lo suficiente, todo saldrá bien.

Otras

22. **Bajo umbral de tolerancia a la frustración:** nunca debo sentirme frustrado. La vida debe ser siempre fácil.
23. **Superhombre/Supermujer:** siempre debo ser fuerte, nunca debo ser débil.

8

Cómo modificar una creencia contraproducente

¿Cómo modificará usted una creencia contraproducente (CCP)? El proceso tiene tres pasos:

1. **Realice un análisis de costes-beneficios (ACB):** éste es siempre el primer paso. No se sentirá motivado para cambiar la creencia hasta que no vea que los inconvenientes son mayores que las ventajas.
2. **Revise la creencia:** vea si es capaz de encontrar una creencia nueva que conserve todas las ventajas pero elimine los inconvenientes.
3. **Ponga a prueba la creencia:** en muchos casos podrá realizar un experimento para ver si la CCP primitiva era realista o válida. Aquí es donde usted convierte la comprensión intelectual en verdadero cambio emocional a nivel visceral.

Paso 1. El análisis de costes-beneficios

Vamos a repasar estos pasos. En la parte superior del ACB de la página 100 he escrito la creencia: «Siempre debo intentar ser perfecto». ¿Se le ocurren algunas ventajas de este esquema mental? Pregúntese: «¿De qué manera me ayudará esta actitud?», «¿Cuáles son los beneficios de pensar de esta manera?». Escriba la lista en la columna de «Ventajas». Después, pregúntese de qué manera le hará daño este esquema mental. ¿Cuáles son las deventajas de intentar ser perfecto? ¿Qué precio pagará por creer eso? Haga una lista de costes del perfeccionismo en la columna de «Desventajas».

Recuerde que lo que debe escribir es una lista de las ventajas y las desventajas de intentar ser perfecto o de basar su autoestima en ser perfecto. No escriba una lista de las ventajas y de las desventajas de *ser* perfecto. Lo más probable es que ser perfecto no tenga ninguna desventaja, pero ¡no es posible serlo!

Realice ahora el ACB. Enumere todas las ventajas y las desventajas de intentar ser perfecto. Cuando haya terminado, sopéselas y escriba en los dos círculos de la parte inferior dos números que sumen 100. Si las ventajas son mayores que las desventajas, el número del círculo de la derecha será mayor. Recuerde que a veces una ventaja fuerte pesa más que muchas desventajas, y viceversa. Cuando haya terminado, observe la ACB que aparece en la página 102.

El hombre que cumplimentó la ACB de la página 102 llegó a la conclusión de que las desventajas de intentar ser perfecto pesaban más que las ventajas, por lo que puso un 35 en el círculo de la izquierda y un 65 en el círculo de la derecha. No obstante, los resultados serán diferentes para

ANÁLISIS DE COSTES-BENEFICIOS DEL PERFECCIONISMO

Describa la actitud o sentimiento que quiere cambiar:
Siempre debo intentar ser perfecto.

Ventajas	Desventajas

cada persona. Si las ventajas de una creencia son mayores que sus desventajas, eso significa que esa actitud le da resultado, por lo que probablemente no haya motivo para modificarla o para renunciar a ella. Si sus desventajas son mayores, eso significa que la creencia no le está dando muy buen resultado. En tal caso, podrá revisarla.

Paso 2. Revisar la creencia

Cuando haya caído en la cuenta de que las CCP tienen siempre un lado saludable y un lado malsano, la tarea de modificarlas le resultará más fácil. No tiene por qué sentir que sus valores personales son completamente irracionales y ridículos, y tampoco tiene que renunciar a todas sus creencias. En vez de ello, puede llevar a cabo una cierta puesta a punto mental que le permita liberarse de la parte negativa de cualquier CCP mientras conserva lo que ésta tiene de positivo.

Vamos a suponer que las desventajas de intentar ser perfecto son mayores que las ventajas. ¿Qué podría decirse a sí mismo en vez de «Siempre debo intentar ser perfecto»? Escriba aquí sus ideas antes de seguir leyendo:

_____

_____

_____

_____

_____

Solución

Existen muchas maneras de revisar cualquier CCP, incluso la del perfeccionismo. He aquí un planteamiento posible:

> No tiene nada de malo que intente hacer un trabajo excepcional, pero si intento ser perfecto tendré mucho estrés, preocupaciones y desilusiones. Cuando cometa un error o no consiga un objetivo, no tengo por qué sentirme humillado ni sin valor. Siempre hay posibilidades de mejorar. Puedo optar por ver mis errores como oportunidades para el aprendizaje y para el desarrollo personal.

Si usted adoptara esta actitud, lo único que dejaría de tener sería mucho estrés, mucha tensión y muchas dudas. Hasta podría acabar siendo todavía más productivo y creativo porque se sentiría más relajado y porque su autoestima no estaría constantemente en peligro.

Paso 3. Poner a prueba la creencia

La revisión de la CCP conduce al cambio intelectual y le aporta algo en que apoyarse, pero es posible que, muy dentro de sí, siga creyendo que la CCP es cierta. Por ejemplo, aunque se dé cuenta de que su perfeccionismo le hace estar deprimido y angustiado, quizá siga sintiendo que debe intentar ser perfecto. También puede creer que le pasará algo terrible si deja de reñirse y castigarse cada vez que no alcanza sus objetivos. El paso 3 conduce al cambio a nivel visceral. Usted pone a prueba la CCP para descubrir si tenía alguna validez de entrada.

ANÁLISIS DE COSTES-BENEFICIOS DEL PERFECCIONISMO

Describa la actitud, sentimiento o hábito que quiere cambiar:
Siempre debo intentar ser perfecto.

Ventajas	Desventajas
1. Trabajaré duro.	1. Mi perfeccionismo puede provocarme mucho estrés y preocupación.
2. Cuando hago un gran trabajo, me siento maravillosamente.	2. Cuando fracase o cometa un error, me sentiré hundido.
3. No me conformaré con medianías ni acabaré con una carrera profesional de segunda categoría.	3. Mi perfeccionismo puede impedirme que sea creativo y que asuma riesgos, ya que tendré miedo al fracaso.
4. Mis niveles excepcionales mostrarán que soy una persona muy especial y de gran talento y que estoy por encima de los demás. ¡Al fin y al cabo, no se podría esperar que una persona corriente fuera perfecta!	4. Será difícil aprender de las críticas, porque me sentiré amenazado por ellas y me pondré a la defensiva. Siempre estará en juego mi autoestima.
5. Mi perfeccionismo me aporta una manera fácil de medir mi autoestima.	5. Con frecuencia trabajo mejor cuando estoy relajado y no me esfuerzo tanto.
6. Las demás personas me admirarán porque trabajo tanto y tan a conciencia.	6. Puedo perder de vista el cuadro general, porque me concentro demasiado en los detalles pequeños.
	7. No me llevo demasiado bien con las demás personas cuando me pongo perfeccionista y exigente.
	8. Parece que las personas me aprecian más cuando manifiesto interés por ellas, y no cuando intento impresionarlas con mis propios logros.
	9. Puedo llegar a postergar las tareas porque todas me parecerán abrumadoras.
	10. Nunca tendré la sensación de haber triunfado porque nunca seré verdaderamente perfecto en nada. Siempre quedarán posibilidades de mejorar.

(35)———(65)

En *El manual de ejercicios de Sentirse bien** describí el caso de un catedrático de Medicina llamado Nate que tenía una baja autoestima y sentimientos de inadecuación personal. Un día, Nate

* Barcelona, Paidós, 1989. (*N. del e.*)

me trajo una copia de su currículo. Me quedé impresionado. Tenía más de sesenta páginas con títulos de artículos de investigación publicados, premios prestigiosos que había recibido y conferencias que había pronunciado en congresos importantes en todo el mundo. Le pregunté cómo podía compaginar su baja autoestima con todos aquellos logros. Él me dijo que cada vez que miraba su currículo se sentía desanimado y se decía a sí mismo que los trabajos de investigación de sus colegas eran mucho más rigurosos e importantes que los suyos. Dijo que sus trabajos parecían «blandos» y consistían principalmente en estudios teóricos, más que en investigaciones puras y duras en el laboratorio con verdaderos tejidos. Me dijo: «Doctor Burns, por muchas cosas que logre, nunca me parecen lo bastante buenas. Tengo la sensación de estar escalando sin descanso para llegar a la cumbre de la montaña más alta. Pero cuando alcanzo la cumbre, en vez de tener una sensación de logro, veo a lo lejos otra montaña más alta y el corazón se me cae a los pies porque tengo que ponerme a escalar otra vez. ¿Dónde está la recompensa? ¿Cuándo voy a recoger los beneficios?».

Estaba claro que el perfeccionismo era una de las CCP de Nate. Se decía a sí mismo: «Si no puedo hacer algo a la perfección, no vale la pena que lo haga». Aunque se daba cuenta de que su actitud le estaba desgraciando la vida, no se animaba a dejarla. Creía que, sin su perfeccionismo, tendría que conformarse con una vida de mediocridad.

Le propuse que usara el balance de placer/perfección para poner a prueba esta creencia. Como se ve en la página 104, le dije que escribiera en la parte superior de la hoja: «Si no puedo hacer algo a la perfección, no vale la pena que lo haga», y le pedí que escribiera en la columna de la izquierda una lista de diversas actividades con posibilidades de placer, aprendizaje, desarrollo personal o logros. Le animé a que incluyera una variedad amplia de actividades, y no sólo cosas relacionadas con su trabajo.

Le pedí que hiciera una predicción del grado en que cada actividad sería satisfactoria y gratificante, en una escala del 0% (nada satisfactoria) al 100% (totalmente satisfactoria). Le recalqué que debía hacer esas predicciones sobre el papel *antes* de realizar cada actividad. Después de completar cada una, podría anotar en qué medida había sido satisfactoria y gratificante cada una de ellas sirviéndose de la misma escala.

También le pedí que puntuara la *perfección* con que realizaba cada actividad en una escala del 0% (la peor posible) al 100% (perfección absoluta). Así podría descubrir:

- Si era verdad que sólo disfrutaba de las cosas que hacía perfectamente.
- El grado en que sus niveles de satisfacción previstos coincidían con los niveles de satisfacción reales.
- Qué actividades eran las más gratificantes y cuáles las menos.

A la semana siguiente, Nate tenía algunos resultados interesantes que comentarme. Una de sus actividades había sido pronunciar el discurso de bienvenida a los nuevos alumnos de medicina. Nate se encargaba de dar ese discurso todos los años, pues le consideraban el orador con más carisma de la facultad.

Nate había previsto que el discurso resultaría satisfactorio en un 70%, pero su satisfacción real había sido sólo del 20%. Aquello era sorprendente, teniendo en cuenta que le habían aclamado todos, puestos en pie, durante medio minuto, y que él mismo había valorado su nivel de perfección en un 90% en esa actividad.

BALANCE DE PLACER/PERFECCIÓN DE NATE

Creencia: Si no puedo hacer algo a la perfección, no vale la pena que lo haga.

Actividad	Satisfacción prevista (0%-100%)	Satisfacción real (0%-100%)	Perfección (0%-100%)	Notas
1. Pronunciar discurso de bienvenida a alumnos nuevos de medicina.	70%	20%	90%	Los estudiantes me aclamaron puestos en pie, como siempre, pero sólo durante medio minuto.
2. Arreglar una cañería rota en el baño.	10%	100%	5%	Tardé mucho tiempo y cometí muchos errores, pero ¡lo conseguí!
3. Jugar al squash con Joe.	75%	90%	40%	No jugamos especialmente bien, pero disfrutamos mucho.
4. Correr.	50%	85%	50%	La carrera de hoy ha sido regular, pero al menos la hice.
5. Llevar a la familia al centro a tomar helados.	60%	90%	50%	Lo pasamos muy bien todos juntos.
6. Preparar el borrador de trabajo para la revista científica.	50%	50%	75%	Hice un esquema bastante bueno, aunque el artículo no parece muy interesante.
7. Pasear por el bosque con Sally el sábado.	50%	100%	25%	No somos grandes excursionistas, pero lo pasamos maravillosamente.

Le pregunté por qué era tan bajo su nivel de satisfacción. Él me explicó que, como siempre le aclamaban puestos en pie, tenía por costumbre cronometrar las aclamaciones. El año pasado, al final de su conferencia, los alumnos de medicina le habían aclamado puestos en pie durante más de un minuto. Este año, sólo le habían aclamado medio minuto. Nate se había sentido desilusionado y había empezado a temer que estaba en decadencia.

Yo pensé: «¡Es increíble! Yo imparto conferencias constantemente, y no me han aclamado puestos en pie ni una sola vez. ¡Y este tipo se queja porque a él sólo le han aclamado durante treinta segundos!».

La segunda anotación en el balance de placer/perfección de Nate resultaba igualmente curiosa. El domingo por la tarde había descubierto que se había roto una cañería en su cuarto de baño y se había inundado el suelo. Nate había decidido intentar arreglarla él mismo en vez de llamar a un fontanero. Su nivel de satisfacción previsto era de sólo un 10%, ya que no se le daba muy bien arreglar cosas de casa y no había intentado nunca hacer ningún trabajo de fontanería.

Dado que tuvo que hacer varios viajes a la ferretería para comprar herramientas y piezas y para pedir consejos sobre cómo hacer la reparación, no consiguió arreglar la cañería hasta las 10 de la noche. Explicó que cualquier fontanero la podría haber arreglado en cinco minutos, y por eso había valorado su nivel de perfección en un 5%. Pero su nivel de satisfacción para esta actividad era del 100%. De hecho, estaba muy contento. Dijo que era la cosa más satisfactoria que había hecho desde hacía años.

Yo le dije: «Nate, tu problema es que te has equivocado de profesión. ¡Deberías haberte hecho fontanero!».

El resultado del experimento de Nate no concordaba con su creencia de que no valía la pena hacer las cosas si no las hacía perfectamente. Empezó a darse cuenta de que había pasado por alto muchas fuentes de satisfacción en su vida, como pasear por el bosque con su mujer, aunque no eran excursionistas de categoría mundial, jugar al squash con su hijo, aunque no eran unos campeones, o simplemente salir con su familia una tarde calurosa de verano a tomarse unos helados.

Este experimento tuvo una repercusión significativa en los sentimientos de autoestima de Nate y en su carrera profesional. Me dijo que sus sentimientos de ansiedad y de inferioridad se habían reducido y que su productividad incluso había aumentado porque ya no se preocupaba tanto por tener que hacerlo todo perfectamente.

Puede que sus CCP sean muy distintas de las de Nate, pero el proceso básico de revisarlas y de ponerlas a prueba será semejante. Cuando haya identificado una CCP que parezca que le está causando problemas, podrá realizar un ACB. Si las desventajas de la creencia son mayores que sus ventajas, intente modificar la creencia para poder liberarse de las desventajas mientras conserva las ventajas. Entonces podrá poner a prueba la creencia para ver si era verdadera. El tipo de experimento que realizará usted dependerá de la creencia que está poniendo a prueba y de los tipos de situaciones que le trastornan. En el capítulo 1 vimos cómo un abogado llamado Jeffrey ponía a prueba su perfeccionismo percibido diciendo a diez de sus colegas que acababa de perder un pleito en los tribunales.

Vamos a practicar los tres pasos para modificar una CCP. Elija de la lista siguiente una CCP que le interese:

• **Adicción al amor** (ACB en la página 107). No puedo sentirme verdaderamente feliz ni realizado sin ser querido. Si me rechazan o me quedo solo, me sentiré sin valor y desgraciado.

- **Perfeccionismo percibido** (ACB en la página 109). Los demás no me querrán ni me respetarán si ven que soy un ser humano deficiente.
- **Prerrogativas/Inculpación** (ACB en la página 111). La gente debe ser como yo espero que sea.

Ahora, cumplimente un ACB para la creencia que ha elegido, utilizando el formulario de ACB de la página indicada. Pregúntese de qué manera le ayudará la creencia y de qué manera le hará daño. Cuando haya completado la lista de todas las ventajas y las desventajas que se le ocurran, escriba en los círculos de la parte inferior dos números que sumen 100 para indicar qué lista le parece más potente.

Recuerde que debe enumerar las ventajas y las desventajas de la *creencia*. Supongamos que está trabajando con la adicción al amor. Trace una lista de las ventajas y de las desventajas de basar su autoestima y su capacidad para la felicidad en el hecho de ser amado. ¡*No* prepare una lista de las ventajas y de las desventajas *de ser* amado! ¡Desventajas, no tiene ninguna! Al menos que a mí se me ocurran.

Pero si basa usted su autoestima en el amor de los demás, habrá muchas consecuencias positivas y negativas. En el lado positivo, si usted se siente amado, se sentirá feliz y sentirá que vale algo. En el lado negativo, el rechazo puede ser devastador y su necesidad de amor puede ahuyentar a las personas. Estoy seguro de que se le ocurrirán más ventajas y desventajas. Cuando haya concluido su ACB, repase la ACB que presentamos para la creencia en cuestión en la página siguiente al formulario que rellenó usted. No he rellenado los dos círculos de la parte inferior porque estas evaluaciones son muy personales y no existe una respuesta «correcta». Cuando haya terminado, hablaremos de cómo se revisa cualquier CCP que le esté causando problemas.

Si le ha gustado la tarea de realizar el ACB, quizá le interese probar con los otros. Puede aprender mucho de ellos. A veces resulta sorprendente descubrir cuántas ventajas y desventajas ocultas puede tener una creencia.

Vamos a suponer que las desventajas de la creencia son mayores que las ventajas. Usted puede revisar la creencia de modo que las desventajas desaparezcan. Pruebe si es capaz de revisar la creencia de la adicción al amor: «No puedo sentirme verdaderamente feliz ni realizado sin ser querido. Si me rechazan o me quedo solo, me sentiré sin valor y desgraciado». Escriba a continuación su creencia revisada:

_____

_____

_____

_____

Solución

Una posibilidad sería revisarla de la siguiente manera:

No es prudente depender de otra persona para sentirme feliz o valioso, ya que si esa persona me rechaza, mi mundo se vendrá abajo. Además, mi necesidad de amor puede espantar a la gente y minar mis relaciones personales. Estar con una persona amada es estupendo, pero las cosas que hago por mi cuenta también pueden ser enormemente gratificantes.

ANÁLISIS DE COSTES-BENEFICIOS DE LA ADICCIÓN AL AMOR

Describa la actitud, sentimiento o hábito que quiere cambiar: No puedo sentirme verdaderamente feliz ni realizado sin ser querido. Si me rechazan o me quedo solo, me sentiré sin valor y desgraciado.

Ventajas	Desventajas

ANÁLISIS DE COSTES-BENEFICIOS DE LA ADICCIÓN AL AMOR

Describa la actitud, sentimiento o hábito que quiere cambiar: No puedo sentirme verdaderamente feliz ni realizado sin ser querido. Si me rechazan o me quedo solo, me sentiré sin valor y desgraciado.

Ventajas	Desventajas
1. Cuando me sienta amado, me sentiré muy bien.	1. Cuando esté solo me sentiré deprimido.
2. Si creo que la felicidad y la autoestima verdaderas sólo pueden proceder del amor de otro, no tendré que asumir la responsabilidad de mi propia felicidad.	2. Puedo parecer necesitado de amor, lo que ahuyentará a la gente.
3. La mayoría de la gente coincide en que no es posible sentirse verdaderamente feliz ni realizado sin ser amado; por tanto, mis creencias serán semejantes a las de otros.	3. Un rechazo sería devastador.
4. Esta creencia parece verdadera, por lo que siento que estoy siendo sincero.	4. Seré demasiado sensible a los conflictos y a los desacuerdos con otras personas. En vez de escuchar, me pondré a la defensiva, porque me sentiré muy amenazado. Siempre estará en juego mi sentido de la defensa propia.
5. Seré una «persona abierta» y me esforzaré mucho para que otras personas me quieran.	5. Si creo que la autoestima se basa en conseguir pareja, puede que esté intentando que otra persona me dé algo que sólo yo me puedo dar a mí mismo.
6. Podré culpar de mi infelicidad a otros.	6. Mis estados de ánimo y mi autoestima estarán controlados por otras personas.
7. Podré sentirme víctima y tener lástima de mí mismo cuando otra persona me rechace.	7. Siempre estaré en inferioridad de condiciones, pues tendré que perseguir yo a la otra persona. Así tendrán demasiado poder sobre mí, y puede que me pierdan el respeto.
8. Esta creencia me mantendrá motivado para salir con gente y tener trato social.	
9. ¡La fantasía de que un día se me aparecerá un príncipe (o princesa) azul y hará realidad todos mis sueños parece romántica y emocionante!	

ANÁLISIS DE COSTES-BENEFICIOS DEL PERFECCIONISMO PERCIBIDO

Describa la actitud, sentimiento o hábito que quiere cambiar: Los demás no me querrán ni me respetarán si ven que soy un ser humano deficiente.

Ventajas	Desventajas

ANÁLISIS DE COSTES-BENEFICIOS DEL PERFECCIONISMO PERCIBIDO

Describa la actitud, sentimiento o hábito que quiere cambiar: Los demás no me querrán ni me respetarán si ven que soy un ser humano deficiente.

Ventajas	Desventajas
1. Trabajaré duro para impresionar a la gente.	1. Sentiré que tengo que ser perfecto para que me quieran.
2. A la gente le gustan los triunfadores; por eso, si trabajo bien, la gente me respetará y admirará.	2. No seré abierto con las demás personas.
3. No tendré que compartir mis sentimientos ni que decir a la gente cómo me siento en realidad.	3. Podré ponerme a la defensiva siempre que alguien me critique porque sentiré que siempre tengo que tener la razón. Esto puede desencadenar más conflictos porque la otra persona se sentirá frustrada y le parecerá que no escucho nunca.
4. No tendré que arriesgarme a sufrir rechazos.	4. La gente no llegará a conocerme tal como soy.
5. Podré ocultar mi debilidad y presentar al mundo una buena imagen.	5. Me siento angustiado cuando estoy con otras personas.
6. Podré sentirme víctima y albergar en secreto un resentimiento contra la gente por criticarme tanto y por no aceptarme como soy.	6. Estaré distanciado de la gente.
7. Siempre pareceré tranquilo y controlado.	7. No conseguiré el grado de intimidad que deseo.
8. Sentiré que estoy siendo sincero y que afronto la verdad de la vida, porque la gente tiende a rechazar a los demás cuando fallan.	8. Puedo infravalorar a las personas y hacer supuestos sobre ellas que no son ciertos.
	9. Al intentar ser tan perfecto siempre se consume una cantidad inmensa de tiempo y energía. Esto agota las fuerzas.
	10. Parece que la gente me aprecia más cuando soy más espontáneo y cuando no me esfuerzo tanto.
	11. Puedo albergar en secreto un resentimiento contra la gente porque parece que me critican mucho y son muy exigentes.

ANÁLISIS DE COSTES-BENEFICIOS DE LAS PRERROGATIVAS/INCULPACIÓN

Describa la actitud, sentimiento o hábito que quiere cambiar: La gente debe ser como yo espero que sea.

Ventajas	Desventajas

ANÁLISIS DE COSTES-BENEFICIOS DE LAS PRERROGATIVAS/INCULPACIÓN

Describa la actitud, sentimiento o hábito que quiere cambiar: La gente debe ser como yo espero que sea.

Ventajas	Desventajas
1. Me sentiré superior moralmente.	1. Me sentiré airado, frustrado y estresado casi todo el tiempo.
2. Podré mantener a la gente a distancia. No tendré que acercarme a los demás.	2. Será difícil resolver los conflictos y los desacuerdos porque yo siempre tendré que tener la razón. Así, la otra persona se pondrá a la defensiva.
3. Podré culpar a las personas de mis problemas en mis relaciones con ellas.	3. Mi actitud negativa y mis quejas constantes sobre otras personas pueden ahuyentar a mis amigos.
4. No tendré que examinar mi papel en el problema.	4. Estaré con el ánimo amargado y cínico casi siempre.
5. Esta creencia me protege de sentirme vulnerable. Cuando las cosas no salgan como yo quiero, podré tener un ataque de rabia en vez de sentirme dolido o desilusionado.	5. No me sentiré muy alegre ni creativo.
6. Estaré convencido de que yo tengo la razón y de que los demás están equivocados.	6. La ira puede resultar agotadora y quitar fuerzas.
7. Podré tener fantasías de venganza y justificar mi conducta agresiva.	7. Me sentiré frustrado, porque cuando empiece a culpar a otros, ellos se pondrán tercos. Se empeñarán en que todo es por culpa mía.
8. La ira es potenciadora y emocionante. Me aporta una sensación de lo que soy y de lo que represento.	8. Tendré muchos enemigos.
9. Puedo decir a mis amigos lo canalla y fracasado que es el otro.	9. Puedo tener problemas de salud, como la tensión alta o un ataque al corazón.
10. Me defenderé. No consentiré que los demás abusen de mí.	10. La verdad es que el mundo no será como yo quiero, por muy airado o exigente que me ponga.

He aquí otro planteamiento que también podría dar resultado:

Puedo desear las relaciones amorosas *sin necesitarlas*. El amor de otra persona nunca puede volverme valioso y su rechazo tampoco puede dejarme sin valor. Si una persona está enfadada conmigo, puedo intentar entender cómo se siente y preguntarle si he hecho algo que la ha irritado o que ha herido sus sentimientos. Si hablamos, podemos acabar por sentirnos mucho más unidos. Si la persona se niega a hablar del problema y decide rechazarme, será una desilusión, pero no el fin del mundo, y desde luego que no quiere decir que yo no valga nada. La verdad es que más bien daría algo que pensar sobre la otra persona.

Cuando usted revisa una CCP, tiene mucho lugar para la creatividad y para la individualidad. Además, si revisa la creencia reflexionando bien, puede incluso librarse de lo malo sin renunciar a lo bueno. No tendrá que renunciar a nada de lo que usted valora o en lo que usted cree. Desarrollará un sistema de valores más robusto y realista que no se le hundirá encima cuando las cosas se pongan difíciles.

Cuando haya revisado su creencia, querrá cambiarla a nivel visceral. ¿Qué clase de experimento puede realizar para poner a prueba la creencia: «No puedo sentirme verdaderamente feliz ni realizado sin ser querido. Si me rechazan o me quedo solo, me sentiré sin valor y desgraciado»? Escriba aquí sus ideas:

_____
_____
_____
_____
_____
_____

Solución

Podría organizar actividades a solas y actividades con los demás y comparar en qué medida son gratificantes y satisfactorias. Para realizar este experimento, utilice la hoja de predicción de placer de la página 114. He escrito en la parte superior la creencia que vamos a poner a prueba. En la columna de la izquierda escriba varias actividades planificadas que tienen posibilidades de producir placer, aprendizaje o desarrollo personal. No olvide incluir actividades que puede hacer a solas, como por ejemplo correr u ordenar su mesa de trabajo, además de actividades que puede hacer con otras personas, como ir al cine o dar un paseo con un amigo. En la columna de «Compañero», indique con quién piensa realizar cada actividad. Si piensa hacer algo a solas, escriba «Yo» en esa columna. No escriba la palabra «Solo» porque en realidad usted nunca está solo; siempre está consigo mismo.

En la columna de «Satisfacción prevista», escriba una previsión de lo satisfactoria y gratificante que cree que será cada actividad en una escala del 0% (nada en absoluto) al 100% (al máximo). No olvide cumplimentar esta columna *antes* de realizar cada actividad. Después de haber realizado la actividad, puntúe en la columna de «Satisfacción real» el grado de satisfacción que le aportó según la misma escala.

Cuando vea los datos, podrá comparar sus niveles previstos de satisfacción con la satisfacción real que tuvo. Descubrirá en muchos casos que muchas actividades resultan ser mucho más grati-

HOJA DE PREDICCIÓN DE PLACER

Creencia: No puedo sentirme verdaderamente feliz ni realizado sin ser querido. Si me rechazan o me quedo solo, me sentiré sin valor y desgraciado.

Actividad Planifique actividades con posibilidades de placer, aprendizaje o desarrollo personal.	**Compañero** Si piensa realizar la actividad a solas, escriba «Yo».	**Satisfacción prevista (0%-100%)** Anotar **antes** de realizar cada actividad	**Satisfacción real (0%-100%)** Anotar **después** de realizar cada actividad

ficantes y satisfactorias de lo que usted esperaba. Este descubrimiento puede motivarlo para hacer todavía más. También puede comparar la satisfacción que le producen las actividades que realiza con otras personas con la satisfacción que le producen las actividades que hace a solas. Puede que descubra que algunos de sus momentos más felices se producen cuando está solo.

No pretendo restar importancia a las relaciones con los demás. Sin embargo, la hoja de predicción de placer puede servir para demostrarle que su capacidad para la felicidad no tiene por qué depender de los demás. Esta idea puede liberarle de la trampa de tener que obtener su autoestima de los demás y, paradójicamente, puede conducirle a unas relaciones más satisfactorias con las demás personas.

9

La técnica del «Qué pasaría si»

La técnica de la flecha descendente le ayuda a localizar las creencias contraproducentes que lo hacen vulnerable a la ansiedad, a la depresión y a los problemas en sus relaciones con las demás personas. La técnica del «Qué pasaría si» le ayuda a desvelar una fantasía terrorífica que desencadena su ansiedad. Cuando usted plante cara a esa fantasía, podrá derrotar sus miedos para siempre.

Kristin era una mujer divorciada que vivía en Filadelfia con sus dos hijos, de 9 y 11 años. Procedía de una familia destacada y se dedicaba con interés a las actividades caritativas. Sin embargo, hacía años que padecía agorafobia y no podía salir de su casa a no ser que fuera acompañada por sus hijos o por un amigo de confianza.

Le pedí que cumplimentara un registro diario de estado de ánimo (RDEA) para enterarme de qué era lo que temía tanto. El suceso trastornador de su RDEA era, simplemente, pensar en ir andando sola a la tienda. Se sentía deprimida, angustiada, culpable, humillada, deficiente, sola, avergonzada, desanimada y frustrada. Se decía a sí misma: «Si voy andando a la tienda yo sola, podría pasarme algo terrible».

Decidí explorar este miedo aplicando la técnica del «Qué pasaría si». Esta técnica es semejante a la de la flecha descendente, pero va dirigida concretamente a la ansiedad. Usted traza una flecha descendente bajo un pensamiento negativo de su registro diario de estado de ánimo y se formula preguntas tales como: «¿Y si esto fuera verdad?», «¿Qué es lo peor que podía pasar?», «¿Qué es lo que más temo?». Le vendrá a la cabeza una fantasía nueva. Escríbala debajo de la flecha y trace otra flecha por debajo del nuevo texto. Siga formulándose preguntas del mismo tipo: «¿Y si sucediera esto?», «¿Qué es lo que más temo?». Si repite el proceso varias veces, le conducirá hasta la fantasía nuclear que está desencadenando sus miedos.

Pedí a Kristin que trazara una flecha descendente bajo su pensamiento negativo y le dije: «Supongamos que decidieses ir andando a la tienda tú sola. ¿Qué es lo peor que podría pasarte? ¿Qué es lo que más temes?».

Kristin dijo: «Podría caérseme el pañuelo en la acera sin que me diera cuenta de que lo había perdido». Yo le pedí que escribiera este pensamiento debajo de la flecha y que trazara otra por debajo del pensamiento, como se ve en la página 119. Nuestra conversación prosiguió de esta manera:

DAVID: Supongamos que pasara eso. Se te cae el pañuelo, camino de la tienda. ¿Qué pasaría entonces? ¿Qué es lo que más temes?

KRISTIN: Bueno, podría cometerse un crimen terrible en el mismo lugar donde yo perdí mi pañuelo. Podrían asesinar a alguien allí.

DAVID: De acuerdo; escribe eso, pues, bajo la flecha y traza otra bajo el nuevo escrito. Ahora, supongamos que pasara eso. Dejas caer el pañuelo en la acera y se comete un asesinato en ese mismo punto. ¿Qué pasa entonces? ¿Qué es lo que más temes?

KRISTIN: La policía podría encontrar mi pañuelo en el lugar del crimen y localizarme por él. Podrían usar muestras de ADN, por ejemplo.

DAVID: Bueno. Escribe eso y traza otra flecha por debajo. Ahora, vamos a suponer que la policía encuentra tu pañuelo. ¿Qué pasa entonces?

KRISTIN: Y bien, podrían llegar a la conclusión de que la asesina he sido yo y detenerme. No tendría coartada, ya que iba sola.

DAVID: De acuerdo; supongamos que la policía te detiene y te interroga y que no tienes coartada. ¿Qué pasaría si sucediera eso? ¿Qué es lo que más temes ahora?

KRISTIN: Podrían llevarme a juicio y condenarme por asesinato.

DAVID: ¿Y después?

KRISTIN: Después me encerrarían en la cárcel para el resto de mi vida.

DAVID: Está claro que a nadie le gustaría pasarse el resto de su vida preso. Pero ¿qué significaría eso para ti? ¿Qué tiene la cárcel para darte tanto miedo?

Kristin exclamó entonces: «Mis hijos tendrían que criarse solos, sin su madre. Yo no estaría allí, a su lado». Se echó a llorar y pareció que habíamos tocado un punto sensible.

Cuando Kristin hubo llorado a gusto, le pedí que me hablase más de aquel miedo. Naturalmente, a ninguna madre le gustaría verse en la cárcel y separada de sus hijos, pero aquellas circunstancia parecían tremendamente improbables. ¿Por qué se preocupaba tanto Kristin de sus hijos?

Kristin me explicó que Tom, su hijo de 11 años, había estado causando problemas en la escuela. Además, varios vecinos se habían quejado de que alguien había estado rompiendo ventanas por la noche. Algunos días más tarde, la policía había pillado a Tom tirando piedras a las ventanas de los vecinos y había amenazado con enviarle a un centro de menores si no cambiaba. Kristin había recibido también informes de la escuela según los cuales Tom iba muy atrasado en los estudios y tenía peleas. Estaba enfadada con Tom, pero no se atrevía a hacer valer su autoridad. Había intentado imponerle disciplina a base de amor y de lógica, pero estas estrategias no habían dado resultado. También se sentía frustrada porque su ex marido mimaba mucho a los niños y no le apoyaba en sus esfuerzos por imponerles disciplina. Sin embargo, Kristin no había expresado estos sentimientos en voz alta porque ella era una persona muy *amable* y no quería provocar problemas.

Parece que detrás de los miedos de Kristin se esconden algunas emociones. En su fantasía, la condenan por un delito que no ha cometido. Pero, en su fuero interno, en realidad teme que Tom se esté convirtiendo en un delincuente. Tiene ira, pero se siente culpable porque cree que todo es por su culpa, y por eso, en sus fantasías, es ella la que termina en la cárcel. Al mismo tiempo, castiga a Tom porque éste tiene que criarse sin su madre. Los psicoanalistas llaman a esto «la solución masoquista». Dicho de otro modo, usted puede castigar a alguien con tal de que se castigue a sí mismo todavía más.

Cuando Kristin esconde bajo la alfombra sus sentimientos de ira, éstos vuelven a salir, disfrazados de fantasías temibles. Uno puede intentar hacer caso omiso de su ira, pero ésta vuelve a salir siempre de manera indirecta. La ansiedad es casi siempre la expresión simbólica de cómo se siente uno por dentro.

Kristin y yo hablamos de cómo podía imponer disciplina a Tom de manera firme pero cariñosa. Ella estaba deseosa de aprenderlo porque era consciente de que su amabilidad no estaba dan-

TÉCNICA DEL «QUÉ PASARÍA SI» DE KRISTIN

Pensamientos negativos	% antes	% después	Distorsiones	Pensamientos positivos	% creencia
1. Si voy andando a la tienda yo sola, podría pasarme algo terrible.	100%				
2. Podría caérseme el pañuelo en la acera sin que me diera cuenta de que lo había perdido.	100%				
3. Podría cometerse un crimen terrible en el mismo lugar donde yo perdí mi pañuelo.	100%				
4. La policía podría encontrar mi pañuelo y localizarme por él.	100%				
5. Podrían creer que la asesina he sido yo y detenerme.	100%				
6. Entonces me condenarían por asesinato y tendría que pasarme el resto de mi vida en la cárcel.	100%				
7. Entonces mis hijos tendrían que criarse solos, sin su madre.	100%				

do resultado. También le enseñé cómo podía comunicarse de manera más práctica con su ex marido para que los dos pudieran dejar de pelearse y empezaran a trabajar juntos y en equipo. Las habilidades de Kristin para el trato interpersonal y su confianza en sí misma aumentaron considerablemente. El profesor de Tom envió una nota a Kristin informándole de que las notas y la conducta del chico habían mejorado notablemente, y algunos meses más tarde lo eligieron delegado de su clase.

Si bien habíamos resuelto algunos de los problemas que rondaban por debajo de la superficie, Kristin seguía teniendo miedo de salir sola de casa. Tarde o temprano tendría que plantar cara a ese miedo. Yo la animé a que un sábado por la mañana saliera sola de su casa y se sentara en un banco de un parque que estaba a varias manzanas de su casa. Le dije que se quedara sentada en el banco hasta que la ansiedad se le pasara o mejorara notablemente, aunque tardase una hora o más. Le dije que podía llevarse un cuaderno e ir anotando cada pocos minutos la intensidad de su ansiedad en una escala del 0% (ninguna ansiedad) al 100% (pánico puro). También podría anotar cualquier pensamiento o fantasía temible que tuviera. Esta técnica se llama «autoseguimiento».

Kristin dijo que la tarea le parecía terrorífica, pero accedió a probarla porque estaba determinada a superar su agorafobia. Le dije que si la ansiedad empezaba a abrumarla, podía distraerse concentrándose intensamente en algo que captase toda su atención. Kristin dijo que se llevaría su cubo de Rubik por si le hacía falta.

Llegó por fin el gran día. Kristin se obligó a ir andando hasta el parque y a sentarse en un banco. Su ansiedad subió al 90% y la inundaban las fantasías de que la detenían y la metían en la cárcel. Pero se quedó allí sentada y se forzó a soportar la ansiedad durante casi veinte minutos.

De pronto, vio a un policía que estaba a unos quince metros de ella. La ansiedad le subió al 100% y tuvo un impulso casi irresistible de echar a correr hacia su casa. Pero recordó su promesa de no marcharse, por muy angustiada que estuviera, de modo que se puso a mirarse los pies, intentando pasar desapercibida. Veía al agente por el rabillo del ojo y deseaba desesperadamente que se marchara.

En vez de ello, el policía se volvió y empezó a caminar despacio hacia ella. ¡Terror puro! Kristin sacó su cubo de Rubik y se puso a juguetear con él. Pero el policía se acercaba cada vez más. De pronto, vio dos zapatos negros en la acera, ante ella, y comprendió que el agente la miraba fijamente, esperando algo.

Kristin comprendió que la habían pillado. Dejó el cubo de Rubik en su regazo y levantó las manos al frente para que el policía le pudiera poner las esposas. Pero cuando levantó la vista vio que era el agente O'Reilly, un viejo policía irlandés al que conocía desde que era niña. El policía le dedicó una sonrisa amable y le dijo: «¡Buenos días, Kristin! Bonito día. ¡Me alegro mucho de que salga!».

Los temores de Kristin se desvanecieron en un instante. Pasó unos minutos charlando con entusiasmo con el agente O'Reilly y después paseó durante varias horas por el centro de Filadelfia, haciendo compras y todas las demás cosas que llevaba años sin poder hacer. Dijo que durante todo ese tiempo no sintió el menor atisbo de ansiedad. Jamás volvió a sufrir agorafobia.

En la recuperación de Kristin intervinieron cinco técnicas. En primer lugar, desvelamos la fantasía que se encontraba en la raíz de sus miedos empleando la técnica del «Qué pasaría si». Al mismo tiempo, pusimos de manifiesto la frustración y la ira que habían estado alimentando sus miedos. Ésta fue la técnica de las emociones ocultas. Por fin, combinamos la inundación, que es un tipo de exposición intensa, con el autoseguimiento y la distracción para que ella pudiera afrontar el monstruo que más temía.

La técnica del «Qué pasaría si» le ayudará a desvelar la fantasía que ha estado desencadenando sus miedos, pero no bastará sólo con entenderla. En última instancia tendrá que afrontar su miedo, tal como hizo Kristin. El tipo de exposición al miedo que emplee usted dependerá de la naturaleza de sus miedos. En la tercera parte hablaremos de muchas técnicas de exposición innovadoras.

10

Técnicas basadas en la compasión

La mayoría nos guiamos por un doble parámetro. Cuando nos sentimos trastornados, nos criticamos sin piedad y nos hacemos trizas. Pero si estuviésemos hablando con un amigo que tiene el mismo problema, seríamos mucho más amables y objetivos. Cuando usted aplica la técnica del doble parámetro, opta por renunciar a su doble parámetro y por tratar a todos los seres humanos, incluido usted, con un mismo patrón que se basa en la verdad y en la compasión.

Esto funciona de la siguiente manera. Cuando usted está angustiado o deprimido, lo habitual será que la mente se le inunde de pensamientos negativos sobre usted mismo y sobre su vida. Puede que se diga a sí mismo que no sirve para nada, que lo ha echado todo a perder y que las cosas no cambiarán nunca. Pregúntese a sí mismo: «¿Cómo hablaría yo a un amigo querido que tuviera un problema similar?», «¿Le diría cosas duras?», «Si no se las diría, ¿por qué no?».

Puede llegar a la conclusión de que no hablaría así a un amigo porque eso sería una crueldad y porque, de entrada, esos pensamientos no son realistas. En tal caso, pregúntese qué *diría* a su amigo. Después, pregúntese si estaría dispuesto a hablarse a sí mismo de esa manera compasiva.

Hace algunos años dirigí un seminario intensivo de tres días para un grupo reducido de psicoterapeutas en Florida. El seminario se centró en la curación personal, además de en la formación sobre psicoterapia. El tema seguía el principio de «Médico, cúrate a ti mismo».

Walter, un terapeuta especializado en matrimonios y familias, explicó que llevaba varios años luchando contra la ansiedad y la depresión porque Paul, el hombre con el que había vivido durante ocho años, le había dejado por otro hombre. Cuando Walter se enteró de que Paul y su nuevo amante se iban a ir a las islas Hawai para celebrar allí el cumpleaños de Paul, Walter se sintió absolutamente destrozado. Estaba tan humillado que ni siquiera había dicho a sus padres que Paul y él habían roto. Se llevó la mano al pecho y dijo: «Siento un verdadero peso aquí. Toda esta experiencia no me ha dejado más que una sensación de soledad y de vacío. Yo tenía una vida muy organizada y previsible. De pronto, ya no la tengo y me siento muy solo. Lo siento como una cosa universal y definitiva. Siento como si este dolor fuera a durar para siempre, hasta el fin de los tiempos».

Sentí lástima por Walter. Se hacía duro verlo sufrir de esa manera, pues parecía una persona muy buena y delicada. Por supuesto, es natural tener una sensación de pérdida cuando ya no estamos con una persona a la que queremos mucho. Pero la mayor parte del dolor del rechazo es consecuencia de nuestros pensamientos, y no del rechazo en sí. Y a veces estos pensamientos están enormemente distorsionados y son muy dañinos.

Pregunté a Walter lo que pensaba y lo que sentía acerca de la ruptura con Paul. ¿Qué se estaba diciendo a sí mismo? Él dijo: «Me siento increíblemente culpable y humillado y me parece que ha debido de ser culpa mía. Puede que me faltara habilidad, atractivo o dinamismo. Puede que no supiera estar a su lado en lo emocional. Tengo la sensación de que debo de haber hecho algo mal, pues de lo contrario Paul no me habría abandonado. A veces siento que soy un farsante absoluto. Aquí estoy yo, psicoterapeuta especializado en matrimonios y en familias, y ni siquiera mi propia relación de pareja salió bien. Siento que soy un fracasado, un fracasado total y absoluto».

Walter se sentía triste, angustiado, culpable, sin valor, solitario, avergonzado, desesperanzado, frustrado y airado. La mayoría de estos sentimientos eran intensos. En su registro diario de estado de ánimo recogió estos cinco pensamientos:

1. Nunca volveré a tener una relación de pareja.
2. Debe de ser imposible convivir conmigo o mantener una relación de pareja conmigo.
3. Debo de tener algo malo.
4. Lo he echado todo a perder y he tirado mi vida a la basura.
5. Terminaré siendo un viejo gay solitario, gordo y canoso.

Creía muy firmemente en todos estos pensamientos. Indique con una señal las distorsiones que pueda encontrar en los pensamientos negativos de Walter. Puede consultar las definiciones de las distorsiones cognitivas en la parte inferior de la página 75.

Distorsión	(✓)	Distorsión	(✓)
1. Pensamiento todo o nada		**6.** Magnificación o minimización	
2. Generalización excesiva		**7.** Razonamiento emocional	
3. Filtro mental		**8.** Afirmaciones del tipo «Debería»	
4. Descartar lo positivo		**9.** Poner etiquetas	
5. Saltar a conclusiones • Lectura del pensamiento • Adivinación del porvenir		**10.** Inculpación • Autoinculpación • Inculpación de los demás	

Solución

Como puede ver en la página 125, Walter y yo observamos que en sus pensamientos se daban las diez distorsiones.

Puede apreciar usted que la mayor parte de los sufrimientos de Walter son consecuencia de la manera ilógica en que piensa acerca del rechazo. Podría decirse, incluso, que Walter se está tratando con mucha más dureza que como lo trató Paul. Yo pensé que la técnica del doble parámetro podía resultar útil porque Walter parecía una persona cálida y compasiva. Le pregunté qué diría a un amigo querido al que hubiera rechazado una persona con la que llevara viviendo ocho años. Le pregunté: «¿Le dirías que debe de tener algo malo, que debe ser imposible convivir con él, que había echado su vida a perder y que la había tirado a la basura para siempre?».

Walter puso cara de consternación y dijo que *jamás* diría cosas así a un amigo. Yo le propuse que realizásemos un ejercicio de representación de papeles, para que él me pudiera enseñar lo que

LAS DISTORSIONES DE WALTER

Distorsión	(✓)	Explicación
1. Pensamiento todo o nada	✓	Walter está pensando en las cosas en términos de blanco o negro. Se está diciendo a sí mismo que su relación ha sido un fracaso completo y que él tiene toda la culpa de la ruptura.
2. Generalización excesiva	✓	Walter está generalizando desde el rechazo hasta todo su ser y se está diciendo que no tiene valor, que no puede ser amado y que no es bueno. Por eso se siente tan avergonzado y desesperanzado.
3. Filtro mental	✓	Walter se está centrando en todas sus faltas y filtrando sus muchas cualidades positivas.
4. Descartar lo positivo	✓	Walter se está infravalorando y está pasando por alto el hecho de que es una persona calurosa, leal y compasiva.
5. Saltar a conclusiones • Lectura del pensamiento • Adivinación del porvenir	✓	Walter practica la lectura del pensamiento cuando se dice que no volverá a mantener una relación de pareja con amor y que acabará gordo y solo.
6. Magnificación o minimización	✓	Está maximizando su papel en el problema y minimizando el de Paul. Si bien su disposición a examinar su papel en la ruptura es admirable, no está teniendo en cuenta que una ruptura es cosa de dos.
7. Razonamiento emocional	✓	Como *se siente* culpable, da por supuesto que *es* verdaderamente culpable de la ruptura. *Se siente* sin valor y por eso llega a la conclusión de que *es* un verdadero fracasado. *Se siente* desesperanzado y por eso se dice que está destinado a sentirse solo siempre.
8. Afirmaciones del tipo «Debería»	✓	Walter se está diciendo que no debería tener ningún defecto ni falta. También cree, al parecer, que si es una pareja cariñosa y fiel, toda relación debería durar para siempre.
9. Poner etiquetas	✓	Se considera un farsante y un fracasado.
10. Inculpación • Autoinculpación • Inculpación de los demás	✓	Se está atribuyendo a sí mismo toda la culpa del fracaso de la relación, aunque no es capaz de decir nada concreto que hiciera mal.

diría a un amigo que se encontrase en la misma situación. Pedí a Walter que se imaginara que tenía un buen amigo llamado Kirk. Éste es casi un clon de Walter. También es psicoterapeuta especializado en familias y en matrimonios, tiene su misma edad y los mismos puntos fuertes y debilidades que Walter. Además, Kirk acaba de romper con su novio, Jake, después de que llevaran ocho años viviendo juntos. Le dije a Walter que yo representaría el papel de Kirk y que él podía representarse a sí mismo. Nuestra conversación fue la siguiente:

KIRK (*representado por David*): Walter, ¿puedo hablar contigo un momento?

WALTER: ¿Qué hay?

KIRK: No sé si te habrás enterado, pero Jake y yo hemos roto hace cosa de un mes. Acabo de enterarme de que se va a Hawai con su nuevo novio para celebrar allí su cumpleaños. Estoy destrozado.

WALTER: Siento mucho oír esto. Debes de sentirte terriblemente mal.

KIRK: *Sí* que me siento terriblemente mal. Creo que he echado mi vida a perder para siempre. Tengo la sensación de que debo de tener algo malo y me parece que no volveré a tener jamás una relación de pareja. ¿No te parece razonable?

WALTER: Me figuro que te llevaste un golpe muy duro cuando Jake te dejó, pero no estoy seguro de entender lo que me estás diciendo. ¿Cómo has llegado a la conclusión de que debes de tener algo malo o de que no volverás a tener nunca una relación de pareja?

KIRK: Siento que ha debido ser culpa mía porque me siento sin valor, culpable y humillado. Siento que no soy bueno y que debo de tener algo de malo.

WALTER: Me parece que te estás tratando con bastante dureza. ¿Hiciste algo que molestara a Jake? ¿Qué crees que hiciste mal?

KIRK: En realidad, no se me ocurre nada. Siento, simplemente, que ha debido de dejarme porque yo no era lo bastante bueno. De lo contrario, ¿por qué iba a dejarme?

WALTER: Es una lástima que Jake te dejara, y tienes todo mi afecto. Sé lo hundido que se puede sentir uno así. Pero las personas dejan las relaciones personales por todo tipo de motivos. Puede que estuviera aburrido. Puede que estuviera enfadado. Puede que estuviera inquieto. Puede que tuviera ganas de sexo y lo tentara alguien atractivo que hubiera conocido. La lista de posibilidades es larga. Y aunque hubiera un conflicto de alguna clase entre vosotros dos, fue él el que se marchó sin intentar resolverlo, y no tú.

KIRK: Puede que eso sea cierto, pero la verdad es que me ha dejado, por el motivo que sea, y tengo la sensación de que no voy a volver a tener nunca una relación de pareja. Tengo la sensación de que mi vida se está acabando y de que ya no puedo esperar más que soledad, humillación y tristeza durante el resto de mi vida.

WALTER: ¿Cómo has llegado a la conclusión de que no vas a volver a tener nunca más una relación de pareja? Eso parece un poco extremista. ¿Habías tenido antes una relación de pareja?

KIRK: Bueno, sí, había tenido una que había durado ocho años. Y antes de ésa tuve otras.

WALTER: De manera que, según parece, has tenido muchas relaciones de pareja, entre ellas una que duró ocho años. ¿No es así?

KIRK: Sí, así es.

WALTER: Entonces, me pregunto si tiene sentido que afirmes que no volverás a tener nunca más una relación de pareja de ahora en adelante. A mí no me suena lógico lo que dices.

KIRK: ¿Quieres decir que, en vista de que he tenido muchas relaciones de pareja en el pasado, probablemente volveré a tener otra en el futuro, aunque ahora mismo me sienta terriblemente mal?

WALTER: ¡Decididamente, sí!

KIRK: Y ¿lo dices sólo para consolarme o porque es verdad?

WALTER: Lo digo porque es cierto. *Sí* que has tenido muchas relaciones de pareja en tu vida, de modo que parece probabilísimo que tengas otra en el futuro.

DAVID (*hablando de nuevo en su propio nombre*): Estoy muy de acuerdo con lo que dices, Walter. ¿Sería verdad lo mismo para ti? Al fin y al cabo, tu amigo Kirk es igual que tú.

WALTER: ¡Ah! Ya veo lo que quieres decir. Supongo que también tendría que ser verdad para mí.

Adviértase que cuando hicimos la representación de papeles, Walter empezó a alegar de manera bastante persuasiva que su primer pensamiento negativo, «No volveré a tener nunca una relación de pareja», no era muy realista. Parecía que la técnica del doble parámetro funcionaba claramente con él, pero quise asegurarme. Le pregunté si se le ocurría algún pensamiento positivo que pudiera desmentir el primer pensamiento negativo de su registro diario de estado de ánimo. El pensamiento positivo que presentó puede leerse en el recuadro inferior. A Walter le parecía realista este pensamiento, y por ello lo calificó con un 95% en la columna de «% creencia». Esto significa que cumplía la condición necesaria para el cambio emocional. Además, la creencia de Walter en el pensamiento negativo bajó del 95% al 15%. Esto significaba que el pensamiento positivo también cumplía la condición suficiente para el cambio emocional.

¿Por qué se produjo este cambio repentino? En la representación de papeles, Walter pudo pensar en el rechazo de una manera mucho más realista y compasiva porque sentía que estaba hablando a un viejo amigo al que habían rechazado. Pero, naturalmente, en realidad se estaba hablando a sí mismo.

Quise cerciorarme de que Walter estaba ganando verdaderamente la batalla contra la parte autocrítica de su cerebro y por eso seguí adelante con la representación de papeles de doble parámetro. Esta vez me centré en el segundo pensamiento negativo de Walter: «Debe de ser imposible convivir conmigo o mantener una relación de pareja conmigo». Debatí con él de la manera más persuasiva que pude porque quería ver si era capaz de sacar la pelota del campo una vez más. Estoy representando de nuevo el papel del amigo de Walter, Kirk:

KIRK (*representado por David*): Walter, hay otro aspecto del que no te había hablado. Lo que tú no entiendes es que es imposible convivir conmigo y es imposible mantener una relación de pareja conmigo. Éste es el verdadero motivo por el que me siento tan mal y por eso estaré solo el resto de mi vida.

Pensamientos negativos	% antes	% después	Distorsiones	Pensamientos positivos	% creencia
1. Nunca volveré a tener una relación de pareja.	95%	15%	GE, FM, DP, LP, AP, MAG, RE, ATD, AI	**1.** No existen pruebas reales de ello. He mantenido muchas relaciones de pareja en el pasado. Ahora tengo la sensación de que no volveré a tener una relación así porque estoy muy dolido. Pero estos sentimientos se me pasarán con el tiempo y empezaré a conectar con otras personas, como me ha sucedido siempre en el pasado.	95%

WALTER: Caray, me sorprende que me digas eso porque te conozco desde hace mucho tiempo y nunca me habías dado esa impresión. La verdad es que siempre has sido cálido y abierto, y un amigo fiel. ¿Cómo es posible que hayas llegado a la conclusión de que es imposible mantener una relación de pareja contigo?

KIRK: Bueno, mi relación con Jake se ha deshecho. ¿No demuestra eso que es imposible mantener una relación de pareja conmigo?

WALTER: Con toda sinceridad, lo que estás diciendo no tiene mucho sentido. En primer lugar, Jake también participaba en esa relación de pareja. El amor es cosa de dos. Y en segundo lugar, *sí* que mantuviste una relación de pareja con él con bastante éxito durante ocho años. Entonces, ¿cómo puedes decir que es imposible convivir contigo?

KIRK: Vamos a ver si te entiendo bien. ¿Me estás diciendo que yo mantuve una relación de pareja con bastante éxito durante ocho años, por lo que no tiene mucho sentido que diga que es imposible convivir conmigo o que es imposible mantener una relación de pareja conmigo?

WALTER: Lo has entendido. ¡Claro como el agua!

En aquel momento, a Walter se le iluminó la cara como si se le hubiera encendido de pronto una bombilla en el cerebro, y los dos nos echamos a reír. De pronto sus pensamientos negativos le parecían absurdos, y su estado de ánimo experimentó un cambio inmediato. Le pedí que escribiera un pensamiento positivo en su registro diario de estado de ánimo, frente al segundo pensamiento negativo. Como se puede ver en la página 129, escribió: «Mantuve una relación de bastante éxito con Paul durante ocho años». En la columna de «% creencia» calificó este pensamiento con un 100%. A estas alturas, ya no creía en absoluto en el segundo pensamiento negativo.

Se puede ver cómo desmintió Walter el resto de sus pensamientos negativos. Sus respuestas al tercer pensamiento negativo, «Debo de tener algo malo», son interesantes. Se le ocurrieron tres pensamientos positivos y los creía todos al 100%. El primer pensamiento positivo era: «La conducta de Paul no es necesariamente una medida de mi valía como ser humano». Este pensamiento sólo resultó útil hasta cierto punto y la creencia de Walter en el pensamiento negativo sólo cayó hasta el 50%. Después escribió: «Esto parece algo extremista e injusto. También Paul contribuyó a la ruptura». Al llegar a este punto, la creencia de Walter en el pensamiento negativo cayó hasta el 30%. Su tercera respuesta fue todo un mate de baloncesto. Escribió: «Tengo bastantes cosas malas y las acepto. Pero también tengo mucho que ofrecer». Este pensamiento positivo aplastó el pensamiento negativo de tal modo que la creencia de Walter en éste cayó hasta el 0%.

Cuando usted trabaje con alguno de sus pensamientos negativos, tal vez verá esta misma pauta. Quizás ataque el pensamiento desde cierto ángulo y esto le ayudará un poco, pero usted no dejará de aferrarse al pensamiento negativo. Después, lo atacará desde otro ángulo y su creencia en el pensamiento negativo caerá un poco más. Más tarde, lo abordará desde un ángulo completamente distinto y de pronto dejará de creer por completo en el pensamiento negativo.

Naturalmente, la meta no es sólo cambiar su manera de pensar, sino también cambiar su manera de sentirse. Cuando Walter hubo desmentido todos sus pensamientos negativos, le pedí que volviera a valorar cómo se sentía. ¿Se encontraba algo menos trastornado? Pueden verse los cambios de sus pensamientos negativos en la columna de «% después» de la página 129. Su sentimiento de tristeza cayó del 80% al 20%. A mí me pareció bien aquello. Walter tiene derecho a tener algunos sentimientos de tristeza, pues acaba de sufrir una pérdida. Sus sentimientos de culpa, humillación y ansiedad cayeron hasta el 10% y sus sentimientos de desesperanza cayeron hasta el 5%. Los sentimientos de soledad, vergüenza, frustración e ira desaparecieron por completo.

REGISTRO DIARIO DE ESTADO DE ÁNIMO DE WALTER

Suceso trastornador: Paul se ha ido a Hawai para celebrar su cumpleaños con su nuevo amante.

Emociones	% antes	% después	Emociones	% antes	% después
Triste, melancólico, deprimido, decaído, infeliz	80%	20%	Turbado, tonto, humillado, apurado	100%	0%
Angustiado, preocupado, con pánico, nervioso, asustado	100%	10%	Desesperanzado, desanimado, pesimista, descorazonado	60%	5%
Culpable, con remordimientos, malo, avergonzado	100%	10%	Frustrado, atascado, chasqueado, derrotado	100%	0%
Inferior, sin valor, inadecuado, deficiente, incompetente	90%	5%	Airado, enfadado, resentido, molesto, irritado, trastornado, furioso	50%	0%
Solitario, no querido, no deseado, rechazado, solo, abandonado	100%	0%	Otras (describir)		

Pensamientos negativos	% antes	% después	Distorsiones	Pensamientos positivos	% creencia
1. Nunca volveré a tener una relación de pareja.	95%	15%	GE, FM, DP, LP, AP, MAG, RE, ATD, AI	1. No hay pruebas reales de ello. He mantenido muchas relaciones de pareja en el pasado. Ahora tengo la sensación de que no volveré a tener una relación porque estoy muy dolido, pero con el tiempo estos sentimientos se me pasarán y empezaré a conectar con otras personas, como me ha sucedido siempre.	95%
2. Debe de ser imposible convivir conmigo o mantener una relación de pareja conmigo.	95%	0%	PTN, GE, FM, DP, LP, MAG/MIN, RE, ATD, PE, AI	2. Mantuve una relación de bastante éxito con Paul durante ocho años.	100%
3. Debo de tener algo malo.	100%	50% 30% 0%	PTN, GE, FM, DP, MAG/MIN, RE, ATD, AI	3. La conducta de Paul no es necesariamente una medida de mi valía como ser humano. Esto parece algo extremista e injusto. También Paul contribuyó a la ruptura. Tengo bastantes cosas malas y las acepto. Pero también tengo mucho que ofrecer	100% 100% 100%
4. Lo he echado todo a perder y he tirado mi vida a la basura.	100%	10%	PTN, GE, FM, AP, MAG/MIN, RE, ATD, AI	4. Tengo derecho a aprender y a cometer errores. ¡Quizá conozca todas las respuestas cuando tenga 100 años!	100%
5. Terminaré siendo un viejo gay solitario, gordo y canoso.	100%	5%	AP, RE, PE	5. Ahora lo estoy pasando mal y merezco algo de apoyo. Empiezo a tener canas y no puedo evitar envejecer, pero el resto del pensamiento es una verdadera tontería.	100%

Cuando la gente oye contar casos de cambio rápido y espectacular como el de Walter, casi siempre se sienten un poco escépticos y preguntan: «¿Durará? ¿No será un simple éxito pasajero? De hecho, los psicoanalistas antiguos no recomendaban la recuperación rápida. La calificaban de mera «huida a la salud» pasajera y consideraban que significaba que sus pacientes estaban evitando sus problemas.

Yo pienso de otra manera. Soy partidario ferviente de la recuperación rápida. ¡Por mí, cuanto más rápida mejor! ¿Cuándo quiere usted superar sus sufrimientos? ¿Dentro de un mes? ¿Dentro de un año? ¿Dentro de cinco años? ¿Hoy mismo?

La técnica del doble patrón resultó eficaz para Walter porque era una persona buena y compasiva. A cierto nivel, ya sabía el modo de derrotar los pensamientos negativos que le estaban haciendo sentirse tan desgraciado. Yo me limité a ponerle en contacto con la parte amorosa de su mente. Si la técnica del doble parámetro no hubiera resultado útil, habría probado con otras técnicas.

La técnica del doble parámetro es más dinámica con la representación de papeles, pero ésta no es indispensable. Usted puede aplicar esta técnica con la misma facilidad por su cuenta. Basta con que se pregunte: «¿Qué diría yo a un amigo querido que tuviera un problema semejante?». Si descubre que tendría más compasión y objetividad al hablar a un amigo, pregúntese si estaría dispuesto a hablarse a sí mismo de la misma manera. Hasta puede escribir un diálogo semejante al que mantuve yo con Walter.

No hay una técnica única que sea eficaz para todos, ni tampoco lo será la técnica del doble parámetro. Si usted no tiene un doble parámetro, lo más probable es que esta técnica fracase. Algunas personas son tan duras con los demás como lo son consigo mismas. La técnica puede fracasar también si usted cree que sus principios elevados o sus autocríticas severas le están ayudando. Algunos perfeccionistas me han dicho que *quieren* tener un doble parámetro, ya que esperan mucho más de sí mismos que de los demás. Cree que si se riñen y castigan a sí mismos cuando fracasan o cuando cometen errores, esto los motivará para trabajar más y alcanzar más logros.

Si el modo de pensar autocrítico le está dando resultado, no hay motivo para cambiarlo. Pero, en mi experiencia, los sentimientos de autoinculpación, de culpa y de inadecuación no suelen ser muy motivadores y no me ayudan a aprender de mis errores. Los sentimientos de humillación y de culpa no me impulsan más que a ocultar mis fracasos, porque no soy capaz de afrontarlos. Cuando trabajo mejor es cuando me siento feliz y relajado y me acepto a mí mismo.

11

Técnicas basadas en la verdad

Antes de Copérnico, la gente creía que la Tierra era el centro del universo. Estaban convencidos de que el Sol giraba alrededor de la Tierra y tenían buenas pruebas a favor de esta creencia. Al fin y al cabo, el Sol salía todas las mañanas por el este y se ponía todas las tardes por el oeste.

Copérnico y Galileo debatieron esta idea. Afirmaron que la gente estaba equivocada y que, en realidad, la Tierra gira alrededor del Sol. Este cambio de manera de pensar condujo al desarrollo de la astronomía moderna y transformó nuestra manera de entender el universo.

La ansiedad, la preocupación y el pánico también son consecuencia de creencias no realistas. Los pensamientos que producen estos sentimientos siempre son distorsionados e ilógicos, aunque den la impresión de ser absolutamente válidos. Cuando usted aplica las técnicas basadas en la verdad, examina las pruebas de sus pensamientos negativos o bien pone a prueba su validez por medio de experimentos, tal como hacen los científicos. El descubrimiento de que sus pensamientos negativos no son válidos puede resultar increíblemente emocionante porque usted desarrollará una comprensión radicalmente nueva de sí mismo y del mundo.

En este capítulo aprenderá cuatro técnicas que pueden ayudarle a desmentir los pensamientos que hacen que esté angustiado o deprimido. Se trata de la técnica de examinar las pruebas, la experimental, la de la encuesta y la de la reatribución. La idea en que se basan estas técnicas es que «La verdad os hará libres». Este concepto es la piedra angular de la terapia cognitiva.

Examinar las pruebas

En vez de suponer que sus pensamientos negativos son ciertos, pregúntese a sí mismo: «¿Qué pruebas hay de esta afirmación?», «¿Qué indican los hechos?». Una mujer llamada Emily, música profesional, tenía miedo a volar porque estaba convencida de que habría un tumulto de pasajeros y ella moriría pisoteada en el pasillo. Era consciente de que sus miedos parecían tontos, pero estaba convencida de que aquello podía suceder de verdad.

Le pregunté si había alguna prueba real que apoyara aquella creencia. ¿Cuántas personas habían muerto aplastadas en un avión en el último año, que ella supiera? No recordaba ni un solo caso. ¿Y en toda la historia de la aviación? Volvió a reconocer que no recordaba que nadie hubiera muerto aplastado por un tumulto en un avión.

Naturalmente, las personas *sí pueden* morir aplastadas en un tumulto. Es una cosa rara, pero no imposible. Se han dado casos, por ejemplo, en partidos de fútbol y en conciertos de rock, cuando el público se ha descontrolado. Pero ¡morir aplastado en un tumulto no es uno de los peligros más comunes de los viajes en avión! Además, más de tres millones de personas vuelan todos los días. Cuando Emily se lo pensó, tuvo que reconocer que la probabilidad de morir aplastada por un tumulto en un avión era microscópica, cosa que ella no había tenido nunca en cuenta.

Supongamos que usted tiene miedo a volar porque cree que el avión puede encontrarse con una turbulencia grave y estrellarse. ¿Cómo aplicaría usted la técnica de examinar las pruebas para oponerse a esta creencia? Escriba aquí sus ideas antes de seguir leyendo:

_____

_____

_____

_____

_____

Solución

Podría documentarse por Internet para comprobar los datos. ¿Qué peligro tiene viajar en avión? ¿Con cuánta frecuencia se estrellan los aviones? ¿Qué indican las estadísticas?

Si usted consulta el dato en la página web de la FAA, verá que el riesgo de morir en un accidente de avión es pequeñísimo. Por ejemplo, usted tendría que volar todos los días durante 22.000 años para correr un riesgo significativo de morir en un accidente aéreo. En el año 2004 no murió una sola persona en un vuelo comercial en Estados Unidos; sin embargo, murieron más de 40.000 personas en accidentes de automóvil. Es un dato sorprendente si se tiene en cuenta que en aquel año hubo más de quince millones de vuelos comerciales. ¡Los datos demuestran que los viajes en vuelos comerciales son mucho más seguros que viajar en automóvil, en yate privado o incluso en bicicleta!

Examinar las pruebas puede resultar especialmente útil cuando su pensamiento negativo contiene la distorsión llamada «Saltar a conclusiones». Como recordará, esta distorsión tiene dos formas comunes: la adivinación del porvenir y la lectura del pensamiento. La adivinación del porvenir consiste en que usted hace predicciones temibles, no justificadas por los hechos. Por ejemplo, si tiene miedo a volar, puede que se diga a sí mismo que volar es peligrosísimo y que la probabilidad de estrellarse es elevada. La lectura del pensamiento se da cuando usted realiza supuestos injustificados sobre los sentimientos de las demás personas. Por ejemplo, si usted es tímido, puede suponer que las demás personas no se sienten inseguras jamás, y que si supieran lo nervioso que se siente usted, le despreciarían y le tomarían por raro.

También puede resultar útil examinar las pruebas para el razonamiento emocional. Cuando usted está trastornado, puede sentir algo de manera tan fuerte que cree que es cierto. Cuando está angustiado, se dice a sí mismo: «Me *siento* asustado, de modo que debo de *estar* verdaderamente en peligro». Cuando está deprimido, puede decirse: «Me *siento* fracasado, de modo que debo de *serlo* de verdad» o bien: «Me *siento* desesperanzado, de modo que no debo de *tener* esperanzas de verdad». El razonamiento emocional puede ser muy engañoso porque sus sentimientos son consecuencia de sus pensamientos, no de la realidad. Si sus pensamientos están distorsionados, sus sentimientos serán tan engañosos como las imágenes distorsionadas que se ven en los espejos convexos.

Sus sentimientos le pueden engañar. ¿Ha jugado alguna vez a las máquinas tragaperras en un casino? Cuando metía su moneda en la máquina, quizá se decía a sí mismo: «Ésta es mi moneda de la suerte. *Sé* que me va a tocar el premio especial de 1 millón de dólares. ¡Lo noto en los huesos!». Después, tiró de la palanca y vio girar los tambores con gran expectación. Y ¿qué pasó? ¿Le tocó el premio especial de 1 millón de dólares? Pues eso es lo que quiero decir cuando afirmo que los sentimientos no siempre reflejan la verdad.

La técnica experimental

Cuando usted aplica la técnica experimental, realiza un verdadero experimento para poner a prueba la validez de un pensamiento negativo o de una creencia contraproducente, de manera muy semejante al modo en que un científico pone a prueba una teoría para descubrir si es válida. La técnica experimental es la técnica más poderosa que se ha desarrollado nunca para el tratamiento de la ansiedad. Usted ya ha visto algunos ejemplos. En el capítulo 3 vio cómo usó Trevor un ejercicio de ataque a la vergüenza para poner a prueba su creencia de que sus axilas sudorosas repugnarían a las mujeres. Estos experimentos requerían valor, pero arrojaban unos beneficios enormes.

Existe una diferencia sutil entre el ejercicio de examinar las pruebas y la técnica experimental. Cuando usted practica el ejercicio de examinar las pruebas, analiza unos datos que ya están a su alcance. Se parece mucho a buscar datos en una biblioteca. Cuando practica la técnica experimental, pone a prueba sus pensamientos negativos de una manera más dinámica y más dramática.

Voy a ilustrar la diferencia entre estos dos planteamientos. Una profesora de secundaria llamada Kim tenía fobia a conducir, sobre todo al atravesar puentes. No le gustaba tener que depender tanto de su marido y de sus amigos para que la llevaran siempre que tenía que cruzar un puente. Además, se sentía avergonzada de su fobia y tenía la sensación de que era débil o anormal. Los pensamientos negativos de Kim se pueden ver en su registro diario de estado de ánimo, en la página 134.

El razonamiento emocional es una de las distorsiones de los pensamientos de Kim, la cual razona a partir de su manera de sentirse. Como se aprecia en su primer pensamiento negativo, siente que si cruza un puente conduciendo el coche, la ansiedad hará que le suden las manos y que estén tan resbalosas que no será capaz de sujetar el volante. También siente que las piernas se le pondrán tan flácidas que no será capaz de pisar el acelerador ni el freno; por lo tanto, llega a la conclusión de que eso sucederá de verdad. Tiene la sensación de que los puentes son peligrosos y de que pueden caerse en cualquier momento y, por lo tanto, llega a la conclusión de que es verdad.

¿Cómo puede aplicar Kim la técnica de examinar las pruebas para oponerse a estos pensamientos? ¿Qué demuestran los hechos? Anote aquí sus ideas antes de seguir leyendo:

_____
_____
_____
_____
_____
_____

REGISTRO DIARIO DE ESTADO DE ÁNIMO DE KIM

Suceso trastornador: Pensar en cruzar un puente conduciendo.

Emociones	% antes	% después
Triste, melancólico, deprimido, decaído, (infeliz)	35%	
(Angustiado,) preocupado, (con pánico) nervioso, asustado	85%	
Culpable, con remordimientos, malo, (avergonzado)	50%	
Inferior, sin valor, inadecuado, (deficiente) incompetente	65%	
Solitario, no querido, no deseado, rechazado, solo, abandonado	—	

Emociones	% antes	% después
Turbado, (tonto) humillado, apurado	95%	
Desesperanzado, (desanimado) pesimista, descorazonado	80%	
Frustrado, (atascado) chasqueado, derrotado	100%	
Airado, enfadado, resentido, (molesto) irritado, trastornado, furioso	50%	
Otras (describir) (Atrapada)	90%	

Pensamientos negativos	% antes	% después	Distorsiones	Pensamientos positivos	% creencia
1. Tengo las manos demasiado sudadas y débiles para sujetar el volante.	100%				
2. Siento las piernas como si fueran de gelatina. Las tengo tan débiles que no podré pisar el freno ni el acelerador.	100%				
3. Estoy demasiado mareada para concentrarme.	100%				
4. Mataré a gente inocente.	100%				
5. El puente es más inestable que yo todavía, y lo más probable es que se hunda.	100%				
6. ¿Qué me pasa? ¡Debería haber superado esto ya!	100%				

Solución

Kim podía formularse preguntas como las siguientes:

- ¿Me brota agua de las manos a raudales cuando estoy angustiada? ¿Suelo dejar caer las cosas, como los vasos, por ejemplo, porque se me ponen resbalosas las manos? ¿Se me han puesto alguna vez tan mojadas y resbalosas mientras conducía que no pudiera mover el volante por mucho que lo intentara? ¿De qué está hecho el volante? ¿Es de algún material muy resbaloso, como el plástico?
- ¿He perdido alguna vez el control de un coche y he matado a gente inocente por no ser capaz de mover el volante o de usar los frenos? ¿A cuántos he matado de momento?
- ¿De cuántos hundimientos de puentes me he enterado que se hayan producido en mi región en el último año? ¿Y en todo Estados Unidos de cien años a esta parte?* ¿Cuántos coches cruzan puentes todos los días? ¿A cuántos amigos o familiares he perdido porque se hundiera un puente cuando ellos lo estaban atravesando?

Este tipo de análisis puede ayudar a Kim a ver que está agrandando mucho el peligro real que pueda existir, pero ella quizá siga creyendo en sus pensamientos negativos porque se dice: «Me doy cuenta de que mis pensamientos no son realistas del todo, pero todavía tengo *la sensación* de que el puente se puede hundir». En este caso, quizá necesitemos una técnica más poderosa. Aquí es donde entra en juego la técnica experimental. ¿Se le ocurre algún experimento que pudiera hacer Kim para poner a prueba la validez de sus pensamientos negativos? Anote aquí sus ideas antes de seguir leyendo:

_____

_____

_____

_____

_____

Solución

Kim realizó muchos experimentos para poner a prueba sus pensamientos. Por ejemplo:

- Llevó a su coche un cubo de agua y lo dejó en el asiento del pasajero delantero cuando estaba aparcado en la calle. Metió las manos en el cubo y cogió el volante para ver si podía moverlo. Descubrió con sorpresa que era capaz de moverlo con facilidad aun teniendo las manos empapadas.
- Tenía en el coche una servilleta de papel y la cogía de vez en cuando para ver cuánta humedad absorbía de sus manos. Se sorprendió al ver que no parecía que tuviera las manos nada húmedas ni sudadas. Seguían completamente secas a pesar de que estaba bastante angustiada.
- Mientras se sentía angustiada, probó a cambiar de carril varias veces para ver si podía controlar el coche. Descubrió que no le costaba ningún trabajo cambiar de carril.

* Muchos lectores recordarán la película dramática del célebre hundimiento del puente de Tacoma Narrows, el 7 de noviembre de 1940. El puente se derrumbó por las vibraciones provocadas por el viento y por su mal diseño. Sin embargo, los hundimientos de puentes son rarísimos en nuestros tiempos.

- Puso a prueba su creencia de que tenía las piernas demasiado flácidas y débiles para usar el acelerador y el freno aumentando la velocidad en 10 km/h y reduciéndola después en 10 km/h. Aquello también le resultó fácil.
- Puso a prueba su creencia de que los puentes son frágiles y de que corren peligro de hundirse entrando a pie en el puente del Golden Gate, que estaba cerca de su casa, y dando saltos. Dio pisotones con todas sus fuerzas e intentó sacudir los tensores para ver si era capaz de desestabilizar el puente. Se sorprendió al ver lo sólido y macizo que era.
- Como prueba final, cruzó el puente conduciendo su coche y descubrió con sorpresa que seguía pareciendo perfectamente estable. ¡Además, Kim no mató a nadie ni perdió el control del coche!

Kim dijo que aquellos experimentos le habían dado miedo al principio, pero que pronto habían empezado a parecerle divertidos y absurdos. Se daba cuenta de que sus pensamientos negativos eran falsos de manera palpable y de que ella se había estado engañando. Además, había dejado de huir, había plantado cara al monstruo que más temía y había descubierto que el monstruo no tenía dientes.

La técnica experimental no es una fórmula sencilla. Requiere cierta reflexión, pues los miedos de cada persona son únicos. Los experimentos que realice usted tendrán que estar cortados a la medida de sus pensamientos negativos.

La técnica experimental puede resultar útil para la depresión y para la ansiedad, pero donde brilla con luz propia es en el tratamiento de los ataques de pánico. En el capítulo 2 aprendió que un ataque de pánico es un episodio inesperado de terror abrumador que sobreviene de pronto y que alcanza su culminación a los pocos minutos. Después, desaparece con la misma rapidez con que llegó, dejándolo a usted confuso, humillado y aterrorizado por el temor de que vuelvan a presentarse esas sensaciones.

Durante un ataque de pánico, usted puede decirse:

- «Tengo un ataque al corazón».
- «Estoy a punto de morir.»
- «No puedo respirar bien. Me voy a ahogar.»
- «Estoy a punto de desmayarme.»
- «Voy a perder el control y me voy a volver loco.»

La mayoría de las personas sufre muchos síntomas físicos de ansiedad durante el ataque. Usted puede sentir:

- Palpitaciones o pulso acelerado.
- Dolor o presión en el pecho.
- Falta de aliento.
- Mareo o sensación de que todo le da vueltas.
- Insensibilidad u hormigueos en los dedos.
- Un nudo en la garganta.
- Sensación de ahogo.
- Sudor frío o sofocos.

- Temblores.
- Tensión muscular.
- Sensación de que usted es irreal o de que lo es el mundo.
- Náuseas, estómago revuelto o sensación de estar a punto de perder el control del vientre.

Si ha tenido alguna vez un ataque de pánico, sabe exactamente de qué le estoy hablando. La mayoría de las personas que sufren ataques de pánicos están convencidas, al principio, de que tienen una enfermedad física, como puede ser una enfermedad de corazón o un tumor cerebral, pero nunca se les encuentra ningún mal físico que explique los síntomas. Es posible que acudan corriendo a Urgencias en cada ataque y que consulten a muchos médicos hasta que alguno pronuncia por fin el diagnóstico correcto de ataques de pánico.

Los ataques de pánico son consecuencia de la mala interpretación de síntomas físicos inofensivos. La mayoría de nosotros tenemos de cuando en cuando síntomas tales como mareo, presión en el pecho u hormigueo en los dedos, pero no les prestamos gran atención y no tardan en desaparecer. Sin embargo, las personas proclives a los ataques de pánico se obsesionan por estos síntomas y se dicen que está a punto de pasar algo catastrófico, pensamientos que desencadenan un ataque de pánico.

Por ejemplo, si usted se marea puede decirse que está a punto de tener un ataque de apoplejía o un ataque de nervios. Si siente presión en el pecho, puede pensar que está a punto de tener un infarto. Pero, de hecho, *no* está a punto de tener un infarto, un ataque de nervios ni una apoplejía. Los ataques de pánico son consecuencia de un engaño mental. Por eso es tan eficaz la técnica experimental, aunque para aplicarla haga falta valor.

Terri era una mujer feliz en su matrimonio que llevaba más de diez años sufriendo depresión grave y ataques de pánico. Siempre le venían los ataques de pánico cuando notaba mareos, dolores en el pecho u hormigueo en los dedos. Entonces se decía a sí misma que se estaba ahogando y que estaba a punto de morir de un infarto masivo, y esos pensamientos le desencadenaban sentimientos intensos de pánico. Tenía varios ataques declarados de pánico cada semana y sufría intensamente. Sus puntuaciones en los test de depresión y de ansiedad se salían de la tabla.

Terri había acudido a un médico tras otro, entre ellos varios cardiólogos, pero siempre le decían que tenía el corazón y los pulmones perfectamente. Todos los médicos le aseguraban sucesivamente que estaba sana. Pero el efecto tranquilizador sólo duraba hasta el ataque de ansiedad siguiente, algunos días más tardes. Entonces se decía: «¡A lo mejor esta vez sí que es un infarto!».

Por fin, uno de los médicos realizó el diagnóstico de trastorno de pánico y envió a Terri a un psiquiatra. Desde entonces, había visitado a muchos psiquiatras, que le habían recetado pastillas de todo tipo, pero nada le había ayudado. Su marido y ella tenían cuatro hijos y querían tener uno más, pero el psiquiatra de Terri le dijo que tendría que empezar por deshabituarse de todos los medicamentos que le había recetado, pues podían provocar defectos en el recién nacido. A Terri le aterrorizaba la idea de dejar de tomar los medicamentos a pesar de que sabía que no le estaban ayudando. Algunos días más tarde, vio en la librería de su barrio mi libro *Sentirse bien* y se fijó en el subtítulo que aparece en la cubierta: *Una nueva terapia contra las depresiones*. «Puede que este doctor pueda ayudarme», pensó, y llamó a mi consulta para pedir hora.

En la página 138 se puede ver uno de los registros diarios de estado de ánimo de Terri. Los tres primeros pensamientos negativos conducen a sentimientos de vergüenza, depresión e inferioridad.

REGISTRO DIARIO DE ESTADO DE ÁNIMO DE TERRI

Suceso trastornador: Observar que tengo los dedos insensibles y que estoy mareada.

Emociones	% antes	% después
Triste, melancólico, deprimido, decaído, infeliz	100%	
Angustiado, preocupado, con pánico, nervioso, asustado	100%	
Culpable, con remordimientos, malo, avergonzado	100%	
Inferior, sin valor, inadecuado, deficiente, incompetente	100%	
Solitario, no querido, no deseado, rechazado, solo, abandonado	0%	

Emociones	% antes	% después
Turbado, tonto, humillado, apurado	100%	
Desesperanzado, desanimado, pesimista, descorazonado	100%	
Frustrado, atascado, chasqueado, derrotado	100%	
Airado, enfadado, resentido, molesto, irritado, trastornado, furioso	0%	
Otras (describir)		

Pensamientos negativos	% antes	% después	Distorsiones	Pensamientos positivos	% creencia
1. No puedo respirar bien.	100%				
2. Si me pongo de pie, me desmayaré.	100%				
3. Estoy a punto de morirme.	100%				
4. Me debe de pasar algo malo.	100%				
5. *No debería* estar tan angustiada porque en mi vida no pasa nada malo.	100%				
6. Si alguien se enterara de mi depresión y de mis ataques de pánico, me despreciaría y me tomaría por enferma mental.	100%				

© 1984 by David D. Burns

Terri se está diciendo a sí misma que *no debería* tener esos problemas y que cualquiera que se enterara de ellos la despreciaría y la tomaría por loca o por una desagradecida, ya que la carrera profesional de su marido iba bien, sus hijos estaban bien y no tenía en su vida verdaderos problemas aparte de su depresión y su ansiedad.

Terri y yo probamos bastantes técnicas que no dieron resultados, y ella seguía tan deprimida y tan angustiada como siempre. En nuestra quinta sesión de terapia, le pregunté si me permitiría que le indujera un ataque de pánico en mi consulta para que yo pudiera enseñarle a desmentir sus pensamientos negativos usando la técnica experimental. Le expliqué que este método era mucho más potente que los que habíamos probado hasta entonces y que a mí me parecía que había llegado el momento de sacar la artillería pesada.

Terri dijo que la idea le parecía estupenda, pero después no se presentó a las dos sesiones siguientes. Llamó cada semana para confirmarme que no lo dejaba y que le gustaba mucho trabajar conmigo, pero que le aterrorizaba la idea de tener un ataque de pánico en mi consulta y quería preguntarme si podíamos probar algún método menos terrorífico.

Le dije que ella mandaba, en última instancia, y que yo no podía obligarle a hacer nada contra su voluntad porque su confianza en mí era absolutamente fundamental para nuestro éxito. Le expliqué que existían muchas otras técnicas que podíamos probar, pero que si quería curarse, tarde o temprano tendría que plantar cara al monstruo que más temía. Le hice ver que, al fin y al cabo, ya estaba teniendo muchos ataques de pánico todas las semanas. Podría valer la pena que tuviera uno bajo mi supervisión y entonces podríamos poner fin al problema. Le recordé que mi consulta estaba cerca de Urgencias, de manera que la ayuda estaría al alcance de la mano en caso de que la necesitara.

Terri prometió que se lo pensaría. Unos días más tarde, volvió a llamar y dijo que, aunque estaba completamente aterrorizada, había decidido ponerlo a prueba. Yo le reservé una sesión doble para que tuviésemos bastante tiempo para trabajar juntos.

Al principio de la sesión le induje un ataque de pánico pidiéndole que respirara hondo y tan deprisa como pudiera durante un par de minutos. Esto se llama hiperventilación. Aumenta el contenido de oxígeno en la sangre y produce sensaciones físicas como mareo y hormigueo en los dedos. Si la persona es proclive a los ataques de pánico, puede sentir de pronto la sensación de estar al borde de la muerte.

Para agudizar el efecto, le dije que se concentrara en los pensamientos negativos que suele tener durante un ataque de pánico. Le dije: «Observa que empiezas a sentir presión en el pecho, que tienes un hormigueo en los dedos y que sientes que no puedes respirar hondo. Imagínate que los dedos y los labios se te ponen azules porque no estás recibiendo suficiente aire en los pulmones. Se te cierra la tráquea, de forma que vamos a tener que llamar a una ambulancia. ¿Ves la luz roja giratoria de la ambulancia? Imagínate que los sanitarios te ponen en una camilla y te dan oxígeno con una mascarilla, pero están asustados porque no da resultado. Imagínate que el pulso se te vuelve cada vez más débil e irregular y que estás al borde de un infarto agudo de corazón».

En efecto, estas afirmaciones le desencadenaron un ataque de pánico abrumador. Terri se puso a sollozar y exclamó que le dolía el pecho y que sentía que estaba a punto de morir.

—¿Por qué te vas a morir? —le pregunté—. ¿Por falta de oxígeno en la sangre?

—Sí —dijo ella—. Me siento mareada y tengo hormigueos en los dedos. No puedo respirar hondo. El pecho me duele mucho. ¡Me siento muy mal y siempre me pasa esto!

Le pregunté en qué medida creía que no podía respirar hondo y que estaba a punto de morir, en una escala del 0% al 100%. Ella exclamó: «El 100%». Después, yo le dije: «Terri, si de verdad *no pudieras* respirar ahora mismo, y *si tuvieras* un ataque cardíaco, dime una cosa que *no* podrías hacer».

Terri estaba tan perturbada que apenas era capaz de entender mi pregunta. Empezó a sollozar y me suplicó que lo dejara. Parecía tan abrumada por el terror que estuve tentado de dejarlo por un sentimiento de compasión, pero me pareció que aquello sería un gran error, pues reforzaría su creencia ilógica de que corría un verdadero peligro. Terri habría llegado a esta conclusión: «¡Hasta mi médico cree que estoy a punto de morir! Esta situación debe de ser peligrosa de verdad».

Por otra parte, Terri *no* estaba a punto de ahogarse ni de morirse. ¿Cómo podía conseguir yo que se diera cuenta de que se estaba engañando? ¿Se le ocurre a usted algún experimento que pudiera llevar a cabo Terri para poner a prueba su creencia de que no era capaz de respirar lo bastante hondo o que estaba a punto de morir de un ataque al corazón? Anote aquí sus ideas antes de seguir leyendo:

_____

_____

_____

_____

_____

Solución

—Terri —le dije—, si de verdad *te estuvieras* muriendo de un ataque al corazón y si de verdad *te estuvieras* ahogando, ¿crees que serías capaz de hacer un ejercicio vigoroso?

Ella dijo que sería imposible porque no podría absorber oxígeno. Dijo que incluso si intentaba ponerse de pie «se desmayaría o algo así», y me suplicó que pusiera fin a aquello. También dijo que le dolía tanto el pecho que sentía que estaba a punto de morirse.

—Veo que esto te asusta mucho —dije yo—, pero quiero que aguantes. Quiero que ahora te pongas de pie para que veamos si estás o no a punto de desmayarte. Después, puedes probar a hacer algún ejercicio violento, como correr, para que nos enteremos de si es verdad que no puedes respirar o que estás a punto de morirte.

Esta propuesta puede parecer arriesgada. ¿Y si Terri se desmayaba de verdad cuando intentara ponerse de pie? Pero recordemos que la depresión y la ansiedad son consecuencia de pensamientos distorsionados. Terri se está engañando a sí misma de manera muy profunda cuando se dice que está a punto de desmayarse o de morirse. ¿Sabe usted cuál es la causa fisiológica del desmayo? El desmayo se produce cuando el corazón late más despacio y la presión arterial cae. A consecuencia de ello, el corazón no es capaz de bombear sangre y oxígeno suficiente al cerebro. El desmayo es un mecanismo de defensa: cuando la persona está tendida en el suelo, el corazón puede bombear sangre al cerebro con mucha mayor facilidad porque no tiene que bombearla hacia arriba. Pronto vuelve a fluir bastante sangre y oxígeno por el cerebro y la persona vuelve en sí.

¿Corre Terri algún peligro de caerse? ¿Se le ha desacelerado el ritmo cardíaco? ¿Le ha bajado la presión arterial? ¿Tiene poco oxígeno en la sangre?

De hecho, a Terri se le ha acelerado el corazón y la presión arterial le ha subido, en vez de bajarle. Además, está respirando tan deprisa que tiene la sangre saturada de oxígeno. ¡Terri no podría desmayarse aunque quisiera! El desmayo sería fisiológicamente imposible teniendo en cuenta lo deprisa que le late el corazón.*

Terri se levantó poco a poco… y no se desmayó. Yo la animé a que corriera para poner a prueba su creencia de que sufría un ataque al corazón. Empezó a correr muy despacio, diciendo que se sentía ridícula. Yo le dije que valdría la pena hacer una cosa ridícula si nos servía para poner fin a sus sufrimientos de una vez por todas. Ella seguía dando vueltas a sus síntomas y dijo:

—Noto un hormigueo en los dedos. ¡Me siento rara! Siento que no puedo respirar hondo.

—Sigue —dije yo—. ¿No puedes correr un poco más?

Terri aceleró y empezó a correr con más energía. Al cabo de un par de minutos se detuvo y dijo que estaba demasiado cansada para seguir y que todavía le costaba respirar hondo.

—¿Por qué no pruebas a dar unos saltos? —dije.

Ella dijo que no podía saltar porque estaba demasiado agotada.

—¿Por qué no pruebas a dar unos cuantos saltos? —repetí.

Terri empezó a dar saltos, a disgusto. No tardó en recobrar el aliento y siguió saltando con entusiasmo. Al cabo de otro minuto, dijo:

—Me pregunto si podría estar haciendo esto si tuviera un ataque al corazón…

—¡Bien dicho! —dije—. ¿Es esto lo que se suele ver en las salas de Urgencia de los hospitales? ¿Se suele ver a los pacientes con infarto agudo, de pie junto a sus camillas, dando saltos?

A Terri le dio de pronto la risa, en vista de lo cual le dije:

—Sigue saltando. ¡Estoy seguro de que vas a caer muerta en cualquier momento!

Entonces empezó a soltar tales carcajadas que se doblaba de risa. Le pregunté en qué medida creía ahora que estaba a punto de morir de un ataque al corazón.

—Mucho menos —exclamó ella—. ¡La verdad es que ya me siento muchísimo mejor!

Era la primera vez que Terri sentía algún alivio tras más de diez años de sufrimiento. Con el permiso de Terri, he mostrado la grabación en vídeo de esa sesión en seminarios que he dirigido en todo el país. Al principio de la grabación se ve a Terri sollozando, dominada por el pánico. Seis minutos más tarde, está riéndose y completamente libre de todo sentimiento de ansiedad o de depresión.

¿A qué se debió esta transformación espectacular del estado de ánimo de Terri? ¿Por qué se sintió mucho mejor de pronto? ¿Por qué desaparecieron sus sentimientos de pánico y de depresión?

Terri se sintió mejor desde el momento en que dijo: «Me pregunto si podría estar haciendo esto si tuviera un ataque al corazón…». Entonces se dio cuenta, de pronto, de que sus pensamientos dramáticos no podían ser válidos de ninguna manera, y sus sentimientos de pánico y de impotencia desaparecieron. Ésta es la idea básica de la terapia cognitiva: cuando usted cambia su manera de *pensar*, cambia su manera de *sentirse*.

Algunas personas lo entienden mal y llegan a la conclusión de que fue el ejercicio lo que curó a Terri y de que correr sería un buen tratamiento para la ansiedad y la depresión. Eso sería entenderlo todo al revés. El ejercicio sí que puede tener efectos beneficiosos, físicos y emocionales, pero la verdadera clave de la recuperación de Terri fue la técnica experimental.

Cuando las personas se recuperan por primera vez, pueden atribuirlo a algún factor externo, quizás a un cambio climático, a haber quedado con alguien para salir o a haber encontrado traba-

---

* Las personas que padecen ansiedad sí pueden desmayarse en algunas ocasiones. Por ejemplo, las que padecen fobia a la sangre o a las agujas pueden desmayarse porque el ritmo cardíaco se reduce y la tensión arterial cae cuando ven una aguja o sangre. Pero no tienen miedo al desmayo, sino a la aguja o a la sangre. El problema es completamente distinto.

jo. No siempre se dan cuenta de que su recuperación era consecuencia directa de las técnicas que aplicaban. Esto es problemático, porque si usted no sabe lo que le ha ayudado y de qué manera, será susceptible de sufrir recaídas. La próxima vez que esté angustiado o deprimido, volverá a sentirse igualmente impotente y desconcertado. Por el contrario, si sabe exactamente por qué y cómo superó su depresión o su ansiedad, podrá volver a aplicar el mismo método cuando se sienta trastornado en adelante. Así, no tendrá que sentir ansiedad o depresión nunca más.

Terri me preguntó qué debía hacer si tenía un ataque de pánico en su casa, entre sesión y sesión. Yo le expliqué que tendría que volver a saltar. Ella me preguntó:

—Pero ¿y si tengo un ataque de pánico mientras conduzco?

—Entonces, para el coche al lado de la carretera —dije— y sal para saltar.

Terri insistió en que no podía hacer eso de ninguna manera porque podrían verla los vecinos y se pensarían que estaba loca. Entonces, impulsivamente, salté de mi butaca, abrí la puerta de la consulta y salí a la sala de espera. Terri, desde su sitio, no veía más que una parte de la sala de espera, pero veía que yo estaba de pie en el centro de ésta. Entonces empecé a dar saltos y a hacer disparates, gritando: «¡Estoy loco! ¡Estoy pirado! ¡Estoy dando saltos! ¡Bieeeen!».

Después, volví a entrar en la consulta, cerré la puerta y me senté. Me volví hacia Terri y le pregunté con voz muy seria:

—¿Qué te ha parecido esto, Terri?

—Doctor Burns, si usted ha tenido el valor de hacer el tonto delante de todos sus pacientes, ¡eso me da el valor que necesito para hacer lo que tengo que hacer con tal de superar esto! —dijo atónita.

¡Lo que no sabía ella era que la sala de espera había estado completamente vacía en esos momentos!

Aquella sesión tuvo lugar en 1988. El verano pasado la llamé para pedirle permiso para seguir enseñando la cinta de su sesión en mis seminarios. Ella dijo que ojalá todas las personas con problemas de ansiedad de Estados Unidos tuvieran la oportunidad de verla. Todavía se sentía estupendamente y sólo había tenido un ataque de pánico desde aquella sesión. Se le había pasado enseguida cuando se puso a saltar. Me dijo, muy orgullosa, que después de tener a su quinto hijo, se había puesto a escribir y acababa de publicar su primera novela.

Muchos psicoterapeutas podían haber supuesto que el caso de Terri iba a ser difícil, ya que no había respondido a diversas medicaciones y había recibido mucha psicoterapia que no resultó eficaz. Sin embargo, cuando encontramos la técnica que daba resultado para ella, se recuperó en pocas sesiones. De hecho, estoy convencido de que si alguien hubiera enseñado a Terri a usar la técnica experimental diez años antes, cuando sufrió su primer ataque de pánico, se habría recuperado inmediatamente y no habría sufrido tanto tiempo.

Ahora que ya ha entendido cómo funciona la técnica experimental, voy a pedirle que haga de psiquiatra. Una mujer de 71 años llamada June acudió a mi consulta de Filadelfia, pues padecía agorafobia y ataques de pánico. June llevaba luchando contra estos problemas desde los 18 años y la habían tratado irregularmente con medicamentos y psicoterapia cincuenta y tres años. Ya hemos dicho que la agorafobia es el miedo a estar solos fuera de casa por temor a sufrir un ataque de pánico sin que haya nadie para ayudarnos. Algunas personas que padecen agorafobia acaban por no salir nunca de sus casas, pues les da miedo salir sin contar con un acompañante de confianza.

June venía a las sesiones desde Nueva York, donde su marido tenía una farmacia. Siempre la acompañaba una amiga íntima. June tenía mucha personalidad y era todo un personaje. Se presentaba vestida con trajes formales y adornada con mucha bisutería. Me dijo que era una persona verdaderamente sociable. Quería a la gente y la gente la quería a ella. Siempre era el centro de atención en las fiestas, casi como si fuera una humorista actuando. Todo el mundo se divertía mucho con ella. Pero no soportaba quedarse sola porque tenía miedo de volverse loca. Aunque no se había vuelto loca nunca, solía tener la sensación de que estaba a punto de perder el juicio.

¿Corría June algún peligro verdadero de perder el juicio? Las personas que sufren ataques de pánico no se vuelven locas en realidad. Sólo *se preocupan* por el miedo a volverse locas. Las personas verdaderamente psicóticas, como las que sufren esquizofrenia, no se preocupan por el miedo a volverse locas. Están convencidas de que están completamente cuerdas y creen que el FBI conspira contra ellas o las espía con aparatos electrónicos secretos. Dicho de otra manera, lo que creen es que todos los demás están locos. Así pues, sabemos que June no corre ningún peligro de perder el juicio por el hecho mismo de que se preocupa constantemente por ello.

Pero June cree que sus miedos son completamente realistas. ¿Qué experimento podría hacer para determinar si está a punto de perder el juicio y de volverse loca? Anote aquí sus ideas antes de seguir leyendo:

_____

_____

_____

_____

_____

Solución

Pregunté a June qué pasaría si acababa por perder el juicio y se volvía loca allí mismo, en mi despacho. ¿Qué aspecto tendría aquello? Me dijo que probablemente se tendería en el suelo, como una tortuga vuelta de espaldas, agitando los brazos y las piernas desenfrenadamente. Diría cosas inconexas, chillaría y balbuciría incoherencias. Después, se levantaría y daría vueltas sobre sí misma, cantando y bailando como un derviche en trance. Se daría de cabezazos en la pared, gritando a pleno pulmón.

Yo le dije:

—June, llevas cincuenta y tres años temiendo esto. Vamos a descubrir si tus sueños son realistas. Quiero que intentes llegar hasta allí.

Ella dio muestras de consternación y me preguntó qué quería decir.

Le dije:

—June, desde que tenías 18 años has estado pensando que podías perder la cabeza en cualquier momento, pero no lo has comprobado nunca. Quiero que intentes ahora mismo volverte loca. Puedes hacer todas las cosas que has descrito. Puedes tenderte de espaldas en el suelo, gritar y balbucir incoherencias. Prueba a ver si eres capaz de volverte loca intentándolo mucho. Así podremos averiguar de una vez por todas si tus miedos son realistas.

—¡De eso nada, monada! —dijo June.

Debatimos el asunto durante varios minutos. Yo insistí porque sabía que ella tenía aguante y que confiaba en mí. Por fin, dijo:

—Doctor, como veo que no voy a poder ganar esta discusión, he decidido seguir adelante y probar, pero con una condición.

—¡Concedida! —dije yo—. ¿Cuál es la condición?

—¡Que lo haga usted primero! —dijo ella.

Entonces me tendí de espaldas en la moqueta y empecé a agitar los brazos y las piernas como un loco mientras gritaba cosas incoherentes. Después, me levanté y me puse a girar sobre mí mismo como un derviche, cantando, chillando, moviendo las caderas y balbuciendo como un demente. Me di cabezazos contra la pared de la consulta y grité: «¡Estoy majareta! ¡Me estoy volviendo loco! ¡Tararí!».

De vez en cuando miraba a June por el rabillo del ojo para ver cómo reaccionaba. Al parecer, el espectáculo le estaba gustando.

Después de un par de minutos, volví a sentarme en mi butaca y dije: «¡Te toca!».

June se levantó de su sillón, se tendió con prudencia en la moqueta y se arregló meticulosamente el vestido. Después, extendió débilmente el brazo y la pierna derechos primero, el brazo y la pierna izquierdos después, y dijo con suavidad:

—Uuu, uuu.

—Eso no vale, June —dije yo—. Esto tienen que ser los Juegos Olímpicos de la psicosis. Tienes que esforzarte al máximo. Pon en ello toda tu alma. Ve por el oro. ¡Sé que puedes hacerlo!

Entonces, June se aplicó. Empezó a rodar por el suelo, agitando desenfrenadamente los brazos y las piernas y diciendo palabras sin sentido. Después, se levantó, recorrió la consulta girando sobre sí misma y se puso a darse cabezazos, gritando a todo pulmón.

Tenía la voz mucho más fuerte de lo que yo había esperado. De hecho, parecía una cantante de ópera en plena forma. Pensé entonces que mi consulta no estaba insonorizada y me pregunté qué pensarían mis colegas y mis pacientes de todos esos gritos y chillidos que sonaban en mi consulta.

June siguió así varios minutos hasta que por fin se quedó sin aliento y se sentó en su sillón. Le pregunté entonces:

—June, ¿cómo te encuentras?

—Doctor Burns —me dijo—, llevo cincuenta y tres años luchando por aferrarme a mi sano juicio, pensando que podía volverme loca en cualquier momento. ¡Ahora acabo de descubrir que *no puedo* volverme loca por mucho que lo intente! De hecho, *jamás* me había sentido tan controlada como me siento en este momento!

Le pedí que realizara de nuevo los test de depresión y de ansiedad. Sus puntuaciones fueron de 0, lo que indicaba que sus síntomas habían desaparecido por completo. De hecho, era la primera vez que sentía alivio durante más de medio siglo. Aquélla había sido nuestra cuarta sesión de terapia. Después volví a ver a June dos veces, y los miedos no le habían vuelto a aparecer. Me dijo que la agorafobia le había desaparecido por completo y que podía ir sola donde quisiera, de modo que dimos por terminado el tratamiento. Lamenté dejar de verla, pues había sido muy divertido trabajar con ella.

Aunque los métodos que apliqué con Terri y con June pueden parecer divertidos, no quiero quitar importancia al terror que sentían estas mujeres al principio. Nunca es fácil afrontar nuestros miedos, sobre todo si llevan atormentándonos años enteros o incluso decenios. Si usted no quiere realizar experimentos tan extremos como los que practicaron Terri y June, puede poner a prueba sus pensamientos negativos de maneras menos amenazadoras. Supongamos que cuando usted se marea, tiene a veces una sensación de pánico porque cree que está a punto de perder el juicio y se va a volver loco. Podría inducirse un ataque de pánico a base de girar sobre sí mismo en una butaca giratoria hasta que esté mareado. No obstante, podría optar por parar cuando sólo sienta pánico al 50% en vez de seguir adelante hasta tener un ataque de pánico pleno. Acto seguido, puede probar a hacer algo como contar hacia atrás desde 100 y de 7 en 7, en voz alta. Diría: «Cien, noventa y tres, ochenta y seis, setenta y nueve, setenta y dos», y así sucesivamente. Puede parecer bastante difícil hacer esto mientras sienta pánico, pero lo más probable es que descubra que es capaz de hacerlo.

Después, podría probar a llamar a Información para pedir el teléfono de alguna persona y tomar nota del mismo. También puede leer una frase de un libro e intentar resumirla en voz alta. Aunque quizá *sienta* que está perdiendo el juicio y que se está volviendo loco, descubrirá que es capaz de hacer estas cosas tan bien como siempre. Esto le demostrará que todavía puede funcionar normalmente, a pesar de tener la sensación de que está a punto de perder el juicio. Naturalmente, estos experimentos sólo darán resultado si usted cree que está a punto de volverse loco.

Desarrollé esta técnica a finales de la década de 1970, pero sólo ha cobrado popularidad en los últimos tiempos. Según los investigadores, aproximadamente un 80% de las personas que sufren ataques de ansiedad se recupera después de cinco a diez sesiones de terapia por el planteamiento de la exposición gradual que acabo de describir. Es un resultado notable si se tiene en cuenta el tiempo que llevan sufriendo la mayoría de las personas con este problema y a cuanta psicoterapia se han sometido sin resultado.

Sin embargo, el planteamiento que apliqué con Terri y con June se llama «inundación» porque la persona se inunda de una vez con la peor ansiedad posible. La inundación produce resultados más rápidos que la exposición gradual. De hecho, a veces basta con una sola sesión. Sin embargo, para practicar la inundación hace falta más valor. Tanto la inundación como la exposición gradual son eficaces, así que usted puede elegir la que más le atraiga.

La técnica de la encuesta

Los investigadores suelen realizar encuestas para conocer las opiniones de la gente sobre la política o sobre los productos de consumo. Usted puede aplicar el mismo planteamiento para poner a prueba sus pensamientos y sus actitudes negativas. Una psicóloga llamada Deborah sentía ansiedad por hablar en público, lo que le resultaba especialmente incómodo, dado que se ganaba la vida impartiendo seminarios para los profesionales de la salud mental. Aunque lo hacía bastante bien, teniendo en cuenta sus miedos, se sentía una farsante porque pensaba que una psicóloga debía estar bien.

Le propuse que al comienzo de su siguiente presentación preguntara cuántos psicólogos del público sufrían ansiedad al hablar en público. Se llevó una sorpresa y un gran alivio al ver que dos terceras partes de los presentes levantaban la mano.

Usted puede aplicar también la técnica de la encuesta para poner a prueba los pensamientos negativos que desencadenan los sentimientos de depresión. Al comienzo de las reuniones de un grupo de pacientes internos, en mi hospital, una mujer gravemente deprimida llamada Diane anunció que había decidido suicidarse. Explicó que llevaba quince años tratándose de un trastorno bipolar de ciclo rápido y que había tomado un medicamento tras otro, sin que nada la ayudara. De hecho, los médicos le hacían tomar cinco medicamentos a la vez la mayor parte del tiempo y, a pesar de ello, seguía sufriendo grandes cambios en su estado de ánimo. Aquélla era su octava hospitalización.

El trastorno bipolar de ciclo rápido es una de las formas más graves de enfermedad maníaco-depresiva y puede ser difícil de tratar. Los pacientes que padecen este trastorno atraviesan ciclos de depresión o de manía que se alternan varias veces al año. A pesar de su lucha contra la enfermedad, Diane estaba casada y tenía tres hijos. También se había establecido a tiempo parcial, al crear un servicio de diseño de páginas web que recibía muchos clientes.

Le pregunté si estaba decidida a suicidarse pasara lo que pasara o si estaba dispuesta a recibir ayuda. Dijo que estaba deseosa de recibir ayuda, si era posible, y que si había decidido suicidarse era sólo porque parecía la medida más lógica.

Diane se sentía intensamente deprimida, angustiada, avergonzada, inadecuada, desesperanzada, frustrada y airada, y anotó en su registro diario de estado de ánimo cuatro pensamientos negativos inquietantes:

1. Esta j_____ enfermedad me ha arruinado la vida.
2. No tengo solución. No mejoraré nunca.
3. Soy una carga para mi familia y para mis médicos.
4. Mis padres, mi marido, mis hijos y mis médicos estarían mejor si yo estuviera muerta.

Le pregunté con qué pensamiento quería trabajar primero. Ella eligió el cuarto: «Mis padres, mi marido, mis hijos y mis médicos estarían mejor si yo estuviera muerta». Después de probar con varias técnicas que no dieron resultado, decidí probar la técnica de la encuesta. Dije: «Diane, dices que tu familia y tus médicos estarían mejor si estuvieras muerta. Ya sé que esto puede parecer grotesco, pero ¿les has preguntado a ellos si quieren que te suicides?».

Diane reconoció que no había debatido el tema con ellos, pero que parecía evidente que era una carga y que estarían mejor sin ella. Yo le comenté que su marido iba a acudir aquel mismo día para mantener una reunión familiar con la trabajadora social y que podía valer la pena preguntárselo a él, ya que quizás ella estuviera saltando a unas conclusiones que no estaban justificadas por los hechos. Dije que, dado que su familia no estaba presente en esta reunión de grupo, al menos podía preguntar a los demás pacientes qué opinaban. ¿Creían ellos que sus padres, sus hijos y su marido estarían mejor si ella se quitaba la vida?

Diane protestó, alegando que lo más probable sería que las personas del grupo no fueran sinceras con ella. Yo le propuse que preguntase a algunos su opinión y que después ella y yo les haríamos diversas preguntas para determinar si eran sinceros o si se estaban limitando a decirle lo que quería oír.

Diane se dirigió a la joven que estaba sentada a mi lado y le dijo:

—Martha, ¿crees que mi familia estaría mejor si yo me suicidara?

—Debes de estar loca, Diane. No sabes lo que dices. Mi hermano menor se suicidó hace cinco años. Estaba en el dormitorio contiguo al mío. Oí un disparo y me lo encontré con una pistola a su lado y con un tiro en la cabeza.

Martha, sollozando, contó lo destrozados que se sentían todavía sus padres y ella.

—¿Que si mi hermano pequeño era una carga? Claro que lo era —añadió—. Llevaba deprimido varios años y a veces podía resultar inaguantable. ¿Que si queríamos que se matara? ¡Jamás! Le queríamos y deseábamos que viviera. La carga de su depresión no era *nada* comparada con la de su muerte. Pienso en él todos los días y siempre se me parte el corazón. No creo que llegue a superarlo *nunca*. Tu familia también te quiere y, si te matases, se quedarían destrozados. Jamás superarían tu pérdida.

Yo pregunté:

—Diane, ¿crees que Martha te está diciendo la verdad o que te está mintiendo?

Diane dijo que parecía que Martha decía la verdad.

Observé que una de las enfermeras presentes, llamada Erika, también tenía lágrimas en los ojos.

—Diane, ¿por qué no se lo preguntas a Erika? —dije.

Diane se dirigió a ella y le preguntó:

—¿Qué opinas? ¿Crees que debo suicidarme? ¿Estaría mejor mi familia si yo estuviera muerta?

Erika se echó a llorar y contó el suicidio de su hijo, hacía veinte años. Dijo que el sentimiento insoportable de dolor no se había aliviado nunca, que pensaba en él constantemente y que daría cualquier cosa por volver a tener a su hijo.

Diane pidió su opinión a diversos miembros del grupo, uno tras otro. Todos dijeron lo mismo. Muchos tenían amigos o familiares que se habían suicidado. Todos describieron sentimientos intensos de culpa, de vergüenza y de pérdida. Algunos agradecieron a Diane que hubiera sido tan abierta y le dijeron que les había hecho más fácil hablar de sus propios sentimientos de desesperanza y de falta de valor.

Pregunté a Diane en qué medida creía ahora en el pensamiento negativo: «Mis padres, mi marido, mis hijos y mis médicos estarían mejor si yo estuviera muerta». Ella dijo que su creencia en él había caído al 0%. De hecho, le parecía que era una idea tan irracional que no tenía idea de cómo había podido creérsela en un primer momento. Preguntó cómo podría hablar de sus otros pensamientos negativos, sobre todo el de «Esta j_____ enfermedad me ha arruinado la vida» y el de «Soy una carga para mi familia y para mis médicos».

Le dije que ella y yo podíamos representar los papeles de las dos voces que debatían dentro de su cabeza. Ella representaría el papel de sus pensamientos negativos, atacándome, y yo representaría el papel de sus pensamientos positivos. Esta técnica se llama externalización de voces y aprenderá más acerca de ella en el capítulo 15. El diálogo transcurrió así:

PENSAMIENTOS NEGATIVOS (*representados por Diane*): Tienes que afrontar los hechos, Diane. Esta j_____ enfermedad te ha arruinado la vida.

PENSAMIENTOS POSITIVOS (*representados por David*): Eso parece un caso de pensamiento todo o nada. No cabe duda de que esta enfermedad ha sido una verdadera lata, pero he conseguido muchas cosas a pesar de ella. He sido buena esposa y buena madre, y he criado a tres hijos maravillosos que me quieren mucho. También he tenido éxito con mi empresa de diseño de páginas web a pesar de mis alteraciones del estado de ánimo. Estoy orgullosa de lo que he conseguido.

PENSAMIENTOS NEGATIVOS: Bueno, eso puede ser verdad, pero has estado hospitalizada ocho veces en los últimos quince años. Eso demuestra que eres una carga para tus padres, para tu marido, para tus hijos y para tus médicos.

PENSAMIENTOS POSITIVOS: Tienes razón en eso, ¿sabes? Es cierto que tengo una enfermedad maníaco-depresiva, y a veces sí que soy una carga. Pero ¿sabes una cosa? Yo no tengo esta enfermedad por voluntad propia, de modo que si Dios quiere que yo sea una carga, que así sea. Lo aceptaré. ¡Y voy a ser la mejor carga posible!

Esta respuesta hizo sonreír a Diane, que preguntó:

—¿Estás diciendo que no importa ser una carga?

—¡Decididamente! —respondí—. Y ése es tu destino ahora mismo; acéptalo. Desde luego que no es culpa tuya. Tu problema no es el hecho de que seas una carga, sino el hecho de que no dejas de reñirte y castigarte a ti misma, ni de decirte que no deberías ser una carga. La verdad es que todos somos una carga a veces. Es propio del ser humano.

Diane dijo que se le había encendido una bombilla. No había considerado nunca la idea de que podía limitarse a aceptar sin más el hecho de que tenía una enfermedad maníaco-depresiva y que a veces tenía derecho a ser una carga. ¡Paradójicamente, desde el momento en que Diane aceptó que era una carga, dejó de serlo!

A mí también me pareció interesante el hecho de que la enfermedad maníaco-depresiva no era la verdadera causa del sufrimiento de Diane. Si bien se considera que este trastorno es de carácter biológico, el sufrimiento de Diane era consecuencia, en realidad, de sus pensamientos negativos distorsionados. Cuando Diane desmintió esos pensamientos, su depresión se desvaneció.

La técnica de la encuesta es un buen método para probarlo cuando en sus pensamientos negativos interviene la lectura del pensamiento, es decir, cuando salta a conclusiones sobre lo que piensan o sienten las demás personas acerca de usted. Entonces, usted puede sentirse angustiado o deprimido y dar por supuesto que la otra persona está verdaderamente molesta con usted. Naturalmente, a veces sí que existe un verdadero conflicto y quizá deba hablar con la otra persona para despejar el ambiente. Pero otras veces el problema sólo existe en su cabeza. En vez de hacer suposiciones sobre cómo piensa y cómo se siente la otra persona, puede preguntárselo y enterarse. Esta técnica, a pesar de lo sencilla que parece, puede resultar notablemente útil en algunas ocasiones.

La reatribución

La autoinculpación y el razonamiento emocional son dos de las distorsiones cognitivas más comunes y más dolorosas. Cuando usted está deprimido y angustiado, puede culparse a sí mismo de problemas de los que en realidad no es responsable. Sin embargo se dice a sí mismo: «Me siento culpable; por lo tanto, debo de tener la culpa». A veces, el problema no es tanto que usted tenga la culpa, sino que se está culpando a sí mismo. Al aplicar la reatribución, usted identifica todos los factores que contribuyeron a un problema para poder desarrollar una perspectiva más realista. Después, puede concentrarse en resolver el problema en vez de agotar toda su energía en reñirse y castigarse a sí mismo y en hacerse desgraciado.

Un joven llamado Jason tenía problemas con la timidez. Aunque era apuesto y atractivo, se quedaba paralizado cuando se encontraba cerca de mujeres interesantes. Un sábado por la mañana estaba en la cola del supermercado y vio que la cajera era una mujer atractiva. Le pareció que le sonreía. Jason se dijo que estaría estupendo coquetear con ella cuando le llegara el turno. Pero se sentía tan incómodo que no hizo otra cosa que mirar nerviosamente el mostrador mientras pagaba, sin decirle ni una sola palabra y sin mirarla a los ojos siquiera. Salió de la tienda sintiéndose frustrado y humillado. Después me dijo que ese tipo de cosas le pasaban constantemente.

Cuando Jason estaba en la cola, pensó: «Si intento coquetear con ella, lo más probable es que me dé un corte. Eso demostraría que soy un fracasado». En este pensamiento se contiene casi el conjunto completo de las diez distorsiones cognitivas, pero es un ejemplo clásico de autoinculpación, porque Jason se dispone a hacerse trizas si la mujer no reacciona positivamente a sus intentos de coquetear con ella. ¿Cómo puede aplicar Jason la reatribución para replantearse este pensamiento?

Voy a ser un poco más concreto. Jason se está diciendo a sí mismo que si intenta coquetear con ella y le da un corte, eso demostrará que él es un fracasado. ¿Se le ocurren a usted algunos otros motivos por los que una joven que está en la caja de un supermercado podría no responder con entusiasmo a un cliente que coquetea con ella? Anote varias explicaciones posibles antes de seguir leyendo:

1. _____
2. _____
3. _____
4. _____
5. _____

Solución

Existen muchas explicaciones posibles. Por ejemplo:

- Puede que esté casada.
- Puede que tenga novio
- Puede que sea lesbiana.
- Puede que esté de mal humor.
- Es posible que los clientes intenten coquetear con ella constantemente y a ella le resulte una molestia.
- Es posible que haya una cola larga de clientes que esperan turno ante la caja.
- Puede que las normas de la empresa le prohíban entablar conversación con los clientes.
- Puede que sea tímida o se sienta insegura.
- Quizá Jason no sea su tipo. Es posible que prefiera a los hombres de un aspecto determinado o mayores.
- Puede que Jason parezca incómodo o muy necesitado de cariño.

Además, es posible que Jason no domine bien el arte del coqueteo. Esto tampoco querría decir que es «un fracasado»; lo único que quiere decir es que le falta experiencia y necesita algo más de práctica.

El objetivo de la reatribución no es racionalizar los fracasos, sino poner las cosas en una perspectiva más realista. Una mujer llamada Clarisse, que había roto con un hombre con el que había estado saliendo varias semanas, se quedó angustiada y deprimida, pues se decía a sí misma: «Todo ha sido culpa mía. Siempre me pasa esto. Siempre estaré sola». Después de mantener una conversación sincera con una amiga, Clarisse empezó a pensar en su problema de manera distinta. Se decía: «No ha sido culpa mía, después de todo. ¡Paul es un desgraciado total! ¡Yo me merezco a alguien mejor!».

Esta aplicación de la reatribución es errónea, pues lo único que ha hecho Clarisse ha sido trasladar del esquema mental del «Yo no soy buena» al de «Tú no eres bueno». En vez de culparse a sí misma, culpa al hombre que rompió con ella. Ahora se sentirá airada y resentida, en vez de angustiada y culpable.

Más que culpar a Paul o a sí misma, Clarisse podría procurar detectar los motivos por los que su relación de pareja se acabó para poder aprender de la situación y madurar. ¿Es que elige a hombres interesantes pero narcisistas? ¿Se aferra a ellos demasiado y demasiado pronto, ahuyentándolos por su necesidad de cariño? ¿Le fue infiel con otro hombre? ¿Le resultaba difícil prestar atención a Paul o se ponía a la defensiva cuando él la criticaba o cuando intentaba hablar con ella de las dificultades de su relación? ¿Tenían valores o intereses diferentes? ¿Tendrá que aceptar, sin más, el hecho de que no había una química adecuada entre los dos? Este tipo de información puede ayudarle a tener mejores relaciones de pareja en el futuro.

En este capítulo, el lector ha aprendido cuatro técnicas basadas en la verdad que pueden ayudarle a vencer los pensamientos que desencadenan la depresión y la ansiedad: la técnica de examinar las pruebas, la técnica experimental, la técnica de la encuesta y la reatribución. Algunas personas han preguntado si deben probar una sola técnica basada en la verdad y pasar a otro tipo de técnica si ésta no funciona. No necesariamente. Por ejemplo, la técnica de examinar las pruebas no sirvió a Terri. Si bien ella reconocía que no había ninguna prueba tangible de que estuviera a punto de ahogarse o de morir de un ataque cardíaco, seguía creyéndolo de manera visceral. Cuando aplicó la técnica experimental y se puso a saltar, se dio cuenta de pronto de que sus pensamientos negativos eran completamente absurdos. En aquel momento, su ansiedad y su depresión se desvanecieron. En suma, ¡cuantas más técnicas pruebe, antes encontrará la que le da resultado!

12

Técnicas lógicas y semánticas

Probablemente haya advertido usted que, cuando está angustiado o deprimido, tiene tendencia a criticarse a sí mismo en términos extremos. Puede que se diga que es un fracasado o que se empeñe en que no debería sentirse tan angustiado y tan inseguro. Si examina los términos que utiliza, casi siempre verá que está pensando en sí mismo de manera dura e ilógica. Las técnicas lógicas y semánticas pueden ayudarle a cambiar esos mensajes negativos de manera que pueda empezar a hablarse a sí mismo de una manera más compasiva y realista.

Pensar en términos matizados

El pensamiento todo o nada puede provocar ansiedad por la actuación porque usted piensa que toda su actuación tiene que ser fabulosa, pues de lo contrario no valdría nada. Esta manera de pensar no tiene mucho de realista, ya que en la mayoría de los casos su actuación estaría en algún lugar entre los dos extremos. Puede reducir mucho la presión si opta por evaluarse a sí mismo en términos matizados o grises, en vez de verlo todo o blanco o negro.

Cuando yo estaba empezando a estudiar la terapia cognitiva, impartí un seminario con un colega, el doctor Aaron Beck, en la reunión anual de la Asociación para el Progreso de la Terapia Conductista. El seminario no estuvo mal, pero tampoco fue tan bien como esperaba. El doctor Beck me notó molesto y me preguntó qué me pasaba. Por entonces, yo todavía era muy perfeccionista. Le dije que me sentía desanimado porque me parecía que nuestro seminario había sido inferior a la media en cuanto a resultados.

Él me dijo: «Bueno, David, ¡podemos agradecérselo a nuestra buena suerte! Recuerda que la media es el punto medio. Por definición, la mitad de nuestras presentaciones serán inferiores a la media y la mitad serán superiores. Así que es una suerte que nos hayamos quitado de en medio ésta. ¡Podemos esperar que la próxima será estupenda!». Esto representó un alivio enorme para mí, pues empecé a comprender que no tenía la obligación de ser perfecto constantemente y que siempre se podría mejorar.

En el capítulo anterior leyó usted el caso de un joven llamado Jason que tuvo que debatirse con sus sentimientos de timidez cuando vio a una mujer atractiva en la caja del supermercado. Aunque le pareció que le sonreía, se sentía tan incómodo y nervioso que salió del supermercado sin haberle dicho nada y sin haberle devuelto siquiera la sonrisa. En la página 152 se puede ver el registro diario de estado de ánimo de Jason. El suceso trastornador fue «Estar en la cola del supermercado».

REGISTRO DIARIO DE ESTADO DE ÁNIMO DE JASON

Suceso trastornador: Estar en la cola del supermercado.

Emociones	% antes	% después		Emociones	% antes	% después
Triste melancólico, deprimido, decaído, infeliz	80%			**Turbado** tonto, humillado, apurado	100%	
Angustiado preocupado, con pánico, nervioso, asustado	100%			**Desesperanzado** desanimado, pesimista, descorazonado	90%	
Culpable con remordimientos, malo, avergonzado	95%			**Frustrado** atascado, chasqueado, derrotado	90%	
Inferior sin valor, inadecuado, deficiente, incompetente	95%			**Airado** enfadado, resentido, molesto, irritado, trastornado, furioso	90%	
Solitario no querido, no deseado, rechazado, solo, abandonado	75%			**Otras (describir)**		

Pensamientos negativos	% antes	% después	Distorsiones	Pensamientos positivos	% creencia
1. No tengo nada interesante que decir.	100%				
2. Nunca tengo éxito con las chicas verdaderamente guapas.	100%				
3. Aunque consiga entablar una buena conversación con ella, ahora mismo no tengo tiempo de mantener una relación.	100%				
4. Será mejor que me quede callado, pues podría decir alguna tontería y molestarla.	100%				
5. Si intento coquetear con ella, la gente se pensará que soy un repelente egocéntrico.	100%				
6. *No debería* ser tan llamativo y escandaloso. La gente me apreciará más si soy humilde y callado.	100%				
7. No tengo personalidad.	100%				
8. *Debo de* ser una persona terrible porque me preocupan las cosas superficiales tales como el éxito y el aspecto externo.	100%				
9. Si intento coquetear con ella, seguramente me dará un corte.	100%				
10. Así se demostraría lo fracasado que soy.	100%				

DISTORSIONES DE JASON

Distorsión	(✓)	Explicación
1. Pensamiento todo o nada	✓	Jason piensa en la situación en términos extremos, o blanco o negro. Cree que no tiene nada que ofrecer y que si intenta coquetear con ella tendrá un éxito tremendo o un fracaso absoluto. Cree también que si consigue una cita con ella, su vida estará completa, pero que si ella no está interesada, eso demostrará que él es un fracasado total. ¡No es de extrañar que sienta tanta presión!
2. Generalización excesiva	✓	Jason cree que si una persona le toma por un asqueroso, todo el mundo pensará lo mismo. Así, toda desaprobación parece enormemente amenazadora.
3. Filtro mental	✓	Jason da vueltas a lo angustiado y a lo apurado que se siente y por eso dice que no tiene personalidad.
4. Descartar lo positivo	✓	Jason descarta sus buenas cualidades. Es relativamente atractivo e inteligente y no tiene ningún motivo para creer que parecerá tonto o que le darán un corte si coquetea con alguien que le atrae. Tampoco tiene en cuenta el hecho de que, al parecer, ella le está sonriendo.
5. Saltar a conclusiones • Lectura del pensamiento • Adivinación del porvenir	✓	Jason no tiene ninguna prueba de que le vayan a dar un corte ni de que todos los presentes en el supermercado le despreciarán si intenta coquetear con ella. ¿Se quedarán consternados de verdad si él sonríe y saluda a la mujer que está en la caja? ¿Le admirarán en secreto si reprime sus sentimientos y se comporta como un monje?
6. Magnificación o minimización	✓	Jason magnifica su importancia. ¿Le interesa tanto a la gente que está en la cola lo que hace?
7. Razonamiento emocional	✓	Tiene la *sensación* de que le darán un corte y cree, por lo tanto, que se lo *darán*. Se *siente* como un asqueroso egocéntrico y, por tanto, piensa que lo *es* de verdad.
8. Afirmaciones del tipo «Debería»	✓	Jason piensa que debería ser siempre callado y humilde y que nunca debe parecer tonto ni recibir un corte.
9. Poner etiquetas	✓	Jason se pone la etiqueta de «asqueroso egocéntrico».
10. Inculpación • Autoinculpación • Inculpación de los demás	✓	Jason piensa que si esta chica lo rechaza, eso significa que hay algo malo en él. De hecho, aunque fuera muy atractivo y encantador, todavía podía suceder que a ella no le interesara.

Jason se sentía triste, angustiado, culpable, avergonzado, inadecuado, solo, humillado, desanimado, frustrado y airado consigo mismo. Si usted se ha sentido avergonzado alguna vez, lo más probable es que pueda identificarse con este tipo de sentimientos. Las altas puntuaciones de la columna de «% antes» indicaban que todos esos sentimientos eran bastante intensos.

Jason anotó los pensamientos que le pasaron por la mente mientras estaba en la cola. Todos le parecían completamente válidos, por lo que valoró su grado de creencia en ellos en un 100% en todos los casos. Señale aquí las distorsiones que encuentra usted en sus pensamientos. Puede consultar las definiciones de las distorsiones de la página 75 si lo necesita.

Distorsión	(✓)	Distorsión	(✓)
1. Pensamiento todo o nada		6. Magnificación o minimización	
2. Generalización excesiva		7. Razonamiento emocional	
3. Filtro mental		8. Afirmaciones del tipo «Debería»	
4. Descartar lo positivo		9. Poner etiquetas	
5. Saltar a conclusiones • Lectura del pensamiento • Adivinación del porvenir		10. Inculpación • Autoinculpación • Inculpación de los demás	

Solución

Jason y yo identificamos en sus pensamientos las diez distorsiones.

Veamos si podemos ayudar en algo a Jason. Su primer pensamiento negativo es éste: «No tengo nada interesante que decir». Este pensamiento contiene muchas distorsiones, pero es un ejemplo clásico del pensamiento todo o nada. Jason se dice a sí mismo que se producirá uno de dos posibles resultados extremos: o bien dirá algo ingeniosísimo que tirará de espaldas a la mujer o bien quedará como un completo idiota.

Este esquema mental le dificulta bastante la tarea. En primer lugar, no tiene gran experiencia, por lo que está claro que no va a tirar de espaldas a la mujer con lo que le diga. Y está convencido de que si intenta coquetear con ella, todas las demás personas que están en la cola pensarán que es un indeseable. De manera que, pase lo que pase, tendrá que pagar un precio muy alto. Con su pensamiento todo o nada se ha encerrado en un callejón sin salida, y es fácil comprender por qué se siente atascado. ¿Cómo puede rebatir su primer pensamiento negativo, «No tengo nada interesante que decir», por medio de la técnica de pensar en términos matizados?

Recuerde que cuando aplique esta técnica usted deja de evaluarse a sí mismo o sus circunstancias en términos extremos, de todo blanco o negro. En vez de ello, se evalúa a sí mismo o la situación en términos matizados de una escala de grises, en algún lugar entre el 0% (fracaso absoluto) y el 100% (éxito total). Jason opina que debería tener algo interesantísimo que decir a la cajera. Naturalmente, este pensamiento le dejará la mente en blanco porque le somete a una presión terrible en cuanto a su actuación. ¿Existe algún otro mensaje que se pudiera transmitir a sí mismo para aliviar en parte la presión que siente? Escriba a continuación sus ideas antes de seguir leyendo:

Solución

Jason llegó a la conclusión de que podía decirse a sí mismo: «Lo más probable es que no tenga por qué decir nada ingeniosísimo ni interesante. Podía empezar por sonreír y decir "Hola", y eso sería un primer paso muy bueno». Como puede apreciarse en la columna de «% creencia», creyó en este pensamiento al 100% y su creencia en el pensamiento negativo bajó al 25%.

¿Recuerda cuáles son las condiciones necesaria y suficiente para el cambio emocional? El pensamiento positivo tiene que ser cierto al 100% (condición necesaria) y tiene que desmentir el pensamiento negativo (condición suficiente). Jason dijo que este pensamiento positivo le aliviaba la presión a la que se sometía, porque no tendría que esforzarse con tanto ahínco.

Pensamientos negativos	% antes	% después	Distorsiones	Pensamientos positivos	% creencia
1. No tengo nada que decir	100%	25%	PTN, GE, FM, DP, LP, MIN, RE, ATD, AI	1. Lo más probable es que no tenga por qué decir nada ingeniosísimo ni interesante. Podía empezar por sonreír y decir «Hola», y eso sería un primer paso muy bueno.	100%

Proceso contra resultado

Usted puede evaluar su actuación basándose en el proceso (en el esfuerzo que hace usted) o en el resultado. Ambas medidas son importantes. Sin embargo, aunque puede controlar su grado de preparación y su trabajo, el resultado no siempre es controlable.

Por ejemplo, su nota en un examen importante puede depender del tipo de preguntas que formula el profesor, de lo bien que lo hacen los demás estudiantes y del nivel de exigencia del profesor. También puede tener su importancia el estado de ánimo del profesor o profesora al corregir su examen. Usted no puede controlar ninguno de estos factores.

Por el contrario, sí que puede controlar el grado de esfuerzo que dedica a prepararse. Por ejemplo, puede asistir a todas las clases, tomar buenos apuntes y preguntar al profesor todas las dudas que tenga. También puede hacer bien y con cuidado todos los ejercicios y trabajos y estudiar cuidadosamente para el examen. Si hace todas estas cosas, se puede poner un sobresaliente en cuanto a su trabajo, pero tendrá que esperar que pase lo que tenga que pasar en lo que se refiere al resultado.

¿Cómo podría aplicar Jason la técnica del proceso contra el resultado para rebatir su noveno pensamiento negativo: «Si intento coquetear con ella, seguramente me dará un corte»? Anote aquí sus ideas antes de seguir leyendo:

_____

_____

_____

_____

_____

Solución

Jason podría recordarse a sí mismo que puede controlar sus actos, pero que el resultado está fuera de su control. Si sonríe a la mujer y le dice «Hola», ya puede ponerse un sobresaliente en esta tarea con independencia de cómo reaccione ella, pues habrá dado ese primer paso fundamental para salir de la cárcel en la que lleva recluido tanto tiempo.

La técnica del proceso contra el resultado me ha resultado útil en muchas ocasiones. Como psiquiatra, a veces tengo que afrontar situaciones difíciles y estresantes que parecen estar fuera de mi control. Por ejemplo, en cierta ocasión traté a una mujer gravemente deprimida, llamada Rachel, a la que habían diagnosticado un trastorno límite de la personalidad. Ésta es una forma de depresión dificilísima, con mucha manipulación y conducta autodestructiva. Rachel era turbulenta, impulsiva y no cooperativa. La habían tratado muchos psicoterapeutas y había tenido varios intentos de suicidio graves.

Poco después de que empezásemos a trabajar juntos, Rachel me anunció en son de desafío que pensaba suicidarse en cuanto terminase la sesión. Yo le expliqué que el pronóstico de mejoría era positivo y que estaba seguro de que podría mejorar mucho si seguía con el tratamiento. También le dije que me preocupaba por ella y que mi obligación ética y legal era evitar que intentara suicidarse.

Rachel se empeñó en que yo _no podía_ impedírselo. De pronto, se levantó de su sillón y corrió hacia la puerta. Conseguí interponerme entre la puerta y ella y procuré sujetarla mientras ella gritaba y forcejeaba intentando huir. La cogí de una muñeca y tomé el teléfono con la otra mano para llamar a Urgencias.

Al cabo de un par de minutos se presentaron dos agentes de policía y les expliqué lo que pasaba. Preguntaron a Rachel si tenía intención de suicidarse. Ella dijo que sí. Se la llevaron retenida y me dijaron que se pondrían en contacto con su familia y que se ocuparían de que Rachel fuera hospitalizada si no retiraba sus amenazas. Mientras se la llevaban a la fuerza de mi consulta, ella gritaba obscenidades y decía que yo era el peor y más estúpido loquero de todo el mundo y que me odiaba.

Me sentía culpable y enormemente desilusionado, y comprendí que lo más probable era que no volviera a verla nunca. Me sentí fracasado en vista de que el resultado de mi tratamiento no había parecido demasiado impresionante. Con todo, al evaluar mi actuación concreta, no apreciaba ningún error en todo lo que había hecho. Decidí decirme que había hecho un buen trabajo en una situación difícil, a pesar de que no hubiera salido precisamente como yo quería. Me recordé que quizá le hubiera salvado la vida.

A lo largo de los años siguientes me acordé de Rachel de vez en cuando. A veces me decía: «Bueno, con esa paciente sí que metí la pata hasta el fondo». Después me decía: «¿De qué manera metí la pata? ¿Qué hice mal? ¿Debí hacer algo de otra manera?». Cuando miraba la situación de manera objetiva, me parecía que había hecho lo correcto, a pesar de que el resultado pareciera tan desalentador.

Cinco años más tarde recibí una llamada del director del National Institute of Mental Health. Me preguntó: «¿Trató usted a una joven llamada Rachel Clark?».

El corazón empezó a palpitarme con fuerza y se apoderó de mí la ansiedad. Pensé: «Seguro que ha presentado una queja ante el Colegio de Psicólogos o me ha denunciado por negligencia. Lo más probable es que ahora me estén llamando para soltarme una bronca por lo mal que lo hice». Reconocí con humildad que sí había trabajado con ella algunos años atrás, «aunque sólo unas cuantas sesiones».

Él me preguntó qué métodos de tratamiento había usado.

Yo le expliqué que habíamos empezado a aplicar técnicas de terapia cognitiva para que se opusiera a sus pensamientos negativos, pero que cuando le dije que tendría que hacer tareas de psicoterapia entre sesión y sesión, ella se enfadó y amenazó con suicidarse. En consecuencia, habían tenido que hospitalizarla y no volvió nunca para completar la terapia. Acto seguido, le pregunté por qué me llamaba.

Lo que me dijo entonces me sorprendió. Me explicó que la noche que Rachel se había marchado de mi consulta la habían hospitalizado en Washington, D. C., cerca de la casa de sus padres. Desde entonces la habían tratado ocho psiquiatras, pero ninguno había conseguido conectar con ella, de modo que habían recurrido a él. ¡Rachel le había dicho que el único psiquiatra que la había ayudado había sido yo y él me llamaba para enterarse de qué había hecho!

Hasta la fecha, no tengo claro qué había hecho. Quizá fue porque la traté con cariño firme o porque me había negado a aceptar su creencia de que era un caso perdido y sin valor. Creo que, en realidad, aquel día se puso furiosa porque yo la estaba obligando a que fuera responsable por primera vez. Estaba muy claro que su recuperación no llegaría más que con el trabajo de equipo y que si quería trabajar conmigo tendría que hacer tareas de psicoterapia por su cuenta, entre sesión y sesión. *Ése* fue el momento en que estalló.

Si yo hubiera evaluado mi actuación basándome en el hecho de que se la había tenido que llevar la policía de mi consulta a la fuerza, mientras ella pataleaba y gritaba obscenidades y amenazaba con suicidarse, habría llegado a la conclusión de que había fracasado miserablemente. Sin embargo, los mensajes que transmití aquel día a Rachel habían sido los que ella tenía que oír y mis actos le salvaron la vida, probablemente.

El método semántico

Cuando se aplica el método semántico, no se hace más que sustituir las palabras dolorosas y cargadas de tintes emocionales que se utilizan cuando uno se siente trastornado por otras palabras más suaves y delicadas. Quizás haya advertido usted que, cuando está angustiado o deprimido, se riñe a sí mismo a base de «Debes», «Debería», «Tienes que» y «Tendría que». Unas veces dirige las afirmaciones del tipo «Debería» hacia sí mismo y otras veces las dirige hacia las demás personas o hacia el mundo en general. Las afirmaciones del tipo «Debería» dirigidas a sí mismo provocan sentimientos de depresión, ansiedad, inferioridad, culpa y vergüenza. Por ejemplo, si tiene sentimientos de timidez y de inseguridad, quizá se sienta avergonzado e inferior porque se dice a sí mismo: «¿Qué me pasa? ¡*No debería* sentirme tan nervioso y tan inseguro!». Si está haciendo dieta pero la rompe y se da un atracón, puede decirse a sí mismo: «*No debería* haberme comido medio kilo de tarta helada. ¡Soy un cerdo gordinflón! Soy incapaz de controlarme». Si ha estado teniendo sentimientos de inferioridad o de falta de valor, puede que se diga a sí mismo que no es tan bueno como los demás, o que no es tan bueno como usted cree que *debería* ser.

Las afirmaciones del tipo «Debería» dirigidas a los demás provocan sentimientos de resentimiento y de ira. Por ejemplo, si usted está molesto con un amigo, puede que piense: «¡Es un repelente! ¡No tiene derecho a tratarme así!». Esto es lo que se llama una afirmación del tipo «Debería» oculta, porque el *debería* queda implícito. Lo que está diciendo usted es: «¡Él *no debería* ser así!». Si usted se llena de ira cuando otro conductor le corta el paso en la autopista, puede decirse a sí mismo algo como: «¡Qué agresivo es ese sinvergüenza!». Ésta es también una afirmación del tipo «Debería» oculta. Lo que está diciendo usted es que el otro conductor *no debería* ser tan temerario y agresivo. También es un ejemplo de poner etiquetas porque usted está juzgando todo el carácter de la otra persona en función de su manera de conducir. Las afirmaciones del tipo «Debería» suelen acompañar el hecho de poner etiquetas. El método semántico puede resultar útil para resolver ambas distorsiones.

Cuando usted dirige las afirmaciones del tipo «Debería» sobre el mundo en general, siente frustración. Por ejemplo, si se ha estado entrenando para correr en una maratón pero dos días antes de la carrera se tuerce un tobillo, puede sentirse frustrado porque se dice a sí mismo: «¡Es una injusticia!». Ésta es una afirmación del tipo «Debería» oculta porque está dando a entender que las cosas deberían ser siempre tal como espera. También es un ejemplo de poner etiquetas porque torcerse un tobillo es «una desventura», pero no «una injusticia». Al fin y al cabo, si usted pisó una piedra y se torció el tobillo, la piedra no estaba siendo «injusta». Cuando usted la pisó, estaba allí tan tranquila en el camino, sin meterse con nadie.

Puede resultar muy difícil liberarse de las afirmaciones del tipo «Debería» porque son adictivas y hacen que usted se sienta superior moralmente. Además, puede pensar que cuando las cosas no van como quisiera, puede pasar algo bueno si protesta con la fuerza suficiente. Por ejemplo, puede creer que si cada vez que no alcanza sus objetivos usted se riñe, se castiga a sí mismo y se obliga a sentirse desgraciado, acabará por conseguir cosas fantásticas.

Muchos psiquiatras y psicólogos famosos (entre ellos Sigmund Freud) han intentado ayudar a las personas a superar esta tendencia a castigarse a sí mismas y a los demás. La doctora Karen Horney, psiquiatra feminista de la década de 1950, saltó a la fama cuando escribió acerca de «la tiranía de los "debería"». El doctor Albert Ellis, célebre psicólogo de Nueva York, también cree que la mayor parte de los sufrimientos emocionales se deben a los «debería» y a las exigencias absolutistas que tenemos sobre nosotros mismos y sobre los demás. Llama a esta tendencia *musturbation*.*

Para aplicar el método semántico, usted se limita a sustituir los términos que utiliza al pensar en sí mismo y en sus problemas por otros menos cargados de tintes emocionales. Por ejemplo, en vez de decirse a sí mismo: «*No debería* ser tan tímido», puede decirse: «Sería *preferible* que no fuera tan tímido». En vez de decirse: «*No debería* haber cometido ese error», puede decirse: «Sería estupendo que no hubiera cometido ese error, pero soy un ser humano y por eso cometo errores de vez en cuando. Quizás esta situación pueda enseñarme algo». Como verá, la técnica es bastante sencilla. En vez de decirse a sí mismo: «*Debería haber* hecho X» o: «*No debería haber* hecho Y», sustituya estos términos por otros del tipo: «Sería preferible que hubiera hecho X» o «que no hubiera hecho Y». Aunque estas modificaciones semánticas parezcan pequeñas, pueden ejercer un impacto enorme sobre el modo en que se siente usted.

---

* *Musturbation*: palabra inventada a partir de *masturbation* (masturbación) y *must* (deber, obligación). (*N. del t.*)

Las afirmaciones del tipo «Debería» no siempre son irracionales ni contraproducentes. Podemos considerar tres tipos de afirmaciones del tipo «Debería» que son válidas: las morales, las jurídicas y las que expresan leyes universales. Es válido decir: «No deberías matar» porque es una afirmación de tipo moral. También es válido decir: «No deberías atracar un banco» porque es una afirmación de tipo legal. Y también es válido decir: «Si suelto este lápiz ahora mismo, debería caer hacia el suelo» porque es una afirmación que expresa una ley universal.

Las afirmaciones del tipo «Debería» que provocan aflicción emocional no suelen corresponder a ninguna de estas tres categorías. Por ejemplo, cuando usted se dice a sí mismo: «No debería ser tan tímido», ¿es una afirmación de tipo moral? Ser tímido no es inmoral, sólo es incómodo. ¿Es una afirmación de tipo legal? Ser tímido no es ilegal. ¿Es una afirmación que expresa una ley universal? Cuando usted se siente tímido, no está violando ninguna ley física. Así pues, cuando se dice que *no debería* ser tímido, está creando dos problemas por el precio de uno. Ahora tendrá que enfrentarse no sólo a su timidez, sino también a los sentimientos de vergüenza y de inferioridad que se crea cuando se dice que *no debería* ser de esa manera.

Cuando utiliza afirmaciones del tipo «Debería», lo que hace en realidad es reñirse a sí mismo o a otras personas. Al aplicar el método semántico, lo que pretende no es precisamente desmentir la afirmación del tipo «Debería», sino más bien quitar a ésta el aguijón.

Una mujer llamada Regina que estaba preparando su boda se sentía angustiada porque se decía a sí misma: «Tiene que ser perfecta. Si sale algo mal, todo el mundo me despreciará». Quizás haya advertido usted que en este pensamiento aparece una afirmación del tipo «Debería» oculta. Este pensamiento le producía una presión tremenda y le hacía sentir que su novio y ella iban a estar sometidos al escrutinio constante de un público exigente durante su boda. ¿Cómo podría rebatir Regina este pensamiento aplicando el método semántico? Anote aquí sus ideas antes de seguir leyendo:

Solución

Regina decidió pensarlo, más bien, de esta manera:

No sé cómo sería una boda «perfecta», pero mi novio y yo podemos preparar una ceremonia sencilla y cargada de sentimiento, con un grupo de familiares y de amigos que nos importan de verdad, y podemos contraer un compromiso matrimonial que tendrá sentido para nosotros. No es probable que salga mal nada importante, pero estoy segura de que si hay algún contratiempo, las personas que nos quieren de verdad intervendrán y nos sacarán del apuro.

Este pensamiento alivió la presión que había estado sintiendo Regina. Lo único que hizo fue replantearse la boda como una ocasión para hacer una afirmación pública de los valores que tenían sentido para ella y para sentirse unida a sus amigos y a sus familiares.

Definamos los términos

Cuando usted se siente deprimido o angustiado, es posible que se asigne la etiqueta de «inferior», «tonto», «farsante» o «fracasado». Pregúntese qué significan estas etiquetas. Si intenta definir lo que quiere decir con «un ser humano inferior», un «tonto», un «farsante» o un «fracasado», lo más probable es que descubra que se cumple una de estas cuatro circunstancias:

- La etiqueta se puede aplicar a todos los seres humanos.
- La etiqueta no se puede aplicar a ningún ser humano.
- La etiqueta carece de significado.
- La etiqueta no se le puede aplicar a usted.

Por ejemplo, ¿cómo definiríamos a un «tonto»? ¿Es una persona que hace tonterías todo el tiempo o parte del tiempo? Si dice usted que «todo el tiempo», entonces nadie es tonto, porque nadie hace tonterías todo el tiempo. Pero si dice que «parte del tiempo», entonces todos somos tontos, porque todos hacemos tonterías parte del tiempo. Defina el término como lo defina, su definición siempre se podrá desmontar.

Esto puede parecer un mero juego de palabras, pero nos hace ver una cosa que tiene importancia desde el punto de vista filosófico: las conductas tontas existen, pero no existen los «tontos». Dado que no existe la «cosa» que llamamos «tonto», ¡es imposible que usted lo sea! Pero si se asigna la etiqueta de «tonto», se sentirá angustiado, inferior y avergonzado, y se sentirá tonto, a pesar de que no existe tal cosa.

Muchos de mis pacientes se han asignado las etiquetas de «pirados» o de «majaretas» porque creían que los sentimientos como la timidez o el pánico son vergonzosos, raros o anormales. Naturalmente, si usted se asigna una etiqueta de este tipo, el precio que tendrá que pagar será elevado. Pero ¿cómo se define a un «majareta»? ¿Existe tal cosa?

Supongamos que usted define a un «majareta» diciendo que es una persona que está loca. Entonces yo le preguntaría: «¿Y cómo define usted a una persona que está loca?».

Usted podría decirme: «Es una persona que tiene un trastorno mental, como la esquizofrenia».

Entonces yo le haría ver que las personas que tienen esquizofrenia sufren enormemente, pero que sus síntomas son muy distintos de los de la ansiedad. Por ejemplo, oyen voces que proceden de fuera de sus cabezas y tienen alucinaciones extrañas. Las personas que tienen sentimientos de timidez o que sufren ansiedad no suelen tener esquizofrenia, en general. Además, sería bastante cruel calificar de «majareta» a una persona que padece esquizofrenia.

Supongamos que usted define de otra manera a un «majareta». Usted dice: «Bueno, lo que quiero decir en realidad es que un majareta es una persona que tiene miedos irracionales». ¿Advierte alguna trampa en esta definición? Escriba aquí sus ideas:

_____

_____

_____

_____

Resulta bastante fácil rebatir esta definición. ¿Qué porcentaje de los seres humanos han tenido miedos irracionales en algún momento de sus vidas? Si lo piensa, tendrá que reconocer que el porcentaje se acerca mucho al 100%. Por ejemplo, es posible que usted sintiera ansiedad la primera vez que tuvo que meter la cabeza bajo el agua cuando aprendía a nadar, pero no tardó en descubrir que podía contener la respiración y que en realidad bucear es divertido. Así pues, según esta definición, todos estamos «majaretas».

Supongamos que usted define a un «majareta» diciendo que es una persona que tiene más miedos irracionales que las demás personas. Ahora podría preguntarse a sí mismo lo siguiente: «¿Más miedos irracionales que todas las demás personas o que algunas personas?». ¡Si dice que «más que todas las demás personas», entonces no puede estar majareta, ya que siempre habrá en el mundo alguien más loco que usted! Pero si dice que «más que algunas personas», entonces todos estamos majaretas, porque siempre habrá personas más y menos cuerdas que nosotros.

Veo todos los días a pacientes que se asignan etiquetas con pensamientos como éstos:

- Soy inferior.
- No valgo nada.
- Soy un fracasado.
- Soy un caso desesperado.

Vamos a centrarnos en el pensamiento «Soy un fracasado». Supongamos que usted define a un «fracasado» como una persona que no ha conseguido nunca nada. Veamos si es capaz de rebatir esta definición. Intente demostrar que carece de significado, que se puede aplicar a todos los seres humanos o que no se puede aplicar a ninguno:

_____
_____
_____
_____

Si un «fracasado» es una persona que no ha conseguido nunca nada, entonces no existe ningún «fracasado», porque todos hemos conseguido muchas cosas. Usted aprendió a hablar, a leer, a escribir, a hacer sus necesidades en el retrete, etc.

En vista de que esta definición no ha servido, opta por definir a un «fracasado» como una persona que fracasa más que la media. ¿Cómo podría rebatir esta definición?

_____
_____
_____
_____

En tal caso, y teniendo en cuenta que somos más de seis mil millones de seres humanos, más de tres mil millones serían unos «fracasados». La media está en el punto medio, por definición.

Supongamos que hace usted otro intento. Esta vez, define a un «fracasado» como una persona que no ha conseguido nunca nada que sea verdaderamente espectacular. ¿Cómo rebatiría usted esta definición?

Según esta definición, casi todos somos unos «fracasados». Al fin y al cabo, sólo una proporción ínfima de los seres humanos pueden alcanzar éxitos como los de un Einstein, un Beethoven, un Michael Jordan o un Bill Gates. Y, además, si todos somos unos «fracasados», ¡tampoco puede ser tan malo ser un fracasado! Tenemos mucha compañía. Defina como defina este término, la definición siempre se podrá desmontar.

El objetivo de definir los términos no es que usted niegue sus defectos ni sus fracasos. Todos tenemos que afrontar el fracaso y todos tenemos verdaderos defectos que debemos trabajar. El objetivo de esta técnica no es más que liberarlo de la vergüenza, del desánimo y del efecto paralizador consecuencia de las etiquetas dañinas y carentes de significado.

Concretar

La ansiedad por la actuación es consecuencia del miedo al fracaso. Usted se dice: «¿Y si lo echo todo a perder? ¡Eso sería espantoso! ¡No lo soportaría!». Puede decirse que si fracasa todo el mundo le despreciará y significará que usted es un fracasado como ser humano. Naturalmente, en este pensamiento hay una generalización excesiva, porque usted está generalizando de su actuación a todo su ser. La generalización excesiva puede producir ansiedad además de depresión, porque usted tiene la sensación de que está en juego su sentido de la autoestima y su orgullo. Cuando aplica la técnica de concretar, se queda con la realidad y evita hacer juicios generales sobre sí mismo. En vez de considerarse un «fracasado», puede centrarse en sus puntos fuertes y en sus debilidades concretas.

Un estudiante de posgrado de la Universidad de California que se llamaba Jackson acudió a mí para que le ayudara tras toda una vida de ansiedad y de depresión. Si bien Jackson estaba haciendo un trabajo brillante y era de los primeros de su clase, se despertaba todas las mañanas sumido en la desesperación, pues se decía a sí mismo:

- ¡No entiendo *nada*!
- Soy torpe y estúpido.
- Si no fuera por mis logros, estaría en un término medio. En realidad, no tengo nada de especial.
- De aquí a poco, todo el mundo descubrirá que soy un retrasado.

Las autocríticas constantes de Jackson le despojaban de toda posibilidad de placer o de satisfacción con la vida. Por muchas cosas que lograra, se decía que aquello no era suficiente y que debería estar haciéndolo mejor. En una sesión en la que hice de supervisor, Jackson describió así su problema: «Me despierto todas las mañanas con una sensación funesta. Me digo a mí mismo que jamás conseguiré nada que valga la pena y me siento como una persona espantosa, terrible. Al caer la tarde suelo sentirme mejor, pero por la mañana me parece que todo mi mundo está a punto de hundirse. Tengo tal ansiedad que me falta el aliento. Siempre he basado mi autoestima en mis logros y he recibido muchas alabanzas por mi trabajo académico. Pero nunca he tenido la sensación de tener ninguna valía propia. Parece que no soy capaz de valorarme ni siquiera cuando las cosas van francamente bien».

Jackson había enviado recientemente un trabajo científico a la revista más destacada de su especialidad y se lo habían aceptado para publicárselo. Sin embargo, en vez de sentirse emocionado, sentía pánico. Estaba convencido de que todos los que leyeran el trabajo percibirían las lagunas de sus razonamientos y se darían cuenta de que era un farsante.

Jackson me contó que había tenido sentimientos de inseguridad desde donde le alcanzaba la memoria. Cuando era niño, sus padres se habían divorciado. Jackson se había cerrado emocionalmente y se había absorbido tanto en sus estudios que había perdido el interés por sus amigos y había dejado de jugar con los demás chicos del barrio. Su madre le había enviado a un orientador, pero no le había servido.

Jackson me dijo que todavía lo acosaban los sentimientos de miedo intenso y de inadecuación, y que esos sentimientos se disparaban siempre que tenía que asistir a una reunión con su supervisor. Pregunté a Jackson qué se decía a sí mismo. Él me dijo: «Tengo la sensación de que mi supervisor verá todos los defectos de mi proyecto y reaccionará de manera negativa». Yo quería enterarme de qué era lo que tanto temía Jackson, por lo que apliqué la técnica de la flecha descendente, que describimos en el capítulo 7. Le pedí que escribiera: «Mi supervisor verá todos los defectos de mi proyecto y reaccionará de manera negativa» en su registro diario de estado de ánimo y que trazara por debajo de esta afirmación una flecha descendente. Nuestro diálogo transcurrió así:

DAVID: Jackson, vamos a suponer que tu supervisor plantea, en efecto, algunas críticas a tu trabajo. ¿Qué significaría eso para ti? ¿Te trastornaría?

JACKSON: He trabajado muchísimo en el proyecto, de modo que eso significaría que mi mejor trabajo no es bueno.

DAVID: Y entonces, ¿qué? Supongamos que tu mejor trabajo no fuera bueno. ¿Qué significaría eso para ti?

JACKSON: Significaría que yo tengo algo malo.

DAVID: Y entonces, ¿qué? Supongamos que sí tienes algo malo. ¿Supondría eso un problema?

JACKSON: Ah, sí. Supondría que soy un ser humano retrasado e incompetente.

El lector advertirá que los pensamientos negativos de Jackson están cargados de distorsiones cognitivas, pero las dos que me saltaron a la vista de manera más notable fueron la generalización excesiva y poner etiquetas. Jackson se estaba diciendo que si su trabajo no brillaba a gran altura, eso significaría que él era un retrasado. Como se ve, basa todo su sentimiento de la autoestima en sus logros, y el hecho de que un solo proyecto le saliera mal querría decir que es un fracasado. Además, ni siquiera tiene ninguna prueba de que su proyecto vaya a salirle mal. De momento, va muy bien.

¿Cómo vamos a ayudar a Jackson a cambiar los pensamientos y las actitudes negativas que le hacen sentirse tan inseguro? Recordemos que nuestros sufrimientos no son consecuencia de la realidad, sino de los juicios que hacemos. Además, estos juicios son ilusiones. Por ejemplo, el «éxito» o el «fracaso» no son cosas que tengan existencia. No son más que conceptos en nuestras mentes.

En el diálogo siguiente, Jackson y yo nos adentraremos en un mundo de pesadilla donde se hacen realidad sus peores temores. Jackson se encontrará con un supervisor infernal que le ataca de los mismos modos en que él se había estado atacando a sí mismo. El supervisor infernal representa la parte de su mente que le hace sentirse angustiado e inseguro. Yo represento el papel del supervisor y atacaré a Jackson del mismo modo en que él se critica a sí mismo. Le pedí que hiciera todo lo posible por rebatirme. Nuestro diálogo transcurrió así:

> SUPERVISOR INFERNAL (*representado por David*): Jackson, he revisado tu proyecto y tengo que informarte de que no es bueno.
> JACKSON: Bueno, tiene derecho a expresar su opinión, pero yo creo que mi propuesta sí que tiene mérito.

Esta respuesta tiene un problema. Jackson se está defendiendo. Cuando usted se defiende a sí mismo, produce un estado de guerra porque el crítico se sentirá obligado a atacarle de nuevo. En nuestro caso, el crítico no es más que la proyección de las autocríticas de Jackson, de manera que acabará entablando una batalla consigo mismo. Además, su defensa no resulta convincente. Teniendo en cuenta que el supervisor infernal es un experto, la respuesta defensiva de Jackson no tendrá ninguna credibilidad.

Propuse a Jackson que intercambiásemos los papeles para que yo pudiera presentarle el modelo de una manera radicalmente distinta de responder al supervisor infernal. En el diálogo siguiente, utilizo el concretar y la paradoja de la aceptación.

> SUPERVISOR INFERNAL (*representado por Jackson*): Jackson, he revisado tu proyecto.
> JACKSON (*representado por David*): ¿Qué le ha parecido?
> SUPERVISOR INFERNAL: Por desgracia, no es bueno.
> JACKSON: Caray, eso no era lo que yo esperaba que me dijera porque he trabajado mucho en el proyecto, aunque no me cabe duda de que hay muchas posibilidades de mejoría. ¿Puede decirme algunas de las cosas que no le han gustado?
> SUPERVISOR INFERNAL: Lo siento, no puedo. Tu proyecto es una birria y no sabría ni por dónde empezar. De hecho, lo que me preocupa no es sólo tu proyecto. Eres tú. Me he dado cuenta de que eres un ser humano retrasado e incompetente.
> JACKSON: Vaya, es una crítica bastante dura. Quiero asegurarme de que entiendo lo que me está diciendo. Sé que tengo muchos defectos, pero no estoy seguro de en qué está pensando cuando dice que soy un ser humano deficiente e incompetente. ¿Puede darme detalles concretos?
> SUPERVISOR INFERNAL: No hay detalles concretos. Eres retrasado en términos globales. ¿Cómo quieres que te lo diga?
> JACKSON: Me vendría muy bien que me diera detalles.
> SUPERVISOR INFERNAL: Ya te lo he dicho. ¡No hay detalles concretos! ¿Es que no me escuchas? ¡Si tuvieras dos dedos de frente, entenderías lo que te estoy diciendo!
> JACKSON: Si parezco corto de entendederas, le pido disculpas. ¿Me está diciendo que no me puede señalar ningún defecto concreto de mi proyecto ni de mi vida?
> SUPERVISOR INFERNAL: ¡No, imbécil! Ya te he dicho que hay *tantos* defectos que no sabría por dónde empezar. Sería como intentar limpiar todo el alcantarillado de Nueva York con una cuchara.
> JACKSON: Chico, sí que parece una tarea desagradable, pero tengo que reconocer que sigo sin tener una idea clara de lo que está pensando usted. Parece que está enfadado conmigo y desde luego que su voz tiene un matiz cortante. Sigo intentando entender lo que me está diciendo porque le tengo un gran respeto a usted y a su experiencia. ¿Me he centrado en cuestiones equivocadas en mi proyecto? ¿He propuesto métodos inadecuados para intentar resolver las cuestiones? ¿He elegido un tema

inconveniente? ¿He escrito de manera poco clara? Me parece que tendría que tener algún dato para apoyarme.

SUPERVISOR INFERNAL: Ya te lo he dicho. Eres una birria. Tus ideas son una birria. Tu trabajo es una birria. ¡Y basta! ¡Adiós!

Jackson comprendió que, por mucho que dijera, no podría imponerme con sus ataques generales e imprecisos. Se dio cuenta de que el verdadero imbécil era el supervisor infernal, y no él. Una conversación de este tipo puede resultar bastante desconcertante, pero Jackson comprendió que era el supervisor infernal el que necesitaba ayuda.

Supongamos que el supervisor infernal hubiera planteado alguna crítica concreta, como por ejemplo: «Tu proyecto es demasiado largo». Entonces, Jackson podría haber dicho: «Buen detalle. Lo acortaré. ¿Cuántas páginas me recomendaría que tuviera?».

Jackson y yo invertimos los papeles para asegurarnos de que sería capaz de derrotar al supervisor infernal. Lo hizo muy bien y yo no fui capaz de rebatirlo. Al final de esta sesión se sentía mucho mejor.

Usted puede practicar esta técnica sin la ayuda de otra persona. Puede resultar igualmente efectivo escribir un diálogo con un crítico imaginario, en vez de representar papeles con un amigo.

La idea en que se basa esta técnica es pasar de las generalizaciones excesivas e inconcretas sobre su valía como ser humano a las faltas o defectos concretos. Una crítica concreta no podrá hacer que se sienta deprimido o angustiado porque será completamente válida, válida en parte o no válida en absoluto. Si no es válida en absoluto, no tiene usted por qué sentir que está en juego su autoestima. Si es válida completamente o en parte, tampoco tiene motivos para sentirse sin valor o inferior. Puede limitarse a aceptar la crítica y procurar aprender de ella.

13

Técnicas cuantitativas

¿Ha oído usted hablar del *biofeedback*? El *biofeedback* o biorretroalimentación consiste en conectarse a un aparato electrónico que va registrando continuamente una función corporal determinada, como las pulsaciones de su corazón, su presión sanguínea, sus ondas cerebrales o su tensión muscular, cuyos resultados aparecen en un monitor. Por medio del *biofeedback*, usted es consciente de una actividad fisiológica que no suele notar y puede controlar dicha actividad. Por ejemplo, puede aprender a reducir las pulsaciones de su corazón o su presión sanguínea. Por desgracia, todavía no contamos con aparatos electrónicos tan sofisticados que le permitan controlar sus pensamientos, pero puede conseguir resultados similares por medio de dos técnicas cuantitativas llamadas «autoseguimiento» y «ratos de preocupación».

Autoseguimiento

La técnica del autoseguimiento es francamente sencilla. Lo único que tiene que hacer usted es contar sus pensamientos negativos a lo largo del día. Si sigue practicando el autoseguimiento durante cierto período de tiempo, en muchos casos advertirá una reducción significativa de sus pensamientos negativos y se sentirá notablemente mejor.

Una manera sencilla de practicar el autoseguimiento es comprarse un contador de puntos como los que llevan algunos golfistas en la muñeca para llevar la cuenta de sus golpes. Puede encontrarlos en tiendas de deportes o especializadas en golf o los puede comprar por Internet. No son caros (cuestan menos de 10 dólares) y parecen relojes de pulsera. Cada vez que tiene un pensamiento negativo, pulsa el botón del borde del contador y el número aumenta en una unidad. Al final del día puede tomar nota del número total de pensamientos que ha tenido y poner a cero el contador. Normalmente es necesario seguir practicándolo durante varias semanas hasta que se siente alivio.

Si no encuentra un contador de puntos de pulsera, puede llevar una ficha en el bolsillo. Cada vez que tenga un pensamiento negativo, haga una marca en la ficha. Al final del día, cuente las marcas y anote el total.

Esta técnica le resultó útil a un oftalmólogo llamado José que estaba angustiado porque veía moscas volantes en los ojos. Se llama «mosca volante» a una manchita que pasa flotando por el campo visual. Es completamente normal y generalmente no significa nada. Puede que usted haya visto moscas volantes en su campo visual de vez en cuando.

Pero cada vez que José veía una mosca volante, pensaba: «Puede que me esté quedando ciego». Este pensamiento lo ponía tan nervioso que se hacía una revisión ocular a sí mismo para cerciorarse. Naturalmente, siempre resultaba que tenía la vista perfecta y se sentía aliviado temporalmente, pero al cabo de un rato veía otra mosca volante y se alteraba. Al poco tiempo, ya estaba revisándose la vista otra vez.

En casos raros, las moscas volantes pueden indicar un principio de degeneración retinal, sobre todo si la persona tiene diabetes desde la infancia. En estos casos puede resultar útil la cirugía por láser. Pero José no tenía diabetes y no había ningún motivo para que se revisara la vista con tanta frecuencia.

Podría decirse que era un hipocondríaco, con la peculiaridad de que él era el paciente y el médico a la vez. También podría decirse que padecía un trastorno obsesivo compulsivo (TOC) porque tenía un pensamiento obsesivo recurrente, «Puede que me esté quedando ciego», y un rito compulsivo, el de revisarse la vista una y otra vez.

José se revisaba la vista hasta veinte veces al día en el trabajo. A veces se hacía una revisión rápida entre paciente y paciente. Los fines de semana, lo consumía tanto el miedo de quedarse ciego que, para desahogarse, se pasaba todo el día revisándose la vista. Esto puede parecer una excentricidad, pero así es el TOC. Es como una adicción. José no estaba loco. Era un médico destacado y una persona muy delicada y cariñosa. Pero lo consumía su ansiedad y la compulsión de revisarse la vista, del mismo modo que el multimillonario Howard Hughes llegó a estar completamente consumido por el miedo a las infecciones.

El suceso trastornador que anotó José en su registro diario de estado de ánimo fue simplemente «Ver una mosca volante». Se sentía decaído, angustiado, lleno de pánico, asustado, avergonzado, tonto, frustrado y molesto. Los pensamientos que desencadenaban estos sentimientos eran: «Puede que me esté quedando ciego» y «Será mejor que me revise la vista, sólo para estar seguro». ¿Qué distorsiones están presentes en estos dos pensamientos negativos? Utilice el símbolo ✓ para indicar sus respuestas. Puede consultar en la página 75 las definiciones de las distorsiones cognitivas.

Distorsión	(✓)	Distorsión	(✓)
1. Pensamiento todo o nada		6. Magnificación o minimización	
2. Generalización excesiva		7. Razonamiento emocional	
3. Filtro mental		8. Afirmaciones del tipo «Debería»	
4. Descartar lo positivo		9. Poner etiquetas	
5. Saltar a conclusiones • Lectura del pensamiento • Adivinación del porvenir		10. Inculpación • Autoinculpación • Inculpación de los demás	

Solución

Como puede ver en la página 169, José y yo encontramos seis distorsiones en sus pensamientos negativos: «Puede que me esté quedando ciego» y «Será mejor que me revise la vista, sólo para estar seguro».

DISTORSIONES DE JOSÉ

Distorsión	(✓)	Explicación
1. Pensamiento todo o nada	✓	No está presente.
2. Generalización excesiva	✓	No está presente.
3. Filtro mental	✓	José se obsesiona constantemente por las moscas volantes, aunque sabe que no tienen ninguna importancia.
4. Descartar lo positivo	✓	Descarta el hecho de que tiene una visión perfecta y de que no hay ningún motivo para sospechar que tenga algún problema en los ojos.
5. Saltar a conclusiones • Lectura del pensamiento • Adivinación del porvenir	✓	Se preocupa constantemente temiendo estar a punto de quedarse ciego, aunque sabe que no lo está (adivinación del porvenir).
6. Magnificación o minimización	✓	Exagera mucho la importancia de las moscas volantes, y minimiza el hecho de que tiene una visión perfecta.
7. Razonamiento emocional	✓	José tira la lógica por la ventana y razona en función de cómo se siente. *Siente* que va a quedarse ciego, por lo que supone que corre peligro de verdad.
8. Afirmaciones del tipo «Debería»	✓	Se dice a sí mismo que *debería* revisarse la vista, aunque intelectualmente sabe que es innecesario.
9. Poner etiquetas	✓	No está presente.
10. Inculpación • Autoinculpación • Inculpación de los demás	✓	No está presente.

Yo quería descubrir si José estaba motivado para superar sus obsesiones y sus compulsiones, por lo que le pedí que hiciera una lista de todas las ventajas y las desventajas de revisarse la vista cada vez que veía una mosca volante. Como puede ver, hizo una lista con varias ventajas. Por ejemplo, si se revisaba la vista con frecuencia, podía descubrir a tiempo cualquier problema que hubiera y recibir tratamiento. Sin embargo, también existían algunas desventajas, entre ellas el hecho de que la ansiedad le estaba destrozando la vida.

José llegó a la conclusión de que las desventajas pesaban más que las ventajas en una proporción de 60 contra 40, y dijo que estaba dispuesto a dejar de revisarse la vista, a pesar de

ANÁLISIS DE COSTES-BENEFICIOS DE JOSÉ

Describa la actitud, sentimiento o hábito que quiere cambiar: Revisarme la vista muchas veces al día.

Ventajas	Desventajas
1. Es tranquilizador.	1. La probabilidad de que tenga un verdadero problema es baja.
2. Podré detectar enseguida cualquier problema.	2. Las revisiones constantes no son necesarias.
3. Podré buscar ayuda si me hace falta.	3. La ansiedad me está arruinando la vida.

40 — 60

que existían algunas ventajas concretas. Para estar completamente seguro de que lo sentía así, le dije:

—José, supongamos que en esta mesa hay un botón. Si aprietas ese botón, desaparece de pronto toda tu ansiedad y tu preocupación sobre las moscas volantes. ¿Lo apretarías?

—Claro que sí, doctor.

—Pero, entonces, si vieras una mosca volante, no te revisarías la vista y podrías acabar con un problema ocular grave o incluso quedarte ciego —dije yo—. ¿Estás seguro de que querrías apretar ese botón?

José se lo pensó un momento y me explicó que todavía querría apretar el botón porque en los ojos no le pasaba nada. Además, si tuviera algún problema grave en los ojos (cosa muy poco probable) tendría, además, otros síntomas, como por ejemplo visión borrosa, por lo que no tenía ningún motivo válido para estar revisándose la vista una y otra vez todos los días. Estaba claro que José estaba muy motivado para hacer lo que fuera necesario para superar aquel problema.

Le pregunté si accedería a dejar de revisarse la vista un mes entero, por muy angustiado que estuviera. Esto se llama prevención de respuesta y es extremadamente importante para el tratamiento del TOC. La prevención de respuesta significa que usted se impide reaccionar a su ansiedad como lo hace habitualmente, como podría ser comprobar, lavarse, contar, rezar, ordenar las cosas de manera simétrica o practicar otros ritos supersticiosos. José tenía la adicción de revisarse la vista cada vez que estaba angustiado porque el acto de revisársela le producía sentimientos inmediatos de alivio. Si quería superar el problema, tendría que dejar de hacer eso. Cuando usted abandona un hábito compulsivo, la ansiedad casi siempre aumenta durante varios días. Esto se parece mucho al síndrome de abstinencia que tienen que soportar los drogadictos cuando dejan de tomar la droga bruscamente. Pero si usted aguanta, sus impulsos compulsivos desaparecerán, generalmente.

También le propuse el autoseguimiento. Le recomendé que durante las siguientes semanas, contara las veces que pensaba «Puede que me esté quedando ciego» con un contador de pulsera. Así podría llevar la cuenta de cuántas veces había tenido ese pensamiento y vería si sus miedos se habían reducido con el tiempo.

Los progresos de José se aprecian en su gráfica de autoseguimiento de la página 171. Los días aparecen en el eje de abscisas y el número de pensamientos obsesivos que tuvo cada día se repre-

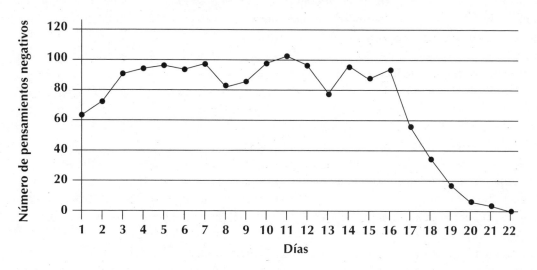

GRÁFICA DE AUTOSEGUIMIENTO DE JOSÉ

sentan en el eje de ordenadas. José anotó durante veintidós días el número de veces que pensó en su visión. Como se ve, el primer día tuvo más de sesenta pensamientos. Hacia el tercer día alcanzó un nivel constante de unos noventa pensamientos al día. El día 13, el número de pensamientos cayó por debajo de ochenta, pero volvió a saltar al noventa y ocho al día siguiente. El día 17, sus pensamientos obsesivos sobre su visión cayeron por debajo del sesenta. El día 18, cayeron por debajo del cuarenta. El día 20 sólo tuvo cinco pensamientos sobre su visión y el día 22 dejó de tener pensamientos acerca de la misma. José ya no creía que se estaba quedando ciego y no volvió a tener más impulsos de revisarse la vista.

Como cualquier otra intervención, el autoseguimiento tiene una probabilidad sobre diez, aproximadamente, de resultar eficaz. Si hubiera fracasado, yo habría probado con otras técnicas, una tras otra, hasta encontrar alguna que fuera eficaz. Si usted quiere probar el autoseguimiento, recuerde que los pensamientos trastornadores suelen tardar algún tiempo en desaparecer, por lo que deberá prepararse para aguantar durante tres semanas al menos. Puede contar los pensamientos negativos en general o un tipo determinado de pensamientos negativos. Durante los primeros días, el número de pensamientos negativos puede aumentar porque usted va dominando mejor el arte de advertirlos. Con el tiempo, suelen reducirse o desaparecer.

Los científicos no saben por qué funciona el autoseguimiento, pero es posible que funcione del mismo modo que la meditación. Al meditar, nos concentramos en una sola cosa. Por ejemplo, puede usted imaginarse el aire que entra despacio por su nariz y que sale por su boca mientras respira despacio y hondo. Al principio puede resultarle difícil, porque la mente se le desvía rápidamente a otros temas, como por ejemplo lo que va a hacer usted después aquel día o algo que le está molestando. Cuando le pasa esto, usted se limita a advertir el pensamiento que le ha distraído y se vuelve a centrar en la respiración. Cada vez que se desvía su mente, usted la vuelve a llevar con delicadeza al mismo sitio.

Del mismo modo, cuando practica el autoseguimiento, se limita a advertir cada pensamiento negativo que lo distrae. Cuando lo haya contado con su contador de pulsera o lo haya anotado en su ficha, puede soltarlo y centrarse de nuevo en lo que estuviera haciendo cuando le vino a la mente el pensamiento.

El autoseguimiento también le resultó útil a un carpintero que se llamaba Phil y que sufrió depresión y ansiedad después de un ataque de apoplejía. Phil tenía arrebatos de llanto o de risa incontrolables al más mínimo estímulo. Ver una puesta de Sol, un niño recién nacido o incluso una flor le suscitaba sollozos repentinos y hasta el chiste más malo le provocaba paroxismos de risa incontrolable. Esta pauta de arrebatos emocionales es corriente después de determinados tipos de ataques de apoplejía y se debe a daños cerebrales.

El suceso trastornador que anotó Phil en su registro diario de estado de ánimo fue: «Estar jugando al póquer con mis amigos y echarme a llorar de pronto». El póquer era una de las cosas que más le gustaban a Phil en la vida, pero le estaba costando mucho a causa de sus arrebatos emocionales imprevisibles. Si tenía buenas cartas, se echaba a reír sin poder controlarse, y si las tenía malas se ponía a sollozar. Así le resultaba dificilísimo tirarse faroles y, por lo tanto, comprensiblemente, se sentía frustrado, avergonzado, angustiado e inadecuado.

Su primer pensamiento negativo era: «No puedo controlarme». Una de las distorsiones de este pensamiento era el pensamiento todo o nada, ya que sí que podía controlarse hasta cierto punto. Simplemente, no podía controlarse todo lo que quería. El segundo pensamiento negativo de Phil era: «Les daré lástima y ya no querrán jugar conmigo al póquer». Este pensamiento es un ejemplo clásico de lectura del pensamiento, ya que estaba haciendo suposiciones sobre los pensamientos y los sentimientos de sus amigos.

Animé a Phil a que adquiriese un cronómetro pequeño y lo llevara en el bolsillo. Cada vez que notase que estaba a punto de echarse a llorar o a reír, debía poner en marcha el cronómetro. Después, cuando empezara a reírse o a llorar, tenía que detener de nuevo el cronómetro y anotar en una libretita que llevaba en el bolsillo los segundos que habían transcurrido.

Así podía hacer un seguimiento del tiempo que era capaz de retrasar cada arrebato emocional, de manera muy semejante a lo que hacen los atletas cuando se cronometran al prepararse para una prueba. La idea era que, si bien Phil no podía controlar sus emociones por completo, quizá fuera capaz de controlarlas un poco. Con la práctica, su control emocional podría mejorar. Este plan interesó a Phil, ya que había sido muy deportista durante toda su vida y estaba familiarizado con la idea de ponerse en forma mediante el entrenamiento regular. Sintió curiosidad por descubrir si sería también capaz de dominar sus arrebatos emocionales por medio del entrenamiento.

El primer día sólo fue capaz de retrasar la risa o el llanto durante unos segundos, pero al final de la primera semana ya era capaz de retrasarla habitualmente durante veinte segundos. Al final de la segunda semana podía retrasar los arrebatos durante casi un minuto. Al final de la tercera semana, Phil era capaz de retrasarlos indefinidamente.

La gente suele preguntar cómo es posible que sea eficaz la terapia cognitiva si la depresión y la ansiedad son consecuencia de un desequilibrio químico del cerebro. ¿Acaso no hay que tomarse una pastilla para modificar la química del cerebro? El caso de Phil nos aporta una respuesta bastante patente. Sus arrebatos emocionales eran consecuencia de una lesión cerebral, claramente; no obstante, una técnica bastante modesta de terapia cognitiva hizo que se recuperara rápidamente de su depresión y de su ansiedad. No fue necesaria la medicación.

Los estudios recientes de imágenes cerebrales han confirmado que la terapia cognitivo-conductual cambia, en efecto, la química del cerebro del mismo modo que la cambian los medicamentos antidepresivos. A mí me parece interesantísimo que dispongamos ahora de tantas armas para combatir la aflicción emocional y que no siempre tengamos que depender de las pastillas.

Lo más bonito del autoseguimiento es que es sencillo y funciona muchas veces como por arte de magia. Sin embargo, no resulta eficaz con todo el mundo, por lo que pueden necesitarse técnicas más sofisticadas.

Ratos de preocupación

Los ratos de preocupación son una técnica paradójica. En vez de combatir sus pensamientos negativos, usted se deja llevar por la corriente y cede ante ellos. Dedica uno o varios ratos fijos cada día a sentirse preocupado, deprimido o culpable. Durante esos ratos, procura estar lo más trastornado posible a base de bombardearse con pensamientos negativos. El resto del tiempo puede dedicarse a vivir su vida de manera positiva y productiva.

Puede aplicar esta técnica para superar los pensamientos que desencadenan la ansiedad o la depresión. En cierta ocasión traté a un médico deprimido y angustiado llamado Mark que se bombardeaba constantemente con pensamientos negativos. Aunque era un médico excelente, cuando examinaba a sus pacientes en el hospital tenía pensamientos como los siguientes:

- Soy un médico malísimo.
- ¿Le he auscultado bien el corazón?
- Seguramente habré pasado por alto algo importante.
- ¿Qué me pasa?
- Otros médicos saben tratar mejor a sus pacientes. Yo soy poco amable y poco atento.
- Todos mis colegas dan la impresión de tener confianza en sí mismos.
- ¿Por qué estoy tan nervioso y tan inseguro? No debería tener estos pensamientos negativos.
- Toda mi vida está destrozada.

Los compañeros y los pacientes de Mark lo consideraban un médico excelente y trabajador; por lo tanto, estos pensamientos no eran muy realistas. Además, tampoco era productivo por su parte reñirse y castigarse de esta manera, ya que los sentimientos de culpa, de ansiedad y de falta de valor le distraían y afectaban a su capacidad para concentrarse en sus pacientes. También le resultaba más difícil escuchar a los pacientes cuando éstos le exponían sus molestias, ya que el bombardeo constante de autocríticas le distraía mucho.

Como a Mark no le era posible anotar sus pensamientos negativos mientras examinaba a sus pacientes, adquirió una pequeña grabadora que llevaba en el bolsillo de la bata durante sus visitas. Cuando pasaba de una habitación a otra, sacaba la grabadora y dictaba en voz baja sus pensamientos negativos. No intentaba replicar a sus pensamientos. Se limitaba a verbalizarlos, de este modo: «¡Ay, qué mal lo he hecho con esa paciente! Lo más probable es que tenga algo en el hígado y que se me haya pasado por alto. Cualquier otro médico lo habría hecho mejor. Hasta un estudiante de medicina lo podría haber hecho mejor. Parecía que la paciente tenía hoy más molestias de lo habitual y yo ni siquiera he prestado atención a lo que me decía».

Cuando estaba con sus pacientes, intentaba centrarse en sus inquietudes y problemas salud, más que en sus propios pensamientos negativos, ya que sabía que podía dictarlos a la grabadora en cuanto hubiera terminado. Al final de las visitas, iba a su consulta, rebobinaba la cinta y se obligaba a escuchar todas sus autocríticas. Esto lo trastornaba al principio, pero al cabo de unos días los pensamientos negativos empezaron a parecerle ridículos. Al cabo de poco tiempo, le parecían tan absurdos que ya no los creía en absoluto. Se le redujeron notablemente la ansiedad y la depresión y le aumentaron los sentimientos de autoestima.

Vale la pena probar con los ratos de preocupación siempre que la preocupación le obstaculice una tarea que usted intenta realizar, como por ejemplo estudiar. En vez de luchar contra sus pensamientos, puede limitarse a asignarles unos ratos breves en los que se entregará a ellos. Durante los ratos de preocupación puede:

- Escribir sus pensamientos negativos en un papel, sin discutirlos.
- Quedarse sentado en silencio, bombardeándose con pensamientos negativos.
- Verbalizar sus pensamientos negativos en voz alta.
- Dictarlos a una grabadora, como hizo Mark.

La duración y la frecuencia de los ratos de preocupación dependerá de usted. Si está estudiando para unos exámenes finales y se siente tan angustiado que no puede concentrarse, quizá tenga que acordar un rato de preocupación de un minuto cada media hora o quizá descubra que le basta con un gran desahogo de cinco minutos de preocupación cada día. Si los ratos de preocupación le causan perturbaciones o no le parecen útiles, no los fuerce. Déjelos y pase a otra técnica. Existen muchas maneras de vencer los pensamientos negativos que le producen ansiedad.

14

Técnicas basadas en el humor

Yo dirigía grupos de terapia cognitiva en la unidad de pacientes internos del Hospital Universitario de Stanford, dentro de mi trabajo voluntario para la Facultad de Medicina. Los pacientes sufrían las formas más graves de la ansiedad y la depresión, trastornos de la alimentación y adicciones. Al principio de las reuniones de cada grupo solían llorar y manifestaban sentimientos abrumadores de desesperanza, de falta de valor, de pánico o de frustración. La mayoría llevaban años enteros recibiendo psicoterapia y habían tomado muchos medicamentos sin éxito.

Usábamos los registros diarios de estado de ánimo y atacábamos los pensamientos negativos y autocríticos de los pacientes con las mismas técnicas que está aprendiendo usted a usar con este libro. Los pacientes solían experimentar mejorías significativas, y a veces sus síntomas desaparecían por completo. Hacia el final de las sesiones de grupo, los pacientes y yo solíamos terminar riéndonos de manera incontrolada durante algunos minutos. He tenido algunas de las experiencias más alegres y memorables de mi carrera profesional riendo y bromeando con mis pacientes.

Lo mismo pasa con la enseñanza. En mis seminarios solemos pasar mucho tiempo riéndonos. Siempre que el público y yo nos reímos mucho, sé que el seminario va muy bien. La risa nos enseña cosas a las que las palabras sólo pueden aludir indirectamente. Cuando usted se ríe, deja de pronto de tomarse tan en serio y puede ver lo absurdo de los miedos o de los sentimientos de duda que le han intimidado tanto tiempo. La risa transmite un mensaje de autoaceptación, así como de aceptación de los demás.

De hecho, debo reconocer con vergüenza que una vez me pasé una sesión entera riéndome sin control con una paciente llamada Marie. No podíamos parar y yo temía que me estaba comportando de una manera nada profesional. Pero aquello hacía que la situación pareciera más absurda todavía, como una película de los Monty Python, y yo estaba prácticamente revolcándome por el suelo de risa.

Y ¿qué era lo que tenía tanta gracia? Pues bien, esto es lo peor. Al principio de la sesión, Marie llegó, se sentó y me comunicó que su padre acababa de morir. ¡Cielo santo! ¿Por qué van a reírse un psiquiatra y una paciente de la muerte repentina de su padre? Usted estará pensando que estoy francamente loco de atar. Y bien, es que en realidad era la quinta vez que se moría el padre de Marie. Al parecer, su madre tenía por costumbre casarse con hombres mayores y ricos que se morían al año o a los dos años de la boda. Así pues, su madre se hacía cada vez más rica y Marie tenía un padre tras otro. Pero no apreciaba a ninguno, y a los tres últimos apenas los había conocido.

Naturalmente, había querido mucho a su verdadero padre, pero éste había muerto de un infarto cuando ella tenía sólo 14 años. Ahora, Marie tenía 31, y desde hacía diez años había tenido un desfile de «padres» a los que apenas había conocido. El que acababa de morirse le desagradaba especialmente, de modo que cuando se enteró de que había fallecido, se alegró. Sin embargo, la sensación parecía ser completamente incorrecta y eso hizo que los dos nos riéramos incontrolablemente.

Cuando empezamos a reírnos, ya no lo pudimos dejar. Yo no hacía más que decirme a mí mismo: «¡Caray, eres psiquiatra y te estás riendo de la muerte del padre de tu paciente!». La idea me hacía reír todavía más. Aquello se parecía mucho a cuando nos daba la risa floja en la iglesia, de niños. El hecho mismo de que debemos estar callados y serios hace que la risa nos haga más gracia. Y cuando Marie vio que yo tenía la risa floja, aquello estableció un vínculo entre los dos que a ella le permitió aceptar sus sentimientos.

Si bien la risa más memorable es la que se produce espontáneamente durante las sesiones de terapia, existen tres técnicas que hacen un uso intencionado del humor: los ejercicios de ataque a la vergüenza, la magnificación paradójica y las imágenes humorísticas.

Los ejercicios de ataque a la vergüenza

Si usted sufre ansiedad social, probablemente tenga un miedo intenso a quedar como un tonto delante de otras personas. Los ejercicios de ataque a la vergüenza pueden ser un antídoto poderoso contra este miedo. Para realizar un ejercicio de ataque a la vergüenza, hará intencionadamente alguna tontería en público. En general, descubrirá que la mayoría de la gente no le desprecia y que en realidad no se acaba el mundo. De hecho, casi siempre sucede que todos terminan divirtiéndose mucho. Este descubrimiento puede resultar tremendamente liberador, pero también puede provocar terror al principio.

Ya hemos visto un buen ejemplo de ejercicio de ataque a la vergüenza. Seguramente se acordará de Trevor, el joven que tenía fobia al sudor. Cuando entramos él y yo en la tienda del barrio, nos señalamos las axilas y anunciamos en voz alta lo sudados que estábamos, las reacciones amistosas de la gente le cambiaron la vida.

Si no me equivoco, los ejercicios de ataque a la vergüenza los inventó el doctor Albert Ellis. Aunque el doctor Ellis ya tiene más de 90 años, sigue ejerciendo con energía. El doctor Ellis otorga un premio al psicoterapeuta que haya realizado el ejercicio de ataque a la vergüenza más creativo y descarado del año. Hace poco se llevó el premio un psicólogo de Portland. Entró en una farmacia llena de clientes y preguntó al farmacéutico en voz alta: «¿Me da cuatro docenas de condones, por favor?».

El farmacéutico asintió. A continuación, cuando ya se había vuelto a mirar todo el mundo, el psicólogo se forzó a preguntar, también en voz alta: «¿Tiene de los más pequeñitos, de la talla menor?». Por fortuna, no es preciso que el ejercicio de ataque a la vergüenza sea tan extremo para que resulte eficaz.

Conocí por primera vez los ejercicios de ataque a la vergüenza después de un seminario que dirigí en el instituto del doctor Ellis, en Nueva York. Después de mi presentación, fui a cenar a un restaurante chino con varios de sus colegas. El restaurante tenía fama y tuvimos que hacer cola para esperar a que nos dieran mesa. La cola era larga y daba vueltas por dentro del restaurante, de modo que estábamos de pie cerca de mesas donde ya había personas cenando.

Dije a uno de los colegas del doctor Ellis que había oído hablar de los ejercicios de ataque a la vergüenza pero que no sabía cómo funcionaban exactamente. Él me explicó que consistían en hacer intencionadamente alguna tontería en público para poder superar el miedo de quedar por tonto. Me dijo que la única manera de entender los ejercicios de ataque a la vergüenza era probar a realizar uno personalmente y me explicó que todos los psicoterapeutas que se formaban en el instituto del doctor Ellis tenían que realizar ejercicios de ataque a la vergüenza dentro de su programa de estudios.

Le pregunté si podía darme algún ejemplo de ejercicio de ataque a la vergüenza que hubiera realizado él. Dijo que sería mejor todavía que yo mismo probara a practicar uno mientras hacíamos cola, así sabría exactamente cómo funcionaban. Me sentí algo inquieto y le pregunté qué se le había ocurrido. Él me dijo que podía acercarme a la gente que estaba sentada en una de las mesas y preguntarles si me dejaban probar su comida. Aquello parecía absolutamente extravagante y una oleada de pánico me invadió el corazón. ¡Me tiré de los pelos por habérseme ocurrido preguntar por los ejercicios de ataque a la vergüenza!

Sin embargo, sentía una fuerte presión social del grupo que me acompañaba. Todos intervinieron y dijeron que todos ellos habían practicado ejercicios de ataque a la vergüenza y que yo no iba a ser menos. Me di cuenta de que no iban a aceptar una negativa, de modo que me acerqué muy a disgusto a una mesa donde estaban cenando seis personas. Tenían la mesa cubierta de diversos platos de aspecto muy apetitoso. Yo les comenté que la comida tenía muy buena pinta y les pregunté si estaba tan buena como parecía. Ellos dijeron que estaba estupenda y comentaron que llevaban años acudiendo a aquel restaurante. Yo tenía la esperanza de que me ofrecieran probar uno de los platos por iniciativa propia, pero no sucedió así.

Miré a mi alrededor, nervioso, y advertí que todos mis colegas me estaban mirando fijamente. ¡Era mi hora de la verdad! Así pues, tragué saliva, señalé uno de los platos y dije: «Ya sé que esto parece una excentricidad increíble, pero es que quisiera saber a qué sabe ese plato. ¿No podrían dejármelo probar?».

Ellos no parecieron consternados en absoluto y dijeron: «¡Claro! Tenga, pruébelo». Con gran sorpresa por mi parte, me ofrecieron un tenedor y me animaron a que probara el plato. Lo probé y dije que estaba fabuloso. Después, me dijeron: «Pruebe éste también. Es fantástico». De modo que probé el otro plato y también era excelente. De pronto, todos los del instituto se congregaron alrededor de la mesa y preguntaron si podían probar ellos también. Las personas de la mesa se pusieron a darnos porciones de su comida con gran entusiasmo. Al poco rato, todos estábamos riéndonos y pasándolo bien a pesar de que no conocíamos a esas personas. Fue uno de los mejores ratos de mi viaje a Nueva York.

Esta experiencia me enseñó que no hace falta que seamos siempre tan rígidos ni que nos tomemos tan en serio a nosotros mismos. La mayoría de las personas agradecen un poco de humor bienintencionado o de excentricidad. La gente se aburre y busca algo que les anime el día. Si usted se comporta de una manera un poco tonta, sin hacer daño a nadie, a la mayoría de las personas les parecerá divertido. Esto puede parecerle trivial o evidente si es una persona abierta, pero si es tímida, el descubrimiento puede dejarle anonadado.

Desde aquel día he realizado muchos ejercicios de ataque a la vergüenza. El segundo lo probé algunas semanas más tarde, estando de vacaciones con mi familia en el lago Tahoe, en Nevada. En nuestro hotel había un casino en la planta baja y nuestra habitación estaba en el piso catorce. Yo me puse un sombrero y botas de vaquero, una gran pulsera de turquesas y gafas oscuras y me subí al ascensor con mis dos hijos. Les dije que su padre les iba a enseñar una cosa importante.

Cuando el ascensor empezó a bajar, me obligué a anunciar en voz alta el número de piso en cada parada. Al principio me resultaba dificilísimo y mis hijos se pusieron de color rojo. Me decían «¡Papáaaa!», tirándome de la manga para hacerme callar, con cara de apuro.

Las personas que iban en el ascensor empezaron a reírse por lo bajo, pero yo me obligué a seguir, y las risas se hicieron más fuertes a cada parada. Cuando llegamos a la planta baja, todos lo estábamos pasando bien riéndonos. Entonces se abrieron las puertas y los que iban en el ascensor se dispersaron por el casino y se pusieron a jugar a las máquinas tragaperras. Yo comprendí entonces que aquella experiencia en el ascensor les había parecido simplemente algo entretenida y que les había animado un poco el día, pero tampoco tenía mayor importancia dentro del plan general de las cosas.

Si usted está dispuesto a probar un ejercicio de ataque a la vergüenza, sus únicos límites son su imaginación y su sentido común. Por ejemplo, viajando en autobús o en metro, puede levantarse en cada parada y anunciar en voz alta el nombre de la calle o de la estación. O puede acercarse a un grupo de personas que esperan en la parada del autobús y brindarse a divertirles cantándoles una canción. Si esto le parece un desafío demasiado grande, puede limitarse a pasear por una calle llena de gente, cantando en voz alta y con entusiasmo.

Cuando practique un ejercicio de ataque a la vergüenza, nunca deberá proponerse hacer nada que pudiera parecer agresivo o desconsiderado o que pudiera hacer que otras personas se sintieran incómodas. Cuando Trevor y yo entramos en la tienda y anunciamos en voz alta lo sudadas que teníamos las axilas, aquello no hacía daño a nadie y pareció que nuestra conducta estrambótica divertía a todos. No estábamos faltando al respeto a nadie ni abusando de nadie. Sin embargo, habría sido una falta de consideración practicar nuestros ejercicios de ataque a la vergüenza en un hospital, porque aquello habría incomodado a los pacientes y al personal. El contexto lo es todo. La idea consiste simplemente en ser un poquito descarados y divertirse.

La magnificación paradójica

En vez de refutar sus pensamientos negativos, puede aceptarlos y exagerarlos. No intente discutirlos. En lugar de ello, hágalos todo lo extremados que pueda. Por ejemplo, si se siente inferior, puede decirse a sí mismo: «Sí, es verdad. De hecho, lo más probable es que ahora mismo yo sea la persona más inferior de toda la región y puede que de todo el país». Paradójicamente, los mensajes absurdos de este tipo pueden servir a veces para aportar objetividad y alivio.

Una mujer joven llamada Mandy se preparaba para el examen del cinturón marrón en aikido, un arte marcial japonesa. Durante las semanas anteriores al examen estaba muy nerviosa porque no dejaba de decirse: «Voy a meter la pata delante de todo el mundo». Sabía racionalmente que aquello era poco probable, pues se había estado preparando en las clases y los exámenes anteriores los había hecho bien. Sin embargo, no era capaz de dejar de preocuparse y de obsesionarse. Aquello resultaba especialmente frustrante para Mandy porque, según la filosofía en que se basa el aikido, para practicarlo verdaderamente bien es preciso liberarse de la tensión y dejarse llevar por el flujo.

Le propuse la magnificación paradójica. En vez de esforzarse en relajarse, lo cual podía tener un efecto contraproducente, Mandy podía hacer lo contrario y decirse durante tres minutos, dos veces al día, cosas como éstas: «No sólo voy a meter la pata, sino que no me cabe duda de que voy a ser la peor de la clase, y quizá la peor de todo el país. Lo más probable es que pierda la coordinación y empiece a agitar los brazos y las piernas de una manera torpe y tonta, mientras me pongo colorada como un tomate por los nervios. Todos se burlarán y se reirán de mí. No sólo verán que mi técnica es una birria, sino que además verán que soy un desastre emocional. Correrá la voz por toda la ciudad y pronto sabrán todos lo terrible que soy, no sólo en aikido, sino también en la vida».

Después de haber practicado unas cuantas veces la magnificación paradójica, a Mandy le empezaron a parecer absurdos sus miedos. Decidió dejar de lado su orgullo y limitarse a ver la experiencia como una oportunidad más para practicar y aprender de sus errores. Más tarde me contó que el examen había sido muy divertido y que sus profesores la habían felicitado.

Las imágenes humorísticas

Cuando usted está angustiado, su mente se inundará a menudo de imágenes temibles. Con frecuencia podrá desenterrar la fantasía que se encuentra en la raíz de sus miedos aplicando la técnica del «Qué pasaría si». Por ejemplo, si le produce ansiedad hablar en público, puede que se represente la imagen del público aburrido y quedándose dormido mientras usted pronuncia su discurso con voz monótona y sosa. O bien, si le dan miedo los perros, puede que tenga la imagen mental temible de un perro que le gruñe y le muerde. Si tiene preocupaciones obsesivas por su salud, puede que una rozadura en un pie le haga imaginar que se muere de cáncer.

Existen muchas maneras de tratar este tipo de imágenes temibles, del mismo modo que existen muchos modos de oponerse a un pensamiento negativo. Al aplicar las imágenes humorísticas, usted sustituye la imagen que le ha estado produciendo ansiedad por otra divertida y absurda.

¿Se acuerda de José, el oftalmólogo angustiado que se revisaba la vista constantemente porque tenía un miedo irracional a quedarse ciego? Si bien el autoseguimiento y la prevención de respuesta le dieron resultado, pudimos probar en su caso otras muchas técnicas, entre ellas las imágenes humorísticas. José podría haberse imaginado algo humorístico que pusiera de manifiesto lo absurdos que eran sus temores.

Por ejemplo, José podía haber tenido la fantasía de que se ha quedado completamente ciego pero que ha decidido valerosamente seguir trabajando como oftalmólogo, a pesar de que no ve nada en absoluto. Empieza a correr la voz del trabajo increíble que realiza y al poco tiempo empiezan a publicarse artículos en los periódicos y en las revistas sobre el médico milagroso que sigue practicando operaciones a pesar de que está completamente ciego. Incluso le invitan a aparecer en el programa de televisión de David Letterman, en el que explica al público de todo el país cómo examina los ojos de sus pacientes con la punta de los dedos y cómo practica operaciones complicadas ayudado por su perro lazarillo. En el programa muestran vídeos en los que se le ve conduciendo a toda velocidad por las carreteras de Los Ángeles en su Porsche trucado, acompañado del perro lazarillo, que va moviendo el volante con el hocico. Si esta fantasía llegara a hacer gracia a José, podría imaginársela cada vez que empezara a obsesionarse por el miedo a quedarse ciego.

El doctor Michael Yapko, psicólogo cognitivo innovador e hipnotista de San Diego, dice a sus pacientes que se imaginen que sus pensamientos negativos suenan con la voz graciosa de un personaje de dibujos animados, como la de Elmer Fudd o la del ratón Mickey. Anima a los pacientes a que oigan que la voz que los riñe y desprecia es la del personaje, en vez de la de ellos mismos. A veces, para potenciar el efecto humorístico, les pide que añadan una imagen visual más absurda todavía que acompañe la voz crítica. Por ejemplo, el paciente puede imaginarse que la voz crítica sale de una axila o de un trasero.

El objetivo de esta técnica es ayudarle a cambiar su reacción ante la voz autocrítica de su mente, de manera que más que hacerle daño, le divierta. El doctor Yapko señala que si bien la presencia ocasional de la voz interior negativa es inevitable, su forma y nuestras reacciones ante ella son negociables. Poner sus preocupaciones en un contexto más humorístico puede servir de antídoto natural contra los sentimientos intensos de inadecuación, culpa y duda que tenemos cuando nos tomamos demasiado en serio.

Una mujer tímida llamada Nadine solía fijarse en un abogado soltero y atractivo que se había mudado hacía poco tiempo al edificio de apartamentos donde vivía ella. Yo le pregunté si había intentado coquetear con él un poco. Nadine dijo que le encantaría, pero le producía demasiados nervios mirarle siquiera a los ojos. Temía parecer torpe o demasiado necesitada de cariño y ahuyentarlo.

Yo le sugerí que, cuando hablara con él, podría mirarle directamente a los ojos e imaginarse que el abogado estaba defendiendo un caso en los tribunales en calzoncillos. Así se le aligeraría el estado de ánimo y el hombre la intimidaría menos. La idea le pareció interesante, y decidió ponerla a prueba, aunque seguía sintiendo bastante ansiedad.

A la mañana siguiente, Nadine coincidió a solas con él en el ascensor cuando salía de su casa para ir a trabajar. Decidió dar el salto. Le miró a los ojos y le comentó que llevaba una corbata muy bonita. Al mismo tiempo, se lo imaginó andando por la sala del tribunal en ropa interior. Así dejó de sentirse tensa y se le escapó la risa.

Él le agradeció el cumplido y le preguntó de qué se reía. Nadine dijo que no lo sabía, pero que tenía algo que le hacía sentirse contenta. Él pareció interesado, y no tardaron en entablar una conversación animada. Cuando salieron del ascensor, en la planta baja, él le confesó que había estado deseando conocerla y le preguntó si podrían quedar para tomar café juntos y conocerse mejor. Acordaron una cita y Nadine salió hacia su trabajo como en una nube.

El objetivo de las técnicas basadas en el humor es ayudarle a que vea lo que tienen de absurdo sus miedos. Cuando estas técnicas dan resultado, pueden ser mágicas y muy sanadoras. Sin embargo, si usted siente ira o enfado, pueden tener el efecto no deseado de hacer que se sienta todavía peor. Si no resultan útiles, no pasa nada. Limítese a probar con otra técnica.

15

Representación de papeles y técnicas espirituales

En este capítulo nos centraremos en una técnica de representación de papeles llamada externalización de voces y en una técnica espiritual llamada paradoja de la aceptación. Mis pacientes suelen decir que son las más sanadoras y las más impresionantes de todas las técnicas de la terapia cognitiva. Yo las aplico casi siempre juntas, pero voy a describirlas por separado para explicarlas mejor.

La externalización de voces

En la práctica de la externalización de voces intervienen dos personas. La otra persona puede ser un amigo o un familiar suyo, o su psicoterapeuta. Si no le atrae la idea de representar papeles o si no tiene a nadie con quien pueda hacerlo, puede practicar la técnica a solas, sin otra persona. Al final de este apartado le enseñaré cómo hacerlo.

Vamos a suponer que usted ha estado trabajando con el registro diario de estado de ánimo y que ha registrado sus pensamientos trastornadores en la columna de pensamientos negativos. Podría tratarse de los pensamientos que desencadenan la depresión, la ansiedad o cualquier otra emoción negativa que intenta superar. Su compañero y usted tendrán que servirse de su registro diario de estado de ánimo para hacer esto de manera eficaz. Uno de los dos representará el papel de sus pensamientos negativos, y el otro representará el papel de sus pensamientos positivos. Dicho de otra manera, las partes autocrítica y autoamante de su cerebro van a librar batalla.

Para empezar, su compañero puede representar el papel de la voz negativa de su mente, y usted representará el papel de la voz positiva, autoamante. Su compañero le atacará con los papeles negativos de su registro diario de estado de ánimo. Su tarea consiste en rebatir al crítico. Cuando se queden atascados, pueden invertir los papeles.

La externalización de voces puede ser todo un desafío e incluso intimidar un poco al principio. Supongamos que usted se siente nervioso porque tiene que pronunciar una charla en su trabajo la semana que viene y se está bombardeando con pensamientos negativos acerca de lo mal que lo va a hacer. He aquí un ejemplo de cómo podría funcionar la externalización de voces.

PENSAMIENTOS NEGATIVOS (*representados por su compañero*): Cuando des la charla en el trabajo la semana que viene, lo más probable es que te quedes en blanco y que parezcas un idiota total.

PENSAMIENTOS POSITIVOS (*representados por usted*): La verdad es que eso no me ha pasado nunca. Aunque suelo preocuparme por eso, jamás me he quedado en blanco cuando he dado charlas en el trabajo y jamás he parecido un idiota total. Sin embargo, mis dotes para la oratoria son medianas, como mucho, y puedo mejorar bastante.

Advierta que la persona que representa el papel de los pensamientos negativos suena como otra persona que le está atacando, pero lo que está pasando no es eso. La otra persona no hace más que representar la parte negativa de su mente. Usted combate consigo mismo.

Además, la persona que representa el papel de los pensamientos negativos debe hablar siempre en segunda persona, «tú». Por el contrario, la persona que representa el papel de los pensamientos positivos habla siempre en primera persona, «yo». Esta regla tiene una importancia fundamental para el éxito de esta técnica. Si pasan por alto la regla, y la persona que representa los pensamientos positivos habla en segunda persona, «tú», mientras que la que representa los pensamientos negativos usa la primera persona, «yo», la técnica degenerará en simple comunicación de consejos y fracasará miserablemente.

Supongamos, por ejemplo, que usted ha estado deprimido y que se siente fracasado. Cuando realice la representación de papeles, podría decir: «Soy un fracasado». Esto sería un error, porque estaría hablando en primera persona, «yo». Entonces, lo más probable sería que su compañero se confundiera y le dijera algo así como: «No eres un fracasado. Eres una buena persona. Piensa en todas las personas que te aprecian y en todas las cosas que has conseguido». Esto sería un error grave porque la otra persona parecería un simple amigo o familiar que intenta darle ánimos.

Esto es lo que suele hacer la gente con las personas que se sienten deprimidas o angustiadas. Es una conducta molesta y paternalista, y nunca resulta eficaz. Este error se produjo a consecuencia de que la persona que representaba el papel de los pensamientos negativos habló en primera persona, «yo». En consecuencia, la segunda persona, que representaba el papel de los pensamientos positivos, usó la segunda persona, «tú». *Recuerde: cuando usted represente el papel de los pensamientos negativos, siempre debe decir «tú»; cuando represente el papel de los pensamientos positivos, diga siempre «yo».* Con esta regla irá siempre por el buen camino.

El mejor momento para practicar la externalización de voces es cuando haya desmentido los pensamientos negativos del registro diario de estado de ánimo por medio de otras técnicas. Acto seguido, puede servirse de la externalización de voces para convertir la comprensión intelectual en cambio visceral.

En el capítulo 10 conocimos a Walter, un psicoterapeuta especializado en matrimonios y en familias que se quedó angustiado y deprimido cuando Paul, que era su pareja desde hacía ocho años, lo abandonó y encontró otra pareja. Walter se decía:

1. Nunca volveré a tener una relación de pareja.
2. Debe de ser imposible convivir conmigo o mantener una relación de pareja conmigo.
3. Debo de tener algo malo.
4. Lo he echado todo a perder y he tirado mi vida a la basura.
5. Terminaré siendo un viejo gay solitario, gordo y canoso.

Cuando aplicamos la técnica del doble patrón, Walter fue capaz de desmentir sus pensamientos negativos y sus sentimientos intensos de vergüenza, deficiencia y desesperanza desaparecieron de pronto. Es el momento ideal para aplicar la externalización de voces. Esta técnica ayudará a Walter a asentar lo que ha avanzado y a reducir enormemente la probabilidad de que vuelvan a presentársele los pensamientos autocríticos para atormentarle en el futuro.

En el ejemplo siguiente, Walter representará el papel de la parte negativa de su mente y yo representaré el papel de la parte positiva, autoamante. Aunque la conversación parezca una discusión entre dos personas, recuerde que lo único que representamos son las dos voces opuestas en el cerebro de Walter:

PENSAMIENTOS NEGATIVOS (*representados por Walter*): Caray, Paul te ha dejado. Eso demuestra lo indigno de ser amado y lo deficiente que eres.

PENSAMIENTOS POSITIVOS (*representados por David*): No me lo creo. He mantenido en mi vida muchas relaciones de pareja, y creo que soy una persona muy cariñosa.

PENSAMIENTOS NEGATIVOS: Si eres tan estupendo, ¿por qué te ha dejado Paul?

PENSAMIENTOS POSITIVOS: Yo no he dicho nunca que sea «tan estupendo», ni mucho menos. Pero las personas se quieren por motivos de todo tipo. Yo no sé exactamente por qué me ha dejado Paul. Puede que estuviera harto de mí, o puede que estuviera aburrido y que lo tentara alguien que hubiera conocido.

PENSAMIENTOS NEGATIVOS. Es igual. Lo que queda claro es que vas a acabar siendo un viejo gay solitario, gordo y canoso.

PENSAMIENTOS POSITIVOS. Bueno, la verdad es que en eso sí que hay algo de verdad. No puedo evitar hacerme viejo ni que me salgan canas, y puede que engorde. Tampoco creo que vaya a cambiar mi orientación sexual. Pero en lo que respecta a «solitario», lo dudo. Ahora mismo sí que me siento solo, pero eso es natural cuando te han rechazado. Estos sentimientos pasarán.

PENSAMIENTOS NEGATIVOS: Puedes racionalizar todo lo que quieras, pero lo que queda es que te han dejado. ¿Por qué no te limitas a afrontar la realidad de que eres deficiente? Tienes algo malo.

PENSAMIENTOS POSITIVOS: Lo que dices no queda claro del todo y tampoco veo cómo se deduce una cosa de la otra. De hecho, ni siquiera sé qué significan esos términos de «deficiente» y «malo». Si estás pensando en algunos defectos concretos, podemos hablar de ellos. ¡De éstos tengo *bastantes*, te lo aseguro!

PENSAMIENTOS NEGATIVOS: Ya lo creo que los tienes. En realidad, es imposible mantener una relación de pareja contigo.

PENSAMIENTOS POSITIVOS: Eso no parece cierto. Mis amigos me han dicho que soy cálido y abierto y que el trato conmigo es fácil. Además, acabo de mantener una relación que ha durado ocho años con bastante éxito. De modo que lo que dices no tiene sentido.

Pregunté a Walter quién iba ganando. Él me dijo que los pensamientos positivos vencían claramente a los negativos. Le parecía que la actitud de éstos era hostil y ridícula y que no tenía en qué basarse.

Cuando usted represente el papel de los pensamientos positivos, puede aplicar cualquier técnica de las que se describen en este libro para combatir a los pensamientos negativos. Por ejemplo, cuando los pensamientos negativos dijeron: «Es imposible mantener una relación de pareja contigo», yo apliqué la técnica de examinar las pruebas. Resultó fácil combatir ese pensamiento porque su falsedad era palpable. Las pruebas indican que no es imposible mantener una relación de pareja con Walter, ya que éste acababa de mantener una durante ocho años.

Si se siente intimidado y se hunde cuando la otra persona le ataca con sus pensamientos negativos, invierta los papeles. Así, la otra persona podrá enseñarle una manera más eficaz de rebatir sus pensamientos negativos. Sigan invirtiendo los papeles hasta que usted sea capaz de aplastar con facilidad todos sus pensamientos negativos.

Las personas que practican por primera vez la externalización de voces suelen cometer uno de los cuatro errores siguientes:

Error 1. Si la persona que representa el papel de los pensamientos negativos habla en primera persona, «yo», la persona que representa el papel de los pensamientos positivos tenderá a hablar en segunda persona, «tú». Así, la técnica fracasará por completo.

Error 2. La gente se confunde a veces creyendo que esta técnica es una especie de formación de la asertividad. Creen que están librando una batalla contra alguna persona crítica de su vida, como puede ser su padre, su madre, su cónyuge o su jefe. También este error haría fracasar la técnica. Recuerde que la persona que representa el papel de los pensamientos negativos no es más que una proyección de su mente. La batalla que libra usted es contra sí mismo, *no* contra otra persona.

Error 3. La persona que representa el papel de los pensamientos negativos se olvida de que está representando la parte negativa de su mente y empieza a atacarle con críticas y dudas que no son. Esto sería una pérdida de tiempo porque lo que dice la persona le sonará falso, y usted no estará respondiendo a sus propios pensamientos negativos. Pensará: «¿De qué me estás hablando? ¡Yo no tengo ese pensamiento!».

Error 4. Alternativamente, la otra persona puede atacarle con las críticas personales que tenga contra usted. ¡Por ejemplo, su cónyuge puede aprovechar la oportunidad para despacharse a gusto! Entonces, usted se pondrá a la defensiva, acabarán peleándose, y usted se preguntará por qué habrá creído el doctor Burns que esta técnica sanadora era tan maravillosa.

Existe una manera sencilla de evitar estos errores. Entregue su registro diario de estado de ánimo a la persona con la que hará la representación de papeles. Dígale que le ataque leyendo en voz alta sus pensamientos negativos. Dígale que hable en segunda persona, diciendo «tú», para que parezca otra persona. Cuando represente usted el papel de los pensamientos positivos, no olvide hablar *siempre* en primera persona, «yo».

En algunas ocasiones yo escribo en un papel las palabras «pensamientos negativos» y en otro las palabras «pensamientos positivos». Las dos personas que realizan la representación de papeles pueden tener delante las hojas respectivas durante el encuentro. Esto les ayudará a evitar confusiones.

A pesar de estas preocupaciones, resulta fácil confundirse al principio, y no deberá extrañarle que suceda. El diálogo puede degenerar en batalla entre dos personas, en vez de entre las dos partes de su mente. Cuando suceda esto, hagan una pausa para reorganizarse. Vuelvan a empezar. Para dominar esta técnica hace falta algo de práctica, pero el esfuerzo vale la pena porque el efecto sanador de la externalización de voces puede ser sorprendente cuando se practica bien.

Si no tiene a nadie con quien representar los papeles, puede practicar la externalización de voces a solas. Bastará con que escriba sobre el papel un diálogo, ni más ni menos que los que ha leído en este capítulo. Naturalmente, usted representará ambos papeles. Esto resulta casi tan eficaz como tener a otra persona para representar los papeles con ella. Como verá a lo largo del libro, existen otras técnicas que también pueden resultar eficaces practicándolas con representación de papeles.

La paradoja de la aceptación

Si ha padecido depresión o ansiedad alguna vez, lo más probable es que sea consciente del modo en que se hace trizas por todas sus faltas y defectos. Antes de que pueda sentirse mejor, tendrá que encontrar el modo de reducir al crítico despiadado que tiene en el cerebro. ¿Cómo lo conseguirá? Existen para ello dos estrategias básicas: el paradigma de la defensa propia y la paradoja de la aceptación. Cuando aplica el paradigma de la defensa propia, discute con sus pensamientos negativos e insiste en que no son ciertos. Esta estrategia se basa en la idea de que sus pensamientos negativos son engañosos y están distorsionados, y de que la verdad le hará libre.

La paradoja de la aceptación es una técnica espiritual que funciona a la inversa. En vez de defenderse del pensamiento negativo, encuentra en él algo de verdad. Está de acuerdo con él, pero con sentido del humor, paz interior e iluminación. Llega a hacerse amigo del crítico que está en su mente. Usted puede mezclar o combinar estos dos estilos de respuesta, pero cuando los pensamientos negativos conducen a sentimientos de falta de valor, inferioridad, vergüenza o pérdida de autoestima, la paradoja de la aceptación resultará en general mucho más eficaz que el paradigma de la defensa propia.

Supongamos que se siente inseguro y se dice que es deficiente o inferior. Si usted aplicara el paradigma de la defensa propia, podría recordarse a sí mismo, como lo haría un amigo, que tiene muchas cualidades y logros positivos de los que puede estar orgulloso. Muchas personas opinan que este tipo de «pensamiento positivo» es la clave para forjarse una autoestima. Según mi experiencia, casi siempre resulta ineficaz, porque lo único que hará usted es decirse «sí, pero» y obsesionarse con sus faltas y defectos. Por ejemplo, puede decirse: «Sí, claro, puede que tenga unas pocas cualidades positivas bien lamentables, pero eso no cambia el hecho de que soy inferior a todas esas personas que han conseguido tantas cosas verdaderamente significativas, muy por encima de lo que yo puedo soñar siquiera con conseguir».

Si usted aplicara la paradoja de la aceptación, podría replicar de este modo al pensamiento negativo: «La verdad es que *sí* que tengo muchos defectos. De eso no cabe duda. Lo acepto». Así se despoja de su aguijón a la crítica y se pone fin al debate.

Supongamos ahora que el crítico interior insiste sin piedad en atacarle. Usted podría limitarse a mantener su posición aplicando la paradoja de la aceptación, como en el siguiente ejemplo:

PENSAMIENTOS NEGATIVOS: No es que tengas unas pocas faltas o defectos concretos. Reconócelo. Eres defectuoso en general. Eres un ser humano deficiente.

PENSAMIENTOS POSITIVOS: ¡Tienes razón! Yo he tardado años en darme cuenta de ello, pero tú lo has entendido a la primera. Y ¿sabes otra cosa? ¡Mi deficiencia es, en realidad, una de mis mejores características!

En este caso, estamos arrancando los dientes al monstruo y estamos haciendo una broma cósmica. Usted es «deficiente», ¿y qué? ¿Se negarían a servirle un café en Nueva York? ¿Van a dejar de salir con usted sus amigos?

La paradoja de la aceptación se basa en el principio budista de que cuando uno se defiende, produce al momento un estado de guerra. En cuanto usted se defiende, inspira un nuevo ataque. Naturalmente, el crítico con el que lucha es la parte negativa de su cerebro, por lo que termina haciéndose la guerra a sí mismo. Por el contrario, cuando encuentra lo que hay de verdad en una crítica, ésta pierde su poder contra usted.

La mayoría de las religiones, entre ellas el cristianismo, han subrayado el hecho de que todos los seres humanos somos imperfectos y defectuosos. Así es la condición humana. Los indios navajo tienen por norma que todas las alfombras que tejen deben contener algún defecto o imperfección, pues de lo contrario los dioses se enfadarían y les castigarían. Sin embargo, es posible conocer la alegría y la iluminación a pesar de nuestra naturaleza defectuosa. La paradoja de la aceptación es uno de los modos posibles de convertir esta idea en una realidad emocional.

Al principio puede resultar difícil «ver» de qué manera puede ser útil la paradoja de la aceptación. Muchas personas que padecen ansiedad o depresión creen que *ya* se han aceptado a sí mismas. Creen que están afrontando la terrible realidad acerca de sí mismas y sienten que *son de verdad* unos fracasados sin esperanza y sin valor.

Ésta es una aceptación malsana, radicalmente distinta de la aceptación sana. Como puede ver en la tabla de la «Aceptación sana y malsana» inferior, la aceptación malsana se caracteriza por el odio a uno mismo, el desánimo, la parálisis, la desesperanza, el aislamiento, la atrofia y el cinismo. Por el contrario, la aceptación sana se caracteriza por la autoestima, la alegría, la productividad, la esperanza, la intimidad, el desarrollo y la risa. En la aceptación sana hay alegría de vivir y conexión con los demás.

La verdad es que todos somos deficientes. Usted puede ver en su «deficiencia» un motivo para suicidarse o una causa de alegría. Puede aceptarla bien o con desesperación. Cuando se libere de la idea de que usted debe ser especial, de que debe tener «autoestima» y de que debe estar a la altura de su yo ideal y ser exactamente tal como usted cree que *debe* ser, conocerá la libertad, la alegría y la iluminación.

Al principio puede resultar muy difícil captar la diferencia entre la aceptación sana y la malsana, sobre todo cuando está sufriendo. Explicarlo por escrito es como intentar describir lo que es ver por primera vez el Gran Cañón del Colorado. Lo deja a uno sin aliento y las palabras no bastan para hacer justicia a la experiencia.

La primera vez que vi el Gran Cañón había ido de acampada con un amigo de la universidad. Llegamos al borde del Cañón al caer el día, pero no vimos gran cosa porque no había luz. Dormimos junto al coche en nuestros sacos de dormir. A la mañana siguiente, cuando me desperté, descubrí que habíamos puesto los sacos de dormir a un metro del borde del Cañón. El Sol empezaba a salir y cuando me giré, vi el Gran Cañón por primera vez. ¡Oh! Me cortó la respiración. ¡Yo había oído decir que era un agujero muy grande, pero no tenía ni idea de que sería así!

ACEPTACIÓN SANA Y MALSANA

Aceptación sana	Aceptación malsana
Autoestima	Odio a sí mismo
Alegría	Desánimo
Productividad	Parálisis
Esperanza	Desesperanza
Intimidad	Aislamiento
Desarrollo	Atrofia
Risa	Cinismo

Lo mismo se siente cuando se capta de pronto la paradoja de la aceptación. ¡Le corta a uno la respiración! Es una experiencia impresionante, que puede cambiar toda una vida. Sin embargo, este tipo de entendimiento sólo cobra vida en el transcurso de uno de los ejercicios de representación de papeles, como la externalización de voces o la fantasía temida.

Vamos a suponer que usted se siente inferior. ¿Por qué? Piense en cómo se ha sentido durante los momentos de duda y de desesperación. ¿Qué se decía a sí mismo?

Quizá se diga que no es todo lo inteligente, triunfador o atractivo que quisiera. Quizá se riña y se castigue por haber cometido tantos errores en la vida, porque no ha sido buen padre o buena madre, o porque no ha hecho realidad los sueños que tenía cuando era joven. Quizá se sienta deficiente porque ha estado padeciendo sentimientos de timidez o de depresión. Vamos a ver si podemos rebatir estas inquietudes por medio de la paradoja de la aceptación.

Imagínese que las partes negativa y positiva de su mente libran una batalla. Usted puede representar el papel de los pensamientos negativos y yo representaré el de los pensamientos positivos. Atáqueme de la manera más despiadada posible y señale todas las faltas o defectos que tenga. Intente humillarme.

Recuerde que yo estoy representando el papel de la parte positiva, autoamante, de su mente, y que usted representa la negativa. Yo intentaré rebatirlo a usted con la paradoja de la aceptación. Durante la lectura del diálogo, pregúntese quién va ganando la batalla:

PENSAMIENTOS NEGATIVOS (*representados por usted*): La verdad es que no eres muy inteligente, ¿verdad?

PENSAMIENTOS POSITIVOS (*representados por David*): Es la pura verdad que hay muchísimas personas más listas que yo. Millones, en realidad: físicos, matemáticos, científicos, músicos, escritores… Y yo lo acepto.

PENSAMIENTOS NEGATIVOS: Ah, ¿aceptas, entonces, que no eres más que una persona estúpida e inferior?

PENSAMIENTOS POSITIVOS: Bueno, si lo dices por eso, he cometido muchos errores en la vida. Y hay muchas personas que son mucho más listas que yo. Pero cuando dices que soy estúpido e inferior, parece una condena bastante tajante, y no entiendo bien lo que quieres decir.

PENSAMIENTOS NEGATIVOS: Seguramente no lo entenderás porque no eres muy listo. En realidad es bastante evidente. Todas esas personas brillantes, con talento, atractivas, son superiores a ti. Las personas como Einstein y Madonna. Son la gente guapa. Tú eres un ser humano inferior, de segunda categoría. ¿Lo entiendes ahora? Ya sé que sueles tardar en entender las cosas.

PENSAMIENTOS POSITIVOS: Y bien, tienes razón, aunque todavía sigo sin captar adónde quieres ir a parar con eso del «ser humano de segunda categoría». ¿Podrías explicarme lo que quieres decir? Estoy de acuerdo en que no soy una figura del espectáculo como Madonna y decididamente no soy un genio como Einstein. La verdad es que existen muchas personas con dotes impresionantes de todo tipo, dotes que yo no poseo, y a mí eso me parece emocionante. En Intel hay ingenieros electrónicos excelentes y en los Institutos Nacionales de la Salud hay investigadores brillantes. Y hay muchos deportistas de élite que juegan en la NBA y en la liga nacional de fútbol americano. Yo no tengo esas dotes. ¿Era eso lo que querías decir cuando dijiste que yo era un ser humano inferior, de segunda categoría? ¿O querías decir algo más?

PENSAMIENTOS NEGATIVOS: La verdad es que se trata de algo más que eso. Pero sé que te costará trabajo captarlo porque eres un imbécil. Verás, nuestra sociedad valora a la gente que tiene inteiecto y que alcanza logros. A las personas que ganan el premio Nobel, por ejemplo. Ésas son las personas especiales, las superdotadas, las superiores. Pero tú, a su lado, no eres más que un patán. Eres carne de cañón, uno del montón.

PENSAMIENTOS POSITIVOS: Bueno, a mí me parece bien. Aunque parezca raro, en cierto modo me gusta ser uno del montón.

PENSAMIENTOS NEGATIVOS: Ah, de modo que lo reconoces, ¿no? ¿Reconoces que no eres más que un vulgar sujeto del montón?

PENSAMIENTOS POSITIVOS: ¡Decididamente, sí! La verdad es que la mayor parte de mis amigos también son gente del montón, y lo pasamos estupendamente saliendo y divirtiéndonos juntos. Oye, ¡si te tratas sólo con premios Nobel, quizá no tengas muchas ocasiones de salir, y tu círculo de amigos puede ser bastante exiguo! Pero quizá se me escape algo todavía. Parece que quieres dar a entender que tengo algo malo o vergonzoso y que me estoy perdiendo alguna experiencia maravillosa; pero yo no termino de captar a qué te refieres.

PENSAMIENTOS NEGATIVOS: ¡Chico, hay que ver qué corto eres! Lo que quiero decir es que no mereces ningún respeto y que no tienes derecho a ninguna alegría ni autoestima auténtica porque eres una birria. No estás a la altura de las pautas que tengo en la mente.

PENSAMIENTOS POSITIVOS: Estoy seguro de que no estoy a la altura de un premio Nobel ni de alguien de ese nivel. Y sé desde hace años que tengo montones de limitaciones y de defectos. ¡Los puntos débiles que me has señalado no son más que la punta del iceberg!

PENSAMIENTOS NEGATIVOS: ¿Cómo te soportas a ti mismo? ¿Cómo eres capaz de mirarte en el espejo todas las mañanas, sabiendo cuántos defectos tienes?

PENSAMIENTOS POSITIVOS: Ah, es fácil. Me limito a sonreír y me digo: «¡Hola, tipo con defectos! ¡Tienes por delante un día maravilloso! Y te espera mucha gente interesante con la que tratar».

Algunas personas comprenden inmediatamente lo liberadora que puede ser la paradoja de la aceptación, mientras que otras sencillamente no son capaces de comprenderlo al principio, como cierto hombre que me dijo: «*No* estoy dispuesto a aceptar mis fracasos y mis defectos. El fracaso es inaceptable. ¡Ni pensarlo!».

El objetivo de la paradoja de la aceptación no es que usted oculte ni niegue sus deficiencias ni sus defectos, ni que se conforme con una vida mediocre y poco realizadora, sino más bien que saque a la luz del día sus defectos para poder aceptarlos sin vergüenza. Si existe algún problema que usted pueda cambiar, podrá trabajar para cambiarlo. Si hay algo que no pueda cambiar, podrá limitarse a aceptarlo y seguir viviendo su vida.

16

Técnicas motivacionales

Cuando usted aplica una técnica basada en la verdad, como la de examinar las pruebas, se pregunta: «¿Es verdaderamente válido este pensamiento negativo?». Las técnicas basadas en la verdad se construyen sobre la idea de que «La verdad os hará libres». Cuando aplica las técnicas motivacionales, lo que se pregunta es: «¿Es ventajoso para mí este pensamiento o sentimiento negativo?», «¿Cuáles son los beneficios de este esquema mental?», «¿Y cuáles son sus costes?».

Si bien la ansiedad, la depresión y la ira pueden provocar sufrimientos intensos, es frecuente que nos aporten beneficios ocultos que pueden resultar adictivos. Por una parte, usted desea el alivio, pero por otra parte puede encasillarse donde está y resistirse al cambio. El místico jesuita moderno Anthony deMello ha dicho que anhelamos el cambio pero nos aferramos a lo familiar. El análisis de costes-beneficios (ACB), el análisis de costes-beneficios paradójicos y la técnica del abogado del diablo le ayudarán a localizar las motivaciones ocultas que lo tienen atascado. Cuando las saque a la luz del día, tendrán mucho menos poder para sabotearle.

Análisis de costes-beneficios

Ésta es una de las mejores técnicas motivacionales, y fue una de las primeras técnicas de terapia cognitivo-conductual (TCC) que desarrollé a mediados de la década de 1970. Es fácil de realizar, y puede ser enormemente reveladora y útil. Usted ya aprendió en el capítulo 8 a usar esta técnica para evaluar una creencia contraproducente. En realidad, existen cinco tipos diferentes de CCP:

1. **CCP cognitiva:** se evalúan las ventajas y las desventajas de un pensamiento negativo, como «Nunca mejoraré» o «No valgo nada».
2. **CCP de actitud:** se evalúan las ventajas y las desventajas de una creencia contraproducente, tal como «Siempre debo intentar ser perfecto» o «Necesito la aprobación de todos para valer algo».
3. **CCP de emoción:** se evalúan las ventajas y las desventajas de un sentimiento negativo, tal como la ansiedad, la ira o la culpa.
4. **CCP de conducta (o de hábito):** se evalúan las ventajas y las desventajas de una mala costumbre, tal como beber, tomar drogas, comer demasiado, dejar las cosas para más tarde o salir con un hombre casado.

5. **CCP de relaciones personales:** se evalúan las ventajas y las desventajas de una actitud que produce problemas en sus relaciones personales, tales como culpar a su cónyuge de todos los problemas en su matrimonio.

Puede practicar todas estas CCP de manera directa o de manera paradójica; por lo tanto, existen en realidad diez tipos de CCP. Vamos a revisar primero las CCP directas y después le enseñaré a realizar una CCP paradójica.

Para empezar, escriba el pensamiento, la creencia, el sentimiento o el hábito que quiere cambiar en la parte superior de un formulario de CCP en blanco, como el que aparece en la página 191. Después, pregúntese a sí mismo: «¿Qué ventajas tiene este esquema mental?» y «¿Cuáles son sus desventajas?», «¿De qué manera me hace daño?». Anote en las dos columnas todas las ventajas y las desventajas que se le ocurran. Cuando haya completado sus listas, pregúntese qué le parece mayor, las ventajas o las desventajas, y valórelas relativamente unas con las otras sobre una escala de 100 puntos. Escriba en los dos círculos de la parte inferior dos cifras que sumen 100. Sus puntuaciones deberán ser un reflejo de lo que usted siente.

Por ejemplo, si las ventajas pesan ligeramente más que las desventajas, podría escribir un 55 en el círculo de la izquierda y un 45 en el círculo de la derecha. Si las desventajas son sustancialmente mayores que las ventajas, podría escribir un 25 en el círculo de la izquierda y un 75 en el círculo de la derecha. Si las ventajas y las desventajas están empatadas, puede escribir un 50 en cada uno de los círculos.

Vamos a probar a hacer juntos una CCP cognitiva. En cierta ocasión traté a una psicóloga llamada Johanna que tenía ansiedad por los exámenes. Intentaba prepararse para el examen del colegio profesional de psicología, pero le abrumaba tanto la ansiedad que no era capaz de concentrarse. Pregunté a Johanna qué tipos de pensamientos negativos le pasaban por la cabeza cuando intentaba estudiar para el examen. Ella me respondió: «Me digo a mí misma que voy a estudiar la materia que no debo y que suspenderé el examen. Tengo la sensación de que me van a preguntar todas las cosas que no sé y ninguna de las que sí sé».

Johanna se daba cuenta de que estos pensamientos contenían muchas distorsiones, tales como el pensamiento todo o nada, descartar lo positivo, la adivinación del porvenir y el razonamiento emocional. Por ejemplo, era improbabilísimo que le preguntasen *todas* las cosas que no sabía y *ninguna* de las cosas que sí sabía, ya que las personas que preparan los exámenes del colegio oficial procuran valorar de manera equilibrada todos los campos principales de la psicología. También parecía ilógico predecir que suspendería el examen, ya que había sido una de las mejores estudiantes del curso de doctorado y no había suspendido un examen en su vida.

Aunque Johanna se daba cuenta de que sus pensamientos negativos estaban distorsionados, se resistió con uñas y dientes cuando la animé a que los rebatiera. Se empeñaba en que sus pensamientos negativos eran realistas y decía que yo no la entendía.

Aquello me confundía. Por una parte, Johanna me pedía que la ayudara con su ansiedad por los exámenes. Pero, por otra parte, parecía que protegía su ansiedad casi como una leona que protege a sus cachorros. ¿Qué pasaba allí? ¿Estaba luchando contra mí? ¿Se le ocurren a usted algunos modos en que su ansiedad pudiera resultarle positiva? Escriba aquí sus ideas antes de seguir leyendo:

_____

_____

_____

ANÁLISIS DE COSTES-BENEFICIOS

Describa la actitud, sentimiento o hábito que quiere cambiar: _____
_____

Ventajas	Desventajas

Solución

Se me ocurrió que Johanna podía estar poco deseosa de liberarse de la ansiedad porque consideraba que ésta le ayudaba de alguna manera. En vista de esto, le propuse que probásemos con un análisis de costes-beneficios. Le pedí que hiciera listas de todas las ventajas y las desventajas de preocuparse por su examen del colegio profesional. Como se ve en el siguiente formulario, la preocupación tenía bastantes ventajas, entre ellas: «La preocupación me mantendrá atenta, y así no me confiaré ni me olvidaré de estudiar». Comprendí de pronto por qué se me oponía Johanna. Había cierta sabiduría en renuencia al cambio, ya que un poco de ansiedad puede motivarnos para que rindamos al máximo.

Pero un exceso de ansiedad nos puede incapacitar. De hecho, la segunda desventaja que anotó en la lista desequilibró la balanza bruscamente. Como puede verse, escribió: «La preocupación constante me tiene paralizada. ¡No me ha rendido ni un minuto de estudio desde hace un mes!». Esta desventaja pesaba de por sí más que todas las ventajas; por ello, Johanna escribió un 20 y un 80 en los círculos de la parte inferior.

Yo le pregunté cuánta ansiedad le parecía que le hacía falta para prepararse bien para el examen. Ella valoraba su ansiedad en un 95%, en una escala del 0% (ninguna ansiedad) al 100% (pánico absoluto). Pero ¿cuál era la cantidad ideal? ¿Le bastaría con un 50%? ¿O con un 25%?

ANÁLISIS DE COSTES-BENEFICIOS DE JOHANNA

Describa la actitud, sentimiento o hábito que quiere cambiar: Preocupación por mi próximo examen para el colegio profesional de psicología.

Ventajas	Desventajas
1. No me llevaré ningún susto ni desilusión si suspendo.	1. Me sentiré desgraciada a cada momento, todos los días, hasta el examen.
2. La preocupación me mantendrá atenta, y así no me confiaré ni me olvidaré de estudiar.	2. La preocupación constante me tiene paralizada. ¡No me ha rendido ni un minuto de estudio desde hace un mes!
3. Podré sentirme airada porque el examen me parecerá injusto.	3. Con mi ira no haré más que castigarme a mí misma, pues las personas que preparan el examen no saben cómo me siento, ni les importa.
4. Podré sentir lástima de mí misma y hacer el papel de víctima.	4. La preocupación constante cansa bastante.
5. Mi marido intentará alegrarme y tranquilizarme asegurándome que voy a hacerlo bien.	5. Cuando mi marido intenta animarme, acabamos molestos el uno con el otro, porque yo no acepto lo que dice él.

(20) —————— (80)

Johanna dijo que le bastaría con un 10 o un 15%. Yo le contesté que podríamos trabajar juntos para reducirla hasta ese nivel, pero que si ella tenía la sensación de que se estaba relajando *demasiado*, podría enseñarle a sustituir sus pensamientos positivos por pensamientos negativos, para que pudiera generar de nuevo algo de ansiedad...

A Johanna le encantó esta idea, y de pronto se motivó mucho más para oponerse a los pensamientos negativos que le estaban angustiando tanto. Los desmintió todos rápidamente. Se sintió más relajada y empezó a estudiar sistemáticamente todas las noches. De hecho, casi toda su ansiedad desapareció al cabo de un par de días, y la labor de estudiar empezó a gustarle. Descubrió con sorpresa que no le hacía falta ninguna ansiedad para estudiar de manera eficaz. Algunas semanas más tarde, aprobó el examen del colegio de psicólogos con una de las notas más altas que se dieron en su Estado.

El ACB puede abrir la puerta a la posibilidad de cambio cuando usted se siente atascado. Es una manera de dar al diablo lo suyo. Descubrirá con frecuencia muchos motivos de peso para *no* cambiar. Lo más normal es que éstos pierdan su poder sobre usted cuando los traiga a la atención consciente.

El análisis de costes-beneficios paradójico

El ACB paradójico se apoya en el hecho de que si bien sus pautas de pensamiento, sus emociones y sus hábitos negativos pueden ser tremendamente dolorosos, también es posible que le produzcan algo positivo. Cuando usted realiza un ACB paradójico, sólo recoge en la lista las ventajas del pensamiento, la creencia, el sentimiento, la conducta o el hábito que intenta cambiar. No se moleste en enumerar las desventajas. Después, pregúntese a sí mismo: «Dadas todas las ventajas de esta actitud o de este sentimiento, *¿por qué* voy a cambiar?».

Verá a continuación varios pensamientos y hábitos negativos que serían objetivos adecuados para un ACB paradójico. Elija un pensamiento y un hábito que le interesen y anote en el siguiente formulario todas las ventajas que se le ocurran.

Pensamientos negativos

- Soy inferior.
- Los demás son los culpables de los problemas de mis relaciones con ellos.

ANÁLISIS DE COSTES-BENEFICIOS PARADÓJICO DE PENSAMIENTO

Escriba aquí el pensamiento que ha elegido: _____

Ventajas de creer este pensamiento

1. _____
2. _____
3. _____
4. _____
5. _____
6. _____

Malos hábitos

- Comer todo lo que quiero, siempre que quiero.
- Beber todo lo que quiero, siempre que quiero.
- Postergar las tareas.

ANÁLISIS DE COSTES-BENEFICIOS PARADÓJICO DE HÁBITO

Escriba aquí el hábito que ha elegido: _____
_____

Ventajas de este hábito

1. _____
2. _____
3. _____
4. _____
5. _____
6. _____

Cuando haya terminado, podrá repasar mis respuestas. Estas listas no son exhaustivas, y a usted se le pueden ocurrir todavía más ventajas que no haya pensado yo.

SOLUCIONES A LOS EJERCICIOS DE ACB PARADÓJICO

Ventajas de creer que soy inferior

1. Este pensamiento explica mis fracasos en la vida.
2. Puedo sentir lástima de mí mismo.
3. Me aporta un sentido de la identidad.
4. No tendré que correr riesgos ni probar cosas que me angustian.
5. No tendré que esforzarme mucho en el trabajo, ya que a las personas inferiores no se les puede exigir mucho.
6. Puedo albergar resentimientos secretos contra las personas que consiguen más que yo.
7. Este pensamiento parece válido, porque yo no tengo ningún talento especial y no he conseguido nunca nada único ni importante.

Ventajas de creer que los demás son los culpables de los problemas de mis relaciones con ellos

1. Puedo estar airado constantemente.
2. Puedo sentirme superior moralmente.
3. La ira da potencia, y por tanto me sentiré cargado de energía, vibrante y lleno de vida.
4. Es fácil. No tendré que cambiar.
5. Este pensamiento parece cierto, pues es verdad que los demás se comportan como unos repelentes.
6. Puedo sentirme inocente. No tendré que sentirme culpable.
7. No quiero pasar el dolor de examinar el papel que desempeño yo mismo en el problema.
8. Así tengo una explicación conveniente de mis problemas de relación con los demás.

9. Puedo ser hostil y hacer cosas desagradables. Puedo meterme con la otra persona o aplicarle la ley del silencio.
10. Puedo comportarme con simpatía y desquitarme de la otra persona de manera indirecta.
11. Puedo chismorrear y hacer que mis amigos reconozcan que la otra persona es una fracasada.

Ventajas de comer demasiado

1. La comida aporta una gratificación inmediata.
2. Comer lo que quiero, siempre que quiero, es una forma de libertad.
3. Cuando estoy trastornado o enfadado con alguien, puedo consolarme con la comida. Así puedo evitar el problema y no angustiarme.
4. Puedo sentir lástima de mí mismo porque estoy gordo.
5. Puedo sentir resentimiento contra los que desprecian a las personas demasiado gordas.
6. Hacer régimen es una privación enorme.
7. El ejercicio requiere mucho esfuerzo y disciplina.

Ventajas de beber

1. El efecto del alcohol es agradable.
2. Me permitirá relajarme y no sentirme tan incómodo en las situaciones de trato social.
3. Mi bebida favorita me sabe muy bien.
4. Podré tratar todos mis problemas emocionales con mi propia «medicación» especial.
5. Puedo evitar afrontar las cosas que me trastornan, como las discusiones con mi mujer.
6. Puedo justificar todo tipo de conductas agresivas o sexuales que no me plantearía estando sobrio.
7. Cuando bebo, me olvido de mis problemas.
8. Puedo reafirmar mi independencia y sentirme libre de hacer lo que quiero hacer de verdad. Los demás no tienen derecho a controlarme.
9. Mis amigos y yo lo pasamos bien bebiendo juntos.
10. Me permite desenfrenarme.
11. Puede dar emoción a mi vida.
12. Es la mejor manera de celebrar las cosas buenas.
13. Es una manera buena de gratificarme, porque mi vida es un asco. Me lo merezco.
14. ¡Para dejarlo tendría que ir a reuniones de Alcohólicos Anónimos y tratarme con toda esa gente aburrida y fingir que creo en Dios!

Ventajas de postergar las tareas

1. Puedo hacer otra cosa más agradable.
2. Las cosas que evito hacer probablemente no tendrán importancia a largo plazo.
3. Sería desagradable empezar.
4. En todo caso, lo que haga no será más que una gota de agua en el mar.
5. Puedo esperar hasta más tarde, cuando esté de mejor humor.
6. Puedo sentirme especial, ya que la gente especial, como los famosos o los reyes, no tienen que hacer tareas aburridas y desagradables.
7. Puedo desquitarme de la persona que me está fastidiando para que haga las cosas que he estado dejando para más tarde.
8. Tendré una buena excusa para fracasar en la tarea que estoy evitando, como estudiar o redactar un trabajo de curso. Si saco mala nota, podré decirme: «Bueno, es que tampoco me he esforzado. Si me hubiera esforzado, habría sacado una nota estupenda».
9. No tendré que sentirme aburrido ni angustiado, porque podré evitar todas las tareas desagradables que he estado postergando.

La técnica del abogado del diablo

La técnica del abogado del diablo es una de las más poderosas que se han desarrollado para superar los malos hábitos y las adicciones. Se basa en la idea, sencilla pero poderosa, de que los pensamientos positivos tentadores nos hacen recaer en los hábitos y en las adicciones.

Por ejemplo, cuando usted está de compras en el centro comercial y le llega el aroma seductor de la comida rápida, puede que se diga a sí mismo: «Caray, *qué bien* huelen esos bollos de canela con mantequilla. ¡Seguro que están *muy ricos*! Mmmm. Creo que voy a mirarlos más de cerca. Podría probar un poquito, sólo para ver cómo saben. Por probarlos no me va a pasar nada. Además, más tarde puedo salir a correr un poco y cenar una ensalada o unas zanahorias para compensar». Cuando usted empieza a pensar de esta manera, acaba deslizándose cuesta abajo, y le resulta prácticamente imposible resistirse al impulso de concederse el capricho.

Advierta que estos pensamientos son tan distorsionados como los que desencadenan la ansiedad y la depresión, aunque con una diferencia fundamental: están distorsionados en sentido *positivo*. Las distorsiones son, entre otras, las siguientes:

- **Pensamiento todo o nada:** usted se habla de los bollos de canela como si fueran el manjar más exquisito y delicioso que se hubiera creado nunca. ¿De verdad son tan buenos como se imagina?
- **Negación:** cuando usted está deprimido, puede pasar por alto o descartar todas las cosas buenas sobre sí mismo y llegar a la conclusión de que usted es un fracasado total. Esta distorsión se llama «descartar lo positivo». Cuando está sometido a una tentación, puede hacer justamente lo contrario. Niega o descarta los datos que no concuerdan con lo que usted piensa. En este caso, se está diciendo a sí mismo que *sólo los va a probar*. ¿Es esto realista? ¿Está siendo sincero consigo mismo? ¿Es verdad que dejó de comer después de haberlos probado?
- **Adivinación del porvenir:** puede que esté haciendo varias predicciones no realistas. En primer lugar, se está diciendo a sí mismo lo *maravillosa* que sería la vida si pudiera comerse un bollo de canela de ésos. La verdad es que no están malos, pero resultan algo pringosos, pesados y empalagosos, y después de comerse uno o dos puede que se sienta como si tuviera un bloque de cemento en el estómago. Además, quizá se esté diciendo a sí mismo que si no se concede ese capricho especial tendrá que padecer para siempre la desilusión y el disgusto. Pero la verdad es que, si no cede a la tentación, lo más probable es que ésta se le pase al cabo de cinco o diez minutos, y que se olvide de los bollos de canela. Y, por último, se está diciendo a sí mismo que si se come el bollo va a cenar una ensalada o unas zanahorias y que va a hacer mucho ejercicio. ¿*Es verdad* que va a hacer esas cosas?

La técnica del abogado del diablo puede resultar un antídoto eficaz para estos tipos de pensamientos tentadores. Implica la representación de papeles. En primer lugar, prepare una lista de todos los pensamientos que suele tener antes de caer en su hábito. Puede tratarse del deseo de beber, de comer demasiado, de postergar las tareas o de salir con una persona inadecuada. Entregue la lista a un amigo o familiar suyo y pida a esa persona que represente el papel del diablo que le está tentando para hacerle caer. La otra persona debe verbalizar los pensamientos tentadores de la manera más seductora que sea posible, hablando en segunda persona, «tú». Su tarea consiste en intentar rebatir al diablo.

Por ejemplo, el diablo puede decir: «*Te mereces* de verdad uno de esos bollos de canela tan ricos. Has tenido un día muy duro. Imagínate lo maravilloso que te sabrá, tan dulce y cremoso. ¡Adelante!».

Usted podría responder: «No, me siento gordo e hinchado, y lo más probable es que tampoco me sepa tan bien. También me merezco estar delgado y sano, y me sentiré mucho más satisfecho conmigo mismo si no cedo a este deseo».

Después, su amigo puede tentarle de nuevo, procurando con todas sus fuerzas convencerle para que ceda.

Puede resultar increíblemente difícil rebatir al diablo, sobre todo si la lista de pensamientos tentadores que ha preparado usted es sincera. Al fin y al cabo, los pensamientos tentadores llevan ganando la batalla mucho tiempo. Si se queda atascado y no se le ocurre ninguna manera de defenderse, inviertan los papeles para que su amigo pueda presentarle una respuesta más eficaz.

Si no tiene un amigo dispuesto a hacer una representación de papeles con usted, escriba un diálogo del abogado del diablo. Naturalmente, usted representará ambos papeles, el del diablo tentador y el de su mente defendiéndose. Cuando represente el papel del diablo, no olvide esforzarse con todas sus fuerzas para seducirse a sí mismo y hacer que ceda. De lo contrario, la técnica sería superficial e ineficaz. No tendría «dientes», por así decirlo.

Veamos un ejemplo. Supongamos que usted está luchando contra el deseo de postergar la labor de poner al día su contabilidad. Se siente angustiado porque lo ha estado dejando y está muy atrasado. El diálogo podría transcurrir así:

DIABLO: En realidad no hay ningún motivo para hacerlo ahora mismo, ¿sabes? Tienes cosas más importantes que hacer.

USTED: Tienes razón. Hay muchas cosas que podría hacer ahora mismo, pero esto de la contabilidad me ha estado comiendo por dentro. Si me pongo a trabajar en ello ahora mismo, será un alivio, y podré empezar a ponerme al día.

DIABLO: No; lo único que hará será angustiarte. En todo caso, éste no es buen momento.

USTED: Al principio me angustiará, pero lo más probable es que la ansiedad desaparezca en cuanto haya empezado. Y no habrá nunca un momento «bueno», de manera que me es igual empezar ahora mismo.

DIABLO: Lo puedes hacer más tarde, o mañana, cuando estés de mejor ánimo.

USTED: Bueno, podría hacerlo más tarde, pero probablemente tampoco esté entonces de mejor ánimo. De hecho, lo más probable es que no llegue a estar nunca de mejor ánimo. Si espero a que me apetezca hacerlo, me pasaré esperando toda la vida y el trabajo no se hará nunca.

DIABLO: Sí, pero será abrumador y estresante. Ahora mismo no tienes tiempo suficiente. Tienes demasiadas cosas que hacer.

USTED: Bueno, puede parecer abrumador y estresante al principio, pero lo más probable es que esos sentimientos desaparezcan en cuanto haya empezado. Además, puedo trabajar en ello sólo unos minutos. Sería un buen primer paso.

DIABLO: Eso sería una gota de agua en el mar. Tienes horas de trabajo por delante. Trabajar unos pocos minutos sería una pérdida de tiempo total. Además, ahora lo que te hace falta es un buen café. Te sabría maravillosamente y te daría algo de energía.

USTED: Sería mucho más maravilloso que dejara de perder el tiempo escuchándote y me pusiera a trabajar. Puedo tomarme un café dentro de un cuarto de hora, como premio. No quiero ser grosero, pero me temo que no puedo seguir hablando contigo porque tengo que ponerme a trabajar ahora mismo.

DIABLO: ¡Lo lamentarás! Va a ser espantoso.

USTED: No creo que lo lamente. Puede que me sienta confundido o angustiado al principio porque he pasado mucho tiempo escuchándote y dejándolo. En cuanto me ponga en marcha, resultará más fácil. Y, además, me olvidaré de ti. ¡Adiós!

La del abogado del diablo es una técnica paradójica, porque usted se tienta a sí mismo para hacer que caiga. No está intentando convencerse a sí mismo de que tiene que cambiar. Según parece, y por algún motivo, esta técnica aumenta la determinación de las personas para cambiar, y puede resultar notablemente eficaz.

Existen muy pocos programas de tratamiento basados en esta técnica para ayudar a las personas a superar los malos hábitos y las adicciones, si es que hay alguno. En este tipo de programa se parte, en cambio, del supuesto erróneo de que las personas *quieren* cambiar. Y, por ello, les enseñan a alcanzar sus objetivos de una manera sistemática e intentan convencerles de que tal o cual régimen o método arreglará el problema. Estos programas fracasan casi siempre porque no tienen en cuenta un hecho de importancia vital: que la mayoría de las personas que tienen malos hábitos *no* quieren cambiar. Los hábitos y las adicciones son gratificantes. ¡Estar colocado es divertido! Y ¿qué mejor que comer lo que se quiere cuando se quiere? Hace siglos, éste era un placer que sólo estaba al alcance de los emperadores y de los reyes. Caramba, es divertido hacer lo que se quiere cuando se quiere. ¿Por qué *iba a* cambiar usted?

Puede que usted diga, por quedar bien, que quiere cambiar y que piense que lo maravilloso que sería dejar de beber. Pero cuando abre la nevera después de un día de tensión y ve allí una hermosa botella de cerveza que le estaba esperando, su voz interior empieza a decirle: «¡Mmmm! Una buena cerveza fría sabría *muy bien* ahora mismo. Casi noto el sabor en la boca. ¡Cuánto me relajaría tomarme una cerveza mientras veo el partido en la televisión. Una cervecita no me puede hacer daño. He tenido un día duro y me merezco un descanso. Además, ¿por qué hay que ser tan buenos constantemente?».

Del mismo modo, si usted tiene exceso de peso, es probable que se diga a sí mismo lo estupendo que sería perder unos cuantos kilos y sentirse delgado, atractivo y sano. Pero la realidad es que no quiere hacer ningún régimen estúpido ni emprender un programa diario de ejercicios. La comida es uno de los grandes placeres de su vida. ¿Por qué renunciar a ella? Al fin y al cabo, los regímenes y el ejercicio exigen renuncia y disciplina. ¿A quién le hace falta eso?

Si usted no es capaz de refutar los pensamientos tentadores, las posibilidades de éxito de cualquier técnica o programa serán nulas. Al fin y al cabo, si quiere entrar al cine, antes tiene que comprar la entrada. Pero la buena noticia es ésta: cuando haya aprendido a refutar esos pensamientos, podrá hacer que casi *cualquier* técnica o programa le den resultado.

17

Técnicas antipostergación

La ansiedad puede producirle muchos problemas en la vida, entre ellos la postergación. Usted puede dejar para más tarde una tarea tal como escribir un trabajo, estudiar o preparar la declaración de la renta, porque se siente muy angustiado y abrumado cada vez que piensa en hacerlo. Se dice a sí mismo: «Ahora no es buen momento. Esperaré a estar de mejor humor». Pero el buen estado de ánimo no llega nunca, y cuanto más posterga la tarea, más angustiado y culpable se siente. Queda atrapado en un círculo vicioso. La ansiedad provoca postergación, y la postergación produce más ansiedad todavía.

También la depresión provoca postergación. Cuando usted está deprimido, no tiene ninguna motivación ni energía y pierde interés por la vida. Todo parece difícil y poco gratificante, y pasa el tiempo sin hacer nada. Esto hace que se sienta todavía más desmoralizado y deprimido, lo que provoca a su vez mayores postergaciones y queda atrapado en un círculo vicioso.

En el capítulo anterior aprendió dos técnicas que le ayudarán a superar la postergación: el análisis costes-beneficios paradójico y la técnica del abogado del diablo. En este capítulo aprenderá cuatro técnicas más que le ayudarán a romper el ciclo de la postergación y a hacer que sea más productivo y creativo:

1. La técnica de predicción del placer.
2. Pasos pequeños para grandes hazañas.
3. La técnica antipostergación.
4. La técnica de problemas y soluciones.

La técnica de predicción del placer

Quizá se acuerde de Nate, el catedrático angustiado del que hablamos en el capítulo 8, que creía que si no podía hacer algo perfectamente, no valía la pena hacerlo en absoluto. Cuando Nate utilizó la hoja de predicción de placer, descubrió con sorpresa que algunas de las grandes recompensas de la vida las obtenía con cosas que sólo realizaba de forma mediocre, tales como arreglar una cañería rota, pasearse por el bosque o jugar al squash con su hijo. Por el contrario, algunas cosas que hacía «perfectamente» resultaron ser estresantes y no gratificantes.

Puede ver un ejemplar de la hoja de predicción de placer en la página 201. En la columna de «Actividad» puede anotar sus proyectos de actividades que tienen posibilidades de producir placer, aprendizaje o desarrollo personal. Procure incluir actividades que pueda realizar tanto a solas, tales como «correr» u «ordenar mi mesa de trabajo», como con otras personas, tales como ir al cine o pasear con un amigo. En la columna de «Compañero», indique con quién piensa realizar cada actividad. Si piensa hacer algo a solas, escriba la palabra «Yo». Así recordará que nunca está verdaderamente solo, ya que siempre está consigo mismo.

En la columna de «Satisfacción prevista», escriba una predicción de lo satisfactoria que considera que será cada actividad, en una escala del 0% (nada en absoluto) hasta el 100% (satisfacción máxima). No olvide cumplimentar esta columna *antes* de realizar cada actividad. Cuando haya completado cada actividad, puntúe lo satisfactoria que resultó ser en la columna de «Satisfacción real». A menudo descubrirá que muchas actividades resultan mucho más gratificantes y satisfactorias de lo que esperaba usted. Este descubrimiento le motivará para hacer más todavía.

Muchas personas deprimidas evitan hacer cosas que antes les producían placer, porque se dicen a sí mismas: «Ay, eso no sería divertido. Sé que no disfrutaría con eso». De modo que se quedan paradas, haciendo muy poca cosa, y se deprimen todavía más. Después, piensan: «Caray, la vida es muy poco gratificante, tal como pensaba yo». Pero en esto interviene la adivinación del porvenir. Están haciendo una predicción no realista, pero no se dan cuenta de ello porque no se han molestado en comprobarlo.

También puede comparar la satisfacción que le producen las actividades que realiza a solas con la que le aportan las actividades que hace con otras personas. Muchas personas descubren que algunos de sus momentos más felices los pasan cuando están haciendo algo a solas. Quizás esto le ayude a desmentir la creencia de que la única felicidad verdadera se consigue estando con otras personas.

Cierto escritor llamado Raymond tenía enormes dificultades para trazar el esquema de su primera novela. Se quedaba horas enteras sentado ante la pantalla del ordenador, incapaz de escribir una sola frase. Una parte del problema estribaba en que el hermano menor de Raymond había saltado a la fama como estrella de cine casi de la noche a la mañana. Raymond estaba orgulloso de él, pero se sentía sometido a una gran presión que le obligaba a tratar de conseguir algo igualmente espectacular. Le parecía que, como hermano mayor que era, tenía el deber de alcanzar los mayores éxitos.

Pero el éxito de su hermano había puesto el listón a una altura casi inalcanzable. Siempre que Raymond y su hermano salían juntos, iban a comer a los restaurantes más exclusivos y les perseguían constantemente los *paparazzi* y multitudes de admiradores enfervorizados que pedían un autógrafo a su hermano. A éste le entrevistaban en programas de televisión casi todas las semanas.

Raymond constantemente soñaba despierto con conseguir éxitos increíbles como novelista y se decía que no podía sentirse realizado ni su vida tendría sentido mientras no escribiera la «gran novela americana». Era consciente de que sus metas inalcanzables estaban bloqueando su creatividad y le producían una intensa ansiedad, pero no era capaz de liberarse de la idea de que existía, verdaderamente, un cierto nivel de alegría o de satisfacción que sólo estaba al alcance de la *beautiful people*. Estaba convencido de que no conocería jamás la felicidad verdadera mientras no tuviera, al menos, tanto éxito como su hermano.

Pedí a Raymond que escribiera en la parte superior de una hoja de predicción de placer: «No me sentiré verdaderamente feliz ni realizado mientras no haya escrito la "gran novela americana", o mientras no haya conseguido algo espectacular». Después escribió una lista de actividades que podría realizar durante la semana siguiente e hizo una predicción del grado de satisfacción que le aportaría cada una.

HOJA DE PREDICCIÓN DE PLACER

Creencia: _____

Actividad Planifique actividades con posibilidades de placer, aprendizaje o desarrollo personal	Compañero Si piensa realizar la actividad a solas, escriba «Yo»	Satisfacción prevista (0%-100%) Anotar antes de realizar cada actividad	Satisfacción real (0%-100%) Anotar después de realizar cada actividad

Una de las actividades que incluyó en la lista fue llevar al zoo a su sobrina de 6 años por su cumpleaños. Como Raymond quería mucho a la niña, predijo un grado de satisfacción de un 70%. Resultó que lo pasaron maravillosamente, aunque no estaban haciendo nada extraordinario, por lo que puntuó su visita al zoo con un nivel de satisfacción del 99%. Aquello no concordaba en absoluto con su creencia de que jamás se sentiría feliz ni realizado mientras no hubiera conseguido algo espectacular. Raymond se dio cuenta de que había estado pasando por alto todo tipo de actividades «corrientes» con las que en realidad disfrutaba mucho. En consecuencia, dejó de esforzarse tanto y empezó a sentirse más relajado. Al parecer, y paradójicamente, esto le despertó la creatividad, y al poco tiempo ya estaba trabajando como loco en su novela.

Si bien la técnica de predicción de placer es bastante sencilla, se basa en una idea filosófica profunda. A veces creemos que debemos ser «especiales» y nos obsesionamos con la necesidad de conseguir algo espectacular. Tememos que, si no lo conseguimos, acabaremos siendo seres inferiores, de segunda, con vidas mediocres e insatisfactorias. O bien podemos centrarnos en otros tipos de necesidades, tales como la necesidad de ser amados o la necesidad de recibir la aprobación de todos, y nos decimos que si no las tenemos cubiertas, seremos desgraciados para siempre.

Las experiencias más memorables suelen ser muy corrientes, y cada minuto del día tiene la posibilidad de ser profundamente gratificante. La técnica de la predicción de placer no es más que una manera de convertir esta idea en una realidad emocional.

Pasos pequeños para grandes hazañas

Cuando tenga por delante un gran proyecto, quizá se abrume al intentar abordar demasiado de una vez. Entonces, puede que se dé por vencido y acabe por hacer poco o nada. Por ejemplo, si tiene que redactar un trabajo de fin de curso, quizá se diga a sí mismo que tiene que ir a la biblioteca y hojear veinte libros sobre el tema en una sola tarde. Pero esa tarea le parece tan abrumadora que acaba pasando la tarde con sus amigos en vez de dedicarse a hacer el trabajo.

En lugar de hacerlo así, divida una tarea compleja en una serie de pasos pequeños que pueda realizar en pocos minutos. Así podrá centrarse en cada paso, en vez de intentar hacerlo todo de una vez. Por ejemplo, el trabajo de fin de curso se lo puede plantear de la manera siguiente:

Paso 1: ir a la biblioteca en mi bicicleta.
Paso 2: buscar algo de bibliografía en el ordenador.
Paso 3: imprimir la lista de bibliografía.
Paso 4: localizar el primer libro de la bibliografía.
Paso 5: repasarlo.
Paso 6: escribir en una ficha un breve resumen de las conclusiones principales.

Cuando haya empezado, es posible que tenga una sensación de logro que le motive para hacer todavía más. Yo mismo suelo acabar trabajando varias horas en una tarea, a pesar de que sólo tenía intención de hacer uno o dos pasos.

También es posible que, cuando usted piense en una tarea que ha estado postergando, se diga a sí mismo: «Es que me parece que soy incapaz de ponerme a hacerlo». Dicho así, da la impresión de que hay alguna barrera u obstáculo invisible que le está frenando. Lo que usted quiere decir en realidad es «No quiero». ¡No es lo mismo *No quiero* que *No puedo*! La técnica de los pasos pequeños para grandes hazañas servirá para dejar bien clara esta diferencia.

Traté en cierta ocasión a un médico deprimido llamado Perry que postergaba cada mañana el acto de levantarse de la cama. En vez de levantarse por la mañana para ir al hospital y visitar a los pacientes, se quedaba en la cama. Se levantaba tarde, y no empezaba a ver a los pacientes hasta después de almorzar. Aquello le producía estrés, ya que siempre iba retrasado y le resultaba muy difícil ponerse al día.

Perry explicó que lo había intentado todo, hasta poner varios despertadores a la vez. Ponía cada uno un poco más lejos de su cama y los preparaba para que sonaran uno después de otro. Pero este esfuerzo era inútil, porque lo que hacía después era simplemente levantarse cuando sonaba el primero y desconectar todos los demás. Después se metía otra vez en la cama y se dormía tranquilamente.

Perry llevaba varios años sin ser capaz de salir de esta pauta. Me dijo que sencillamente *no podía* levantarse por la mañana y que necesitaba mi ayuda. Yo le dije que le ayudaría con mucho gusto, pero que quería tener claro qué tipo de ayuda buscaba. ¿Cuál era exactamente el problema con el que quería que yo le ayudase? Él me dijo que le parecía que me lo había dejado bien claro. Necesitaba ayuda para poder levantarse de la cama por la mañana.

Yo le dije que tendría mucho gusto en ayudarle a levantarse de la cama y le propuse que dividiésemos el trabajo en pasos pequeños para que yo pudiera descubrir con qué paso tenía que ayudarle. ¿Qué tendría que hacer Perry en primer lugar? ¿Y en segundo lugar? Llegamos a la conclusión de que los pasos eran seis:

1. Abrir los ojos.
2. Sacar de la cama la pierna derecha.
3. Sacar de la cama la pierna izquierda.
4. Sentarme en el borde de la cama.
5. Ponerme de pie junto a la cama.
6. Pasar al cuarto de baño.

A continuación pregunté a Perry si necesitaba ayuda con el primer paso. Por ejemplo, ¿sentía los párpados pesados y pegajosos cuando se levantaba? ¿Hacía un esfuerzo por abrirlos pero descubría que los tenía pegados?

Perry puso cara de perplejidad y dijo que nunca le había costado ningún trabajo abrir los ojos.

—De acuerdo —dije yo—; entonces, puede que necesites ayuda con los pasos segundo y tercero, sacar de la cama la pierna derecha y sacar de la cama la pierna izquierda. ¿Sientes las piernas especialmente rígidas o pesadas por las mañanas? Quizá podamos practicarlo en la consulta. Intenta mover ahora la pierna derecha para que yo vea qué pasa.

Perry dio muestras de enfado y dijo que *evidentemente* podía sacar las piernas de la cama.

—Perry —dije yo entonces—, te pido disculpas si mis preguntas parecen estúpidas. Quiero ayudarte de verdad, pero es que todavía sigo sin tener claro en qué quieres exactamente que te ayude. ¿Me lo puedes aclarar?

—Está bien —dijo Perry—. En lo que necesito que me ayudes es en el hecho de que todas las mañanas desconecto mis despertadores. Después, me doy la vuelta en la cama y me echo a dormir otra vez en lugar de levantarme y vestirme. ¿Puedes ayudarme?

Supongamos que usted es el psiquiatra de Perry. ¿Cómo aplicaría los pasos pequeños para grandes hazañas para ayudarle a levantarse de la cama y a vestirse por la mañana? Anote aquí sus ideas antes de seguir leyendo.

_____

_____

_____

_____

Solución

También en este caso tenemos que dividir la tarea en pasos minúsculos. ¿Qué es lo primero que tendría que hacer Perry si quiere levantarse y vestirse en vez de desconectar sus despertadores y volver a dormirse? Bien, tendría que sacar de la cama la pierna derecha, después sacar la pierna izquierda, y así sucesivamente. ¡Esta lista se parecerá muchísimo a la que acabamos de redactar!

La verdadera fantasía de Perry era que yo dispondría de alguna técnica mágica que serviría para que él quisiera levantarse por la mañana. En tal caso, la solución de su problema de postergación sería tan sencilla y natural como el acto de respirar. Pero eso sí que es una cosa que yo no puedo ofrecer, como tampoco puedo hacer que una piedra flote en el agua ni puedo decirle los números que saldrán premiados en la lotería. Lo más probable es que Perry *jamás* llegue a querer levantarse por las mañanas cuando esté cansado. Lo que querrá hacer es echarse a dormir otra vez.

Muchos postergadores quieren analizar por qué postergan las cosas. Se preguntan: «¿Por qué dejo las cosas para más tarde?», «¿Por qué estoy tan poco motivado?», «¿Por qué no soy capaz de levantarme de la cama por la mañana?», «¿Qué me pasó en mi infancia para ser tan perezoso?», «¿Es que mis padres me presionaron demasiado?». Aunque usted fuera capaz de descubrir por qué posterga las cosas, ¿acaso haría cambiar su vida ese descubrimiento? Por el contrario, si se limita a abordar la tarea paso a paso, en muchos casos se sentirá más motivado y dejará de preocuparse de por qué postergaba la tarea.

Uno de los mayores errores que cometen los postergadores es el de esperar a que les llegue la inspiración. Quizá se diga usted a sí mismo: «Haré esto cuando esté de mejor ánimo. Ahora mismo no me apetece». Pero ¿qué es primero? ¿La motivación o la acción?

Muchos postergadores creen que primero llega la motivación y después viene la acción. Las personas de mucho éxito saben que es al contrario. Primero es la acción; después, la motivación. No esperan a que les «apetezca» hacer algo. Simplemente, siguen adelante y lo hacen, les apetezca o no.

Si espera a que le «apetezca» hacer alguna tarea desagradable, se pasará esperando toda la vida. Yo sé que suelo sentir ansiedad cuando empiezo a realizar una tarea que he estado dejando para más tarde. En general no me suelo sentir motivado hasta que la tarea está casi completa. La verdadera pregunta no es: «¿*Puedo* hacer esta tarea?», sino más bien: «¿Estoy *dispuesto* a hacerla? ¿Cuánto valdría para mí hacerla?».

La técnica antipostergación

Esta técnica es semejante a la de los pasos pequeños para grandes hazañas, aunque es un poco más sofisticada. Tome una tarea compleja y abrumadora, divídala en pasos pequeños y fáciles y enumérelos en la primera columna de la hoja antipostergación que aparece en la página 206. En la columna siguiente escriba una predicción de la dificultad que atribuye a cada paso, según una escala del 0% (ninguna dificultad) al 100% (dificultad abrumadora). Después, haga una predicción de lo satisfactorio que cree que será cada paso, desde el 0% (nada satisfactorio) hasta el 100% (extremadamente satisfactorio). Después, póngase a trabajar en la tarea, un paso tras otro. Después de realizar cada paso, anote lo difícil y lo satisfactorio que resultó ser el paso en cuestión, según la misma escala del 0 al 100%.

Descubrirá con frecuencia que la tarea es mucho menos difícil y mucho más gratificante de lo que esperaba. Así desmentirá muchos de sus pensamientos negativos, tales como «Ay, es que va a ser *tan difícil*» o «*No soporto* trabajar en esto». El cambio de su estado de ánimo le motivará para hacer más.

Una estudiante de la Universidad de Pensilvania llamada Yolanda, me dijo que llevaba dos años intentando completar un trabajo de fin de curso que le había quedado pendiente en una asignatura de filosofía. Por mucho que lo intentaba, le parecía que no era capaz de hacer el trabajo. Yolanda sabía que no podría licenciarse mientras no presentara el trabajo, pero cada vez que lo pensaba se decía que no tenía ninguna idea creativa y que iba a resultarle demasiado frustrante trabajar en ello. Se pasaba incontables horas navegando por Internet, jugando a videojuegos y viendo la televisión en vez de dedicarse a hacer ese trabajo.

Pedí a Yolanda que me describiera cuál sería el resultado de una sesión de terapia que tuviera éxito. ¿Qué habría pasado si ella saliera de la sesión de hoy diciendo: «Caramba, qué sesión de terapia más estupenda hemos tenido»?

Yolanda dijo: «Saldría de aquí sintiéndome interesada por hacer el trabajo». ¿Qué piensa usted del objetivo de Yolanda para la sesión? ¿Le parece razonable? Escriba aquí sus ideas antes de seguir leyendo.

_____

_____

_____

_____

_____

Solución

Desde mi punto de vista, Yolanda no tiene ninguna opción de sentirse entusiasmada por su trabajo de filosofía hasta *después* de haber empezado a trabajar en él y de haber avanzado algo. También es concebible que llegue a realizar el trabajo completo, lo entregue y se licencie sin haber llegado a sentirse interesada por él *nunca*.

Los postergadores suelen creer que tienen derecho a disfrutar de las tareas difíciles o desagradables. Les parece que la vida debe ser siempre fácil e interesante y estar libre de frustraciones. ¡No me vengan con eso! La vida no es así. No existe ninguna regla que diga que la vida será siempre gratificante. Algunas tareas, tales como cumplimentar la declaración de la renta o archivar todos

LA HOJA ANTIPOSTERGACIÓN

Tarea Divida la tarea en pequeños pasos que pueda completar en pocos minutos	Dificultad prevista (0%-100%)	Satisfacción prevista (0%-100%)	Dificultad real (0%-100%)	Satisfacción real (0%-100%)
1.				
2.				
3.				
4.				
5.				
6.				
7.				

los papeles que se han ido acumulando en su mesa durante tres años, no llegarán a ser agradables *jamás*.

Si Yolanda quiere realizar su trabajo, puede disgregarlo en sus partes más pequeñas y hacer una predicción de lo difícil y satisfactorio que será cada paso en una escala del 0% (nada en absoluto) al 100% (totalmente). Después, podrá realizar los primeros pasos con independencia de lo angustiada o frustrada que se sienta. Cuando haya completado cada paso, podrá anotar lo difícil y lo satisfactorio que resultó ser el paso. Lo más probable es que al principio sienta algo de culpa, ansiedad y frustración. Pero también es posible que le sorprendan sus puntuaciones. Lo más probable es que los sentimientos negativos se reduzcan con el tiempo y que los sentimientos de satisfacción aumenten.

La técnica de los problemas y las soluciones

Imagínese que quiere emprender una tarea que ha estado dejando para más tarde: ordenar su mesa de trabajo, limpiar el garaje, archivar sus documentos, cortar el césped del jardín, hacer ejercicio, etc. Escriba aquí una breve descripción de la tarea.

———————————————————————————————————————

Ahora, dígame qué día le gustaría empezar a hacerla. Escriba aquí el día.

———————————————————————————————————————

Si ha escrito «Mañana», o «La semana que viene», mucho me temo que no puedo ayudarle. Sólo puedo ayudarle a trabajar en ello hoy. Dejarlo para mañana es la esencia misma del problema. ¿Estaría usted dispuesto a trabajar en ello hoy? Si la respuesta es «sí», dígame a qué hora le gustaría trabajar en ello. Escriba aquí una hora concreta.

———————————————————————————————————————

Supongamos que ha accedido a trabajar en ordenar su mesa de trabajo a las 3 de la tarde. Pregúntese si estaría dispuesto a trabajar en ello durante un tiempo muy limitado, digamos cinco minutos, a las 3 de la tarde. Haga una señal en uno de estos recuadros para expresar lo que siente al respecto:

No	Quizá	Sí

Si dice usted que cinco minutos no serían más que una gota de agua en el mar, yo le recordaría el viejo proverbio chino que dice que el viaje más largo empieza por un solo paso. Si intenta hacer demasiado al principio, se sentirá abrumado y lo más probable será que evite la tarea. Entonces, no hará nada. Pero cinco minutos de una tarea repelente se pueden aguantar. Y una vez haya empezado, es muy probable que se anime y acabe haciendo algo más. Cuando haya realizado sus cinco mi-

LISTA DE PROBLEMAS Y SOLUCIONES

Problemas	Soluciones
1.	1.
2.	2.
3.	3.
4.	4.
5.	5.
6.	6.
7.	7.
8.	8.

nutos, ya habrá completado el cien por cien de la misión y tendrá derecho a retirarse sin sentimiento de culpa. Todo lo que decida hacer a partir de entonces será de propina.

Si ha accedido a ponerse a trabajar en la tarea durante cinco minutos a las 3 de la tarde, escriba en la columna de la izquierda de la lista de problemas y soluciones una lista de todos los problemas concebibles que podrían presentarse para impedirle que empiece la tarea. Por ejemplo, podría decirse a sí mismo que tiene que hablar con un amigo que le ha llamado o que la verdad es que no está con ánimos y que mañana será mejor día. Cuando haya preparado la lista de todos los posibles obstáculos para empezar, escriba en la columna de la derecha la solución de cada problema. No hará falta que le ayude con este paso, pues normalmente las soluciones serán bastante evidentes. Intente hacerlo ahora. Puede ver en la página siguiente un ejemplo de lista de problemas y soluciones completada.

Una vez que mis pacientes han preparado las soluciones para todos los problemas de su lista, les hago un último encargo. Si han accedido a trabajar durante cinco minutos, esta tarde a las 3, en una tarea que han estado dejando para más tarde, les pregunto si estarían dispuestos a llamarme por teléfono a las 3.05 y dejar un mensaje en mi contestador. Pueden decir «Misión cumplida» o bien «Me negué con obstinación».

LISTA DE PROBLEMAS Y SOLUCIONES

Problemas	Soluciones
1. Puede llamar alguien, y yo pensaré que tengo que hablar con él o con ella.	1. Puedo decirle que estoy ocupado ahora mismo pero que le llamaré más tarde con mucho gusto.
2. Pensaré que tengo que ver las noticias para asegurarme de que no ha pasado nada importante.	2. Puedo recordarme a mí mismo que la CNN transmite las noticias 24 horas al día. Podré ponerme al día en cuanto haya terminado.
3. Uno de los chicos puede necesitar que lo ayude con algo.	3. Los chicos pueden esperarse cinco minutos. ¡No soy su esclavo!
4. Puedo pensar que no estoy de buen ánimo y que mañana será mejor día.	4. Mañana no será mejor día que hoy, y no estaré de buen ánimo mientras no empiece.
5. Puedo sentir hambre y pensar que debo comer algo primero para tener energía suficiente.	5. No me hace falta comer para pasarme cinco minutos ordenando mi mesa. ¡No es la maratón de Boston, y no me voy a desmayar de hambre!
6. Puedo decidir que tengo que echarme y descansar un poco para no agotarme.	6. Si sigo dejándolo me sentiré más cansado y desmoralizado. Lo más probable es que me sienta cargado de energía cuando haya empezado.
7. Puedo decirme que será mejor para mí salir antes a hacer algo de ejercicio.	7. El ejercicio es estupendo, y podré hacerlo después de haberme pasado cinco minutos ordenando mi mesa.
8. Puedo decidir que tampoco es tan importante como pensaba.	8. Ordenar mi mesa de trabajo no será lo más importante de mundo, pero sería estupendo empezar a hacerlo.

La mayoría de las personas con las que he trabajado han accedido a hacer la llamada, pero algunas se han negado a hacerlo. Decían que llamarles parecía una tontería o innecesario. A lo largo de los años, todos los pacientes que accedieron a llamarme realizaron la tarea y dejaron en mi contestador el mensaje «Misión cumplida». Por el contrario, todos los que se negaron a llamarme, tampoco realizaron la tarea. Yo concibo la llamada como una última prueba de motivación. Los pacientes que acceden a llamar me están diciendo, en realidad, que están dispuestos y preparados para seguir adelante con la tarea, y que son capaces de hacerlo.

La filosofía en que se apoya esta técnica es bastante sencilla. No existe ninguna barrera invisible que le retenga, y tampoco necesitará dar pasos muy complicados para resolver el problema. Así pues, la verdadera pregunta es ésta: ¿está usted dispuesto a hacer la llamada?

Tercera parte

El modelo de la exposición

18

La exposición clásica

Según un pasaje del Libro tibetano de los muertos

En la década de 1950 empezó a competir con el psicoanálisis una nueva forma de tratamiento llamada «terapia conductista». La terapia conductista se basaba en la idea de que las personas podían aprender a modificar de manera rápida y directa sus sentimientos y sus conductas problemáticas en vez de quedarse acostadas en el diván del psicoanalista a practicar la libre asociación o a explorar el pasado. Los psicoterapeutas conductistas eran conscientes de que los descubrimientos acerca del origen del problema no solían resultar útiles. Descubrieron que las personas que padecían ansiedad solían ser capaces de vencer sus miedos simplemente exponiéndose a la cosa temida. Por ejemplo, si usted tenía miedo a las serpientes, su psicoterapeuta podía ayudarle a que tomara con las manos una culebra común inofensiva. Al principio, usted sentiría una oleada intensa de ansiedad, pero si sostuviera la serpiente durante el tiempo suficiente, el miedo acabaría por reducirse y desaparecer.

La exposición a aquello que temía el paciente solía resultar curativa. Los psicoterapeutas conductistas desarrollaron diversas técnicas de exposición que desempeñan actualmente un papel vital en el tratamiento de todos los trastornos de ansiedad. No obstante, yo no soy muy partidario del término «terapia conductista», porque es demasiado impreciso. Casi cualquier cosa puede considerarse «conducta». Prefiero el término «terapia de exposición», que es más descriptivo.

La terapia de exposición se basa en una leyenda del *Libro tibetano de los muertos*. Según esta leyenda, cuando nos morimos, nos despertamos en un lugar oscuro. De pronto, aparece en la oscuridad un monstruo terrorífico. El monstruo representa los peores miedos que hemos tenido en la vida y es diferente para cada persona, ya que cada uno tenemos miedos y vulnerabilidades diferentes.

Cuando aparece el monstruo tenemos dos opciones. Podemos intentar huir o podemos rendirnos. Si intentamos huir, lo conseguiremos (aunque a duras penas), y al poco tiempo quedaremos sumidos de nuevo en la oscuridad.

Surgirá entonces de la oscuridad un segundo monstruo. Éste será casi tan terrorífico como el primero, pero algo menos, y nos encontraremos ante la misma disyuntiva: rendirnos o huir. Si intentamos huir, lo conseguiremos, pero volveremos a encontrarnos a oscuras al poco rato. Cada vez que huimos, aparece otro monstruo terrorífico. Cada uno será un poco menos terrorífico que el anterior, y si echamos a correr a duras penas conseguiremos que no nos alcance.

Según la leyenda, el número de monstruos que tendremos que afrontar depende del número de días del mes en que morimos. Si morimos en enero, habrá un total de treinta y un monstruos, porque enero es un mes de treinta y un días. Si huimos de todos los monstruos, nos reencarnaremos en forma de un ser muy inferior, como por ejemplo un gusano. Si nos rendimos a uno de los monstruos, nos reencarnaremos a un nivel superior. Cuanto más temible sea el monstruo al que nos hemos rendido, mayor será nuestro nivel en nuestra vida siguiente.

En el caso de que nos rindamos al primer monstruo, el más terrorífico, pasarían dos cosas. En primer lugar, descubriríamos que el monstruo no era real. Nos daríamos cuenta de que no era más que una ilusión y de que nunca tuvimos nada que temer, desde un primer momento. Veríamos que el monstruo no tiene dientes. Esto sería un triunfo increíble. Además, el descubrimiento podría parecer increíblemente gracioso, y lo más probable sería que nos echásemos a reír, al darnos cuenta de que nuestros miedos habían sido consecuencia de una gran broma cósmica que había perdurado durante todas nuestras reencarnaciones anteriores.

En segundo lugar, no tendríamos que volver a pasar por el ciclo de la vida y de la muerte. En vez de reencarnarnos, seríamos transportados a un plano superior de la existencia, como es el Nirvana. Si bien esto no es más que una leyenda, contiene mucha verdad. Si usted quiere alcanzar la liberación de sus miedos, tendrá que plantar cara al monstruo que más teme. Ésta es la esencia de la terapia de exposición: la evitación mantiene viva nuestra ansiedad, la exposición conduce a la curación.

Sin embargo, la mayoría de las personas que padecen ansiedad evitan las cosas que más temen, por lo que no alcanzan nunca la iluminación o el alivio. Si usted tiene miedo a las alturas, evitará los lugares altos, porque le hacen sentirse mareado y angustiado. Si es tímido, evitará a la gente, porque se sentirá muy inseguro. La evitación alimenta sus miedos, y su ansiedad crece como la espuma. Si quiere curarse, tendrá que hacer frente a la cosa que más teme. Esta regla no tiene excepciones.

Existen tres tipos básicos de exposición: la exposición clásica, la exposición cognitiva y la exposición interpersonal. Las técnicas que siga usted dependerán de la naturaleza de sus miedos, como se ve en la tabla de la página siguiente. La exposición clásica consiste en afrontar sus miedos en la realidad. Estas técnicas resultan especialmente efectivas con las fobias, tales como el miedo a las alturas, a la sangre, a los ascensores, a los espacios cerrados o a los animales. Las técnicas de exposición clásica desempeñan también un papel vital en el tratamiento del trastorno obsesivo-compulsivo y de otros muchos tipos de ansiedad.

La exposición cognitiva consiste en enfrentarse a sus peores miedos con la imaginación. Las técnicas de exposición cognitiva pueden desempeñar un papel fundamental en el tratamiento de casi todos los tipos de ansiedad, tales como la preocupación crónica, los ataques de pánico, el trastorno de estrés postraumático, el trastorno obsesivo-compulsivo, las fobias, la agorafobia, la timidez, la ansiedad por hablar en público y el trastorno dismórfico corporal.

La exposición interpersonal consiste en afrontar sus miedos a las demás personas para poder superar la timidez y otros tipos de ansiedad social, tales como la ansiedad por hablar en público o incluso las entrevistas para un puesto de trabajo. En el capítulo 23 veremos que las técnicas de exposición interpersonal también pueden resultar útiles para el tratamiento del trastorno dismórfico corporal.

Para la práctica de todas las formas de exposición hace falta un valor enorme, pero los resultados bien valdrán la incomodidad que tendrá que soportar usted. En este capítulo vamos a estudiar cuatro técnicas de exposición clásica: la exposición gradual, la inundación, la prevención de respuesta y la distracción.

EXPOSICIÓN DE TÉCNICAS SELECTIVAS

Distorsión	Exposición clásica	Exposición cognitiva	Exposición interpersonal
Preocupación crónica		✓	
Ataques de pánico		✓	
Agorafobia	✓	✓	
Miedos y fobias	✓	✓	
Timidez	✓	✓	✓
Síndrome de la vejiga tímida	✓	✓	
Ansiedad por los exámenes	✓	✓	
Ansiedad por hablar en público	✓	✓	✓
Ansiedad por la actuación	✓	✓	✓
Obsesiones y compulsiones	✓	✓	
Trastorno por estrés postraumático		✓	
Preocupaciones por la salud (hipocondría)	✓	✓	
Preocupaciones por el aspecto físico (Trastorno dismórfico corporal)	✓	✓	✓

La exposición gradual

Uno de mis alumnos psiquiatras, el doctor Anthony Mascola, trató hace poco tiempo a una mujer de 31 años llamada Magdalena que tenía fobia a la sangre y a las agujas. El problema de Magdalena se manifestó cuando su marido tuvo que someterse a un trasplante de hígado. Magdalena tenía que pasar mucho tiempo en el hospital, junto a la cama de su marido, mientras las enfermeras le cambiaban los vendajes, le tomaban muestras de sangre con frecuencia y le administraban líquidos por vía intravenosa. Magdalena padecía sensaciones constantes de pánico y estuvo a punto de desmayarse en muchas ocasiones.

Las personas que padecen fobia a la sangre se desmayan a veces cuando ven agujas o sangre. Existe un método sencillo para evitar este problema. Si siente usted que está a punto de desmayarse, puede tensar los músculos de las piernas, de los brazos y de la cara, como si estuviera levantando pesas en el gimnasio. Después, puede relajar los músculos y volver a tensarlos de nuevo. Al hacer esto varias veces, aumentará la aportación de sangre al cerebro y normalmente se evitará el desmayo. Algunas personas afirman que también les resulta útil la maniobra de Valsalva. La maniobra de Valsalva consiste en intentar soplar con fuerza mientras se tiene cerrada la boca y taponada la nariz. Así se produce un aumento pasajero de la presión sanguínea y el corazón bombea más sangre.

Magdalena estaba muy motivada para superar su fobia a la sangre y a las agujas, pues no quería tener ataques de pánico ni desmayarse cada vez que visitaba a su marido en el hospital. El doctor Mascola y ella decidieron probar con la exposición gradual. Desarrollaron entre los dos la siguiente jerarquía del miedo. Como puede verse, hicieron una lista de diversas situaciones temidas en las que intervenía la sangre y las agujas, puntuándolas según una escala que iba del 1 (la menos temible) al 10 (la más temible). El primer ítem de la jerarquía del miedo de Magdalena es simplemente imaginarse que está esperando a que le extraigan sangre. Esto se llama «inundación cognitiva». La inundación cognitiva consiste en imaginarse la cosa que usted más teme, de la manera más vívida posible e inundarse de ansiedad, sin intentar combatirla ni controlarla. La inundación cognitiva es, en realidad, una técnica de exposición cognitiva, y la veremos con más detalle en el capítulo siguiente.

El doctor Mascola le pidió a Magdalena que cerrara los ojos, se relajara y se imaginara la escena. Le dijo:

LA JERARQUÍA DEL MIEDO DE MAGDALENA

Describa su miedo: Fobia a la sangre y a las agujas.
Escriba la actividad que menos miedo le produzca en el nivel 1 y la que más, en el nivel 10.

Nivel	Lo que temo
1	Imaginarme que estoy esperando a que me extraigan sangre. Visualizar la sala y al operador. Imaginarme el olor del alcohol. Imaginarme que el operador me ata la goma elástica y me inserta la aguja. Ver que el tubo se llena de sangre. ¡Huy!
2	Escribir una descripción detallada de una vez que me extrajeron sangre y me desmayé.
3	Mirar durante mi sesión de terapia el instrumental que se utiliza para extraer sangre, como la goma elástica, los tubos, los algodones y la aguja.
4	Tocar el instrumental con las manos, incluso la aguja.
5	Tocarme el brazo con la aguja protegida por su capuchón.
6	Retirar el capuchón y tocarme el brazo con la aguja.
7	Ir al laboratorio donde se extrae sangre y ver cómo extraen sangre a alguien.
8	Dejar que me extraigan sangre sin mirar.
9	Mirar cómo me extraen sangre.
10	Donar medio litro de sangre al banco de sangre.

Imagínate que estás en el laboratorio clínico esperando que te hagan la extracción de sangre. ¿Ves la sala? Acaba de entrar el operador, con su instrumental en una bandeja. Ves la goma, el alcohol para desinfectar, los tubos para la sangre y la aguja. El operador parece nervioso, y explica que es un estudiante de medicina.

Ahora te ata la goma al brazo y te dice que cierres el puño para que te resalten las venas. Te desinfecta el brazo con un algodón empapado en alcohol. ¿Hueles el alcohol? Ahora está buscando una vena. Saca la jeringa del envoltorio. Ves la punta de la aguja. La mueve hacia tu brazo. Te la va a clavar.

Ahora te está clavando la aguja en el brazo, pero no encuentra la vena. Pide disculpas y dice que sólo había hecho esto una o dos veces hasta ahora y que tendrá que volver a intentarlo.

La ansiedad de Magdalena subió hasta el 100%. El doctor Mascola siguió aplicando esta técnica a lo largo de la sesión. Al final de la misma, la fantasía le seguía provocando una gran tensión a Magdalena.

El doctor Mascola indicó a Magdalena que visualizara la escena en su casa todos los días durante un cuarto de hora. Cuando hubo practicado por su cuenta varias veces, Magdalena advirtió que su ansiedad se hacía menos intensa. Al cabo de poco tiempo, era incapaz de angustiarse imaginándose la escena.

A continuación, Magdalena abordó el nivel 2 de su jerarquía del miedo. Escribió una descripción detallada de una vez que le extrajeron sangre y se desmayó. Nunca se había permitido a sí misma pensar en esta escena, pues le provocaba una gran ansiedad. Cuando empezó a escribir sobre ello se angustió, pero la ansiedad le había desaparecido casi del todo cuando hubo terminado, al cabo de veinte minutos.

Magdalena pasó al nivel 3 de su jerarquía del miedo. El doctor Mascola trajo a la sesión de terapia un instrumental para extraer sangre, y Magdalena lo miró sin tocarlo. Su ansiedad subió al 100%, pero al cabo de unos minutos fue capaz de mirar el instrumental sin sentir gran ansiedad.

Acto seguido, Magdalena tocó el instrumental durante algunos minutos (nivel 4) y después dejó que el doctor Mascola le tocara el brazo con la punta de la aguja, protegida por un capuchón (nivel 5). Su ansiedad volvió a subir al 100%, pero cayó hasta casi el 0% al cabo de cinco minutos. Después, Magdalena retiró el capuchón de la aguja y dejó que el doctor Mascola le tocara la parte interior del brazo con la punta de la aguja. La ansiedad le subió de nuevo al 100%, pero volvió a caer de nuevo casi hasta el 0%.

Magdalena realizó por su cuenta el nivel 7 de su jerarquía. Fue al laboratorio clínico de un hospital de su localidad y vio cómo extraían sangre a varias personas. La ansiedad intensa que sintió cuando entró en el laboratorio clínico le desapareció al cabo de veinte minutos y llegó a ser capaz de ver cómo extraían sangre a la gente sin sentir la menor ansiedad.

En la sesión siguiente, el doctor Mascola y Magdalena fueron juntos al laboratorio clínico, y a ella le extrajeron una muestra de sangre (nivel 8). Magdalena no se desmayó, por primera vez en su vida. De hecho, optó por mirar cómo le hacían la extracción y se sintió relajada durante todo el proceso (nivel 9). El doctor Mascola estaba tan animado que me llamó a mi casa para comunicarme la buena noticia. Estaba emocionado. Una de las verdaderas alegrías de trabajar como profesional de la salud mental es ver cómo las personas vencen problemas que les han atormentado durante muchos años. Yo creo que esto es posible para todas las personas que sufren depresión o ansiedad.

Magdalena dijo que estaba preparada para el nivel 10 de su jerarquía del miedo: donar sangre en el banco de sangre que estaba cerca de su casa, en Sacramento. Para ello tendría que pasarse media hora tendida en una mesa con una aguja en la vena. Magdalena se forzó a sí misma a pasarse todo ese rato mirando la aguja y viendo salir la sangre de su brazo. No se mareó ni sintió ninguna ansiedad en absoluto.

Magdalena no cabía en sí de gozo. Cuando salía del banco de sangre, vio un aviso que decía que se necesitaban voluntarios para trabajar en el autobús local de donación de sangre. Pensó «¿Por qué no?», y se apuntó ahí mismo. Puede parecer sorprendente, teniendo en cuenta su intensa fobia a la sangre y a las agujas, pero cuando se vence un miedo suele alcanzarse tal sensación de regocijo que lo mismo que nos aterrorizaba se convierte en muchos casos en algo agradable.

Usted puede cumplimentar su propia jerarquía del miedo utilizando el siguiente formulario en blanco. Relacione la actividad menos temible como nivel 1, y la más temible como nivel 10. Recuerde que las claves del éxito suelen ser la entrega y la aceptación. Procure hacer que la ansiedad sea todo lo intensa que pueda, durante todo el tiempo que pueda, en cada paso de su jerarquía del miedo. En la mayoría de los casos, la ansiedad terminará por reducirse y desaparecer. En ese momento descubrirá de pronto que ha vencido al monstruo.

MI JERARQUÍA DEL MIEDO

Describa su miedo: _____
Escriba la actividad que menos miedo le produzca en el nivel 1 y la que más, en el nivel 10.

Nivel	Lo que temo
1	
2	
3	
4	
5	
6	
7	
8	
9	
10	

La inundación

Cuando usted aplica la exposición gradual, se expone a la cosa que teme en pasos pequeños, para que la exposición no resulte tan terrorífica. Por el contrario, cuando aplica la inundación, se expone de una vez a lo que teme y se rinde a los sentimientos de ansiedad hasta que éstos desaparezcan.

En mi segundo año de instituto, cuando estudiaba enseñanza secundaria, quise colaborar como tramoyista en la representación de la obra *Brigadoon*. El profesor de arte dramático, el señor Cranston, me dijo que los tramoyistas tenían que subir por escaleras de mano hasta el techo y moverse por andamios para ajustar la iluminación. Yo le dije que eso podría ser problemático para mí, pues me daban miedo las alturas. Él me dijo que no podría ser tramoyista mientras no estuviera dispuesto a superar mi miedo. Le pregunté cómo podía conseguir eso.

Me dijo que era bastante sencillo. Puso en el centro del escenario una escalera de mano de seis metros y me dijo que subiera por ella y me pusiera de pie sobre el último peldaño. Yo, como era bastante confiado, subí por la escalera, peldaño tras peldaño, hasta que llegué a lo alto. ¡Entonces me di cuenta de que ahí no había nada de qué sujetarse y me quedé aterrorizado! Pregunté qué tenía que hacer. El señor Cranston me dijo que no tenía que hacer nada, salvo quedarme allí hasta que estuviera curado. Me esperó al pie de la escalera y me animó a que aguantara.

Me quedé absolutamente paralizado durante un cuarto de hora. Después, el miedo se empezó a pasar de pronto. Al cabo de uno o dos minutos, desapareció por completo. Anuncié con orgullo:

—Señor Cranston, creo que ya estoy curado. Ya no me dan miedo las alturas.

—¡Estupendo, David! —dijo él—. Ya puedes bajar. Bienvenido al equipo de tramoyistas de *Brigadoon*.

Me sentí orgulloso de ser tramoyista y me encantaba moverme por los andamios, cerca del techo del teatro, manejando los telones y las luces. Me sorprendió que una cosa que había temido con tal intensidad se hubiera vuelto tan emocionante.

¿Por qué desapareció mi ansiedad de pronto cuando estaba en lo alto de la escalera? Los expertos no entendemos del todo cómo ni por qué funciona la exposición, pero sí que sabemos que cuando uno se expone durante el tiempo suficiente a la cosas que teme, lo habitual es que desaparezca la ansiedad. Simplemente, la ansiedad no puede durar toda la vida. Al cabo de un cierto tiempo desaparecen los síntomas físicos, tales como el mareo y la sensación de tener el estómago revuelto.

La clave de toda ansiedad es la percepción del peligro. Cuando llevaba algún rato de pie en lo alto la escalera, empecé a comprender que no iba a caerme y que no corría ningún peligro. En ese momento me desapareció de pronto la ansiedad y la experiencia empezó a resultar agradable y emocionante. La exposición siempre funciona a base de cambiar nuestra manera de pensar.

Si la inundación le parece demasiado abrumadora, una alternativa excelente es la exposición gradual. Por ejemplo, si tiene miedo a las alturas, puede limitarse a subir un par de peldaños en una escalera de mano y pasarse allí dos minutos antes de volver a bajar. Cuando se sienta cómodo allí, podrá subir otro peldaño o dos y quedarse allí hasta que le desaparezca la ansiedad. Cada vez que practique podrá subir un poco más. Al final, será capaz de subir hasta arriba del todo sin sentirse tan angustiado. Este planteamiento sería menos traumático que el de subir hasta arriba del todo en el primer intento.

Se han realizado muchísimas investigaciones sobre la inundación y la exposición gradual, y ambas técnicas son eficaces. La exposición gradual requiere más tiempo que la inundación, pero asusta menos. Yo prefiero la inundación, porque normalmente permite resolver el problema enseguida.

Muchas personas que padecen ansiedad se resisten en un principio a probar la exposición gradual o la inundación. Señalan que han sufrido traumas repetidos por la exposición a la cosa que temen, a pesar de lo cual siguen sintiéndose tan angustiados como siempre. Sin embargo, existe una diferencia sutil entre la exposición accidental y la intencional. Cuando usted aplica las técnicas de exposición, se expone *intencionadamente* a la cosa que teme, con la decisión de aguantar por muy angustiado que esté. En vez de intentar huir de su ansiedad o controlarla, se rinde ante ella. Intenta pasarlo lo peor posible durante el mayor tiempo posible.

Esto es diametralmente opuesto a lo que hace la mayoría de la gente angustiada. Cuando se encuentran accidentalmente con la cosa que temen, huyen con todas sus fuerzas. Muchos psicoterapeutas caen en esa misma trampa. Enseñan a las personas angustiadas a relajarse y a controlar su ansiedad. Estas estrategias refuerzan la idea de que la ansiedad es peligrosa y de que hay que controlarla. Habitualmente es más eficaz rendirse a la ansiedad. Esto se parece mucho a plantar cara a un matón y decirle: «Adelante, pega. No pienso huir más de ti».

Una mujer llamada Cassandra acudió a mi consulta de Filadelfia después de que su marido y ella leyeran mi libro *Sentirse bien*. Cassandra era una mujer bellísima que había ganado varios concursos de belleza cuando estaba en la universidad. Además, era increíblemente encantadora y divertida. Su marido había sido jugador profesional de béisbol en los Texas Rangers, y después de retirarse del deporte había alcanzado un cargo de vicepresidente en una compañía de seguros. Parecía que Cassandra lo tenía todo, pero llevaba años sufriendo depresión y ansiedad y tenía una fobia aguda a los ascensores. Aquello representaba un problema para ella, pues la oficina de su marido estaba en lo alto de un rascacielos. Sólo le había visitado una vez… ¡subiendo sesenta pisos a pie!

Por entonces teníamos en marcha en la consulta un programa intensivo de terapia. Venían personas de todo el país para asistir todos los días durante varias semanas a series de sesiones impartidas por un grupo de psicoterapeutas que trabajábamos en equipo. Solíamos ayudar a las personas a superar rápidamente problemas que tenían desde antiguo por medio de este planteamiento intensivo.

Cassandra había pasado quince años recibiendo psicoanálisis para superar su fobia a los ascensores. Su psicoanalista le había explicado que la fobia estaba desencadenada por algo que tenía enterrado en su pasado y que requeriría un trabajo intenso y prolongado a base de explorar su infancia. Pero ella se había pasado quince años explorando su infancia tendida en el diván, y seguía teniendo el mismo miedo a los ascensores que el día que empezó con el psicoanálisis. También había tomado medicamentos de todo tipo, pero tampoco éstos le habían servido.

En su primera visita, Cassandra estaba llena de aprensión y me preguntó si una persona con problemas tan graves y profundos como los de ella tenía alguna esperanza. Yo le expliqué que el pronóstico era muy prometedor, pero que para tratar de manera eficaz cualquier tipo de ansiedad siempre hace falta bastante valor. Le pregunté qué daría ella por curarse. Cassandra dijo que haría casi cualquier cosa con tal de superar sus miedos, y me dijo que estaba dispuesta a quedarse en Filadelfia el tiempo que hiciera falta. Me preguntó cuánto tiempo sería necesario. ¿Meses? ¿Años?

Yo le dije que cada persona era un caso aparte, pero que solía tardarse unos veinte minutos en superar una fobia a los ascensores. Ella pareció sorprendida, como mínimo, y me preguntó cómo funcionaba el tratamiento. Yo le dije que, en realidad, era bastante sencillo: lo único que tenía que hacer era meterse en un ascensor y quedarse allí hasta que estuviera curada. Le dije que había un ascensor al fondo del pasillo y que si ella quería ir allí y empezar ya, yo la esperaría con mucho gusto en mi consulta, ya que tenía que poner algunos papeles al día. Después, tendríamos tiempo de completar su historia clínica cuando volviera a la consulta, ya curada.

Cassandra pareció molesta y protestó, diciendo que había venido a verme desde Texas, que me estaba pagando un buen dinero por el tratamiento y que no estaba dispuesta a ir a curarse sola mientras yo me quedaba sentado ordenando papeles. Me dijo que tendría que subirme yo también al ascensor y acompañarla para que no tuviera tanto miedo.

Yo le expliqué que aquello sería absolutamente contraproducente, ya que el tratamiento no daría resultado si ella se asustaba.

—Bueno —dijo ella—; ¡entonces, al menos debe quedarse fuera del ascensor, esperándome!

—De acuerdo. Trato hecho —dije yo.

Cuando íbamos por el pasillo, Cassandra me dijo que sentía demasiado miedo para subirse al ascensor. Yo le pregunté de qué tenía miedo. Me dijo que creía que las paredes del ascensor se le iban a venir encima y la iban a aplastar, o que se iba a consumir el oxígeno dentro del ascensor y ella se iba a asfixiar. Yo le dije que cuando entrase en el ascensor podía hacer un par de experimentos sencillos para ponerlo a prueba. Podía tocar las paredes y ver si parecía que se le venían encima, y podía respirar hondo un par de veces para ver si quedaba oxígeno.

Llegado este punto, Cassandra puso cara de pánico y dijo:

—Pero ¿no cree que deberíamos hablar un poco más de los orígenes de mis miedos antes de que yo intente una cosa tan radical?

—Cassandra, ¡qué alivio me produce oírte decir eso! —dije yo—. Era lo que esperaba que dijeras. Podemos pasarnos unos cuantos años hablando de los orígenes de tus miedos si quieres. Me parece que eres una persona muy interesante, y además eres paciente de pago, así que esto me ayudará a sacar adelante mi consulta. Vaya, hasta podría comprarme un diván de psiquiatra nuevo para ti.

Al parecer, esto surtió su efecto. Aunque Cassandra estaba temblando, dijo que se disponía a demostrarme que era capaz de hacer lo que tenía que hacer, y que no pensaba perder ni un minuto más hablando de su infancia. Me preguntó qué debía hacer con la ansiedad y el pánico que sentía. Yo le expliqué que no debía hacer nada. Le dije que procurara hacerlos tan intensos como fuera posible y que cuando estuviera en el ascensor intentara sentirse muerta de miedo. Le dije que era el precio que tendría que pagar para curarse, pero la tranquilicé diciéndole que la ansiedad no duraría para siempre, por lo cual ella no debía intentar combatirla ni controlarla de ninguna manera.

—Pero ¿y si la gente se fija en que estoy todo el rato en el ascensor, subiendo y bajando, subiendo y bajando, sin apearme? —me preguntó—. ¿Y si me toman por loca?

—Diles, simplemente, que estás haciendo un tratamiento para tu fobia a los ascensores y que tu psiquiatra te está esperando en el tercer piso —le recomendé—. Así tendrás de qué hablar.

Cassandra tragó saliva con fuerza y entró en el ascensor. Las puertas se cerraron. Yo me senté en el suelo del pasillo y me puse a esperar, preguntándome qué pasaría. Contemplé las luces indicadoras del ascensor, que subían hasta lo alto del edificio y después volvían a bajar hasta la planta baja, para volver a subir de nuevo, con paradas por el camino. Parecía que, por algún motivo, el ascensor siempre hacía paradas en el segundo piso y en el cuarto.

Al cabo de unos veinte minutos se abrieron las puertas del ascensor y salió Cassandra con una sonrisa radiante, como si acabara de ganar otro concurso de belleza. Me explicó que había pasado varios minutos en estado de pánico, pero después había empezado a darse cuenta de que las paredes no se le venían encima y que podía respirar bien. Después, había empezado a charlar con dos hombres jóvenes que trasladaban cajas del cuarto piso al segundo porque se trasladaban a unas oficinas más grandes. Los jóvenes preguntaron a Cassandra por qué estaba siempre en el ascensor. Ella les explicó, con su encantador acento texano, que era muy neurótica, que estaba haciendo un tratamiento para curar su fobia a los ascensores y que su psiquiatra le estaba esperando en el tercer piso mientras ella se curaba.

Aquello encantó a los jóvenes. La charla amistosa levantó el ánimo a Cassandra, y al poco rato se le había pasado la ansiedad por completo. Había pasado un rato más en el ascensor porque lo estaba pasando muy bien hablando con los jóvenes. ¡Cuando se bajó del ascensor, me dijo que no imaginaba lo divertido que podía ser pasar el rato en los ascensores, coqueteando con jóvenes guapos!

Cassandra superó rápidamente su fobia a los ascensores gracias a la inundación. La exposición gradual hubiera sido también una alternativa razonable, pero habría requerido más tiempo. Si hubiésemos aplicado la exposición gradual, habría pedido a Cassandra que trazara una jerarquía del miedo como la que aparece a continuación, poniendo al principio de la lista, como nivel 1, la situación que le provocaría menos ansiedad, y como nivel 10 la que más. Así podría haber ido subiendo gradualmente por la jerarquía, un nivel tras otro, tal como vimos en el apartado anterior.

Esto habría requerido más tiempo, porque para algunos niveles habría sido precisa una exposición repetida hasta que su ansiedad hubiera desaparecido por completo. Por eso prefiero la inundación. Si usted está dispuesto a ponerla a prueba, lo más frecuente es que se pueda recuperar mucho antes.

LA JERARQUÍA DEL MIEDO DE CASSANDRA

Describa su miedo: Fobia a los ascensores.
Escriba la actividad que menos miedo le produzca en el nivel 1 y la que más, en el nivel 10.

Nivel	Lo que temo
1	Ponerme ante un ascensor y apretar el botón.
2	Entrar y salir de un ascensor sin subir ni bajar.
3	Subir un piso en ascensor y bajarme. Bajar por las escaleras.
4	Subir dos pisos en ascensor y bajarme. Bajar por las escaleras.
5	Subir un piso en ascensor y bajarme. Esperar a que vuelva el ascensor y volver en él hasta el piso de partida.
6	Subir dos pisos en ascensor y bajarme. Esperar a que vuelva el ascensor y volver en él hasta el piso de partida.
7	Subir varios pisos en ascensor y bajarme. Esperar a que vuelva el ascensor y volver en él hasta el piso de partida.
8	Pasar un minuto entero en el ascensor, subiendo y bajando.
9	Pasar varios minutos en el ascensor subiendo y bajando.
10	Subir y bajar en el ascensor de un edificio alto. Quedarme en el ascensor hasta que mi ansiedad haya desaparecido por completo.

La prevención de respuesta

En inglés hay un dicho que reza: «If you step on a crack, you'll break your mother's back».* Cuando usted era niño, quizá pensara que esto no era más que una tontería supersticiosa pero, al mismo tiempo, evitaba pisar las grietas, por si acaso. Hasta que un día pisó una grieta y a su madre no le pasó nada, y usted dejó de preocuparse por las grietas.

Cuando usted evitaba las grietas, estaba realizando un rito obsesivo, también llamado compulsión. Una compulsión es cualquier acto repetitivo, supersticioso, que hacen las personas para ahuyentar el peligro. La obsesión es la idea «Mi madre podría morirse», y la compulsión es evitar pisar las grietas. De aquí el nombre de trastorno obsesivo-compulsivo.

La mayoría de nosotros tenemos leves obsesiones o impulsos compulsivos de cuando en cuando, pero son inofensivos. Por ejemplo, usted puede haber tenido el impulso de asomarse al interior del buzón después de echar una carta para cerciorarse de que la carta no se ha quedado atascada. Seguramente habrá advertido también que las cartas no se quedan atascadas nunca y que es innecesario comprobarlo. Las compulsiones de menor importancia no suelen tener ningún efecto sobre la calidad de vida de la persona y no requieren tratamiento.

Sin embargo, en algunos casos pueden poner a las personas en situaciones embarazosas. Cierto vendedor de seguros de vida llamado Howard tenía el pensamiento irracional: «Mi familia puede estar en peligro» cada vez que dejaba su coche en el garaje. Entonces sentía el impulso de gritar: «¡Oscuridad! ¡Oscuridad! ¡Oscuridad!». Sabía racionalmente que aquello era ridículo, pero estaba convencido de que algo terrible pasaría si no soltaba esos gritos. Aparte de aquello, Howard era un hombre apuesto, feliz en su matrimonio y con éxito en su trabajo. Su rito de los gritos no era más que una rareza inofensiva.

Un día, sin pensárselo mucho, Howard invitó a un compañero a cenar en su casa después de que hubieran ultimado un contrato. Howard se ofreció a llevar a su compañero en su coche para poder hablar y debatir por el camino ideas sobre un nuevo proyecto de trabajo. En cuanto Howard dejó su coche en el garaje de su casa, sintió el impulso poderoso de gritar: «¡Oscuridad! ¡Oscuridad! ¡Oscuridad!». Sin embargo, contuvo su impulso para no quedar por loco de atar delante de su compañero de trabajo.

Howard presentó a su compañero a su esposa y se sentaron los tres en el cuarto de estar a tomarse unas copas. Howard estaba cada vez más angustiado porque no había gritado «¡Oscuridad! ¡Oscuridad! ¡Oscuridad!» cuando había dejado el coche en el garaje. A pesar de su convencimiento racional de que su rito de los gritos era absurdo, no se podía quitar de encima la sensación de que aquel contrato se perdería si no salía al garaje y daba los gritos. Se sentía tan incómodo y alterado que no era capaz de concentrarse en la conversación. Por fin, dijo que se había dejado la agenda en el coche y que tenía que ir por ella. Cuando llegó al garaje, soltó sus gritos y sintió un enorme alivio. Después, volvió a entrar en la casa y se reunió de nuevo con su esposa y con su invitado en el cuarto de estar.

Howard no se había dado cuenta de que le habían oído gritar claramente. Su mujer se lo llevó aparte y le dijo en voz baja que lo habían oído y que su huésped había puesto cara de extrañeza. Howard se sintió muy avergonzado e inventó una torpe excusa diciendo que habían tenido problemas con las ratas en el garaje y que tenía que ir a gritar todas las noches para ahuyentarlas.

La prevención de respuesta es el tratamiento de elección para cualquier ritual compulsivo. Sencillamente, usted se niega a ceder a los impulsos compulsivos. Es como interrumpir bruscamente

---

* «Si pisas una grieta, rompes el espinazo a tu madre.» (*N. del t.*)

una adicción. La ansiedad empeora temporalmente, pero si usted se niega a ceder ante la compulsión, los impulsos acaban por desaparecer. No es precisa ninguna preparación. Se hace, sin más. Sin psicoanálisis, sin más adornos.

¿Cómo puede aplicar Howard la prevención de respuesta para superar su compulsión de gritar «¡Oscuridad! ¡Oscuridad! ¡Oscuridad!» cada vez que deja el coche en el garaje? Anote aquí sus ideas.

_____

_____

_____

_____

El problema puede parecer sencillo, pero no deje de escribir algo antes de seguir leyendo.

Solución

Sencillamente, Howard tiene que negarse a ceder a su impulso de gritar cada vez que deja el coche en el garaje. No hay más. Se sentirá algo más angustiado durante algunos días, pero después le desaparecerá el impulso. La prevención de respuesta no resolverá todos sus problemas definitivamente, pero es la manera más eficaz de superar las compulsiones.

Yo suelo combinar la exposición con la prevención de respuesta para conseguir efectos máximos. En primer lugar, usted se expone a la cosa que más teme. Después, se resiste al impulso de realizar su rito compulsivo.

La exposición y la prevención de respuesta pueden resultar muy difíciles al principio. Si estos procedimientos le hacen sentirse incómodo, es buena señal. Eso significa que va por el buen camino.

Resulta fácil entender por qué se resisten tantas personas a la exposición y por qué evitan las cosas que temen, pero la evitación siempre empeora los síntomas. Por el contrario, cuando usted se rinde a la cosa que más teme, la recuperación puede ser cuestión de minutos.

La exposición y la prevención de respuesta son unas técnicas sencillas, basadas en el sentido común. No hace falta gran formación ni sofisticación para entender cómo se usan. ¿Podrá usted aplicar estas técnicas sin peligro o debería solicitar antes la orientación de un psicoterapeuta cualificado?

Las investigaciones han demostrado que las personas que utilizan las técnicas de exposición por su cuenta pueden recuperarse con tanta rapidez como las que las aplican con la orientación de un psicoterapeuta. Así pues, si usted está dispuesto a ser valiente y a afrontar sus miedos, estas técnicas pueden resultar poderosas y útiles. No obstante, si se siente abrumado, aterrorizado o desesperado, la ayuda de un psicoterapeuta puede beneficiarle. A veces, un buen psicoterapeuta podrá acelerar su recuperación aportándole apoyo y ayudándole a encontrar el valor necesario para vencer sus miedos.

Cuando subí hasta lo alto de la escalera, en mi segundo año de secundaria, sentí un poco más de confianza porque el señor Cranston estaba allí mismo, animándome y dándome apoyo moral. Y cuando Cassandra se subió al ascensor, dijo que le animaba la idea de que yo la estaba esperando en el tercer piso y que estaba allí, dispuesto a ayudarla si tenía un ataque de pánico o si pasaba algo malo.

Naturalmente, aunque le esté ayudando un amigo o un psicoterapeuta, usted todavía tendrá que afrontar sus miedos por sí mismo. Cuando yo estaba de pie en lo alto de la escalera, el señor Cranston estaba cerca, pero en realidad yo estaba afrontando mis miedos solo.

La distracción

Algunos psicoterapeutas recomiendan la distracción como manera de aliviar en parte la ansiedad que sienten sus pacientes durante la exposición. Por ejemplo, si siente pánico durante un vuelo en avión, puede concentrarse en un crucigrama o entablar conversación con el compañero de asiento. Si tiene miedo a las alturas y está subiendo una escalera de mano, puede concentrarse intensamente en el mecanismo de lo que está haciendo. Concéntrese en levantar el pie y en apoyarlo bien centrado en el peldaño siguiente. Mire al frente. No se alarme innecesariamente mirando al suelo o imaginándose que se cae.

En el capítulo 9 vimos un buen ejemplo de distracción. Kristin, la mujer que tenía agorafobia, aplicó la distracción cuando estaba sentada en un banco del parque y vio a un agente de policía. En vez de volverse corriendo a su casa, que era lo que quería hacer desesperadamente, se concentró en su cubo de Rubik. La distracción le permitió aguantar la oleada de ansiedad y de pánico.

Yo no suelo usar la distracción, pues es una estrategia de evitación que puede transmitir la idea de que la ansiedad es peligrosa. Por el contrario, animo a mis pacientes a que se rindan a la ansiedad e intenten hacerla lo más intensa que sea posible. Este planteamiento paradójico suele resultar más eficaz.

19

La exposición cognitiva

El monstruo que está en su mente

Las técnicas de exposición clásica del capítulo anterior fueron durante muchos años las más avanzadas. Sin embargo, estas técnicas sólo dan resultado si aquello que usted teme existe en la realidad. Pero ¿y si tiene miedo a volar porque cree que el avión se estrellará? No puede hacer que se estrelle un avión para superar su miedo. Y si tiene miedo a los rayos, no puede organizar una tormenta eléctrica para que coincida con su sesión de psicoterapia.

Del mismo modo, tampoco puede aplicar la exposición clásica para tratar el trastorno por estrés postraumático (TEPT). Las personas que padecen TEPT han sufrido o presenciado un suceso terrible y violento, como una violación o un asesinato, que les vuelve a perseguir meses más tarde, o incluso años. Por ejemplo:

- Una agente de policía llamada Jamie disparó un tiro a un joven adolescente que le sacó una pistola cuando ella hizo que se detuviera por una infracción de tráfico. El chico murió a los pocos minutos. Meses más tarde, a Jamie le seguían persiguiendo los sentimientos de culpa y de duda, y tenía unos recuerdos horribles del suceso.
- Un bombero llamado David tuvo que sacar el cadáver de una muchacha quemada de un incendio en un bloque de apartamentos. Años más tarde, seguía sin haberse podido quitar de encima aquel recuerdo inquietante.

Cuando lo que usted teme sólo existe en su imaginación, como es un recuerdo vívido o una fantasía temible, será preciso aplicar formas de exposición más innovadoras. Aquí es donde brillan con luz propia las técnicas de exposición cognitiva. Estas técnicas son la inundación cognitiva, la sustitución de imágenes, la reelaboración de recuerdos y la técnica de la fantasía temida. Estas técnicas desempeñan un papel vital en el tratamiento de muchos tipos de ansiedad, tales como el TEPT, las fobias, la timidez, la ansiedad por hablar en público, el trastorno obsesivo-compulsivo y el trastorno dismórfico corporal.

La inundación cognitiva

Para aplicar la inundación cognitiva, usted visualiza el peor de sus miedos. Supongamos, por ejemplo, que tiene claustrofobia y que su peor miedo es que lo entierren vivo. Podría imaginarse que está enterrado vivo, gritando y asfixiándose. Intente angustiarse tanto como sea posible, y soportar la ansiedad durante el máximo tiempo posible. O bien si tiene miedo a volar, puede imaginarse que está en un avión que se desploma envuelto en una bola de fuego. Imagínese de la manera más vívida que pueda aquello que teme. ¡Si le da pánico, no se resista a él! Al contrario: intente agudizarlo todavía más. Con el tiempo, la ansiedad se irá agotando.

La inundación cognitiva resultó muy útil a una mujer llamada Theresa, que desarrolló los síntomas del trastorno obsesivo-compulsivo después del nacimiento de su primer hijo. Theresa empezó a obsesionarse pensando que habían cambiado a su hijo en el hospital y temiendo que le hubieran dado un niño que no era el suyo. A nivel intelectual comprendía que la probabilidad de que hubiera pasado esto era remota, pero emocionalmente no era capaz de quitarse la obsesión de la cabeza.

El hijo de Theresa nació por cesárea. Después de nacer el niño, cuando Theresa seguía en la sala de partos, el médico le explicó que todo había ido bien y que había tenido un hijo sano. Pero le dijo que había hecho accidentalmente un corte al niño en el pie derecho con el bisturí. La tranquilizó diciendo que la herida no era grave y que se curaría sin problemas.

Theresa se sintió aliviada cuando vio que su hijo tenía, en efecto, un pequeño corte en el pie derecho, pero al poco tiempo empezó a obsesionarse y a preocuparse pensando que el corte no estaba donde debía. En tal caso, eso indicaría que le habían dado un niño que no era el suyo.

El médico tranquilizó a Theresa diciéndole que el corte estaba donde debía. A pesar de ello, ella seguía obsesionándose: «¿Y si me han cambiado al niño por error? Eso significaría que otra persona se ha quedado con mi hijo».

Theresa se pasaba el día observando el pie de su hijo una y otra vez, intentando cerciorarse de que aquél era verdaderamente su hijo. La preocupación y la obsesión de revisar el pie del niño le llegaron a consumir por completo.

Yo apliqué muchas técnicas para ayudar a Theresa a oponerse al pensamiento negativo «Quizá tengo un niño que no es el mío», pero ella no era capaz de liberarse de él. Decidí poner a prueba la técnica del «Qué pasaría si». Recordarán del capítulo 9 que ésta es una técnica de descubrimiento. Yo quería descubrir *por qué* estaba tan preocupada Theresa por la posibilidad de tener un niño que no era el suyo. Le dije:

—Theresa, tú sabes racionalmente que éste es tu hijo. Pero ¿y si éste no fuera tu hijo, sino el de otra persona? ¿Por qué te trastornaría eso? ¿Qué es lo que más temes?

—Eso significaría que mi hijo está en manos de otra persona —dijo Theresa.

—¿Y si eso fuera verdad? —le pregunté—. ¿Por qué había de trastornarte eso? ¿Qué es lo que más temes?

—Bueno, puede que las personas que se han quedado con mi hijo fueran unos bandidos —dijo ella—. Podrían ser unos secuestradores, o personas que maltratan a los niños.

En aquel momento me sentí alarmado, pues temía que sus fantasías se hicieran violentas; pero quería llegar hasta la raíz de sus miedos, y por eso le dije:

—Supongamos que eso fuera verdad. ¿Qué es lo que más temes? ¿Qué es lo peor que podría pasar?

Theresa describió a disgusto una situación horrible en la que unos secuestradores sádicos se habían llevado a su hijo a una cabaña en el desierto, al sur de la frontera mexicana. Yo le pedí que me describiera la escena detalladamente. En su fantasía, se imaginaba que aquellos hombres sujetaban a su hijo de los pies, lo agitaban por el aire y le golpeaban la cabeza contra la pared. Después lo echaban escaleras abajo, como si fuera una pelota de baloncesto, y dejaban su cuerpo destrozado y ensangrentado en un armario oscuro.

Theresa sollozaba al contar esto. Le pregunté en qué grado se sentía trastornada, en una escala del 0 al 100%. Ella dijo que sentía un 100% de ansiedad, la peor posible. La fantasía le aterrorizaba.

A mí también me inquietaba aquella fantasía y me pregunté si debía dejarlo; pero después me recordé a mí mismo el principio básico de la terapia de exposición: es preciso hacer frente al peor miedo y soportar la ansiedad hasta que ésta desaparezca. Si uno intenta huir del monstruo, sus miedos se harán más intensos. Por tanto, animé a Theresa a que soportara aquella fantasía durante todo el tiempo que fuera posible. Así funciona la inundación cognitiva. Seguimos visualizando aquella fantasía tan horrible hasta el final de la sesión, pero la ansiedad de Theresa no mejoró. Seguía angustiada al 100%.

En general, cuando una técnica no da resultado, se puede dejar de lado y pasar a otra técnica. Pero las técnicas de exposición son la excepción de esta regla. La exposición *sólo* da resultado si la fantasía resulta trastornadora al principio. Por lo tanto, la ansiedad intensa de Theresa era una señal positiva, aun cuando la inundación cognitiva le resultara tremendamente dolorosa.

A pesar de lo horrible que había resultado la sesión, yo me sentía optimista, porque por fin empezábamos a obtener resultados. Tranquilicé a Theresa asegurándole que la inundación cognitiva lleva su tiempo, y le pregunté si estaría dispuesta a aguantarla, aunque resultara difícil de soportar. Ella dijo que estaba dispuesta a hacer más. Le pedí que practicara todos los días durante al menos un cuarto de hora, hasta nuestra próxima sesión. Yo sabía que esto la trastornaría y que le estaba pidiendo mucho, pero ella llevaba sufriendo varios meses y parecía indicado recurrir a remedios drásticos.

A la semana siguiente, Theresa me explicó que no había probado la inundación cognitiva. Dijo que las fantasías le parecían demasiado horribles y que había estado intentando quitárselas de la mente. Sin embargo, dijo que estaba dispuesta a probar de nuevo durante la sesión, con mi apoyo. Pasamos toda la sesión visualizando las mismas fantasías terribles, pero los niveles de ansiedad de Theresa siguieron sin bajar del 100%.

Al final de la sesión le recalqué el valor de la práctica en casa, si a ella le parecía que podía soportarla. Theresa se comprometió a practicar la inundación cognitiva durante un cuarto de hora al día, por mucho que la trastornara.

La sesión siguiente de Theresa tuvo lugar dos semanas más tarde. Me dijo que había practicado fielmente todos los días y que las dos primeras veces se había trastornado intensamente. Sin embargo, a la tercera, las fantasías habían empezado a perder credibilidad y no había sido capaz de hacer subir su ansiedad del 50%. El cuarto y el quinto día, las fantasías habían empezado a parecer ridículas y su ansiedad había desaparecido.

En este momento desaparecieron todas las dudas de Theresa sobre su hijo, además del impulso de observarle el pie. Dijo que sus miedos acerca de tener un niño que no era el suyo le parecían absurdos y que estaba disfrutando con su papel de nueva madre y estaba dispuesta a terminar con la terapia.

A Theresa la inundación cognitiva le parecía horrible al principio. Hasta yo me decía que debía existir un método mejor y me sentía tentado de dar marcha atrás. Puede que usted piense lo mismo cuando pruebe este método por primera vez. Quizá le parezca demasiado horrible. En tal caso, esto indica que seguramente va por el buen camino. Si quiere superar su ansiedad, tendrá que plantar cara al demonio que más tema. En algunas ocasiones, el tratamiento eficaz puede parecer un viaje hasta las puertas del infierno. Pero el resultado final casi siempre merece las incomodidades que ha habido que soportar por el camino.

La sustitución de imágenes

Cuando usted se siente angustiado, puede tener fantasías sobre un suceso terrible con detalles vívidos. Por ejemplo, si tiene ansiedad al hablar en público, puede imaginarse vacilante, nervioso y quedando por tonto delante del público. Cuando le llega el momento de hablar de verdad, se ha producido a sí mismo tal estado de pánico que sus sueños pueden incluso hacerse realidad.

Cuando todavía era residente de psiquiatría, me invitaron a que hiciera una presentación de mis investigaciones sobre la serotonina cerebral en el Instituto NATO de Estudios Avanzados sobre la Compartimentación Metabólica del Cerebro, que es una prestigiosa conferencia que se celebra en la Universidad de Oxford, en Inglaterra. Era mi primera presentación académica, y ser invitado representaba un gran honor. No obstante, me sentía intimidado, pues iban a estar presentes ochenta de los neurólogos más destacados del mundo para presentar sus últimas investigaciones.

Lo que más me preocupaba era que mis resultados chocaban frontalmente con las investigaciones que se estaban llevando a cabo en uno de los laboratorios del National Institute of Mental Health. Yo había descubierto que algunos de sus estudios sobre el metabolismo de la serotonina cerebral tenían graves defectos. Por otra parte, había oído decir que el director del laboratorio en cuestión podía llegar a ser agresivo y que había llegado a ridiculizar a los científicos que estaban en desacuerdo con él en los congresos públicos. Me sentía especialmente inquieto porque sabía que él estaría entre el público cuando yo pronunciara mi disertación.

Me lo imaginaba echándome miradas furibundas de desaprobación desde la primera fila, mientras yo mascullaba nervioso acerca de mis resultados. Lo veía en mi imaginación poniéndose de pie y gritándome durante la sesión de preguntas al final de mi presentación, señalando con sarcasmo todos los defectos de mi investigación. Después, me imaginaba un silencio siniestro por parte del resto del público mientras yo huía del escenario sin saber dónde meterme. Lo peor de todo es que mi disertación estaba programada para el final del cuarto día de la conferencia, de manera que tendría que pasarme cuatro días enteros sufriendo mis dudas sobre mí mismo, escuchando a las grandes figuras que presentaban sus trabajos y preguntándome qué hacía yo allí.

La noche anterior a mi disertación estaba en estado de pánico. Recuerdo que salí a pasear, lleno de ansiedad, por el campus de Oxford a las 3 de la madrugada, «viendo» en mi imaginación cómo se desarrollaba el suceso humillante. Vi un búho en un árbol. Hasta el búho parecía que se burlaba de mí al decir «hu». No pude dormir en toda la noche. A la mañana siguiente, estaba agotado. Cuando me llegó el turno de hablar, subí al estrado, caminando muy tieso, y descubrí que el científico al que yo temía estaba sentado en primera fila, justo delante de mí, tal y como me lo había representado en mis fantasías. Me miraba con ojos de acero y parecía que fruncía el ceño.

Estaba tan nervioso que leí toda mi presentación entre dientes, en vez de hablar de manera espontánea apoyándome en mis apuntes, como tenía pensado. Cuando terminé mi presentación, pregunté sumisamente si había alguna pregunta. En la sala había un gran silencio. Entonces, mi adversario saltó de su asiento y empezó a atacarme, tal y como me lo había imaginado yo la noche anterior.

Cuando hubo terminado, toda la sala quedó sumida en el silencio y no se levantó ninguna otra mano. Tras una larga y embarazosa pausa, el moderador dijo que, ya que al parecer no había ninguna pregunta, podía levantarse la sesión para ir a cenar. Todos empezaron a salir de la sala, hablando unos con otros, pero nadie me dirigió la palabra. Me sentí completamente humillado.

Aunque me había sentido atacado por mi adversario, en realidad mis expectativas y fantasías negativas se habían encargado de la mayor parte del trabajo sucio. El público había percibido mis dudas y yo había presentado mi trabajo a la defensiva y con muchos nervios. Aquello había desencadenado el mismo resultado que yo había temido.

Durante el largo vuelo de regreso de Londres a Filadelfia, me tranquilicé lo suficiente como para reflexionar sobre las críticas que había presentado el científico. Empecé a darme cuenta de que éste estaba lleno de palabrería y de que, después de todo, mi investigación había sido válida. Sencillamente, sus críticas no tenían sentido.

Cuando llegué a mi ciudad, debatí sobre lo sucedido con mis colegas. Ellos coincidieron con mi valoración de las críticas de mi adversario. Realizamos algunos análisis nuevos que tenían en cuenta sus críticas, pero obtuvimos exactamente los mismos resultados que había presentado yo en Inglaterra. Llegué a la conclusión de que era el momento de presentar nuestros hallazgos en una revista científica.

Dos meses más tarde me llamó por teléfono el redactor jefe de la revista. Aquello era poco habitual, ya que los redactores de las revistas científicas suelen comunicar casi siempre por correo sus opiniones sobre los artículos de investigación. Percibí que pasaba algo raro y me dispuse a recibir nuevos ataques.

Para mi sorpresa, me dijo que los científicos que habían revisado mi trabajo habían recomendado unánimemente su publicación, sin solicitar ninguna revisión. También me dijo que el estudio había impresionado tanto a los revisores que querían presentarlo al premio A. E. Bennett, que es un premio que se concede anualmente a la investigación básica sobre el cerebro realizada por un investigador que no haya cumplido los 35. Yo me quedé atónito. Él me recomendó que no me hiciera muchas ilusiones, ya que aspirarían al premio los neurólogos jóvenes más brillantes del mundo, entre ellos algunos investigadores del mismo laboratorio del National Institute of Mental Health a los que yo estaba desafiando.

Dos semanas más tarde recibí otra llamada del redactor jefe de la revista, que me comunicó que me habían otorgado el premio por unanimidad. Me preguntó si estaría dispuesto a acudir a presentar mis descubrimientos a la reunión anual de la Sociedad de Psiquiatría Biológica, en Nueva York, donde me harían entrega del premio. Yo le dije que me encantaría presentar allí mis descubrimientos.

La noche anterior a la ceremonia de entrega del premio decidí presentarme la escena de manera diferente. Me imaginé que presentaba mis descubrimientos de manera amistosa, informal y entusiasta, y que hablaba con espontaneidad sobre las vicisitudes que había seguido nuestra investigación, mientras centenares de personas me escuchaban con atención. Me imaginé una ovación ensordecedora al final, mientras mucha gente se apiñaba alrededor de la tribuna para felicitarme. No es que me creyera exactamente esas imágenes, pero me pareció que tampoco podía hacerme daño imaginármelas.

¡Para mi sorpresa, todo fue tal como me lo había imaginado! Hablé sin apuntes, y parecía que el público estaba colgado de mis palabras. Al final hubo una gran ovación y la gente se concentró alrededor de la tribuna para hablar conmigo. ¡Sorprendentemente, mi adversario no estaba entre ellos! ¿Por qué había sido tan diferente este resultado? Había aplicado la sustitución de imágenes, a base de sustituir la imagen temible que me había destrozado la confianza cuando estuve en Inglaterra por otra fantasía positiva e inspiradora.

Si usted quiere aplicar la sustitución de imágenes, intente sintonizar con las imágenes y las fantasías negativas que le inundan la mente cuando se siente angustiado. Supongamos que tiene miedo a volar y que visualiza repetidamente la imagen del avión que se desploma envuelto en una bola de fuego. Cada vez que advierta que está teniendo esta fantasía, sustitúyala por un escenario pacífico y tranquilizador. Por ejemplo, puede imaginarse que aterriza sano y salvo en su destino o que se está relajando con su familia en una playa. También puede centrarse en un recuerdo feliz, como el día de su graduación del instituto o el momento en que nació su primer hijo. Cualquier imagen positiva será válida con tal de que a usted le resulte atractiva.

La reelaboración de recuerdos

Si usted ha sido víctima de algún suceso terrible, por ejemplo si ha sido víctima de malos tratos sexuales o físicos, puede tener recuerdos perturbadores y volver a ver imágenes vívidas del suceso. Estas imágenes mentales son como una película interior que acompaña a sus pensamientos negativos, y pueden desencadenar sentimientos intensos de pánico, vergüenza e ira. Puede modificar estas imágenes, de manera muy semejante al modo en que puede cambiar sus pensamientos negativos.

En la reelaboración de recuerdos interviene una combinación de la inundación cognitiva con la sustitución de imágenes. La inundación cognitiva lo insensibiliza ante los recuerdos dolorosos, de modo que el suceso traumático pierde su capacidad de intimidarle. La sustitución de imágenes produce un sentimiento de dominio que le ayuda a superar los sentimientos de impotencia, de modo que dejará de sentirse víctima.

En cierta ocasión traté a una mujer joven llamada Betty que tenía fobia a los transportes públicos. Le daba miedo viajar sola en cualquier medio de transporte público, como los aviones, los trenes o los autobuses. Trabajé con Betty en el verano posterior a su primer año de estudios en la Universidad de California en Los Ángeles. Era una muchacha atractiva y le iba bien en los estudios, y no parecía que tuviera más problemas que su miedo a los transportes públicos.

Betty cumplimentaba puntualmente el registro diario de estado de ánimo como tarea diaria de psicoterapia. Sin embargo, se resistía a exponerse a las cosas que le daban miedo. Le pedí que se subiera a un autobús y viajara en él, aunque sólo fuera hasta la parada siguiente, pero me dijo que incluso eso le provocaba demasiada ansiedad. Temía sentirse atrapada en el autobús, tener un ataque de pánico y perder el control.

Durante nuestra sexta sesión de terapia, Betty me desveló algo que le había dado demasiada vergüenza contarme hasta entonces. Cuando era pequeña, el chico mayor que vivía en la casa de al lado venía a cuidarla cuando su madre tenía que salir. La acostaba, y al cabo de cosa de un cuarto de hora entraba sigilosamente en su cuarto, creyendo que se había quedado dormida. Después, le metía la mano por debajo del camisón y la tocaba. Betty se asustaba y no sabía qué hacer, y por eso se hacía la dormida. Se sentía tan humillada y avergonzada que no se lo dijo nunca a su madre. Lo peor del caso era que el chico seguía viviendo en la casa de al lado. Aquello quería decir que ella tenía que verle cada vez que volvía a su casa en las vacaciones o que visitaba a su madre en las fiestas. Aunque estaba airada, nunca le había plantado cara.

Le expliqué cómo funciona la reelaboración de recuerdos y le recalqué que podía resultar trastornadora. Betty estaba deseosa de probarla. Le dije: «Cierra los ojos. Relájate. Visualízate a ti misma como una niña pequeña, en tu cama. ¿Te ves a ti misma acostada con tu camisón?».

Ella asintió con la cabeza. Yo seguí diciendo: «Imagínate que te has acostado y que todavía no te has quedado dormida. Oyes que la puerta se abre calladamente. El chico que ha venido a cuidarte entra con sigilo, procurando no hacer ruido alguno. Tú te sientes angustiada, porque sabes lo que va a pasar. ¿Le ves?».

Betty asintió con la cabeza de nuevo.

Le pedí que me describiera lo que llevaba puesto el chico y el aspecto de la habitación. Ella dijo que la habitación estaba a oscuras, pero que el chico llevaba pantalones vaqueros, zapatillas deportivas y una camisa hawaiana, y que lo veía cuando se acercaba a su cama de puntillas. Pregunté a Betty cuánta ansiedad sentía en una escala del 0% (ninguna ansiedad) al 100% (ansiedad extrema). Ella valoró su ansiedad en un 90%. Es importante que usted se permita alterarse mucho durante la reelaboración de recuerdos. De lo contrario, la técnica no servirá.

Pedí a Betty que describiera lo que pasaba después. Ella dijo que el chico metía la mano por debajo de su camisón y la tocaba. Le pregunté cuánta ansiedad sentía. Ella dijo que su nivel de ansiedad había saltado al 100%.

A continuación, pregunté a Betty si quería cambiar la escena. Por ejemplo, podía presentarse la policía y detener al chico, o podía aparecer de pronto su madre y rescatarla, o podía invitarme a entrar en su fantasía para ayudarle.

Betty dijo que prefería entrar en la escena ella misma, hecha una mujer grande y fuerte. Describió la nueva fantasía con detalles vívidos. Primero asía al chico del cuello con una mano y lo apartaba de la niña aterrorizada. En la otra mano llevaba un hierro de marcar ganado al rojo vivo, con una P de «pervertido». Entonces le marcaba en la frente una P mientras él chillaba de dolor. Betty me dijo que casi percibía el olor a carne quemada.

A mí aquella fantasía me pareció trastornadora, pero al parecer Betty disfrutaba con ella. Dijo que había algo más. En la casa de al lado había una fiesta de Navidad. Ella arrastraba al chico hasta el centro del cuarto de estar, delante de sus padres y de todos los vecinos, y le obligaba a gritar: «¡Soy un pervertido sexual! ¡Abuso de las niñas pequeñas! ¡Necesito que me castiguen!».

En la última escena de su fantasía, Betty construía una cárcel al aire libre en la calle donde estaba su casa. Aquella cárcel no tenía muros, sólo barrotes y un taburete donde se sentaba el preso. De los barrotes colgaba un letrero que decía «Pervertido sexual» para que todos los que pasaran lo miraran y supieran la verdad acerca de él.

Betty dijo que se sentía aliviada y yo me alegré de que hubiésemos terminado. Su fantasía había parecido bastante intensa.

Pero entonces Betty me describió otro problema que le había estado trastornando, y me preguntó si podíamos volver a practicar la reelaboración de recuerdos. Me explicó que un grupo de estudiantes habían violado a su compañera de habitación en una fiesta, en Los Ángeles. Si bien Betty no había presenciado el suceso, su compañera se lo había descrito con todo detalle. Betty se había sentido llena de ira, y le inquietaban con frecuencia fantasías trastornadoras sobre lo que había pasado.

Le pedí una vez más que cerrara los ojos, se relajara y me dijera qué veía en su imaginación. Esta vez visualizó una pandilla de estudiantes borrachos que arrastraban a su compañera a la habitación de una residencia estudiantil, donde la violaban sucesivamente, sin dejar de reír y de alborotar. Esta fantasía producía a Betty una ansiedad y una ira intensas. Yo la animé a que modificara la fantasía como ella quisiera. También en este caso quiso entrar ella misma en escena convertida en una mujer grande y fuerte. Pero esta vez llevaba en la mano un cuchillo de carnicero. Asía al chico que estaba violando a su compañera, lo castraba y contemplaba cómo se desangraba poco a poco hasta morir.

Esta fantasía me resultaba más desazonadora todavía, y temí que el tratamiento tuviera un efecto negativo sobre Betty. Comenté el problema de las fantasías agresivas con el doctor Merv Smucker, un psicólogo de Milwaukee que había participado mucho en el desarrollo de la reelaboración de recuerdos. El doctor Smucker me dijo que sus pacientes solían tener fantasías trastornadoras. No recomendaba censurar las fantasías, ya que, al hacerlo, parecen prohibidas y, por lo tanto, más tentadoras. Por el contrario, si se les deja seguir su curso, suelen acabar por agotarse y pierden la capacidad de trastornar a la persona.

A pesar de todo, yo me sentía algo incómodo, de modo que dije a Betty que era bueno que se hubiera quitado de encima esa fantasía trastornadora, y que pensaba que quizá fuera momento de seguir adelante. Pero Betty dijo: «Espere un momento. Todavía no he terminado. Quedan siete chicos más». Me describió con detalles sangrientos la castración de cada uno. Al final de la sesión, yo estaba completamente agotado y no sabía si aquello había sido una actuación poderosa y sanadora o un acto de negligencia psiquiátrica.

Todos mis pacientes cumplimentan después de cada sesión, en la sala de espera, un formulario de evaluación de la sesión de terapia en el que indican la medida en que he sido cálido y comprensivo y el grado en que les ha resultado útil la sesión. Vi con alivio que Betty me había dado la puntuación máxima en estas escalas. Pero todavía no sabía si la intervención tendría algún efecto sobre sus síntomas.

Cuando Betty regresó a la semana siguiente, me recalcó lo útil que le había resultado la sesión. Después me dijo: «Doctor Burns, ¿se ha dado cuenta de cómo me he resistido a su propuesta de que afronte mis miedos y vaya en transporte público? Bueno, pues puede que esto le interese».

Me entregó varios billetes. Yo pensé que podían ser billetes de autobús, ya que había intentado convencerla de que tomase un autobús aunque sólo fuese hasta la parada siguiente, pero vi que en realidad se trataba de billetes de avión. Le dije: «Vaya, es estupendo. ¿Vas hacer un vuelo corto, de San José a Sacramento, o algo así?».

Betty dijo que no se trataba de un vuelo corto, y me pidió que mirara los billetes con más atención. Tenía un billete de ida y vuelta, de San Francisco a Bangkok. Me quedé atónito.

Me explicó que su madre tenía que ir a Bangkok una semana por negocios. Había dicho a su madre que yo quería que afrontara su miedo al transporte público, de manera que había decidido hacer el viaje con ella. Y después, en vez de quedarse con ella toda la semana, iba a volverse otra vez en avión inmediatamente, de manera que estaría sola en un avión durante quince horas.

—¿Le parece que será suficiente, doctor Burns? —me preguntó.

—¡Más que suficiente, más que suficiente! —exclamé—. ¡Eso es fantástico!

Le pregunté si tenía algún miedo para el que tuviésemos que preparrarla. Betty me dijo que le producía miedo tener que cambiar de avión en Singapur y tenía fantasías inquietantes en las que la metían a la fuerza en la zona de equipajes y la violaba la mafia de Singapur. Me preguntó si podíamos practicar un poco más la reelaboración de recuerdos para superar este miedo.

Le hice ver que eso supondría aplicar la reelaboración de recuerdos para modificar la fantasía temible acerca de algo que no había sucedido en realidad, pero le dije que quizá valía la pena probarlo. Volvió a cerrar los ojos y describió la fantasía que le había estado asustando. Después, entró en la fantasía convertida en una mujer grande y fuerte, ¡pero, esta vez, castraba a la mafia de Singapur!

Vi a Betty dos semanas más tarde. Había hecho el viaje, y se había quedado sorprendida porque no había tenido ni pizca de ansiedad durante el vuelo. De hecho, había intentado sentir ansiedad en el avión, pero no lo consiguió. Desde su vuelta había estado viajando en autobús y en tren con regularidad y sin ningún problema.

¿Por qué había resultado tan eficaz la reelaboración de recuerdos? Yo creo que había potenciado los sentimientos de confianza en sí misma de Betty, pues ya no se sentía víctima impotente en las fantasías y los recuerdos perturbadores que le habían estado persiguiendo. Esto le había dado el valor necesario para afrontar sus miedos al transporte público.

La reelaboración de recuerdos es una herramienta creativa y potente que puede resultar eficaz cuando han fracasado otros métodos. Los investigadores no han determinado todavía qué es más importante dentro de la reelaboración de recuerdos, si la inundación cognitiva o la sustitución de imágenes. En muchos casos bastará simplemente con visualizar los recuerdos traumáticos y rendirse a las emociones dolorosas. Pero en el caso de Betty pareció que la reelaboración de las fantasías le daba poder.

Si la reelaboración de recuerdos le interesa, conviene que tenga presente unas palabras de advertencia. En primer lugar, este método puede ser poderoso y, como cualquier otra forma de poder, puede resultar beneficioso o dañino. Si le inquietan los recuerdos de violencia o de abusos sexuales, sólo deberá aplicar esta técnica bajo la orientación de un profesional de la salud mental.

En segundo lugar, tiene que ser capaz de separar la fantasía de la realidad. Si tiene fantasías de suicidio o de violencia y siente el impulso de hacer daño a alguien, aunque sea a sí mismo, entonces lo más probable es que esta técnica no sea la indicada para usted. En vez de aplicarla, solicite ayuda profesional inmediatamente. No intente arreglar el problema por su cuenta. Su vida es demasiado preciosa. Un psicoterapeuta comprensivo y hábil suele ser capaz de marcar una diferencia inmensa.

La fantasía temida

Al aplicar la técnica de la fantasía temida, usted entra en un mundo de pesadilla en que se hacen realidad sus peores miedos. En este mundo hay dos reglas poco corrientes. En primer lugar, siempre que teme que los demás le juzgan o desprecian, resulta que realmente lo hacen. De hecho, sus pensamientos negativos sobre usted con frecuencia serán mucho peores de lo que se imaginaba. En segundo lugar, siempre le dirán *exactamente* lo que piensan. No son nada amables ni se callan en absoluto lo que piensan.

En este mundo de pesadilla se encontrará con un crítico imaginario que lo hará añicos de la peor manera posible y que atacará todas sus debilidades o fallos. Usted puede responder aplicando la defensa propia o la paradoja de la aceptación. Cuando aplica la defensa propia, debate con el crítico e intenta desmentir lo que éste dice. Cuando aplica la paradoja de la aceptación, rebate al crítico encontrando lo que hay de verdad en sus críticas. Así lo deja sin argumentos.

El objetivo de la fantasía temida es el mismo que el de cualquier otra técnica de exposición: cuando usted hace frente a su peor miedo, llega a liberarse de él y descubre que nunca tuvo nada que temer, desde el primer momento.

Tenga presente que la fantasía temida es radicalmente distinta de la formación de la asertividad. El crítico hostil no existe en realidad, sino que es una mera proyección de sus peores miedos. En realidad, usted está librando una batalla consigo mismo. En la vida real, las personas no serían casi nunca tan crueles ni estarían tan cargadas de juicios de valor como el crítico que se encuentra dentro de su propio cerebro.

Puede practicar la fantasía temida como técnica de representación de papeles, con la ayuda de un psicoterapeuta o de un amigo, o bien escribir un diálogo de fantasía temida. Cuando practique la representación de papeles, no olvide invertir los papeles siempre que se quede atascado para poder aprender modos más eficaces de rebatir al crítico hostil.

Una mujer llamada Monica me envió un correo electrónico con una pregunta acerca de sus pensamientos autocríticos. Decía así:

> Estimado doctor Burns:
> Llevo veinte años sufriendo depresión, fobia social y trastorno de ansiedad. También tengo miedo a conducir. Estoy usando todos sus libros, junto con la psicoterapia, y por fin estoy obteniendo buenos resultados.
> No obstante, me pregunto si mi vida podría haber sido muy distinta si hubiera aprendido estas técnicas y las hubiera practicado antes. Recuerdo constantemente sucesos del pasado, pensando: «Si hubiera hecho tal y tal cosa, las cosas podrían ser diferentes ahora».
> A veces me deprimo pensando que he derrochado mi vida y que no he conseguido nada por culpa de veinte años de depresión y ansiedad. Ahora casi parece demasiado tarde. Me cuestan un gran trabajo las cosas más elementales que tienen que afrontar los adolescentes normales, tales como las decisiones profesionales, los estudios, encontrar amigos, etcétera. Pero yo voy a cumplir los 40, y esta combinación de edad y falta de experiencia me abruma.
> Todos los síntomas de envejecimiento me asustan, y me avergüenza estar tan retrasada en la vida. ¿Tiene alguna idea para contrarrestar estos pensamientos? Me asedian incluso cuando estoy haciendo cosas positivas para cambiar.
> Muchas gracias.
> Mónica.

Al parecer, Monica sufría los pensamientos negativos siguientes:

- He derrochado mi vida y no he conseguido nada, por culpa de veinte años de depresión y ansiedad.
- Si hubiera conocido estas técnicas hace veinte años, mi vida podría ser muy diferente ahora.

Monica decía que había probado diez de los métodos que había leído en mis libros, pero se emocionó especialmente cuando le pregunté si había probado la fantasía temida. Escribió:

> Pasé por alto durante mucho tiempo la técnica de la fantasía temida porque no tenía a nadie con quien representar los papeles, pero siempre me habían gustado los ejemplos de sus libros. A veces, hasta me hacen reír. Decidí probarla sobre el papel, escribiendo ambas voces. Me parece que sintonizo mejor con ésta que con cualquiera de las otras técnicas que he probado, y empiezo a sentirme mucho mejor. Estoy esperando a ver si la mejora es duradera. Si tiene alguna otra propuesta, me encantaría que me la comunicara. ¡Usted me ha inspirado de verdad!

He aquí el diálogo de la fantasía temida de Monica para el pensamiento «He derrochado mi vida, no he conseguido nada y ya no puedo cambiar».

TIPO NEGATIVO: Monica, la verdad es que me asombra esa vida tan extraña que has hecho. Has derrochado tus años más preciosos. Has dejado escapar lo mejor de tu vida sin hacer nada. ¿Cómo has podido consentirlo?

MONICA: Sí, es verdad que en mis primeros años de adulta no conseguí todo lo que deseaba. Yo misma me suelo deprimir por ello. Todavía me queda mucho trabajo por delante. Pero si tengo en cuenta todo lo que ha pasado, no me parece que ahora lo esté haciendo tan terriblemente mal. Voy a psicoterapia. Estoy trabajando por cambiar hábitos de toda la vida. Tardaré algún tiempo, pero me siento bastante optimista ante la posibilidad de cambiar y de hacer algo con mi vida.

TIPO NEGATIVO: Bueno, Monica, lamento echarte un cubo de agua fría, pero la verdad es que no veo ninguna esperanza. Tienes 39 años, y si no has conseguido nada todavía, me parece que no lo conseguirás nunca. Tendrás que resignarte a tu suerte en la vida. No conozco ningún caso de una persona que después de haber hecho la vida que has hecho tú haya conseguido cambiar. Estás siendo muy poco realista. Tienes la cabeza en las nubes.

MONICA: Bueno, puede que sea verdad que no conoces a nadie como yo. Soy bastante singular. Pero te agradezco el interés que te tomas por mis cosas. Parece que piensas que la gente no puede cambiar por mucho que lo intente. ¿No es eso?

TIPO NEGATIVO: ¡Desde luego! ¡Oh!, puede que alguien pudiera cambiar si tuviera sólo uno o dos de tus problemas. Pero ¡hay que verte! Eres un desastre. Sin carrera profesional, sin relaciones personales aparte de tu familia, sin estudios, sin casa propia; ni siquiera eres capaz de hablar con la gente sin angustiarte; tienes fobia a conducir; te cansas con facilidad, y eres frágil emocional y físicamente. ¡Hay un mundo muy duro ahí fuera! No conseguirás nada, muchacha. No haces más que soñar.

MONICA: Es verdad que no tengo carrera profesional, ni relaciones personales ni dinero. Ésos son precisamente los problemas que tanto me estoy esforzando por resolver. Soy sensible y desde luego que es cierto que ahí fuera hay elementos duros. Pero no entiendo exactamente qué intentas decirme. ¿Estás diciendo que sólo se pueden resolver algunos problemas y otros no?¿O estás diciendo que lo que determina el cambio es el número de problemas? Quisiera saber qué problemas y cuántos consideras que se pueden resolver. ¿Son tres? ¿Cuatro? ¿Doce?

TIPO NEGATIVO: Creo que no me entiendes bien. No estoy hablando de números ni de estadísticas. Estoy hablando de ti. No has hecho nunca nada con tu vida y no lo harás nunca. Y punto.

MONICA: Sí, desde luego que capto ese tema general en tu conversación. Pero sigo sintiendo curiosidad por saber por qué crees que no voy a cambiar nunca. Has dicho antes que uno o dos de mis problemas pueden ser posibles de resolver. Todavía quiero saber cuáles. Quizá pudiera trabajar en primer lugar en ellos.

TIPO NEGATIVO: Está bien, te seguiré un poco la corriente. Creo que tus problemas se agudizan unos a otros. Puede que seas capaz de encontrar un trabajo, pero eres demasiado tímida. Puede que seas capaz de vivir en tu propia casa, pero no tienes dinero para permitírtelo. Puede que seas capaz de resolver la timidez, pero tendrías que salir a practicar, y ahí es donde entran en juego tu pereza y tu falta de energía. Y además están tu fobia a conducir y tus ataques de pánico. La lista sigue y sigue. Estás atascada en un círculo vicioso, entre la espada y la pared. Afróntalo: estás perdida.

MONICA: Te agradezco que me hayas dedicado un tiempo precioso de tu vida tan ocupada para darme consejos. Pero todavía quisiera que me dijeras por qué crees que no es posible resolver esos problemas. Todos los problemas que has citado son perfectamente tratables por un psicoterapeuta por medio de técnicas de TCC. Muchos expertos han escrito libros en los que explican cómo *se pueden* resolver los problemas de este tipo. ¡No es posible que todos ellos se equivoquen!

TIPO NEGATIVO: Bueno, supongo que se trata de la combinación. Tienes una combinación de problemas muy mala, completamente imposible de resolver. .

MONICA: Muy interesante. ¿Podrías decirme cómo te has enterado de la existencia de la combinación irresoluble?¿Lo has leído en una revista de psiquiatría o te lo la dicho algún experto en psicología o en estadística? ¿Es alguna ley metafísica última que hayas descubierto?

TIPO NEGATIVO: Me lo dijo un psiquiatra. Le hablé de ti y él me dijo que en sus cuarenta años de ejercicio de la profesión no había visto jamás un caso como el tuyo. Me dijo que no le parecía que se te pudiera ayudar sin medicación, y que incluso con medicación sería muy difícil, si no imposible, curar a una persona tan grave como tú.

MONICA: No todos los psiquiatras conocen las técnicas de la terapia cognitiva. Les han enseñado a recetar medicación y con frecuencia ésta suele ser su única línea de terapia. Yo he estado con dos psiquiatras que me dijeron que no creían que pudiera mejorar sin medicación; pero yo la probé y me sentí peor con medicación que sin ella. He decidido practicar la TCC y ver qué pasa. Pero todavía me interesa saber por qué tú, el tipo negativo, crees que soy incurable. ¿Por qué estás tan convencido de que mis problemas no tienen solución?

TIPO NEGATIVO: Vale, no se trata de los problemas. Se trata de ti. Sencillamente, no tienes lo que hay que tener. Supongo que otras personas son capaces de resolver sus problemas, pero tú no. Si pudieras, ya los habrías resuelto.

MONICA: Interesante. Así que ¿estás diciendo que tengo algo que me diferencia de otras personas que tienen problemas semejantes en virtud de lo cual soy un caso desesperado superespecial? ¿Podrías definirme ese algo especial? ¿De qué se trata, exactamente?

TIPO NEGATIVO: No puedo definirlo. Sencillamente, sé que está ahí.

MONICA: Una cualidad indefinible.

TIPO NEGATIVO: Eso es.

MONICA: ¿De manera que la explicación de por qué no puedo cambiar nunca es una cualidad indefinible que no se puede explicar ni definir?

TIPO NEGATIVO: Sí.

MONICA: Eso no es decir gran cosa. ¡Me parece que, después de todo, quizá no sepas de qué estás hablando!

¡Caramba! La fantasía temida de Monica me impresionó mucho. ¡Yo mismo no podría haberla hecho mejor! Fue eficaz porque ella había escrito las peores críticas que se le habían ocurrido. No se guardó nada. Cuando las examinó una a una, se dio cuenta de que no eran más que un montón de palabrería.

Quizás haya advertido usted que la fantasía temida se asemeja mucho a la externalización de voces que explicamos en el capítulo 15. Ambas técnicas se practican con representación de papeles, y en ambas se integra la defensa propia y la paradoja de la aceptación. La diferencia principal es que cuando usted practica la externalización de voces, su compañero le ataca a partir de los pensamientos negativos tomados de su registro diario de estado de ánimo, utilizando la segunda persona, «tú». El compañero o compañera no representa a una persona real, sino sólo a los pensamientos autocríticos de su mente. De modo que en realidad está usted luchando contra sí mismo.

Por el contrario, al practicar la fantasía temida, su compañero sí que representa a otra persona. Pero en este caso se trata de un extranjero imaginario al que usted ha temido siempre, a una persona que alberga verdaderamente todos los pensamientos negativos sobre usted que usted se imagina que puede tener alguna otra persona. Pero, naturalmente, el crítico es mucho peor de lo que podría ser cualquier ser humano verdadero, porque le llega a decir de verdad todas esas cosas terribles. Sin embargo, el resultado de las dos técnicas es el mismo. Cuando usted encuentra lo que hay de verdad en las críticas, deja sin argumentos al crítico desde el primer momento y se da cuenta de que nunca tuvo nada que temer.

20

La exposición interpersonal

El miedo a la gente

Casi todos nos sentimos tímidos o incómodos de vez en cuando. Estos sentimientos no son demasiado problemáticos para la mayoría de las personas. Pero la timidez puede despojarle de su autoestima, frenarle en su carrera profesional e impedir que establezca relaciones personales íntimas y amorosas.

La terapia cognitiva se basa en la idea que sus pensamientos crean todas sus emociones, las positivas y las negativas. Si usted es tímido, lo más probable es que tenga pensamientos como éstos en las situaciones de trato social:

- No tengo nada interesante que decir.
- Estas personas están por encima de mi categoría.
- No les caeré bien. Pensarán que soy aburrido.
- Ahora mismo soy el único que me siento apurado.
- Si alguien supiera cómo me siento, pensaría que soy un fracasado.
- Todo el mundo se da cuenta de lo nervioso que estoy.
- No debería sentirme tan nervioso. Debería estar más relajado.
- ¿Qué me pasa? Debo de ser un tipo raro.

Si usted se cree estos mensajes, se sentirá tímido y apurado cuando esté con otras personas. Estos pensamientos son los que provocan los sentimientos de apuro y timidez. Si bien los pensamientos pueden parecer completamente válidos cuando usted se siente trastornado, contienen en sí muchas de las distorsiones cognitivas que ha aprendido a reconocer. ¿Cuántas distorsiones identifica usted en los pensamientos anteriores? Señale en la tabla de la página siguiente todas las que encuentre. Si necesita ayuda, puede revisar las definiciones de las distorsiones cognitivas de la página 358.

Cuando haya terminado, lea mi análisis.

Solución

Como puede ver en la página 241, estos pensamientos contienen las diez distorsiones.

La timidez es consecuencia de un engaño mental. Cuando usted se siente tímido, sencillamente se está diciendo cosas que no son verdaderas, aunque no se da cuenta de ello. ¿Por qué sucede esto? Las personas tímidas no son tontas. ¿Por qué creen esos mensajes tan distorsionados? Es

Distorsión	(✓)	Distorsión	(✓)
1. Pensamiento todo o nada		6. Magnificación o minimización	
2. Generalización excesiva		7. Razonamiento emocional	
3. Filtro mental		8. Afirmaciones del tipo «Debería»	
4. Descartar lo positivo		9. Poner etiquetas	
5. Saltar a conclusiones • Lectura del pensamiento • Adivinación del porvenir		10. Inculpación • Autoinculpación • Inculpación de los demás	

porque los pensamientos negativos funcionan como profecías autocumplidoras, por lo cual parecen verdaderas cuando no lo son.

Supongamos que usted cree que no cae bien a los demás o que no les interesará. Este esquema mental le hará sentirse angustiado, apurado e inhibido. También puede sentirse inferior y resentido por el hecho de que los demás aparentan estar muy cargados de juicios de valor y llenos de rechazo. En consecuencia, cuando esté hablando con alguna persona en una reunión social, se sentirá incómodo y vigilará constantemente sus propios sentimientos y su conducta. Se dirá a sí mismo: «Apuesto a que parezco nervioso. Sé que ella se da cuenta de lo tímido y angustiado que me siento. Será mejor que procure parecer normal. ¿Acabo de decir una estupidez? Si no digo algo interesante ahora mismo, se va a aburrir y se va a marchar. Pero ¿qué voy a decir? No se me ocurre nada interesante. Quizá pueda hablarle de mi acuario. Creo que le preguntaré si le gustan los peces».

Este diálogo interior le distrae y le impide mantener un trato animado, natural y espontáneo con la otra persona. Usted está tan preocupado consigo mismo y con su propia ansiedad que no sintoniza con lo que le está diciendo la otra persona y no da verdaderas muestras de interés por ella. Esto le hace parecer raro, egocéntrico y aburrido. También puede parecer tenso e infeliz porque no conecta emocionalmente con la persona con la que está hablando. La otra persona no tarda en sentirse incómoda y le dice que tiene que ir a hablar con otra persona que está al otro lado de la sala.

Naturalmente, esto es exactamente lo que usted creía que iba a pasar, y por lo tanto se dice a sí mismo que ya se lo había figurado. Llega a la conclusión de que *verdaderamente es* una persona aburrida, y de que *verdaderamente no* interesa a las demás personas. Se siente víctima, y jamás se le ocurre pensar que toda la situación ha sido consecuencia directa de sus propios pensamientos distorsionados. Usted obligó a la otra persona a tratarle precisamente tal como se temía.

Lo mismo sucede con la ansiedad por hablar en público. Si se imagina que lo va a hacer mal y si se siente angustiado porque cree que el público perderá interés y se aburrirá o se pondrá en su contra, entonces eso será exactamente lo que pasará. Naturalmente, existe el lado positivo de la ecuación. Usted puede aprender a tratar con los demás de una manera más calurosa y dinámica, y tiene mucho más poder del que cree.

En este capítulo estudiaremos cinco técnicas de exposición interpersonal que pueden ayudarle a transformar su vida social, llevándola de la miseria a la riqueza: la práctica de la sonrisa y el saludo, el entrenamiento del coqueteo, la práctica del rechazo, la autorrevelación y la técnica de David Letterman. Ya vimos en el capítulo 14 los ejercicios de ataque a la vergüenza, que también podrían clasificarse entre las técnicas de exposición interpersonal.

LAS DISTORSIONES DE LA TIMIDEZ

Distorsión	(✓)	Explicación
1. Pensamiento todo o nada	✓	Usted cree que existen dos tipos de personas: las «tímidas» y las «abiertas». Pero, en realidad, la mayoría de las personas se sienten tímidas o abiertas según la ocasión.
2. Generalización excesiva	✓	Generaliza desde su timidez hasta su ser. En vez de pensar en su timidez como en un problema en el que puede trabajar, piensa: «Debe de haber algo de malo *en mí*». La generalización excesiva le hace sentirse deficiente.
3. Filtro mental	✓	Se centra por entero en su timidez y en todos sus defectos, y filtra lo que está diciendo la otra persona. Así le resulta prácticamente imposible generar una conversación interesante con ella.
4. Descartar lo positivo	✓	Pasa por alto sus buenas cualidades y se dice a sí mismo que usted no tiene nada de especial ni de interesante.
5. Saltar a conclusiones • Lectura del pensamiento • Adivinación del porvenir	✓	Usted supone que nadie más se siente angustiado y que a los demás no les interesa nada de lo que usted pueda decirles (lectura del pensamiento). Cree que todo el mundo se da cuenta de lo incómodo que se siente y predice que las situaciones de trato social serán unas experiencias terribles, humillantes (adivinación del porvenir). Naturalmente, esta creencia se convierte en una profecía autocumplidora, por lo que está convencido de que sus pensamientos negativos son completamente válidos.
6. Magnificación o minimización	✓	Hincha sus defectos desproporcionadamente y se dice a sí mismo que su timidez es vergonzosa y anormal (magnificación). También empequeñece la importancia de sus puntos fuertes, además de lo que usted tiene de único (minimización).
7. Razonamiento emocional	✓	*Se siente* como un tipo raro, por lo que piensa que debe de *serlo* en realidad. *Siente* que los demás le desprecian, y por ello llega a la conclusión de que *le desprecian* de verdad.
8. Afirmaciones del tipo «Debería»	✓	Se riñe y se castiga a sí mismo y se empeña en que no debería sentirse tan tímido ni apurado. Esto le conduce a sentimientos de vergüenza.
9. Poner etiquetas	✓	Se aplica a sí mismo la etiqueta de «fracasado» o de «raro». Estas etiquetas le hacen sentirse anormal, inferior y aislado.
10. Inculpación • Autoinculpación • Inculpación de los demás	✓	Se culpa y se riñe a sí mismo por sentirse tímido. Puede que culpe también en secreto a otras personas, porque se imagina que le juzgan mucho y le condenan y que jamás le apreciarían ni le aceptarían.

La práctica de la sonrisa y el saludo

Cuando yo era niño, mi padre me llevó a ver la película *La guerra de los mundos*. Después de la película, cuando volvíamos hacia el coche, observé que saludaba a casi todo el mundo con que nos cruzábamos en la calle, y la mayoría de las personas le devolvían el saludo.

Aquello me sorprendió, y yo le pregunté cómo conocía a tanta gente. Él me dijo que no conocía a aquellas personas, y me explicó que no importaba saludar a personas que no conoces. Me animó a que lo hiciera, de manera que yo también empecé a saludar a las personas con las que nos cruzábamos. Confiaba en mi padre y pensaba que hacer aquello sería lo natural.

Por supuesto, casi todo el mundo nos devolvía una sonrisa y nos saludaba. Al fin y al cabo, yo no era más que un niño que paseaba con su padre. Además, yo era bizco y tenía que llevar unas gafas gruesas, por lo que tenía un aspecto algo torpe. Seguramente les haría gracia, y puede que les pareciera mono. En todo caso, aquél era un buen entrenamiento contra la timidez.

Si usted sufre timidez, puede hacer lo mismo. Puede obligarse a sí mismo a sonreír y a saludar a diez desconocidos cada día. En general, descubrirá que la gente es mucho más amistosa de lo que esperaba.

Si se siente usted demasiado inseguro para abordar esta tarea, puede empezar con algo más fácil. Puede empezar por sonreír y saludar a objetos no animados, tales como plantas o lámparas. Después puede practicar con los gatos y los perros que se encuentre cuando vaya por la calle. Cuando se sienta cómodo sonriendo y saludando a los animales, podrá pasar a los seres humanos.

Empiece por desconocidos que no parezcan amenazadores. Por ejemplo, puede sonreír y decir «hola» a un anciano que esté esperando en la parada del autobús. Lo más probable es que le agrade, e incluso puede que le alegre el día. Descubrirá que, cuando sonríe y saluda a las personas de manera auténtica y alegre, su energía les alegra en muchos casos y le devuelven la energía positiva. Al cabo de poco tiempo descubrirá que es capaz de saludar a cualquiera.

Sin embargo, si usted es tímido, esta técnica puede parecerle al principio extremadamente amenazadora. En cierta ocasión traté a un joven agradable pero que padecía una timidez aguda llamado Roger. Roger procedía de la India y trabajaba en una empresa de biotecnología de Filadelfia. Era extremadamente tímido y estaba convencido de que todo el mundo veía lo tímido y lo incómodo que se sentía. Los supermercados eran un tormento para él. Cuando estaba en la cola, esperando para pagar sus compras, miraba al suelo intentando pasar desapercibido, por lo incómodo y fuera de lugar que se sentía.

Roger solía ver programas de entrevistas en televisión por la noche. Creía que la mayoría de los estadounidenses eran personas tan abiertas y sociables como los presentadores de programas de entrevistas, como David Letterman y Jay Leno. Hasta estaba convencido de que las personas que no se conocían de nada entablaban siempre conversación en la cola del supermercado y se cruzaban comentarios ingeniosos. No tenía ninguna prueba verdadera de eso, porque él siempre estaba mirando al suelo, pero estaba seguro de que era así. Naturalmente, a Roger no se le ocurría ningún comentario ingenioso que decir cuando estaba en la cola. Cuando llegaba a la caja, pagaba y se marchaba a toda prisa, convencido de que todos los presentes lo juzgaban y se daban cuenta de lo tímido y apurado que se sentía.

Roger también se sentía incómodo cuando caminaba por la calle. Estaba convencido de que la gente lo despreciaba por el color oscuro de su piel y por su pelo largo. A veces se enfurecía tanto por lo injusto que era todo aquello que levantaba la vista y dirigía una mirada torva a alguien, como diciéndole: «¡Te tengo! ¡Te he pillado despreciándome!». Naturalmente, la expresión de enfado que tenía en el rostro alarmaba a la persona a la que miraba, de modo que ésta ponía cara de sorpresa. Así, Roger se convencía de que la gente lo *despreciaba de verdad* y de que él los sorprendía *in fraganti*.

Propuse a Roger un experimento que podría ayudarle a poner a prueba sus pensamientos negativos: que cuando estuviera en la cola de un supermercado se obligase a levantar los ojos y mirar a su alrededor para ver lo que pasaba de verdad. Entonces podría contar cuántas personas estaban charlando con desconocidos de manera animada y cuántas estaban a lo suyo. Roger accedió con desgana a hacer este experimento la próxima vez que estuviera en un supermercado.

A la semana siguiente me contó que le había resultado muy difícil dejar de mirar al suelo porque se sentía intensamente apurado y no quería llamar la atención. Pero cuando se obligó a mirar a su alrededor, descubrió con sorpresa que ninguna de las personas de la cola estaba charlando ni intercambiando bromas ingeniosas. La mayoría tenían la vista perdida en el vacío u hojeaban el *National Enquirer* que acababan de tomar prestado del expositor de revistas. Ni tampoco hacían comentarios ingeniosos a la persona que estaba cobrando en la caja. Se limitaban a decir «¿Cuánto es?» o «Gracias», y se marchaban.

Habíamos empezado muy bien, pero todavía no habíamos llegado, ya que Roger seguía teniendo problemas para conectar con las demás personas. Le propuse que probara a continuación la práctica de la sonrisa y el saludo. Dije a Roger que sonriera y dijera «hola» a veinte desconocidos, por lo menos, durante la semana siguiente. Podía elegir a personas con las que se cruzara al salir de mi consulta, a desconocidos que fueran por la calle, o a la gente que estaba de compras en el centro comercial. Le recomendé que llevara la cuenta de cuántas personas le respondían de manera negativa, neutra y positiva. Así podría poner a prueba su creencia de que la gente lo juzgaba y lo despreciaba.

Esta tarea no le entusiasmó en absoluto, y se resistió intensamente a aceptarla, presentando excusas de todo tipo por las que «no podía» o «no debía» hacerlo. Me dijo que aquello le provocaba demasiada ansiedad, y se empeñó en que la gente lo tomaría por una especie de bicho raro. Antes de marcharse de la consulta me prometió con desgana que «lo intentaría», pero estaba claro que no tenía intención de cumplirlo.

A la semana siguiente, Roger me confesó que no había realizado la práctica de la sonrisa y el saludo. Me explicó que sencillamente *no podía* sonreír a los desconocidos porque estaba demasiado nervioso. Insistía en que su sonrisa parecería falsa. Le dije que aquello no sería el fin del mundo y preparé un juego llamado «Sonrisa a la orden». Dije a Roger que nos turnaríamos a gritar «¡Sonríe!». Cuando la otra persona decía esa palabra, teníamos que sonreír y decir «Hola», por muy angustiados o falsos que nos sintiésemos.

Aquel ejercicio también me resultó difícil a mí. Siempre me había sentido inhibido por tener que sonreír a la orden, pues cuando era pequeño tenía una sonrisa torcida y se solían burlar de mí. Pero el juego fue muy divertido. Cada vez que yo gritaba «¡Sonríe!», Roger esbozaba una sonrisa ridícula, de aspecto falso, y decía: «Hola, qué tal». Parecía tan tonto que a mí se me escapaba una risita. Entonces, Roger se reía y, de pronto, su sonrisa «falsa» se hacía completamente verdadera. Si quiere usted probar este ejercicio con algún amigo o familiar, creo que lo encontrará divertido.

A pesar de que el juego fue un éxito, Roger pasó todavía varias semanas resistiéndose a realizar la práctica de la sonrisa y el saludo. Me presentaba diversas excusas sobre por qué no podía o no debía hacerlo. Yo sabía que si conseguía que se soltara y se relacionara con la gente, aquello representaría un gran avance para ayudarle a salir de su caparazón. En realidad era una persona muy agradable y encantadora, pero no se estaba dando ninguna oportunidad.

Por entonces, mi esposa trabajaba en mi consulta dentro de su formación clínica en psicología. También ella trataba a Roger en sesiones aparte. Decidimos reunirnos con él y ponerle las cosas claras como equipo. Le dijimos que aquél era el tratamiento que le ofrecíamos y que tenía que seguirlo. Nos pusimos firmes y nos negamos a aceptar una negativa. Quizá parecíamos unos padres que administran a su hijo el «amor duro». Roger accedió a hacerlo, a disgusto, aunque estaba seguro de que sería horriblemente humillante y de que le provocaría ansiedad.

Cuando llegó a la sesión de la semana siguiente, estaba como en una nube. Dijo que había sonreído y saludado a mucha gente, y que había visto con sorpresa que nadie le miraba mal. De hecho, la mayoría de las personas le habían devuelto la sonrisa de manera amistosa. Hasta había entablado conversaciones animadas con varias personas. Aquello le había dejado atónito, y estaba entusiasmado. Dijo que ya no se sentía tímido en absoluto, y que se pasaba el día hablando con la gente sin parar. Roger se sentía tan bien que decidió poner fin a su tratamiento un par de semanas más tarde.

Me pregunté si los resultados serían duraderos o si su mejora repentina sería lumbre de pajas. Roger me llamó algunos años más tarde y me preguntó si podía tener una sesión de puesta a punto conmigo. Estaba preocupado por una decisión sobre su carrera profesional y necesitaba algo de ayuda para ordenar sus ideas.

Me alegré mucho de volver a verle y le pregunté cómo le iba. Me dijo que su timidez era cosa del pasado y que estaba completamente desinhibido y charlaba con la gente en todas partes y todo el día. Hasta se había aficionado a bailar y tenía una intensa vida social. Había salido con muchas mujeres maravillosas y ahora tenía una novia a la que adoraba.

Cuando presento el caso de Roger en los seminarios profesionales, los psicoterapeutas suelen preguntarme: «¿Habría aplicado igualmente la práctica de la sonrisa y el saludo si Roger hubiera sido un sujeto torpe y desagradable? ¿Y si la gente lo hubiera rechazado?». Creo que el tratamiento debe estar siempre cortado a la medida de las circunstancias personales de cada uno. Roger era un hombre encantador, de manera que parecía probable que tuviera una experiencia positiva cuando realizara la práctica de la sonrisa y el saludo. Si hubiera estado trabajando con otra persona diferente, quizás hubiera utilizado técnicas diferentes. Nunca pongo a sabiendas a nadie en una situación que le pueda provocar humillaciones o fracasos.

Por otra parte, la práctica de la sonrisa y el saludo puede dar resultados diversos en diversas partes. En California suelo saludar a los desconocidos constantemente, y normalmente recibo respuestas positivas. Pero en Nueva York sería distinto. Uno de mis colegas y yo saludamos en cierta ocasión a cuarenta desconocidos en un cuarto de hora, paseando por la plaza Rockefeller, ¡y ni uno solo nos devolvió el saludo! Si usted tiene presente esta limitación, la práctica de la sonrisa y el saludo puede ser muy divertida.

El entrenamiento del coqueteo

La mayoría de los pacientes tímidos y solitarios a los que he tratado no han aprendido nunca a coquetear. Cuando intentan entablar conversación con alguien que les interesa, suelen parecer demasiado serios. Otras personas, por el contrario, tienen el don de eso que llaman «labia». Son capaces de conectar casi con cualquiera de una manera alegre y afectuosa que tranquiliza a su interlocutor. Los investigadores no saben con certeza si algunas personas nacen con este don o si lo adquieren en su desarrollo. Del mismo modo, tampoco está claro si algunas personas nacen con tendencia a la timidez o si las llevan a la timidez las experiencias dolorosas que tuvieron en su desarrollo.

El estudio de los animales apoya ambas posibilidades. Los investigadores han descubierto que algunos perros de muestra tienen, al parecer, un gen de la «timidez» que les hace tener terror a los seres humanos desde el momento en que nacen. Cuando los cachorros que tienen el gen de la timidez ven por primera vez a un ser humano, echan a correr y se esconden, temblando de miedo. Los cachorros que no tienen el gen de la timidez se acercan al ser humano corriendo con interés, meneando la cola con emoción y esperando a que los acaricien. Si esto es así también en los seres humanos, podría afirmarse que la timidez es hereditaria.

Por otra parte, seguramente conozca usted el problema de los gatos silvestres, que se criaron en estado salvaje y sin contacto con los seres humanos. Si no se les adopta cuando son pequeños, adquieren una desconfianza profunda hacia las personas. Si se les adopta cuando son algo mayores, es posible que no lleguen a vencer nunca su miedo a los seres humanos, y que no sean nunca tan cariñosos y confiados como los gatos que han nacido en casas donde se les trata bien. Yo lo sé por experiencia, porque en mi casa tenemos un gato silvestre, además de otros dos que adoptamos cuando tenían seis semanas, y las diferencias son profundas. En vista de ello, también se podrían presentar buenos motivos para afirmar que la timidez se aprende.

Con independencia de las causas de la timidez en los seres humanos, estoy convencido de que las buenas habilidades para el trato interpersonal se pueden aprender. Si usted es tímido, puede hacer muchísimo para superar este problema y poner en marcha su vida social.

¿Qué es el coqueteo eficaz? Resulta difícil dar una definición precisa, pero he aquí unas cuantas aproximaciones:

- Usted hace que la otra persona se sienta especial y admirada. Le alaba por lo que ha hecho, y por lo maravillosa que es, pero lo hace de manera ligera. Hace que hable de sí misma, y procura no centrar mucho la atención en usted. Es frecuente que, por ello, la persona llegue a la conclusión de que *usted es* especial, aunque no haya dicho gran cosa sobre sí mismo.
- Hace bromas amistosas a la otra persona, de manera muy semejante a como un hermano o una hermana mayor puede hacer bromas a un hermano menor del que se siente orgullosa. Así se suele crear un ambiente de fantasía y de diversión que inspira curiosidad e interés a la otra persona.
- Usa un lenguaje corporal positivo, mirando a los ojos a la otra persona o tocándola en el brazo de manera afectuosa mientras habla de manera animada.

Naturalmente, estas técnicas deben usarse con habilidad y reflexión. En algunas situaciones no es conveniente tocar a la otra persona y el contacto puede parecer una intrusión si se hace de manera torpe o agresiva.

En cierta ocasión traté a una profesora de primaria llamada Annemarie que había acudido a pasar varias semanas en Filadelfia para someterse a tratamiento en nuestro programa intensivo. Annemarie sufría sentimientos crónicos de infelicidad y soledad. Me explicó que tenía pocos amigos y que pasaba casi todo su tiempo libre preparando sus clases. Era una profesora con una dedicación maravillosa a su trabajo, pero no parecía que la vida le resultara muy emocionante ni gratificante. Era agradable y atractiva, pero parecía un poco rígida.

Pregunté a Annemarie qué esperaba conseguir con la terapia. Si tuviésemos una varita mágica, ¿qué pediría? ¿Cómo cambiaría su vida? Ella dijo que quería divertirse más en la vida.

Yo quería saber qué estaba pensando ella exactamente, de modo que le pregunté:

—¿Qué día te gustaría empezar a divertirte?

—¿Qué tal hoy? —respondió ella.

—Bien —dije yo—. ¿Cuándo te gustaría empezar a divertirte más? ¿Durante o después de la sesión?

—Después de la sesión —dijo ella, y me sentí aliviado.

Le pregunté qué tenía pensado hacer después de la sesión. Era viernes por la tarde y me dijo que pensaba tomar el tren Metroliner para ir de Filadelfia a Nueva York para visitar a una amiga durante el fin de semana.

—¿Qué tendría que pasar para que el viaje de aquí a Nueva York resultase increíblemente divertido? —le pregunté—. ¿Cuál es tu fantasía?

Ella parecía apurada, y explicó con rubor que si su fantasía se hacía realidad, varios hombres apuestos coquetearían con ella en el tren. Me dijo que era tímida y estaba sola, y que llevaba años sin salir con un hombre.

Yo sabía por experiencia que el tren estaría lleno a rebosar de *yuppies* que volvían a Nueva York de sus trabajos. En vista de que Annemarie era atractiva y encantadora, comprendí que mi tarea sería fácil si lograba convencerla de que saliera de su cascarón. Le dije:

—Me parece que en ese tren habrá muchos hombres apuestos, y una de mis especialidades es enseñar a las mujeres solitarias a meterse a los hombres en el bolsillo. Pero hay una pega.

—¿Cuál es la pega, doctor Burns?

—Tendrás que acceder a hacer lo que yo te diga —dije—, y puede que al principio te haga sentir una gran ansiedad. Si tienes alguna duda al respecto, podemos trabajar en otra cosa.

Annemarie me dijo que estaba cansada de hacer una vida tan seria y aburrida, y que estaba dispuesta a hacer lo que hiciera falta, siempre que no fuera contra la ley ni contra la ética. Aquélla era la respuesta que yo esperaba.

Le expliqué que el primer secreto del coqueteo era recordar que no es más que un juego. Se hace para divertirse. Si uno lo toma demasiado en serio, fracasa, porque no estará presente la magia. Muchas personas están aburridas con sus vidas y quieren tener una distracción agradable. Si perciben que usted está jugando con ellas de una manera afectuosa y que no va en serio al cien por cien, le apreciarán más. Pero si tienen la sensación de que usted está necesitado de cariño o de que las está persiguiendo, le rechazarán. Según la regla de Burns: «La gente sólo quiere lo que no puede conseguir. Nunca quiere lo que puede conseguir».

Una manera de coquetear es decir un cumplido a la persona a la que se dirige. No obstante, los cumplidos casi siempre funcionan mejor si usted da una impresión lúdica, amable y afectuosa y no parece exageradamente serio. De hecho, el cumplido incluso da a veces mejor resultado si es un poquito falso. Sé que este consejo se opone a las tesis aceptadas, pero esperen un poco y se lo explicaré.

Dije a Annemarie que era demasiado seria y que debía producir una imagen más traviesa y desenfadada. Se lo expliqué de esta manera:

Vamos a suponer que emprendes una conversación con un tipo muy guapo que está sentado a tu lado en el tren y vas dándote cuenta de que es algo corto de entendederas. Siempre le dicen lo guapo que es, y este mensaje lo aburre. De manera que tú puedes decirle que tiene una forma de pensar muy interesante

246

y que *te encanta* su manera de ver las cosas. Si quieres pasarte un poco, puedes añadir que estás convencida de que la gente le está diciendo eso mismo *constantemente*.

Y bien, sabemos que en realidad no escucha ese mensaje constantemente. De hecho, lo más probable es que no se lo hayan dicho nunca. Se sentirá interesado, y lo tendrás en el bolsillo enseguida. Pero no te centres sólo en él. Tiene que darse cuenta de que no le estás persiguiendo. Sé como una mariposa que va de flor en flor y habla con otro. Recuerda la regla de Burns: «La gente sólo quiere lo que no puede conseguir. Nunca quiere lo que puede conseguir».

Supongamos que el tipo que está sentado al otro lado es un verdadero intelectual. Aunque tiene aspecto rechoncho, va a presentar sus últimas investigaciones en la Academia de Ciencias de Nueva York. Podrías entablar conversación con él y decirle un cumplido por algún rasgo de su aspecto físico. Por ejemplo, le puedes decir con un tono de voz muy sincero y lleno de admiración: «Tiene usted en los ojos algo muy intenso, pero seguro que las mujeres se lo dicen constantemente».

Bien, tú y yo sabemos que eso no se lo dicen constantemente. ¡De hecho, probablemente no se lo hayan dicho nunca, ni siquiera su madre! Lo más probable es que se sonroje y se emocione, y seguro que se acordará de ti durante mucho tiempo.

Ahora, el hombre guapo y corto de entenderas estará pensando: «¿Es que mis ojos azules no están bien? Ese tipo es un soso absoluto. Quiero que la chica vuelva a hablar *conmigo*».

Lo más importante que hay que recordar es que las personas adultas somos en esencia niños que hemos crecido y nos hemos vuelto serios, pero en el fondo todos seguimos queriendo jugar y divertirnos. Todos queremos un poco de fantasía en nuestras vidas. El coqueteo no es más que un juego. Es en serio y no es en serio.

Annemarie y yo hicimos algo de representación de papeles para que ella pudiera practicar el coqueteo. Tenía dotes naturales para ello. Lo que le faltaba, en realidad, era el permiso para coquetear y ser abierta. Tenía un gran encanto sureño y me di cuenta de que le iba a ir de maravilla.

Accedió a coquetear con un mínimo de tres hombres aquella tarde. Después, se angustió y me preguntó: «¿Y si alguien me ve coquetear y me desprecia? ¿Y si meto la pata o si la gente se cree que soy una desvergonzada y una perdida?».

Para ayudarle a superar sus miedos, le propuse que probásemos con la fantasía temida. Es una de las técnicas de exposición cognitiva que estudiamos en el capítulo anterior. Le expliqué que entraríamos en un mundo de pesadilla, digno de *Alicia en el país de las maravillas*, donde se harían realidad sus peores miedos. En ese mundo, los pasajeros del tren la despreciarían verdaderamente por haber estado coqueteando de forma tan desvergonzada con hombres atractivos. Además, esos pasajeros le dirían abiertamente lo que piensan de ella, sin callarse nada.

Le expliqué que yo representaría el papel de Annemarie y que ella podía representar el de un pasajero hostil. Le dije que verbalizara lo que pudieran estar pensando los pasajeros hostiles y que intentara humillarme. Podía ser todo lo brutal que quisiera y decir cosas horribles que en realidad no se dice nunca la gente. Le expliqué que los pasajeros hostiles eran, en realidad, una representación de sus peores miedos y de sus principios rígidos. Nuestro diálogo transcurrió así:

PASAJERO HOSTIL (*representado por Annemarie*): Oiga, acabo de verla coquetear con tres tipos diferentes. ¿Es que está desesperada o es que es una especie de zorra? ¿Qué le pasa?

ANNEMARIE (*representada por David*): La verdad es que un poco de cada cosa. Estaba sola y centrada en mi trabajo, de modo que he decidido salir de mi cascarón y empezar a abrirme más. Además, mi psiquiatra, en Filadelfia, me ha estado dando lecciones de zorrería. Me alegro de que se haya fijado usted. ¡Puede que el aprendizaje esté dando sus frutos!

PASAJERO HOSTIL: Bueno, yo no lo reconocería, si estuviera en su lugar. Lo que quiero decir es que parece una desvergonzada total. Está quedando como una tonta absoluta.

ANNEMARIE: Tiene usted mucha razón. A cada minuto que pasa soy más desvergonzada. Y ¿sabe una cosa? Lo estoy pasando muy bien.

PASAJERO HOSTIL: Puede hacer usted lo que quiera, pero no olvide que todos la miran y la desprecian por su poco nivel moral y por su conducta descarada.

ANNEMARIE: La verdad es que eso está bien, porque los que me interesan son esos hombres guapos. Y no parece que ellos me critiquen. ¿Quién sabe? A lo mejor hasta puedo quedar para salir con alguno de ellos.

PASAJERO HOSTIL: De esa manera no conseguirá jamás quedar para salir, porque está quedando muy mal. Su técnica de coqueteo es pésima.

ANNEMARIE: Sé que puedo mejorar mucho, porque no he hecho más que empezar a aprender los secretos. Dígame, ¿qué planteamiento me recomienda usted? ¿Cuál le ha dado resultado? Quizá pueda probar su técnica.

Annemarie vio que no iba a poder conmigo. Dijo que se daba cuenta de que a los pasajeros del tren no les importaría, en realidad, que ella coqueteara o no. Pero incluso si alguien la criticaba, podría soportarlo.

Cuando volví a ver a Annemarie, el lunes siguiente, estaba radiante. Me dijo que el tren estaba lleno de jóvenes atractivos. Ella se había sentido nerviosa y apurada, pero se había obligado a entablar conversación con un tipo corriente que estaba de pie junto a ella. Annemarie se enteró de que era actuario de seguros. Parecía un hombre tremendamente aburrido, pero ella le dio un poco de coba y le dijo que su trabajo parecía muy importante e interesante. Le dijo que debía de ser muy inteligente para poder realizar un trabajo así.

El hombre se quedó encantado y empezó a contarle la historia de su vida. Al cabo de unos minutos, Annemarie se puso a coquetear con un joven atractivo que era actor, y al poco rato también lo tenía en el bolsillo. El actor le pidió su número de teléfono y la invitó a asistir al estreno de una obra en la que él hacía un papelito. Dijo que esperaba que pudieran verse mientras ella estuviera en Nueva York. Annemarie se había quedado maravillada y me dijo que se sentía como si tuviera una nueva arma secreta.

Cuando usted comienza a practicar el entrenamiento del coqueteo, puede elegir a personas que no resulten especialmente imponentes. De hecho, hasta puede empezar con los animales, igual que la práctica de la sonrisa y el saludo. Yo lo hago constantemente, y funciona como por arte de magia. Por ejemplo, si veo a un perro en la acera, lo acaricio y le digo las cosas más descaradas: «Ah, qué guapetón eres. ¡No había visto nunca un perro con cara tan tierna e inteligente!». A los perros les encanta ser objeto de estas atenciones, y tienen poco talante crítico. A sus amos también les suele agradar. Claro que, si se trata de un rottweiler que le está gruñendo, quizá sea mejor que lo deje…

A continuación, puede probar a coquetear con personas que no sean objeto de interés amoroso. La mayoría de las personas están esperando un rayo de luz que les ilumine el día. Puede probar a hacer comentarios amistosos y de admiración a las personas que le responderán de manera positiva casi con toda seguridad, como por ejemplo el portero del hotel, un agente de policía que va por la calle, la azafata del avión, un tipo que está comprando ropa en el centro comercial o alguien que está haciendo ejercicio en el gimnasio. Cuando se sienta a gusto con esto, podrá empezar a coquetear con las personas que le interesan más. No obstante, el objetivo de esta técnica no es conseguir una cita para salir con alguien, sino simplemente entablar conversación amistosa y desenfadada con las personas y hacer que se sientan bien. Este esquema mental reducirá mucho la presión que siente usted. Paradójicamente, puede acabar por conseguir una cita, aunque su objetivo fuera muy distinto.

La práctica del rechazo

Si usted tiene miedo al rechazo, puede probar a acumular el máximo posible de rechazos para descubrir que no se acaba el mundo. Por ejemplo, el doctor Albert Ellis, célebre psicólogo de Nueva York, pidió en cierta ocasión, cuando era joven, una cita a doscientas mujeres, a lo largo de dos semanas. ¡Todas lo rechazaron menos una, y ésta no apareció!

Aunque no consiguió una cita, dominó sus miedos al rechazo y acabó por desarrollar una sana vida social. De hecho, llegó a tener fama por su habilidad para las relaciones románticas, y escribió durante muchos años una columna de consejos sobre la vida sexual en una revista popular para hombres.

Cuando yo era estudiante de medicina no había oído hablar del doctor Ellis, pero mi amigo Spyder y yo descubrimos por casualidad esa misma técnica. Spyder vivía en un garaje que había detrás de una casa que yo tenía alquilada con otros amigos. Era batería, de buen aspecto, y estaba buscando un grupo al que unirse. Además, sufría una timidez aguda, el mismo problema que tenía yo.

Intentando vencer nuestros miedos, paseábamos durante varias horas por Palo Alto y San Francisco, y nos turnábamos para abordar a señoritas jóvenes y atractivas e intentar intimar con ellas. Cuando le tocaba a Spyder, yo buscaba a una señorita de buen aspecto y él tenía que abordarla e intentar acordar una cita con ella. Si me tocaba a mí, la elegía él y yo tenía que hacer lo mismo.

Nuestra experiencia era semejante a la del doctor Ellis. Siempre nos daban un corte. Creo que se debía a que los dos éramos demasiado serios y sinceros, y al mismo tiempo tirando a sosos y desesperados. Pero sí que superamos nuestro miedo al rechazo, y éste resultó ser el primer paso para desarrollar una vida social mucho más emocionante.

La autorrevelación

En vez de ocultar con vergüenza sus sentimientos de timidez o de nervios en las situaciones de trato social, usted los desvela abiertamente. Hace falta un buen sentido de la autoestima para que esta técnica resulte eficaz.

Poco después de que abriera mi consulta en Filadelfia, mi mujer y yo nos compramos una casa en Gladwyne, una población de las afueras. La mayoría de las casas de Gladwyne son grandes y caras. Como nosotros no teníamos mucho dinero, nos compramos la casa más barata del barrio.

Nuestra hija, Signe, solía jugar con una niña llamada Penélope que vivía cerca. Un día, mi mujer me pidió que fuera a recoger a Signe a casa de Penélope. Yo llevaba puesta una camiseta vieja y unos vaqueros sucios. Me subí a nuestro Fiat, viejo y oxidado, y salí camino de la casa de Penélope. Ésta tenía un camino particular de acceso tan largo que la casa no se veía desde la calle. Cuando llegué, descubrí que Penélope vivía en una mansión. Fui hasta la inmensa puerta principal, bastante intimidado.

Llamé al timbre y esperé. La puerta se abrió de pronto y apareció una mujer bellísima. Parecía una modelo de la portada del *Vogue*. Era esbelta, estaba morena y llevaba joyas y un vestido muy bonito. Se presentó como la madre de Penélope. Yo me sentí angustiado y dije, nervioso

—He venido a recoger a mi hija Signe.

—Ah, pase, por favor —dijo.

Me hizo pasar a un vestíbulo que era tan grande como nuestro cuarto de estar. Tenía el techo alto, y las paredes estaban decoradas con pinturas enormes, con marcos dorados como los que se pueden ver en el Louvre de París. Ella advirtió que yo me sentía incómodo y me preguntó:

—¿Pasa algo malo?

—La verdad es que no había estado nunca en una casa tan imponente como ésta —dije— y me siento algo intimidado.

—¿No es eso un poco neurótico? ¡Tenía entendido que usted era psiquiatra! —dijo.

—Ah, sí —respondí—. ¡Soy *muy* neurótico! ¡Si llega a conocerme mejor, verá que esto no es más que la punta del iceberg!

Ella se rio, y yo me sentí más relajado. Mi mujer y yo nos hicimos buenos amigos de ella al poco tiempo. Aunque parecía que lo tenía todo en la vida, más adelante descubrí que su vida no era tan rutilante como parecía y que sufría los mismos conflictos y desafíos que todos tenemos que afrontar de cuando en cuando.

Yo había aplicado la autorrevelación. En vez de intentar ocultar su timidez y de parecer «normal», usted se limita a desvelarla. El reconocimiento sencillo de mi ansiedad, paradójicamente, hizo que ésta desapareciera, paradójicamente, mientras que cualquier intento de ocultar mi timidez habría hecho que empeorara.

Sin embargo, la autorrevelación puede no resultar tan fácil como parece. En cierta ocasión traté a un joven brillante llamado Joseph que ingresó en la Universidad de Harvard cuando tenía 14 años. Se licenció cuatro años más tarde, con calificaciones brillantes, pero era terriblemente tímido y no había tenido nunca la oportunidad de desarrollar ninguna habilidad social con chicos de su edad. Era especialmente tímido cuando estaba cerca de mujeres atractivas y estaba seguro de que cualquier mujer que supiera lo tímido que se sentía lo rechazaría.

Joseph se había convertido en un joven encantador y apuesto, y a mí me parecía una lástima que estuviera tan aislado y le diera miedo quedar con una mujer. Le animé a que confesara su timidez cuando hablara con las mujeres, en vez de esforzarse tanto por ocultarla. Pero él se negaba a hacerlo. Estaba convencido de que yo estaba loco y de que si hacía aquello parecería absolutamente penoso y lo rechazarían.

La resistencia de Joseph a la autorrevelación era un clásico. Cuando llega el momento de plantar cara al monstruo que más temen, muchas personas se llenan de pánico y echan a correr en el sentido opuesto con todas sus fuerzas. Yo sabía que mientras Joseph siguiera intentando ocultar su timidez, los sentimientos de apuro se aguzarían, pero él se me resistía con uñas y dientes y se empeñaba en que yo no sabía lo que decía.

Al cabo de varias semanas de resistencia, Joseph accedió por fin a hacer un experimento para poner a prueba lo que yo decía. Había estado haciendo unos trabajos de consultoría en una compañía de seguros de Filadelfia y se había fijado en una secretaria rubia que parecía que lo miraba mucho. Sin embargo, él no se había atrevido nunca a hablarle porque se sentía muy nervioso.

Accedió a invitarla a salir, pero no había salido nunca con una mujer y temía que ella le dijera que sí, pues no sabría qué hacer a continuación. Le dije que podía llevarla a cenar a un restaurante de Chinatown que se llamaba Riverside. Mi familia y yo íbamos a cenar allí casi todas las semanas, porque la comida era estupenda. Después, podía llevar a la chica al cine. Pero le dije que mientras estuviera con ella debería revelarle su timidez. Así se enteraría de si sus miedos estaban justificados. Joseph dijo que iba a ser muy difícil pero que se obligaría a hacerlo por una vez, aunque sólo fuera para demostrar lo equivocado que estaba.

La señorita dio muestras de entusiasmo cuando él la invitó a salir y accedió a acompañarle a cenar y a ver una película. Mientras cenaban, Joseph se sentía apurado y no dejaba de intentar comportarse con «normalidad» para que ella no advirtiera lo incómodo que se sentía, pero no se le ocurría de qué hablar. Hubo varios silencios largos e incómodos. Ella le preguntó si le pasaba algo malo.

Él no podía soportar más la tensión y le dijo que tenía que confesarle una cosa. Ella puso cara de alarma y le preguntó cuál era el problema. Él le contó que a veces se sentía tímido y cortado cuando estaba con una mujer muy hermosa, y que tenía que pedirle disculpas porque se sentía así en ese momento.

Estaba seguro de que ella lo rechazaría allí mismo. Pero, en lugar de hacer eso, le dijo: «¡Ay, llevaba tanto tiempo buscando a un hombre sensible como tú! Estoy cansada de esos tipos machistas que siempre quieren impresionarme».

¡Joseph no daba crédito a sus oídos!

Después de cenar, ella le preguntó si prefería que no fueran al cine y volvieran al apartamento de ella, «sólo para charlar y tomarnos una copa de vino». Acabaron haciendo el amor y pasaron la noche juntos. Cuando Joseph volvió a aparecer en su sesión de terapia siguiente, exclamaba: «¡Creo! ¡Creo!».

Naturalmente, para esto hace falta algo de arte. Si usted desvela su timidez despreciándose a sí mismo, quizá se vuelva contra usted, porque hará que la otra persona se sienta incómoda. Puede que le tenga lástima o que se piense que debe tranquilizarle. Por ejemplo, no le interesa decir: «Ay, soy tan terriblemente tímido que no soporto estar con otras personas. Para ser sincero, soy un paria social y no tengo un solo amigo en el mundo, salvo mi perro, claro, y éste sólo me aguanta porque le doy de comer. Estoy tan solo que no aguanto más. ¿Quieres ser amiga mía?».

Evidentemente, esto último estaría dicho en tono de humor, pero aun así indica un estado de necesidad y una cierta hostilidad, y la otra persona se asustaría. La autorrevelación es una herramienta poderosa, porque con ella ya no tendrá que seguir ocultando sus sentimientos de apuro, pero resultará más eficaz si se expresa de manera relajada, aceptándose a sí mismo.

La técnica de David Letterman

Si usted es tímido, lo más probable es que padezca la falacia del foco. Es posible que en las situaciones de trato social se sienta como si estuviera actuando en un escenario, bajo un foco fuerte, y como si tuviera que impresionar a la gente para caerles bien. Esto provoca estrés, porque lo somete a la presión intensa de tener que pensar algo interesante que decir. Cuanto más lo intente, más apurado y menos espontáneo se sentirá.

A la mayoría de las personas les interesa mucho más hablar de sí mismas. Paradójicamente, la mejor manera de impresionar a una persona es ponerla *a ella* bajo la luz del foco. Hágala hablar de sí misma mientras usted la escucha con admiración. Así, usted se convierte en miembro del público en vez de en actor… un papel mucho más fácil, sin duda.

Yo llamo a esta técnica la «técnica de David Letterman» porque en ella se aplican las mismas técnicas que aplica éste y otros presentadores famosos de programas de entrevistas. Siempre tienen a la otra persona bajo la luz del foco y rara vez hablan de sí mismos. Así, los entrevistados dan lo mejor de sí mismos y se consigue una conversación dinámica y relajada.

¿Cómo se hace esto? En vez de intentar impresionar a la otra persona diciendo algo interesante o hablando de sí mismo, usted puede aplicar los cinco secretos de la comunicación eficaz. Si bien desarrollé estas técnicas en su día como modo de resolver los conflictos interpersonales, también puede aplicarlas para desarrollar conversaciones apasionantes en las situaciones de trato social. He aquí cómo funcionan:

1. **La técnica del desarme:** encuentre lo que hay de verdad en lo que dice la otra persona, aunque parezca completamente absurdo o ridículo. A las personas les encanta que estén de acuerdo con ellas.

2. **La empatía de pensamientos y la empatía de sentimientos:** intente ver el mundo a través de los ojos de la otra persona. Para practicar la empatía de pensamientos, repetirá las palabras de la otra persona, reflejando lo que le ha dicho, para que la persona vea que usted la estaba escuchando y que ha captado el mensaje. Por ejemplo, usted podía decir: «Caramba, dices que X, Y y Z. ¿Es verdad eso? Me encantaría que me contases algo más». La otra persona se animará y seguramente podrá decir más cosas sobre el tema, ya que usted es, al parecer, un público atento.

   Para aplicar la empatía de sentimientos, comente cómo se puede sentir la otra persona, en vista de las palabras que ha dicho. Por ejemplo, si la persona ha expresado unas opiniones fuertes acerca de lo injusta que es una nueva política de la empresa, usted podría decirle: «Vaya, sí que tienes razón, y me imagino que estarás bastante molesto con eso». Esta afirmación también es un ejemplo del uso de la técnica del desarme, pues usted ha reconocido la validez de lo que dijo la otra persona. La empatía de pensamientos y de sentimientos suelen resultar mucho más eficaces si las combina con la técnica del desarme.

3. **La pregunta:** haga preguntas sencillas para animar a hablar a la otra persona. Podría decir: «Lo que dices me interesa mucho. ¿Puedes contarme un poco más?».

4. **Afirmaciones del tipo «Siento que»:** usted expresa sus propios pensamientos y sentimientos. Esto puede ser innecesario, ya que la mayoría de las personas están muy dispuestas a hablar de sí mismas.

5. **Las caricias:** haga cumplidos a la otra persona. Transmítale su respeto o su admiración. Busque algo verdaderamente positivo que decir sobre él o sobre ella.

Recordará con más facilidad estas técnicas acordándose de las iniciales EAR. Como se ve en la tabla de la página 253, EAR significa «empatía, afirmación y respeto». Si utiliza estas técnicas con habilidad, generalmente podrá conseguir que sea la otra persona la que más hable. Paradójicamente, si manifiesta interés por las demás personas, éstas acaban por sentirse impresionadas por usted.

Cuando yo era estudiante de medicina, mis compañeros y yo teníamos miedo a una secretaria llamada Clarisse que trabajaba para el jefe de estudios de medicina. Era más bien cortante y ejercía mucho poder, y si uno se ponía a malas con ella, podía complicarle mucho la vida. Un día tuve que ir a preguntar a Clarisse algo acerca de una de mis rotaciones clínicas. Parecía molesta, de modo

LOS CINCO SECRETOS DE LA COMUNICACIÓN EFICAZ (EAR)

E = empatía

1. **La técnica del desarme (TD):** encuentre algo de verdad en lo que dice la otra persona, aunque parezca completamente irracional o injusto.
2. **Empatía:** póngase en el lugar de la otra persona e intente ver el mundo a través de sus ojos.

   - **Empatía de pensamientos (EP):** refleje en sus palabras las de la otra persona.
   - **Empatía de sentimientos (ES):** reconozca los sentimientos probables de la otra persona sobre la base de lo que ha dicho.

3. **La pregunta (PR):** haga preguntas delicadas, llenas de interés, para conocer mejor lo que piensa y siente la otra persona.

A = asertividad

4. **Afirmaciones del tipo «Siento que» (SQ)**: exprese sus ideas y sentimientos de manera directa, con tacto. Utilice afirmaciones del tipo «Siento que», como por ejemplo «Me siento molesto», más que del tipo «Tú eres/estás», como por ejemplo, «¡Estás equivocado!» o «¡Me estás sacando de quicio!».

R = respeto

5. **Las caricias (CA):** transmita una actitud de respeto, aunque se sienta frustrado o enfadado con la otra persona. Busque algo verdaderamente positivo que decir a la otra persona, incluso durante el fragor de la batalla.

que yo le solté algo así como: «¿Sabe usted, Clarisse? Me admira mucho cómo lleva este departamento. Tiene una organización y una eficiencia increíble. Yo estoy siempre cantando sus alabanzas, y me gustaría tener esas dotes».

Ella se derritió como si fuera de mantequilla y desde entonces me trató siempre como a un príncipe. Lo más probable es que se sintiera insatisfecha con su vida y que llevara mucho tiempo sin oír una palabra amable. Aunque yo sólo había usado una de las técnicas, la de las caricias, ésta dio la vuelta por completo a mi relación con Clarisse.

Si usted quiere aprender a utilizar los cinco secretos de la comunicación eficaz en situaciones de la vida real, tendrá que practicarlos. Con leerlos no basta. Tendrá que realizar también algunos ejercicios por escrito, además de algo de representación de papeles.

Imagínese que se siente tímido y que le cuesta trabajo encontrar algo que decir a la persona con la que está hablando. Escriba algo que puede haber dicho la persona y que a usted le resultaría difícil responder. Después, escriba una respuesta en la que se apliquen dos o tres de los cinco secretos de la comunicación eficaz. Por ejemplo, supongamos que usted está en una fiesta y que acaba de conocer a un sujeto increíblemente aburrido que se llama Jarvis. Usted se está esforzando por pensar algo que decir y se siente nervioso. Cuando pregunta a Jarvis a qué se dedica, éste le dice: «Me gano la vida estudiando el polvo».

¿Cómo respondería usted a Jarvis? Escriba a continuación lo que podría decirle. Después de cada frase, indique entre paréntesis las técnicas aplicadas, según las abreviaturas que se indican en la tabla. Por ejemplo, si ha aplicado la técnica del desarme, puede escribir «(TD)» al final de la frase. No siga leyendo hasta que no haya escrito su respuesta.

_____

_____

_____

_____

_____

Solución

Puede responder a Jarvis de muchas maneras. He aquí un planteamiento posible.

¿Estudias el polvo? (EP, PR) ¡Qué interesante! (CA) No había conocido nunca a nadie que estudiara el polvo, pero estoy seguro de que puede ser apasionante (CA). De hecho, hace poco vi un documental en el Discovery Channel y decían que hay regiones del universo donde se encuentran unas lluvias de polvo increíbles compuestas exclusivamente por diamantes (SQ). ¿Qué tipo de polvo estudias? (PR)

Como verá, en mi respuesta he aplicado cuatro de los cinco secretos de la comunicación eficaz, y he anotado entre paréntesis, después de cada frase, las iniciales de la técnica que he aplicado. Diga lo que diga la otra persona, usted podrá siempre encontrar la manera de hacer interesante la conversación si aplica estas técnicas y si mantiene a la otra persona bajo la luz del foco.

Ahora quiero que lo intente otra vez. Imagínese que está hablando con alguien en un cóctel y que se siente tímido. Escriba algo que podría decirle esa persona. Procure que sea algo a lo que normalmente le costaría responder.

_____

_____

_____

_____

_____

Ahora escriba lo que diría usted a continuación. No olvide aplicar los cinco secretos de la comunicación eficaz. Indique después de cada frase, entre paréntesis, las técnicas que ha aplicado.

_____

_____

_____

_____

Cuando haya practicado varias veces este ejercicio escrito, empezará a ver lo fácil que es hacer que las demás personas se sientan cómodas y entablar conversaciones animadas con cualquier persona, en cualquier parte, en cualquier momento. Después, podrá practicar la representación de papeles con un amigo o con un familiar. Pídale que represente el papel de una persona con la que usted intenta hablar, y usted puede representarse a sí mismo. La otra persona dice una frase breve, y usted responde aplicando los cinco secretos. Después, pida a la otra persona que le ponga nota. ¿Se ha merecido un sobresaliente, un notable, un aprobado o un suspenso? Pregúntele qué le ha gustado y qué no le ha gustado de su respuesta.

Si no ha obtenido un sobresaliente, inviertan los papeles y diga a la otra persona la misma frase que le dijo ella a usted. Cuando la persona le haya respondido, póngale nota. Descubrirán que, después de invertir los papeles varias veces, generalmente se encuentra una respuesta excelente.

He aquí un par de consejos que debe tener presente al realizar la representación de papeles. Ésta suele dar mejor resultado si se limita a una sola frase por cada uno cada vez. Es decir, pida a la otra persona que haga un comentario, y usted le responde. A continuación, pida a la persona que le haga la crítica. Así, su compañero podrá señalarle lo que ha hecho bien y lo que ha hecho mal. Después, pueden invertir los papeles y descubrir si su compañero puede ofrecer una respuesta más eficaz. Sigan invirtiendo los papeles hasta que descubran una respuesta eficaz.

Puede hacer con toda libertad dos copias de los cinco secretos de la comunicación eficaz que aparecen en la página 253, para que cada uno pueda consultar su copia durante la representación de papeles. Así les resultará más fácil responder y ofrecerse mutuamente comentarios útiles y concretos. Cuando lo haya practicado varias veces, estará preparado para aplicar los cinco secretos en tiempo real. No olvide empezar con personas que no resulten amenazadoras, como por ejemplo con niños, para ir subiendo después hasta situaciones que representen un desafío mayor. Creo que se sorprenderá al descubrir lo fácil que es relacionarse con otras personas cuando domine el arte de dirigir sobre ellas el foco.

Los cinco secretos de la comunicación eficaz pueden resultar increíblemente útiles en una gran variedad de situaciones que provocan ansiedad, entre ellas el hablar en público. Muchas personas que tienen ansiedad por hablar en público tienen miedo a que alguien del público dirija sobre ellos el foco haciéndoles una pregunta hostil o difícil. Si aplica los cinco secretos de la comunicación eficaz, podrá volver a su favor al instante hasta la crítica más adversa y no tendrá que temer nunca ninguna pregunta, por muy hostil que parezca su interlocutor.

Una vez pronuncié una conferencia sobre la serotonina del cerebro en el Colegio Universitario de Medicina Baylor, en Houston. Había unos quinientos psiquiatras entre el público. La conferencia fue bien recibida, pero durante el tiempo de ruegos y preguntas un psiquiatra que estaba en la última fila se puso a atacarme. Proclamó que sus propias investigaciones revolucionarias habían demostrado que cierta vitamina curaba la depresión, y se empeñó en que yo era cómplice de los laboratorios farmacéuticos para silenciar su descubrimiento. Se puso a gritar muy enfadado que no estaba dispuesto a tolerarlo.

¡Vaya si sentí que tenía encima el foco! El público se puso tenso al instante, y quinientos pares de ojos me miraban fijamente. Me resistí al impulso de defenderme. En vez de hacerlo, le dije que había dicho algo muy importante y que sus críticas a la profesión eran absolutamente válidas. Recalqué que muchos investigadores protegen su propio territorio y que no están abiertos a las ideas nuevas que se oponen a la postura oficialista. Señalé que a lo largo de la historia de la medicina se han producido muchos descubrimientos importantes en laboratorios pequeños, como el suyo, donde investigadores autónomos y creativos habían estudiado sus propias ideas y habían triunfado. Le pedí que hablara conmigo después de la conferencia para que pudiera darme más datos acerca de sus investigaciones.

Puso cara de contento, se tranquilizó al momento, y la sesión de preguntas y respuestas prosiguió con normalidad. Parecía que el público agradecía mi respuesta amable al alborotador. De hecho, se levantaron tantas manos que no tuve tiempo de responder a todas las preguntas. La reacción positiva a mi conferencia fue abrumadora.

Después de la conferencia, una multitud numerosa y entusiasta se agolpó alrededor del estrado con preguntas y comentarios. Vi que el alborotador se abría paso entre el gentío y me dispuse a recibir más ataques. Pero cuando llegó a primera fila, me dio la mano con energía y me felicitó. Proclamó en voz alta que mi conferencia había sido, con diferencia, la mejor que había oído en su vida sobre la química del cerebro, ¡y me preguntó si podría facilitarle copias de mis diapositivas para usarlas, a su vez, en sus conferencias!

¿Por qué había sido tan eficaz mi respuesta? Me había limitado a aplicar la técnica del desarme y las caricias, dos de los cinco secretos de la comunicación eficaz. Desarmé al alborotador al estar de acuerdo con él en que las investigaciones suelen ser más políticas que científicas y que a veces se hace injustamente el vacío a las personas que no se ciñen a la línea oficialista. Cuando lo califiqué de investigador autónomo, creativo y valiente, se ablandó, porque se sintió justificado de pronto y vio en mí a un aliado, en vez de a su enemigo.

Los cinco secretos de la comunicación eficaz pueden ayudarle en dos sentidos con la ansiedad por hablar en público. En primer lugar, su ansiedad se reducirá al darse cuenta de que posee un medio fabuloso para hacer frente a *cualquier cosa* que le pueda decir alguien durante una presentación. En segundo lugar, si alguien le plantea, en efecto, una pregunta malintencionada o difícil, y usted aplica con habilidad la técnica del desarme y las caricias, el resto del público responderá de manera positiva, porque verán que también ellos le pueden hacer preguntas sin miedo. Así subirá la moral de todo el grupo.

Cuarta parte

El modelo de la emoción oculta

21

La técnica de la emoción oculta

Esconder los problemas bajo la alfombra

Traté en cierta ocasión a una joven llamada Alicia que sufría repetidos ataques de pánico en el trabajo. Poco después de terminar la enseñanza secundaria, Alicia se casó y se puso a trabajar con un hombre que estaba poniendo en marcha una empresa distribuidora de refrescos.

Parecía que los ataques de pánico de Alicia se producían siempre que su jefe pasaba cerca de su mesa de trabajo. La invadía una sensación de náusea y tenía ganas de vomitar. Muchas veces tenía que ir a la sala de descanso y acostarse un rato. A veces se ponía tan mal que tenía que volver a su casa. Alicia consultó a varios médicos para descubrir cuál era el problema, pero todo parecía normal. No parecía que sus síntomas tuvieran ninguna causa clínica.

Alicia tenía también ataques de pánico cuando estaba en su casa, sobre todo cuando su marido estaba de viaje de trabajo. Tenía pánico y le llamaba por teléfono en estado de terror absoluto. Parecía tan desesperada que a veces el marido había tenido que dejar el viaje y volver a su casa a toda prisa para cuidar de ella. Alicia lo quería mucho y se sentía culpable por provocarle tantos problemas.

Aparte de sus ataques de pánico, Alicia parecía feliz y bien adaptada. Me dijo que todo lo demás marchaba bien en su vida. Le encantaba su trabajo y admiraba a su jefe. Éste solía alabarla y le decía que era una persona muy valiosa para la empresa.

Parecía que los ataques de pánico de Alicia salían de la nada, y yo no les veía ningún sentido. ¿Por qué sucedía esto? Trabajé con Alicia aplicando diversas técnicas de TCC. Estos métodos resultaron útiles, pero sólo produjeron un alivio parcial. La ansiedad de Alicia mejoró, pero no desapareció.

En nuestra séptima sesión de terapia, Alicia me preguntó si las distorsiones cognitivas, tales como el pensamiento todo o nada, podían aplicarse a los problemas familiares. Yo le pregunté qué quería decir. Ella me explicó que, cuando era pequeña, sus padres le habían puesto la etiqueta de «la hija buena». Siempre se esforzaba mucho por agradar a sus padres y profesores, sacaba sobresalientes en todas las asignaturas, era una deportista destacada, se llevaba bien con todo el mundo y la habían elegido delegada de su clase en sus dos últimos años de secundaria. Era independiente y responsable, el tipo de persona en que se podía confiar que haría bien lo que se le encargaba.

Por el contrario, sus padres habían asignado a su hermana, Joanie, la etiqueta de «la hija mala». Joanie era rebelde e indisciplinada. Solía volver tarde a casa y meterse en líos. Cuando Alicia pensó en ello, dijo que aquellas etiquetas no eran muy realistas. Dijo que estaba claro que Joanie no era «mala». También ella sacaba muy buenas notas y tenía muchos amigos. Ahora tenía un matrimonio feliz y era una madre cariñosa, con dos niñas pequeñas muy hermosas.

Además, Alicia confesó que no siempre se sentía tan «buena» como creía todo el mundo. A veces se sentía rebelde y también quería ser indisciplinada, como Joanie. Pero le parecía que no podía rebelarse porque tenía que representar el papel de la buena hija. Dijo que aquellas etiquetas engañaban mucho, porque en realidad su hermana y ella se parecían en muchos sentidos.

Pregunté a Alicia si creía que aquellas ideas acerca de la hija buena y la mala podían tener algo que ver con sus ataques de pánico. Ella se detuvo a pensarlo y me confesó que en realidad no le gustaba nada su trabajo, pero pensaba que no tenía derecho a sentirse así porque todo el mundo esperaba de ella que fuera siempre muy responsable, como hija buena que era. Dijo que no quería pasarse la vida vendiendo refrescos y que en realidad quería dejarlo, pero que temía desilusionar a su marido, a su jefe y a sus padres.

Yo le dije: «Alicia, si tuviésemos una varita mágica y pudiésemos hacer realidad todos tus sueños, ¿qué querrías hacer?». Ella dijo que desde niña tenía la fantasía de diseñar ropa de mujer, pero que no había tenido nunca el valor de perseguir su sueño. Ni siquiera sabía si era un sueño realista, pero se moría de ganas de intentarlo.

Alicia dijo también que nunca había tenido tiempo para descansar y divertirse. Siempre se había pasado las vacaciones de verano trabajando, hasta cuando estaba en el instituto, y nunca se había tomado un tiempo libre simplemente para disfrutar de la vida porque tenía la sensación de que no le estaba permitido.

Alicia decidió decir lo que sentía a su marido y a su jefe. Resultó que no se enfadaron en absoluto. De hecho, la apoyaron. Dejó el trabajo y descansó durante un par de meses. Después quería emprender la carrera profesional que había soñado siempre.

Los ataques de pánico de Alicia desaparecieron al instante, y ella dio por terminada la terapia. Me escribió seis meses más tarde para contarme cuánto agradecía mi ayuda y para decirme que no había vuelto a tener ningún otro ataque de pánico. Se había tomado sus primeras vacaciones verdaderas, y el tiempo libre le había encantado. Después, había vivido la emoción de volver al trabajo. Después de buscar un poco aquí y allá, había encontrado trabajo de aprendiza con una mujer que diseñaba ropa deportiva para mujeres. Decía que se estaba cumpliendo el sueño de toda una vida y que estaba disfrutando cada minuto de su nueva vida.

Advirtamos que el pánico de Alicia le servía de sustituto de la asertividad. Su pánico era su manera de decir: «Algo marcha mal en mi vida. Este trabajo no es para mí». Pero, como temía reconocer lo que sentía, lo obtenía de manera indirecta, representando el papel de enferma. Sus síntomas de pánico y sus náuseas le permitían dejar de trabajar y volver a su casa. Pero nadie podía enfadarse con ella, ya que parecía que estaba enferma de verdad.

Al principio me pareció que la recuperación espectacular de Alicia era un fenómeno aislado, pero después empecé a ver esa misma pauta cada vez en más pacientes. No se limitaba a los pacientes que tenían ataques de pánico, sino que se presentaba en todo tipo imaginable de ansiedad, entre ellas la preocupación crónica, las fobias, el trastorno obsesivo-compulsivo, la hipocondría y la ansiedad por la actuación, por decir sólo unos pocos. Por fin me di cuenta de que aproximadamente un 75% de mis pacientes con ansiedad escondían algún problema o sentimiento. Cuando sacábamos a la luz el problema y lo abordábamos, la ansiedad casi siempre desaparecía, como en el caso de Alicia.

Decidí asignar a este procedimiento el nombre de «técnica de la emoción oculta». Esta técnica se basa en la idea de que cuando uno está angustiado, suele estar evitando algún problema o sentimiento, porque no quiere molestar ni herir los sentimientos de nadie. Puede que usted esté enfadado con un amigo o que desee algo que cree que no debe desear. Al poco tiempo se siente angustiado, y ni siquiera es consciente del problema que desencadenó la ansiedad en un primer momento. El problema que está pasando por alto suele ser algo increíblemente evidente que le está molestando *ahora mismo*. Es tan visible como un elefante a dos pasos, pero usted no se da cuenta de que está ahí.

La técnica de la emoción oculta parece muy sencilla, aunque no tanto como parece, ni mucho menos. Esto se debe a que usted, probablemente, no es consciente del problema que le está fastidiando cuando se siente angustiado. Casi todas las personas a las que he tratado por ansiedad al principio me han dicho que todo iba muy bien, aparte de la condenada ansiedad. Para que el problema salga a la luz se necesita algo de tiempo y una buena labor de detective.

¿Por qué niegan u «olvidan» sus problemas las personas con tendencia a la ansiedad? Creo que se debe a que la mayoría de las personas que padecen ansiedad son demasiado amables. Estoy convencido de que la amabilidad es la causa de casi toda la ansiedad. De hecho, si usted padece ansiedad, le apuesto diez contra uno a que es una persona muy amable. Su «amabilidad» es consecuencia de creencias contraproducentes como éstas:

- **Agradar a los demás:** siente que tiene que agradar a todo el mundo, aun a costa de sus propias necesidades y sentimientos.
- **Fobia a la ira:** siente que no se le permite estar airado, o quizá piense que la ira es peligrosa y que debe evitarse a toda costa. Cuando está irritado o molesto con alguien, se comporta con amabilidad, entierra sus sentimientos y se dice a sí mismo que no debería sentirse como se siente.
- **Fobia a los conflictos:** evita los conflictos porque siente que debe llevarse bien siempre con todo el mundo.
- **Perfeccionismo emocional:** cree que debe sentirse siempre feliz, alegre y optimista sobre su vida, su trabajo y los demás.
- **Emotofobia:** ésta es la otra cara de la moneda del perfeccionismo emocional. «Emotofobia» es un término que creé yo mismo y que significa «miedo a las emociones negativas». Usted cree que debe tener siempre controlados sus sentimientos y que no debe permitirse nunca sentirse angustiado, vulnerable, solo, celoso, molesto o incapaz de enfrentarse a ciertas circunstancias.

Todas estas creencias contraproducentes son distintas maneras de decir una misma cosa, a saber, que usted tiende a ser demasiado amable y que no siempre está en contacto con sus verdaderos sentimientos. Cuando se siente trastornado, aparta automáticamente de su mente el problema. Al cabo de poco tiempo, está tan consumido por la ansiedad que se olvida del problema que le molestaba desde el primer momento.

Los investigadores no saben por qué las personas angustiadas tienen esta tendencia a no atender a los problemas. No es una mera cuestión de ingenuidad psicológica. Yo tengo bastantes conocimientos de psicología, pero a veces se me pasan por alto conflictos o problemas bastante evidentes que me están fastidiando. Si bien las personas proclives a la ansiedad suelen tener poca asertividad, éste no suele ser el problema, y el entrenamiento de la asertividad no corrige el problema. El problema es que ni siquiera saben cómo se sienten.

Cuando pregunto a las personas si hay algo que les está molestando, acostumbran a decirme que no. Me aseguran que aman a sus cónyuges, que se llevan bien con todos sus amigos y compañeros y que su trabajo les gusta... sólo que necesitan ayuda con la preocupación constante o los ataques de pánico. No están mintiendo. Sencillamente, no se dan cuenta del problema. No son capaces de detectarlo.

Al cabo de unas semanas, cuando sale a la luz el verdadero problema, dicen: «¡Ah, eso! Bueno, sí, eso me ha molestado siempre. Claro».

El problema puede ser consecuencia del funcionamiento de nuestros cerebros. Es casi como si existiera una parte del cerebro que conociera exactamente el problema, pero la parte consciente del cerebro no pudiera acceder a esa información.

Si usted siente ansiedad, vale la pena, decididamente, probar la técnica de la emoción oculta. Consta de dos pasos:

1. **El trabajo de detective:** ésta es la parte más difícil. Tiene que discurrir e intentar determinar qué es lo que le está molestando. Puede ser muy difícil hacer salir el problema a la atención consciente. Quizá se diga a sí mismo que no tiene ningún problema salvo la propia ansiedad, pero éste tarde o temprano sale a la luz. Habitualmente el problema es algo que le está fastidiando en el aquí y ahora, y no algo que está enterrado en el pasado. Además, casi siempre se tratará de algo bastante evidente, como por ejemplo que odia su trabajo, que está enfadado con un amigo o que quiere hacer algo diferente con su vida. Generalmente no es un problema psicológico profundo y complicado, como un complejo de Edipo.
2. **La solución:** cuando haya identificado el problema que le está fastidiando, tendrá que expresar sus sentimientos y hacer algo al respecto. Una vez resuelto el problema, lo más frecuente es que su ansiedad se reduzca o desaparezca.

Con el tiempo irá dominando mejor el arte de sintonizar con cómo se siente de verdad, pero puede que mantenga siempre la tendencia a esconder sus sentimientos bajo la alfombra cuando está alterado. Entonces, volverá a sentirse angustiado. Cuando se dé cuenta de lo que está pasando de verdad, su ansiedad empezará a ser más bien un activo que un pasivo. En realidad, es el modo que tiene su cuerpo de decirle: «Oye, estás alterado por algo. Resuélvelo».

Ahora quiero que haga usted de psiquiatra y que aplique la técnica de la emoción oculta para ayudar a tres pacientes que han estado sufriendo ansiedad. Si bien es posible que usted sea muy diferente a estos pacientes, estos ejercicios le harán mucho más fácil la aplicación de esta poderosa técnica para superar los miedos que le acosan.

Recuerde que la técnica de la emoción oculta consta de dos pasos:

1. Identificar el problema o el sentimiento que le está fastidiando.
2. Expresar sus sentimientos y tomar medidas para resolver el problema.

La mujer que creía que estaba a punto de morirse

Empezaremos con una vieja conocida. Probablemente se acordará usted de Terri, la mujer que, después de sufrir ataques de pánico implacables y depresión durante años, se recuperó cuando se puso a hacer ejercicios de salto en mi consulta. Aunque se había recuperado por completo, yo sentía curiosidad por saber por qué había surgido ese problema en un primer momento, de modo que le pregunté por el primer ataque de pánico que tuvo, diez años atrás. ¿Qué le estaba pasando por entonces?

Terri me explicó que su marido y ella acababan de llegar a Jamaica para gozar de unas merecidas vacaciones. Esperaban el viaje con mucho interés y habían ahorrado durante casi un año para pagarlo. Los padres de Terri habían accedido a quedarse con sus hijos durante sus vacaciones para que ellos pudieran estar tranquilos sin los niños.

Terri y su marido estaban tan emocionados por irse de vacaciones que invitaron a otra pareja a acompañarlos. Cuando aterrizaron en Jamaica, se subieron a un taxi y salieron camino del hotel. Por el camino, Terri charlaba con la otra mujer de todas las cosas emocionantes que pensaban hacer. En la conversación, la otra mujer dijo que agradecía mucho a Terri y a su marido su generosidad por hacerse cargo de todos los gastos de las vacaciones: los billetes de avión, la comida, el hotel, el taxi, e incluso las propinas. Aquello fue toda una sorpresa, porque Terri y su marido no eran ricos y no se habían ofrecido nunca a pagar los gastos de la otra pareja.

Naturalmente, Terri era excepcionalmente «amable» y no quería trastornar a nadie, de modo que no dijo nada. En vez de ello, empezó a hiperventilarse. No tardó en sentirse mareada y sin aliento, y empezó a sufrir un dolor en el pecho. Sintió pánico y dijo: «¡Creo que estoy a punto de morirme!».

El taxista los llevó a toda prisa a un centro clínico de urgencias, donde le administraron oxígeno. Naturalmente, aquello era lo peor que podían hacer, porque Terri, al haber estado respirando tan deprisa ya tenía demasiado oxígeno en la sangre. Sus síntomas se agravaron, y el médico le recomendó que tomara el primer avión para volver a Estados Unidos y que pudieran tratarla en un buen hospital.

El taxista los llevó otra vez al aeropuerto inmediatamente y todos tomaron el primer avión de vuelta a Estados Unidos. Cuando llegaron a la sala de urgencias, a Terri ya se le había pasado el ataque de pánico, pero sus vacaciones se habían echado a perder. Empezó a sufrir ataques de pánico casi todas las semanas, e iba de médico en médico buscando curarse. Pronto empezó a desanimarse y deprimirse, porque aquellos ataques terroríficos se volvían cada vez más frecuentes y parecía que nadie podía ayudarla.

Ahora, quiero que usted aplique la técnica de la emoción oculta. Piense en lo que pasaba en el taxi cuando a Terri le dio el primer ataque de pánico. ¿Qué mensaje proyectaban sus síntomas a la otra mujer? ¿Cómo cree usted que se sentía Terri? Aunque no se le ocurre nada, quiero que pruebe a decir algo. Cuando haya terminado, le comentaré lo que creo yo.

_____

_____

_____

_____

_____

Solución

Terri se sintió muy alterada cuando se enteró de que la otra pareja esperaba que su marido y ella pagasen todas las vacaciones. Sin embargo, no verbalizó estos sentimientos y ni siquiera se dio cuenta de lo molesta que se sentía porque era demasiado «amable» para eso. En su lugar, fueron sus síntomas los que se encargaron de hablar. Terri decía indirectamente: «¡No voy a pagar!».

También decía: «Me ponéis enferma» y «¡Habéis echado a perder mis vacaciones, así que yo voy a echar a perder las vuestras!». Pero al asumir el papel de enferma, podía hacerse la inocente y nadie podía enfadarse con ella. Al fin y al cabo, parecía que estaba al borde de la muerte.

¡Ya se ve lo lista que puede ser nuestra ansiedad! Los síntomas de Terri ejercieron unos efectos poderosos e inmediatos sobre las personas con las que estaba molesta. ¿Significa esto que estaba siendo agresiva-pasiva y manipulando a todos? En absoluto. La persona proclive a la ansiedad no se da cuenta de cómo se siente, por lo que los sentimientos que intenta pasar por alto se manifiestan de manera indirecta, disfrazados de ansiedad. Algunas personas empiezan a preocuparse cuando están trastornadas. A otras les dan fobias. Algunas, como Terri, tienen ataques de pánico. Otras tienen síntomas obsesivos-compulsivos. Los científicos no saben por qué elige el cerebro una forma de ansiedad y no otra. Cuando usted tiene ansiedad, el síntoma extraño y preocupante puede tenerlo tan preocupado que llega a perder de vista por completo el problema que le estaba molestando al principio.

Terri me dijo que esta interpretación le parecía completamente lógica. Dijo que, volviendo la vista atrás, todos sus ataques de pánico habían sido desencadenados, probablemente, por pensamientos negativos. Parecía que le daban los ataques poco después de haber vivido una situación conflictiva o haber tenido una discusión con alguien, como por ejemplo con sus hijos. Quería mucho a sus hijos, pero éstos a veces se portaban mal y se metían en líos. Terri solía intentar razonar con ellos en vez de imponerles su autoridad. Ellos seguían portándose mal, y entonces Terri empezaba a hiperventilarse, lo que le desencadenaba un ataque de pánico. Esto le permitía proyectar a sus hijos el mensaje: «Estáis matando a vuestra madre con vuestra mala conducta. ¡Será mejor que lo dejéis ahora mismo!».

La ansiedad no llega casi nunca de manera inesperada, aunque siempre lo parece. Suele existir algún problema o conflicto que estamos evitando, aunque no nos damos cuenta de ello por lo bien que se nos da apartar automáticamente de la atención consciente nuestros sentimientos negativos.

La mujer que no podía dejar de preocuparse

Marci era una mujer de Florida de 71 años que llevaba más de cincuenta años sufriendo preocupación crónica. Ninguno de los tratamientos que había recibido le habían servido de nada. Su marido y ella acudieron a mi consulta durante varias semanas para participar en nuestro programa de terapia intensiva.

Si bien el tema de la preocupación de Marci cambiaba de tanto en tanto, su pauta de preocupación compulsiva era siempre la misma, y cuando empezaba a preocuparse por una cosa, ya no podía dejarlo. Últimamente estaba preocupada por sus dos hijos, Tim y Freddy. Ambos estaban divorciados, se habían vuelto a casar recientemente y se habían ido a vivir a California. A los dos les gustaba ir de acampada, y siempre que Marci veía en la televisión reportajes sobre corrimientos de tierras o terremotos en California, empezaba a preocuparse por ellos. A veces se imaginaba que habían sufrido un terrible accidente o un terremoto mientras estaban de acampada. Se los imaginaba atrapados bajo grandes rocas, con las piernas aplastadas, gritando de dolor mientras se iban desangrando poco a poco.

Marci se preocupaba también por Ralph, su marido, de 78 años. Ralph jugaba al tenis todos los días. Su médico le había hecho recientemente una revisión y dijo que todo estaba bien. A pesar de todo, Marci se preocupaba por él constantemente y no sabía por qué. Por ejemplo, una noche, mientras preparaba la cena, se imaginó que su marido sufría un infarto y se caía de repente al suelo. En esta fantasía temible, ella llamaba al número de Urgencias, se arrodillaba a su lado y le presionaba con fuerza el pecho intentando desesperadamente que el corazón siguiera latiendo, mientras él se quedaba inconsciente y se moría. Estas fantasías le venían inesperadamente a la mente todo el día.

¿Por qué pasaba esto? Al aplicar la técnica de la emoción oculta, se intenta identificar algún sentimiento o conflicto escondido. ¿Tiene usted alguna teoría sobre la preocupación de Marci? ¿Por qué se imagina constantemente que su marido y sus hijos se mueren? ¿Qué es lo que desencadena estos miedos? ¿Qué está pasando entre bastidores?

Recuerde que las personas «amables» suelen ser las que tienen problemas de ansiedad. ¿Qué nos dicen los síntomas de Marci acerca de lo que siente ella por dentro? Vuelva a hacer de detective y busque las pistas. He aquí algunas indicaciones.

- El problema o el sentimiento oculto está en el aquí y ahora. No se trata de un conflicto enterrado en el pasado.
- El problema oculto es de una evidencia increíble. Es tan visible como un elefante a dos pasos... sólo que usted no se da cuenta.
- El problema no es misterioso, como un complejo de Edipo o una lucha existencial sobre el sentido de la vida. Es un problema corriente con el que todos podemos identificarnos.
- La ansiedad suele ser una representación simbólica del conflicto o del problema que le está fastidiando. Es el modo que tiene el cerebro de comunicar indirectamente sus sentimientos reprimidos.

De hecho, la ansiedad se parece mucho a soñar despierto. Las personas angustiadas son como los pintores y los poetas, que comunican los sentimientos de manera indirecta, por medio de imágenes y metáforas. ¿Se acuerda de Alicia, la mujer que sentía pánico y náuseas cada vez que su jefe pasaba cerca de su mesa? Sus síntomas no eran más que su manera de decir: «No quiero seguir aquí». Pero ella era demasiado «amable» para reconocer que quería dejar el trabajo, y no quería herir los sentimientos de su jefe, de modo que le «mostraba» cómo se sentía por medio de sus síntomas.

¿Qué nos están diciendo los miedos de Marci? ¿Qué es lo que le está molestando? Anote sus ideas a continuación. Si no lo sabe, ponga lo que se le ocurra. Le ruego que no siga leyendo hasta que no haya anotado al menos una posibilidad.

_____

_____

_____

_____

_____

Solución

Puede que usted haya supuesto que Marci tiene miedo a quedarse sola o a que la abandonen, porque en sus fantasías acaban muriendo su marido y sus hijos. La suposición es muy buena, aunque está un poco desviada. Cuando usted aplica la técnica de la emoción oculta, puede hacer al principio algunas suposiciones equivocadas; no importa. Cuando trabajo con mis pacientes, les pregunto: «¿Puede ser esto?» o «¿Puede ser esto otro?». Mis suposiciones no son válidas en muchos casos, pero tarde o temprano los pacientes terminan por «recordar» de pronto lo que les está molestando, y entonces comprendemos la ansiedad desde una perspectiva completamente distinta. Cuando usted piense en lo que está desencadenando su propia ansiedad, lo más probable es que tampoco dé en el blanco a la primera. Pero si mantiene una amplitud de miras, lo más habitual es que termine por ver el problema o el sentimiento oculto.

Por si todavía no tiene claro qué es lo que está molestando a Marci, le daré unas cuantas pistas. Plantéese las siguientes preguntas:

- ¿Qué les sucede al marido y a los hijos de Marci en sus fantasías?
- ¿Quién crea estas fantasías?
- ¿Qué nos dicen estas fantasías acerca de cómo se puede estar sintiendo Marci? ¿Qué tipos de sentimientos pueden desencadenar este tipo de fantasías?

Advierta que en las fantasías de Marci, sus hijos mueren de manera lenta y terrible. Así pues, en cierto modo, Marci los está matando una y otra vez. ¿Qué sentimiento puede albergar esto? ¡Si usted ha anotado que siente ira no expresada hacia sus hijos, ha ganado el premio Sigmund Freud!

Tuve mi primera reunión con Marci la tarde en que su marido y ella llegaron a Filadelfia. Cuando me describió sus preocupaciones sobre su marido y sus hijos, le pregunté si podría ser que albergara hacia ellos algunos sentimientos negativos que no hubiera expresado. Le hice ver que se dedicaba a matarlos todos los días en sus fantasías y me preguntaba si podía sentirse molesta o incluso llena de ira hacia ellos.

Marci me explicó que quería mucho a sus dos hijos, pero que no le gustaban las mujeres con las que se habían casado los dos hacía poco tiempo. Sin embargo, no quería dar la imagen de bruja ni de suegra odiosa, de modo que se había limitado a guardarse sus sentimientos y a fingir que todo era perfecto. Pero los sentimientos le corroían por dentro.

Le pregunté si sentía también ira hacia su marido, ya que le estaba matando en sus fantasías. ¿Habían discutido o reñido recientemente? Marci me dijo que su marido y ella jamás discutían ni reñían. De hecho, no se habían alzado la voz ni una sola vez en más de cincuenta años de matrimonio.

No podía creerme lo que estaba oyendo.

—¿Me estás diciendo que no te has sentido molesta ni airada con tu marido ni una sola vez? —le pregunté.

—Yo no he dicho eso, doctor —respondió ella—. Lo que he dicho es que jamás hemos discutido ni alzado la voz. ¡No he dicho que no me haya sentido enfadada con él!

Me explicó a continuación que cuando era niña no había visto jamás que sus padres estuvieran en desacuerdo por nada y que le habían enseñado que las personas que se querían de verdad no debían reñir ni discutir jamás. Marci confesó que se sentía molesta muchas veces con su marido, pero que le parecía que no debía expresar esos sentimientos, y por eso se los guardaba.

Sin embargo, la ira es un sentimiento que *siempre* se acaba expresando, de una manera o de otra. Podemos intentar no hacerle caso, pero entonces se limitará a salir de manera indirecta. La ira de Marci se disfrazaba de preocupación constante por el temor de que sus hijos y su marido pudieran morirse. Pero en sus fantasías su muerte era siempre consecuencia de algo que estaba fuera de su control, como un terremoto o un ataque al corazón. De esa manera, Marci puede matarlos sin abandonar su papel de esposa y madre amante e inocente. ¡No es necesario que se fije en que es ella la que está produciendo las fantasías y organizando las muertes!

Es fundamental que detecte con exactitud la causa oculta de su ansiedad, aunque en general esto no conduce de por sí a la curación. Para sentirse mejor tendrá que expresar sus sentimientos o resolver el problema que le está molestando. Marci y yo hablamos de cómo podría expresar sus sentimientos con amor y con tacto para que pudiera ser más abierta y sincera con sus hijos y su marido sin parecer hostil ni crítica, sin asustarlos. Practicamos estas habilidades por medio de la representación de papeles, y ella lo hacía bien.

Después de la sesión, Marci volvió a su hotel y decidió llamar a sus dos hijos y decirles lo que sentía últimamente. Me contó que había tenido las mejores conversaciones de su vida con ellos, y su preocupación acerca de sus hijos desapareció.

A la mañana siguiente, Marci se presentó con su marido y me preguntó si éste podía participar en la sesión con nosotros. Me dijo que a los dos les vendría bien, probablemente, algo de formación en la comunicación. Yo apliqué un método de terapia conyugal que se llama «ejercicio del minuto». Este ejercicio permite a las parejas expresar sus pensamientos negativos y escucharse mutuamente de manera cariñosa, sin pasar a la defensiva. A Marci y a su marido les gustó el ejercicio. Al poco rato se estaban comunicando unos sentimientos íntimos que no habían puesto en común jamás. Lloraron y se abrazaron y dijeron que se sentían más unidos que nunca. Al final de la sesión, Marci dijo que todas sus preocupaciones se habían desvanecido y que por fin se sentía completamente libre de ansiedad por primera vez en más de cincuenta años.

Yo dije a Marci que la buena noticia era que por fin estaba curada de su preocupación crónica y que lo más probable era que la preocupación le volviera una y otra vez durante el resto de su vida. Esta motivación era aún mejor. ¿Por qué? ¿Qué significa que Marci tenga ansiedad? Apunte aquí sus ideas antes de seguir leyendo.

_____

_____

_____

_____

_____

Solución

La mayoría de la gente cree que la ansiedad es mala. Yo no lo veo así. Nadie puede sentirse feliz constantemente. A todos nos toca nuestra parte de disgustos y desilusiones de vez en cuando. Tarde o temprano, Marci se sentirá alterada, y entonces lo más probable es que esconda los problemas bajo la alfombra y vuelva a preocuparse de nuevo. Aunque probablemente dominará mejor el arte de reconocer y expresar sus sentimientos negativos, tales como la ira, es posible que no alcance nunca el punto en que sea capaz de hacerlo con regularidad y en tiempo real. La tendencia a esconder los sentimientos negativos es automática en algunas personas. Lo hacen antes de haberse dado cuenta de lo que les pasa.

Pero Marci ya no tendrá que volver a inquietarse por eso. ¿Por qué? Porque siempre que empiece a preocuparse, la preocupación no será más que el modo que tendrá su cuerpo de decirle que está trastornada o enfadada con alguien. Cuando detecte el problema y exprese sus sentimientos, la preocupación desaparecerá de nuevo. Vista desde esta perspectiva, la preocupación de Marci es en realidad un activo, pues su ansiedad es una señal que indica que existe un problema que debe abordar.

La técnica de la emoción oculta quizá parezca sencilla, pero puede ser todo un desafío. No siempre es fácil sintonizar con el problema o con el sentimiento que le está fastidiando. Normalmente hace falta bastante insistencia hasta que el problema que ha estado ocultando salta a la atención consciente. Hasta ese momento, quizá crea que esta técnica no tiene aplicación para usted. Mantenga la amplitud de miras y piense en las personas que conoce y en las actividades que realiza. Pregúntese a sí mismo: «¿Me está molestando algo que he estado dejando de lado?», «¿Estoy enfadado con alguien?», «¿Estoy trastornado por algo?».

El sentimiento o el problema oculto saldrá a la luz tarde o temprano. Cuando eso suceda, usted comprenderá su ansiedad de una manera radicalmente diferente y contará con una herramienta poderosa para vencerla.

El patólogo que tenía miedo a los cadáveres

Ahora que ha practicado usted un par de ejercicios para aprender a encontrar las emociones ocultas, voy a presentarle un caso algo más difícil. En cierta ocasión traté a un médico residente del Departamento de Patología, llamado Corey, que acudió a mi consulta para tratarse un trastorno obsesivo-compulsivo, problema que había sufrido a temporadas desde la infancia. Los síntomas se le habían agravado últimamente y ponían en peligro su carrera profesional. Corey explicó que hacía unas semanas, al hacer una autopsia, había saltado un trocito de la columna vertebral del cadáver y se le había metido en el ojo. Se la quitó enseguida, y no parecía que tuviera ninguna lesión en el ojo, pero empezó a preocuparse temiendo haber contraído la enfermedad de Creutzfeldt-Jakob, que es una forma de demencia contagiosa y terrible. Es la versión humana del mal de las vacas locas, y todos los que la contraen mueren en un plazo de seis meses.

Corey sabía racionalmente que el hombre al que estaba haciendo la autopsia había muerto de un infarto y no tenía la enfermedad de Creutzfeldt-Jakob. Sin embargo, la ansiedad le abrumaba, y desarrolló una fobia a la contaminación, además de una lentitud compulsiva. Empezó a ponerse dos batas y dos pares de guantes para cada autopsia, y se cercioraba meticulosamente de que no le quedara expuesto ni un centímetro de piel. ¡Hasta había empezado a ponerse un casco espacial como los de la NASA para protegerse la cara! Tardaba más de una hora en vestirse para cada autopsia.

Corey también empezó a dedicar cada vez más tiempo a sus autopsias para «asegurarse de que lo hacía bien». Al poco tiempo, iba a paso de tortuga y no podía terminar ninguna de sus autopsias, ni siquiera tras horas y horas de esfuerzo intenso. Empezaban a acumularse en el depósito los cadáveres con la autopsia a medio hacer, y los demás residentes de patología se quejaban de que no podían hacer sus autopsias porque no había sitio.

Cuando pregunté a Corey si había algo que lo molestara, él insistió en que todo iba bien. Me explicó que tenía un matrimonio feliz y que se llevaba muy bien con todos los demás residentes de su programa. Además, me dijo que ya sabía desde niño que iba a ser patólogo. Decía que todo en su vida era estupendo, aparte de sus síntomas, pero temía tener que abandonar el programa de formación si no podía hacer algo para cambiar su situación.

Los síntomas de Corey pueden parecer extraños, pero se trata de un caso clásico de TOC. Ahora llega el momento de la labor de detectives. ¿Hay algo que esté fastidiando a Corey y que no nos esté diciendo? ¿Le cree usted cuando dice que no hay problemas en su vida? ¿O está intentando decirnos algo? ¿Qué sentimiento o problema oculto puede estar sufriendo Corey? Escriba aquí lo que le parezca más probable.

_____

_____

_____

_____

_____

Solución

Naturalmente, Corey es el único que puede decirnos con exactitud lo que está pasando. Nosotros sólo podemos hacer conjeturas más o menos fundadas. Pero si usted sigue a oscuras, pregúntese lo siguiente:

- ¿Parece que a Corey le gusta su trabajo?
- ¿Tiene en realidad sentimientos positivos hacia los demás residentes de su programa? ¿Qué repercusiones tienen sobre ellos sus síntomas obsesivos-compulsivos?

Corey y yo aplicamos diversas técnicas de TCC, con éxito sólo parcial. Al cabo de cinco o seis sesiones, su ansiedad había mejorado en un 50%, pero él seguía sufriendo. Cada vez que lo veía, le preguntaba si había algún problema que no me hubiera contado. ¿Había algo que le estuviera fastidiando? Él siempre insistía en que todo iba bien, a excepción del TOC.

Al principio de la octava sesión, las cosas tomaron un giro inesperado. Corey me enseñó un anuncio de una publicación médica local. Al parecer, un hospital universitario cercano necesitaba un residente de Urgencias para dentro de unos meses. Corey parecía emocionado.

—¿Por qué estás tan emocionado, Corey? Me habías dicho que siempre habías querido ser patólogo —le dije.

—No —respondió él—. *Mi padre* siempre quiso que yo fuera patólogo. Si quiere que le diga la verdad, odio la patología. Siempre he querido ser médico de Urgencias.

Después reconoció otra cosa. Él era judío, pero trabajaba en un hospital cristiano fundamentalista. Tenía la sensación de que entre el personal había un antisemitismo sutil. Por ejemplo, a veces le parecía que salía mal parado en la distribución de los turnos y las rotaciones, aunque él siempre lo aceptaba todo con educación para que sus colegas y sus supervisores no se molestaran ni lo tacharan de problemático.

De pronto, los síntomas de Corey tenían pleno sentido. Su fobia a la contaminación y su lentitud obsesiva eran su manera de decir: «No soporto hacer autopsias a cadáveres. ¡No quiero pasarme la vida haciendo esto! Al mismo tiempo, hacía difícil la vida a todos los demás residentes del programa, y se desquitaba de ellos indirectamente representando el papel de víctima inocente del TOC.

Naturalmente, Corey tendrá que expresar los sentimientos que ha estado ocultando y hacer algo respecto a su problema. Después de la sesión, se fue en su coche hasta el hospital que había publicado el anuncio y presentó una solicitud para el puesto. Tenía unas credenciales excelentes, y el director del programa lo aceptó allí mismo. Después, volvió a su hospital y fue a ver al director de formación de residentes. Corey le explicó que dimitiría a finales de junio porque había decidido que la patología no era para él. También le explicó sus inquietudes sobre los prejuicios religiosos que había encontrado. Los dos mantuvieron una buena conversación sincera, y Corey se sintió aliviado.

Cuando vi a Corey a la semana siguiente, estaba jubiloso. Me explicó que había perdido todos sus miedos a la contaminación y que se había puesto al día con sus autopsias. Dijo que, de hecho, era capaz de hacer las autopsias más deprisa que ningún otro residente del programa. Estaba ilusionado con sus nuevos planes profesionales y se sentía capaz de poner fin a la terapia.

A mí me encanta la técnica de la emoción oculta, no sólo porque es una herramienta poderosa para el tratamiento, sino también porque hace comprensible la ansiedad, de tal manera que ésta deja de parecer extraña, rara o misteriosa. La ansiedad no es una cosa que aparezca de la nada, sin motivo alguno. Por el contrario, se forma en un contexto humano. El verdadero miedo que está detrás de la ansiedad es el miedo a nuestras propias emociones y sentimientos. Cuando usted aplique esta técnica con éxito, no sólo superará su ansiedad, sino que llegará a comprender de manera mucho más profunda quién es usted y lo que significa ser un ser humano.

Quinta parte

Elegir las técnicas que le darán resultado

22

El círculo de la recuperación

Fracasar tan deprisa como pueda

Ya ha aprendido muchos tipos de técnicas cognitivas, de exposición y la técnica de la emoción oculta. Estas técnicas pueden ayudarle a desmentir los pensamientos negativos que desencadenan la ansiedad y la depresión. Consulte la lista completa de todas estas herramientas, «40 maneras de rebatir sus miedos», en la página 274. Saber que tiene todas estas armas a su disposición debería resultar tranquilizador, pero al mismo tiempo también puede parecer abrumador o desconcertante. ¿Cómo puede determinar qué técnica le va a dar resultado a usted?

La respuesta a esta pregunta no es sencilla. Quizá piense que unas técnicas dan resultado para la preocupación crónica y otras lo dan para los sentimientos de inferioridad, las fobias, la timidez, los ataques de pánico o el trastorno obsesivo-compulsivo. Si bien hay algo de verdad en esta idea, la realidad no es tan sencilla, ni mucho menos. La técnica que da resultado es casi siempre la que no se esperaba.

Por ejemplo, vimos en el capítulo 11 cómo una mujer llamada June superaba cincuenta y tres años de ataques de pánico y de agorafobia cuando aplicamos la técnica experimental. Cuando June descubrió que no era capaz de volverse loca a sí misma, por mucho que lo intentara, sus sentimientos de pánico desaparecieron. Antes de aquello, yo había probado más de diez técnicas que no habían dado resultado.

Si yo hubiera sabido que la técnica experimental le iba a dar tan buen resultado a June, la habría probado en primer lugar. Pero es muy difícil hacer predicciones de este tipo, porque, con frecuencia, dos personas con un mismo tipo de ansiedad responden bien a técnicas completamente distintas. En este capítulo voy a enseñarle a seleccionar las técnicas que le darán resultado a usted. Empiece siempre por cumplimentar un registro diario de estado de ánimo. ¿Recuerda usted los cinco pasos? Vea si es capaz de enumerarlos aquí, antes de consultar las respuestas.

Paso 1. _____

Paso 2. _____

Paso 3. _____

Paso 4. _____

Paso 5. _____

40 MANERAS DE REBATIR SUS MIEDOS

Modelo cognitivo

Técnicas de descubrimiento

1. Técnica de la flecha descendente
2. Técnica del «Qué pasaría si»

Técnica basada en la compasión

3. Técnica del doble parámetro

Técnicas basadas en la verdad

4. Examinar las pruebas
5. Técnica experimental
6. Técnica de la encuesta
7. Reatribución

Técnicas semánticas

8. Método semántico
9. Definamos los términos
10. Concretar

Técnicas basadas en la lógica

11. Pensar en términos matizados
12. Proceso contra resultado

Técnicas cuantitativas

13. Autoseguimiento
14. Ratos de preocupación

Técnicas basadas en el humor

15. Ejercicios de ataque a la vergüenza*
16. Magnificación paradójica
17. Imágenes humorísticas

Técnicas de representación de papeles**

18. Externalización de voces

Técnicas espirituales

19. Paradoja de la aceptación

Técnicas motivacionales

20. Análisis de costes-beneficios (ACB)
21. ACB paradójico
22. El abogado del diablo

Técnicas antipostergación

23. Hoja de predicción de placer
24. Pasos pequeños para grandes hazañas
25. Hoja antipostergación
26. Lista de problemas y soluciones

Modelo de exposición

Exposición clásica

27. Exposición gradual
28. Inundación
29. Prevención de respuesta
30. Distracción

Exposición cognitiva

31. Inundación cognitiva
32. Sustitución de imágenes
33. Reelaboración de recuerdos
34. Fantasía temida

Exposición interpersonal

35. Práctica de la sonrisa y el saludo
36. Entrenamiento del coqueteo
37. Práctica del rechazo
38. Autorrevelación
39. Técnica de David Letterman

Modelo de la emoción oculta

40. Técnica de la emoción oculta

* Esta técnica podría clasificarse también como técnica de exposición interpersonal.

** Otras técnicas que dan buen resultado con representación de papeles son la técnica del doble parámetro, la paradoja de la aceptación, la del abogado del diablo, la de la fantasía temida, el entrenamiento del coqueteo y la técnica de David Letterman.

Solución

Los cinco pasos son los siguientes:

Paso 1. Describa el suceso trastornador. Puede tratarse de cualquier momento en que usted se sintió trastornado.

Paso 2. Rodee con un círculo sus sentimientos negativos y valórelos en una escala del 0% (nada en absoluto) al 100% (lo peor posible).

Paso 3. Anote sus pensamientos negativos e indique el grado en que cree en cada uno, del 0% al 100%.

Paso 4. Identifique las distorsiones de cada pensamiento negativo.

Paso 5. Sustituya los pensamientos por otros más positivos y realistas. Indique el grado en que cree en ellos, del 0% al 100%. Después, vuelva a puntuar su grado de creencia en cada uno de los pensamientos negativos.

El quinto paso es el más importante, porque en él usted rebate sus miedos. Sin embargo, también es el más difícil, pues habitualmente usted estará convencido de que sus pensamientos negativos son absolutamente válidos. Desmentir los pensamientos negativos de otra persona es fácil; es mucho más difícil darnos cuenta de cómo nos estamos engañando a nosotros mismos.

Cuando haya completado los primeros cuatro pasos, elija un pensamiento negativo con el que quiera empezar a trabajar y escríbalo en el centro de un círculo de la recuperación como el de la página 279. El círculo es como una trampa en la que usted ha caído. Mientras siga creyendo el pensamiento que está en el centro, se sentirá angustiado y deprimido. Verá que hay dieciséis flechas que terminan en sendos recuadros. Cada flecha representa una manera distinta de escapar de la trampa y de desmentir el pensamiento que le está trastornando.

Elija diversas técnicas de la lista de las 40 maneras de rebatir sus miedos y escriba el nombre de una técnica en cada uno de los recuadros que están alrededor del círculo de la recuperación. Lo mejor es escribir al menos quince técnicas, pues no sabemos cuál le va a dar resultado a usted. Si quiere poner más, puede utilizar el segundo círculo de la recuperación. Cuantas más técnicas enumere, más armas tendrá usted a su disposición para ayudarle a destruir el pensamiento negativo que está en el círculo central.

¿Cómo sabrá qué técnicas escribir en los recuadros? Es fácil. Basta con que repase la lista detallada de las 40 maneras de rebatir sus miedos, que aparece en las páginas 294 y siguientes. En esta lista aparece un breve resumen de cómo funciona cada técnica, y esto le facilitará mucho la labor. Si una técnica le parece prometedora, escriba en un recuadro el nombre de ésta. Volveremos a hablar de este tema más adelante, en este mismo capítulo.

De momento no debe preocuparse mucho de qué técnicas elige ni de cómo va a funcionar cada una. Simplemente, procure seleccionar bastantes técnicas. Si el pensamiento negativo que figura en su círculo de la recuperación le hace sentirse angustiado, procure incluir técnicas de las tres categorías: técnicas cognitivas, técnicas de exposición y la técnica de la emoción oculta. Un buen combinado sería elegir al menos de diez a quince técnicas cognitivas, dos o tres técnicas de exposición y la técnica de la emoción oculta.

Cuando haya anotado al menos quince técnicas en su círculo de la recuperación, podrá ponerlas a prueba, una tras otra, hasta que encuentre las que le dan resultado a usted. Si una técnica no le sirve, pase a la siguiente de su círculo de la recuperación. Su objetivo debe ser fracasar tan deprisa como pueda para llegar lo antes posible a la técnica que sí le da resultado.

¿Por qué es necesario probar tantas técnicas? Porque la mayoría de las técnicas que probará no resultarán eficaces, pero no será un problema, porque quedan muchas otras disponibles. Si entiende esto antes de empezar a trabajar con el pensamiento negativo, no se sentirá frustrado ni trastornado cuando no dé resultado una técnica. Por término medio, tendrá que probar por lo menos de diez a quince técnicas hasta encontrar la que desmienta su pensamiento negativo. Por eso tiene tanta importancia el círculo de la recuperación. Usted tiene todas las herramientas necesarias para superar prácticamente cualquier tipo de sentimiento negativo, entre ellos la depresión, la ansiedad y la ira.

Quisiera poder decirle que existe una técnica increíble que da resultado para todo el mundo y para todo tipo de emoción negativa. Así sería más fácil la vida. Los promotores siempre están intentando vendernos la idea de que una técnica sencilla es capaz de curar cualquier cosa. Unos dicen que la solución es el aerobic, como antes lo era el *jogging*. Al año siguiente nos dicen que la meditación de atención plena es el antídoto definitivo contra el estrés. El psicoanálisis lo fue durante décadas. Después vino la hierba de San Juan. Pero la panacea no existe ni existirá jamás. El círculo de la recuperación representa un planteamiento radicalmente distinto. Usted crea un programa de tratamiento poderoso, a la medida de sus problemas concretos.

Veamos cómo funciona. Probablemente se acordará usted de Jason, el joven que sentía timidez cuando estaba en la cola del supermercado, pensando en la joven cajera atractiva. Aunque le parecía que la joven le sonreía, él estaba demasiado angustiado para devolverle la sonrisa o para mirarla siquiera. Uno de sus pensamientos negativos era: «No tengo personalidad».

Este pensamiento hará que Jason se sienta tan angustiado e inseguro que lo más probable será que tenga la carrera perdida sin haber empezado a correr. Si cree verdaderamente que «no tiene personalidad», se sentirá apurado, necesitado de cariño e inseguro si intenta hablar con ella. Esto, a su vez, la desanimará a ella, y entonces él llegará a la conclusión de que verdaderamente no tiene personalidad.

Tampoco es que el pensamiento negativo de Jason fuera demasiado realista. De hecho, era encantador, listo, enérgico y creativo. Además, tenía un gran sentido del humor. ¿Qué distorsiones se encierran en su pensamiento «No tengo personalidad»? Señale en la tabla siguiente las distorsiones que pueda encontrar. Las definiciones de las distorsiones aparecen en la página 358, por si quiere repasarlas.

Distorsión	(✓)	Distorsión	(✓)
1. Pensamiento todo o nada		**6.** Magnificación o minimización	
2. Generalización excesiva		**7.** Razonamiento emocional	
3. Filtro mental		**8.** Afirmaciones del tipo «Debería»	
4. Descartar lo positivo		**9.** Poner etiquetas	
5. Saltar a conclusiones • Lectura del pensamiento • Adivinación del porvenir		**10.** Inculpación • Autoinculpación • Inculpación de los demás	

Solución

Jason y yo encontramos que en su pensamiento «No tengo personalidad» se encontraban las diez distorsiones.

Distorsión	(✓)	Explicación
1. Pensamiento todo o nada	✓	Jason cree que o bien tiene una personalidad tremenda o no tiene ninguna personalidad. Esto no es muy realista, ya que nadie es completamente de una manera o de la otra. A veces estamos relajados y tranquilos. Otras veces nos sentimos tensos y apurados. La mayor parte del tiempo estamos en alguna parte entre los dos extremos.
2. Generalización excesiva	✓	Jason está generalizando, desde una situación concreta hasta todo su ser. De manera que, si se siente tímido y apurado cuando está en la cola del supermercado, llega a la conclusión de que no debe de tener personalidad.
3. Filtro mental	✓	Jason se está centrando en todas las ocasiones en que se ha sentido angustiado y apurado en situaciones de trato social y está filtrando todas las ocasiones en que se ha sentido relajado y tranquilo.
4. Descartar lo positivo	✓	Jason descarta todas sus buenas cualidades. En realidad, es razonablemente atractivo e inteligente y no tiene motivos para pensar que parecerá tonto o que le darán un corte si coquetea con alguien que le atrae. También descarta el hecho de que parecía que la cajera le sonreía.
5. Saltar a conclusiones • Lectura del pensamiento • Adivinación del porvenir	✓	Jason supone que la cajera pensará que no tiene personalidad, aunque él no tiene pruebas de ello (lectura del pensamiento y adivinación del porvenir).
6. Magnificación o minimización	✓	Jason minimiza el hecho de que puede ser bastante encantador y atractivo cuando se siente relajado.
7. Razonamiento emocional	✓	*Siente* que no tiene personalidad, por lo que llega a la conclusión de que *verdaderamente es* aburrido y torpe.
8. Afirmaciones del tipo «Debería»	✓	Jason cree que debería tener una personalidad abierta y chispeante. Se compara a sí mismo constantemente con su yo ideal y con los demás, y cree que *debería* ser así.
9. Poner etiquetas	✓	En vez de decirse a sí mismo que se siente tímido e incómodo, lo cual es perfectamente normal, Jason se dice que no tiene personalidad. Se está poniendo una etiqueta destructiva.
10. Inculpación • Autoinculpación • Inculpación de los demás	✓	Jason se está despreciando a sí mismo porque se siente tímido y angustiado.

Pregunté a Jason si podía transmitirse a sí mismo otro mensaje que fuera más positivo y más realista. Me dijo que podía decirse a sí mismo: «Tengo una gran personalidad». Le pedí que escribiera esto en la columna de «Pensamientos positivos» de su registro diario de estado de ánimo y que indicara en qué medida lo creía. Como puede verse en su columna de «% creencia», sólo lo creía en un 20%, porque sabía que se sentía incómodo cuando estaba cerca de las chicas, y no tenía mucha experiencia de hablar con ellas. Su pensamiento positivo no conseguía cumplir la condición necesaria para el cambio emocional porque no era verdadero al 100%. Como puede verse en la columna de «% después», seguía creyendo al 100% el pensamiento negativo.

Pensamientos negativos	% antes	% después	Distorsiones	Pensamientos positivos	% creencia
7. No tengo personalidad.	100%	100%	PTN, GE, FM, DP, LP, AP, MIN, RE, ATD, PE, AI	7. Tengo una gran personalidad.	20%

Aquí es donde interviene el círculo de la recuperación. Jason no ha sido capaz de desmentir por su cuenta el pensamiento negativo, por lo que tendremos que aplicar algunas de nuestras técnicas. He puesto su pensamiento negativo en el centro del círculo de la recuperación de la página 279. Intente enumerar al menos quince técnicas que puedan ayudarle a desmentir este pensamiento. Puede consultar el resumen de las 40 maneras de rebatir sus miedos de la página 274 o la lista con breves descripciones de cada una de las técnicas, en las páginas 294-301. Escriba el nombre de una técnica en cada uno de los recuadros que rodean el círculo. Cuando haya terminado, pase a las páginas 281-283 y le hablaré de las técnicas que seleccionamos Jason y yo.

Solución

En la página 281 puede ver el círculo de la recuperación que realizamos Jason y yo. No se preocupe si la lista de técnicas que ha preparado usted es diferente. Mientras haya elegido al menos quince técnicas, irá por buen camino.

La primera que probamos fue examinar las pruebas. Pregunté a Jason si tenía alguna prueba de que *sí* tuviera una gran personalidad. Él me dijo: «Puedo ser muy divertido y estar muy relajado cuando estoy en mi casa, con mi familia». Le pedí que escribiera esto en la columna de «Pensamientos positivos» de su registro diario de estado de ánimo. Como puede verse en la columna de «% creencia» (véase pág. 280), creía en este pensamiento al 100%.

No obstante, si consulta la columna de «% después», verá que la creencia de Jason en el pensamiento negativo sólo bajó al 95%. Esta reducción mínima nos indica que sigue creyendo en el pensamiento negativo. Esto se debe a que el pensamiento positivo es en realidad una forma de condena por medio de una alabanza tibia. Jason explicó que sus experiencias con su madre y su hermano no contaban, porque él se sentía apurado y tenso siempre que estaba con chicas de su edad. En este caso, el pensamiento positivo cumplía la condición necesaria para el cambio emocional, porque era verdadero al 100%, pero no cumplía la condición suficiente, ya que apenas reducía la creencia de Jason en el pensamiento negativo.

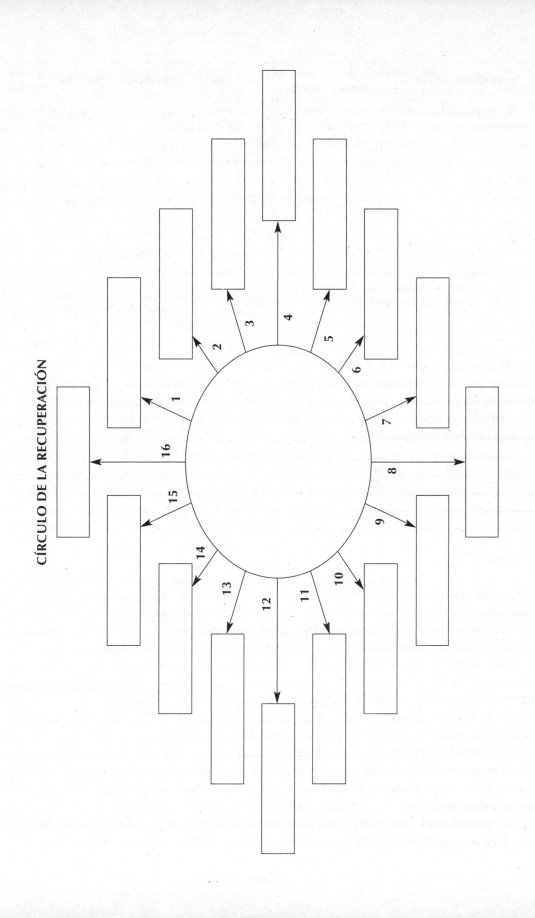

CÍRCULO DE LA RECUPERACIÓN

Pensamientos negativos	% antes	% después	Distorsiones	Pensamientos positivos	% creencia
7. No tengo personalidad.	100%	100%	PTN, GE, FM, DP, LP, AP, MIN, RE, ATD, PE, AI	**7.** Tengo una gran persona- lidad.	20%
		95%		Puedo ser muy divertido y estar muy relajado cuan- do estoy en casa, con mi familia.	100%

Este pensamiento positivo no cumplía la condición necesaria para el cambio, por- que Jason sólo lo creía al 20%.

Este pensamiento positivo no cumplía la condición suficiente para el cambio. Aun- que era cierto al 100%, no desmentía el pensamiento negativo.

Ahora nos encontramos con un problema. Cuando pregunté a Jason si podía oponerse al pensamiento negativo, él presentó un pensamiento positivo que no resultó eficaz. Después, probamos con examinar las pruebas, pero él seguía sin ser capaz de desmentir el pensamiento negativo. Seguía convencido de que no tenía personalidad. ¿Qué debíamos hacer a continuación? Escriba aquí sus ideas antes de seguir leyendo.

_____

_____

_____

_____

_____

Solución

Cuando una técnica no funcione, limítese a pasar a la técnica siguiente de su círculo de la recuperación. Si fuera tan fácil desmentir los pensamientos negativos, la gente no tendría que sufrir la depresión ni la ansiedad, de entrada. Por fortuna, nos quedan bastantes más técnicas que probar.

Las distorsiones de su pensamiento negativo le aportarán con frecuencia algunas ideas sobre las técnicas que puede probar, ya que determinadas técnicas pueden resultar especialmente eficaces para ciertos tipos de distorsiones. El pensamiento de Jason «No tengo personalidad» es una afirmación del tipo «Debería» oculta, ya que se está diciendo a sí mismo que *debería* tener una personalidad bulliciosa y abierta, y decir a la cajera algo muy ingenioso. Esto le somete a una presión enorme. Además, es poco realista, pues la mayoría de las personas nos sentimos algo nerviosos y apurados cuando empezamos a salir con personas del otro sexo. ¡Yo me sentía así, desde luego! Al principio no será usted enormemente divertido ni espontáneo, porque no está seguro de qué puede esperar. Esto no significa que sea usted deficiente o que no tenga personalidad; lo único que significa es que es inexperto.

La siguiente técnica en nuestro círculo de la recuperación es el método semántico. Suele resultar útil para las afirmaciones del tipo «Debería». Pregunté a Jason si sería capaz de transmitirse a

CÍRCULO DE LA RECUPERACIÓN DE JASON

No tengo personalidad. 100%

1 — Examinar las pruebas
2 — Método semántico
3 — Flecha descendente individual
4 — Flecha descendente interpersonal
5 — Doble patrón
6 — Análisis costes-beneficios
7 — Pensar en términos matizados
8 — Reatribución
9 — Sustitución de imágenes
10 — Externalización de voces
11 — Paradoja de la aceptación
12 — Práctica de la sonrisa y el saludo
13 — Entrenamiento para el coqueteo
14 — Práctica del rechazo
15 — Autorrevelación
16 — Técnica de David Letterman

sí mismo un mensaje menos insultante cuando estuviera nervioso. ¿Podía pensar en sus sentimientos de apuro de una manera más delicada y amable? A Jason se le ocurrió el pensamiento positivo: «Tengo bastante buena personalidad cuando me siento relajado. Mi problema verdadero es la timidez, y no la falta de personalidad».

Pedí a Jason que escribiera este pensamiento en la columna de «Pensamientos positivos» de su registro diario de estado de ánimo y que indicara en qué medida lo creía. Como se ve en la columna de «% creencia», lo creía al 100%. Además, redujo su creencia en el pensamiento negativo hasta el 25%, como puede verse en la columna de «% después». Esto significaba que el pensamiento positivo cumplía las condiciones necesaria y suficiente para el cambio emocional.

¿Hasta qué nivel debe intentar usted reducir su creencia en un pensamiento negativo? Esto dependerá del tipo de pensamiento negativo en el que esté trabajando. A veces podrá reducir su creencia en un pensamiento negativo al 0%. En el caso de Jason, me pareció que la reducción al 25% era suficiente, ya que verdaderamente se siente apurado en las situaciones de trato social, y por lo tanto el pensamiento negativo tiene algo de verdad. Eso cambiará en el futuro, probablemente, pero de momento ha dado un paso inmenso hacia adelante.

El primer intento de pensamiento positivo de Jason no fue eficaz porque en realidad no lo creía.

Pensamientos negativos	% antes	% después	Distorsiones	Pensamientos positivos	% creencia
7. No tengo personalidad.	100%	100%	PTN, GE, FM, DP, LP, AP, MIN, RE, ATD, PE, AI	7. Tengo una gran personalidad.	20%
		95%		Puedo ser muy divertido y estar muy relajado cuando estoy en casa, con mi familia.	100%
		25%		Tengo bastante buena personalidad cuando me siento relajado. Mi problema verdadero es la timidez, y no la falta de personalidad.	100%

A Jason se le ocurrió este pensamiento positivo cuando practicamos examinar las pruebas. Aunque creía en él, no era eficaz porque no hacía reducir su creencia en el pensamiento negativo.

A Jason se le ocurrió este pensamiento positivo cuando practicamos el método semántico. Fue eficaz porque él lo creía al 100% y redujo su creencia en el pensamiento negativo hasta el 25%.

En cuanto Jason hubo desmentido este pensamiento negativo, su estado de ánimo empezó a subir, y al poco tiempo fue capaz de desmentir todos sus pensamientos negativos. Observe su registro diario de estado de ánimo completo en las páginas 284-285. Como verá, la intensidad de todos sus sentimientos negativos cayó al 20% o menos, con la única excepción de su ansiedad, que sólo se redujo al 50%.

¿Por qué sólo se redujo al 50% la ansiedad de Jason? Aunque una reducción de la ansiedad en un 50% no está nada mal, nosotros aspiramos a mucho más. Queremos que los sentimientos de timidez y de ansiedad de Jason caigan al 0%. Esto no sucederá hasta que él no haga otra cosa. ¿Cuál será el paso siguiente? Escriba aquí sus ideas antes de seguir leyendo.

_____

_____

_____

_____

_____

Solución

Cuando uno está intentando superar la ansiedad, los ejercicios que haga sentado en su sillón únicamente lo llevarán hasta cierto punto. Para alcanzar el nivel siguiente, Jason tendrá que aplicar las técnicas de exposición interpersonal que enumeramos en su círculo de la recuperación, tales como la práctica de la sonrisa y el saludo, el entrenamiento del coqueteo, la práctica del rechazo, la autorrevelación y la técnica de David Letterman. No cabe duda de que por el camino se llevará algunos rechazos y algunos éxitos, como nos pasa a todos, pero en cuanto afronte sus miedos, su timidez aguda no será más que un recuerdo.

Ahora ha llegado el momento de que pruebe usted. Empiece con el registro diario de estado de ánimo en blanco que aparece en las páginas 286-287. Escriba en la parte superior una descripción breve de _un_ momento determinado en que usted se sentía trastornado. Rodee con un círculo todos los nombres de emociones que reflejen sus sentimientos e indique el grado de cada uno de los sentimientos en una escala del 0% (nada en absoluto) al 100% (extremadamente). A continuación, escriba una lista de sus pensamientos negativos e indique en qué grado cree cada uno de ellos en una escala del 0% (nada en absoluto) hasta el 100% (completamente). Cuando haya identificado las distorsiones de sus pensamientos negativos, consultando la lista que aparece al final del registro diario de estado de ánimo, estará preparado para emprender el círculo de la recuperación.

Elija el pensamiento con el que quiera trabajar primero y escríbalo en el centro del círculo de la recuperación en blanco de la página 289. Escriba al menos quince técnicas que podría aplicar para desmentir este pensamiento. Para seleccionar las técnicas puede consultar la lista resumida de 40 maneras de rebatir sus miedos de la página 274, o la lista más detallada de las páginas 294 y siguientes. Escriba el nombre de una técnica en cada uno de los recuadros que rodean el círculo. Si se le ocurren más de dieciséis técnicas, utilice el segundo círculo de la recuperación que aparece en la página 290.

¿Existen algunas directrices que pueda seguir usted a la hora de seleccionar las técnicas? He procurado apartarlo de esta idea en la medida de la posible. Las fórmulas pueden resultar muy engañosas, y siempre es difícil predecir qué técnicas le darán mejor resultado a una persona o irá mejor para un problema determinado. A pesar de todo, las tablas de las páginas 291 y 292 le servirán

REGISTRO DIARIO DE ESTADO DE ÁNIMO DE JASON

Suceso trastornador: Hacer cola en el supermercado.

Emociones	% antes	% después
Triste (melancólico, deprimido, decaído, infeliz)	80%	0%
Angustiado (preocupado, con pánico, nervioso, asustado)	100%	50%
Culpable (con remordimientos, malo, avergonzado)	95%	0%
Inferior (sin valor, inadecuado, deficiente, incompetente)	95%	15%
Solitario (no querido, no deseado, rechazado, solo, abandonado)	75%	20%

Emociones	% antes	% después
Turbado (tonto, humillado, apurado)	100%	20%
Desesperanzado (desanimado, pesimista, descorazonado)	90%	10%
Frustrado (atascado, chasqueado, derrotado)	90%	15%
Airado (enfadado, resentido, molesto, irritado, trastornado, furioso)	90%	15%
Otras (describir)		

Pensamientos negativos	% antes	% después	Distorsiones
1. No tengo nada interesante que decir.	100%	25%	PTN, SG, FM, DP, LP, MIN, RE, ATD, AI
2. Nunca tengo éxito con las chicas verdaderamente guapas.	100%	35%	PTN, GE, RE, ATD
3. Aunque consiga entablar una buena conversación con ella, ahora mismo no tengo tiempo de llevar una relación.	100%	0%	DP, ATD
4. Será mejor que me quede callado, pues podría decir alguna tontería y molestarla.	100%	20%	LP, RE, ATD
5. Si intento coquetear con ella, la gente pensará que soy un repelente egocéntrico.	100%	25%	PTN, LP, AP, MAG, RE, ATD, PE, AI

Pensamientos positivos	% creencia
1. Lo más probable es que no tenga por qué decir nada muy ingenioso ni interesante. Podía empezar por sonreír y decir «Hola», y eso sería un primer buen paso.	100%
2. ¡Eso es porque nunca me he dado la oportunidad!	100%
3. Eso es ridículo. ¡Me encantaría tener una relación con una chica que me gustara de verdad!	100%
4. No hay ninguna prueba de eso. Pero lo más probable es que diga tonterías muchas veces en mi vida, y no será el fin del mundo.	100%
5. Eso no es nada probable. A la mayoría de los presentes en la tienda no les interesaría gran cosa lo que hiciera yo. Y aunque no les gustara que yo coqueteara, ¿qué iban a hacer? ¿Tirarme piedras? ¿Burlarse de mí? ¿Hacer que me detengan?	100%

REGISTRO DIARIO DE ESTADO DE ÁNIMO DE JASON (continuación)

Pensamientos negativos	% antes	% después	Distorsiones	Pensamientos positivos	% creencia
6. *No debo* ser tan ruidoso ni llamar tanto la atención. La gente me apreciará más si soy humilde y callado.	100%	10%	LP, AP, RE, ATD, PE, AI	**6.** Se puede coquetear sin ser ruidoso ni llamar la atención. Pero ¿sería el fin del mundo si me dieran un corte o si quedara por tonto?	100%
7. No tengo personalidad.	100%	25%	PTN, GE, FM, DP, LP, AP, MIN, RE, ATD, PE, AI	**7.** Tengo bastante buena personalidad cuando me siento relajado. Mi verdadero problema es la timidez, y no la falta de personalidad.	100%
8. Debo de ser una persona terrible, porque me interesan tanto las cosas como el éxito y el aspecto físico.	100%	10%	PTN, GE, ATD, PE, AI	**8.** A la mayoría de los jóvenes les atraen las mujeres hermosas y de buen ver. ¡Al fin y al cabo, no me estoy preparando para ser monje budista!	100%
9. Si intento coquetear con ella, lo más probable es que me dé un corte.	100%	25%	DP, LP, AP, RE, ATD, AI	**9.** Lo más probable es que no me dé un corte por sonreírle y saludarla de manera amistosa y tranquila. Pero aunque me diera un corte, yo sobreviviría. De hecho, sería bueno que me dieran unos cuantos cortes, porque eso significaría que estoy afrontando mis miedos. Los cortes no durarán toda la vida, y algún día llegaré a quedar para salir con una chica.	100%
10. Eso demostraría que soy un fracasado.	100%	0%	PTN, GE, FM, DP, MAG, RE, ATD, PE, AI	**10.** Existen muchos motivos por los que una chica puede darme un corte si intento coquetear con ella. Puede ser por mi falta de experiencia, porque ya tiene novio o porque no soy su tipo. Ninguna de esas cosas significaría que soy «un fracasado».	100%

REGISTRO DIARIO DE ESTADO DE ÁNIMO

Suceso trastornador: _____

Emociones	% antes	% después
Triste, melancólico, deprimido, decaído, infeliz		
Angustiado, preocupado, con pánico, nervioso, asustado		
Culpable, con remordimientos, malo, avergonzado		
Inferior, sin valor, inadecuado, deficiente, incompetente		
Solitario, no deseado, rechazado, solo, abandonado		

Emociones	% antes	% después
Turbado, tonto, humillado, apurado		
Desesperanzado, desanimado, pesimista, descorazonado		
Frustrado, atascado, chasqueado, derrotado		
Airado, enfadado, resentido, molesto, irritado, trastornado, furioso		
Otras (describir)		

Pensamientos negativos	% antes	% después	Distorsiones	Pensamientos positivos	% creencia
1.				1.	
2.				2.	
3.				3.	
4.				4.	
5.				5.	

Pensamientos negativos	%antes	%después	Distorsiones	Pensamientos positivos	%creencia
6.				6.	
7.				7.	
8.				8.	

LISTA DE COMPROBACIÓN DE DISTORSIONES COGNITIVAS

1. **Pensamiento todo o nada:** usted considera las cosas en categorías absolutas, o blanco o negro.

2. **Generalización excesiva:** toma un hecho negativo aislado por una pauta interminable de derrotas: «Esto pasa *siempre*».

3. **Filtro mental:** usted da vueltas a lo negativo, y pasa por alto lo positivo.

4. **Descartar lo positivo:** se empeña en que sus cualidades positivas no cuentan.

5. **Saltar a conclusiones:** usted salta a conclusiones que no se justifican con los hechos.
   - **La lectura del pensamiento:** da por supuesto que la gente reacciona negativamente ante usted.
   - **La adivinación del porvenir:** predice que las cosas saldrán mal.

6. **Magnificación y minimización:** usted hincha las cosas desproporcionadamente o bien empequeñece su importancia.

7. **Razonamiento emocional:** razona en función de cómo se siente, diciéndose, por ejemplo: *«Me siento idiota, así que debo serlo de verdad»*.

8. **Afirmaciones del tipo «Debería»:** utiliza verbos del tipo «Debería», «No Debería», «Tendría que» y «No tendría que».

9. **Poner etiquetas:** en vez de decirse: «He cometido un error», dice: «Soy un memo» o «Soy un perdedor».

10. **Inculpación:** en vez de detectar la causa de un problema, usted asigna culpabilidades.
    - **Autoinculpación:** se culpa a sí mismo de algo que no fue responsabilidad suya.
    - **Inculpación de los demás:** culpa a los demás, negando el papel de usted mismo en el problema.

de punto de partida. En estas tablas se presentan indicaciones sobre el modo de seleccionar las técnicas más eficaces, sobre la base de:

- **Las distorsiones de su pensamiento negativo (página 291):** las diversas distorsiones responden mejor a diversos tipos de técnicas. Por ejemplo, algunas técnicas dan buen resultado con los pensamientos en los que interviene el pensamiento todo o nada, mientras que otras técnicas están más dirigidas a los pensamientos en los que interviene la adivinación del porvenir, la lectura del pensamiento, las afirmaciones del tipo «Debería» o la autoinculpación.
- **El tipo de problema en el que usted está trabajando (página 292):** los diversos tipos de ansiedad, tales como la timidez, los ataques de pánico, el trastorno por estrés postraumático o el trastorno obsesivo-compulsivo, responden también mejor a diversas tipos de técnicas. Además, las técnicas que resulten útiles para la ansiedad serán diferentes de las técnicas que resulten útiles para la depresión, para un problema en las relaciones personales o para una adicción.

Las marcas en los recuadros indican que valdría la pena probar la categoría que aparece en la parte superior de la columna. Los recuadros en gris indican que la categoría en cuestión sería especialmente adecuada para probarla. Por ejemplo, la tabla de la página 291 indica que el método semántico suele dar muy buenos resultados para las afirmaciones del tipo «Debería». La tabla de la página 292 indica que si usted sufre timidez, las técnicas de exposición interpersonal serán importantes. También podría probar una técnica de descubrimiento, como la técnica del «Qué pasaría si», o la flecha descendente interpersonal, una técnica de motivación como el análisis de costes-beneficios, una técnica espiritual como la paradoja de la aceptación o una técnica de exposición cognitiva como la fantasía temida.

No obstante, no se ciña a estas directrices demasiado al pie de la letra cuando elija sus técnicas, porque no podemos predecir lo que le dará resultado a usted. Por eso es tan fascinante, tan flexible y tan poderoso este planteamiento.

Se impone una advertencia. No le servirá de nada limitarse a escribir la descripción de un sentimiento en el centro de un círculo de la recuperación; escribir, por ejemplo, «Tímido», o «Deprimido». No existen técnicas que usted pueda aplicar para atacar los sentimientos tales como la timidez, el pánico y la depresión. En vez de ello, céntrese en un momento concreto en que usted estuvo trastornado y registre sus sentimientos en la tabla de emociones del registro diario de estado de ánimo. Cuando haya registrado sus pensamientos negativos, escriba uno de ellos en el centro de un círculo de la recuperación.

Muchas personas no entienden la relación entre el círculo de la recuperación y el registro diario de estado de ánimo. De hecho, el círculo de la recuperación es el motor que impulsa el registro diario de estado de ánimo. Las técnicas que enumere usted en el círculo de la recuperación le ayudarán a generar pensamientos positivos. Recuerde que no se sentirá mejor hasta que no encuentre un pensamiento positivo que cumpla las condiciones necesaria y suficiente para el cambio emocional:

- **Condición necesaria:** el pensamiento positivo debe ser cierto al 100%.
- **Condición suficiente:** el pensamiento positivo debe desmentir el pensamiento negativo.

CÍRCULO DE LA RECUPERACIÓN

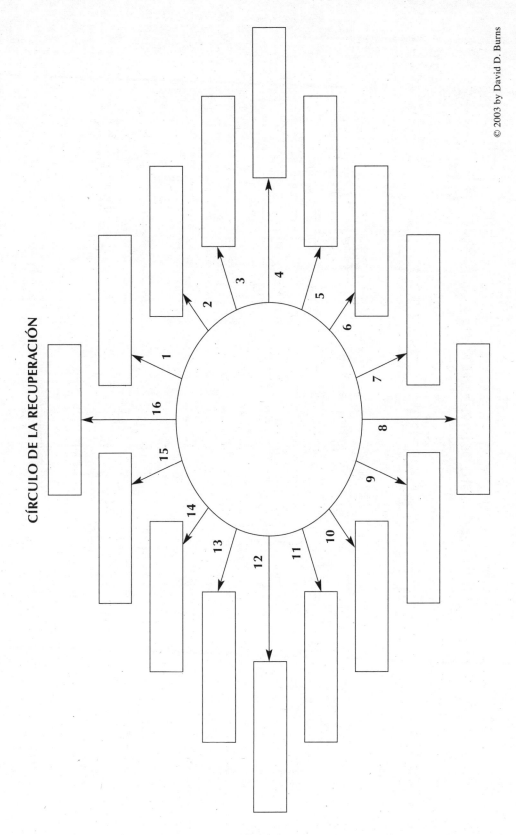

HOJA DEL CÍRCULO DE LA RECUPERACIÓN *(continuación)*

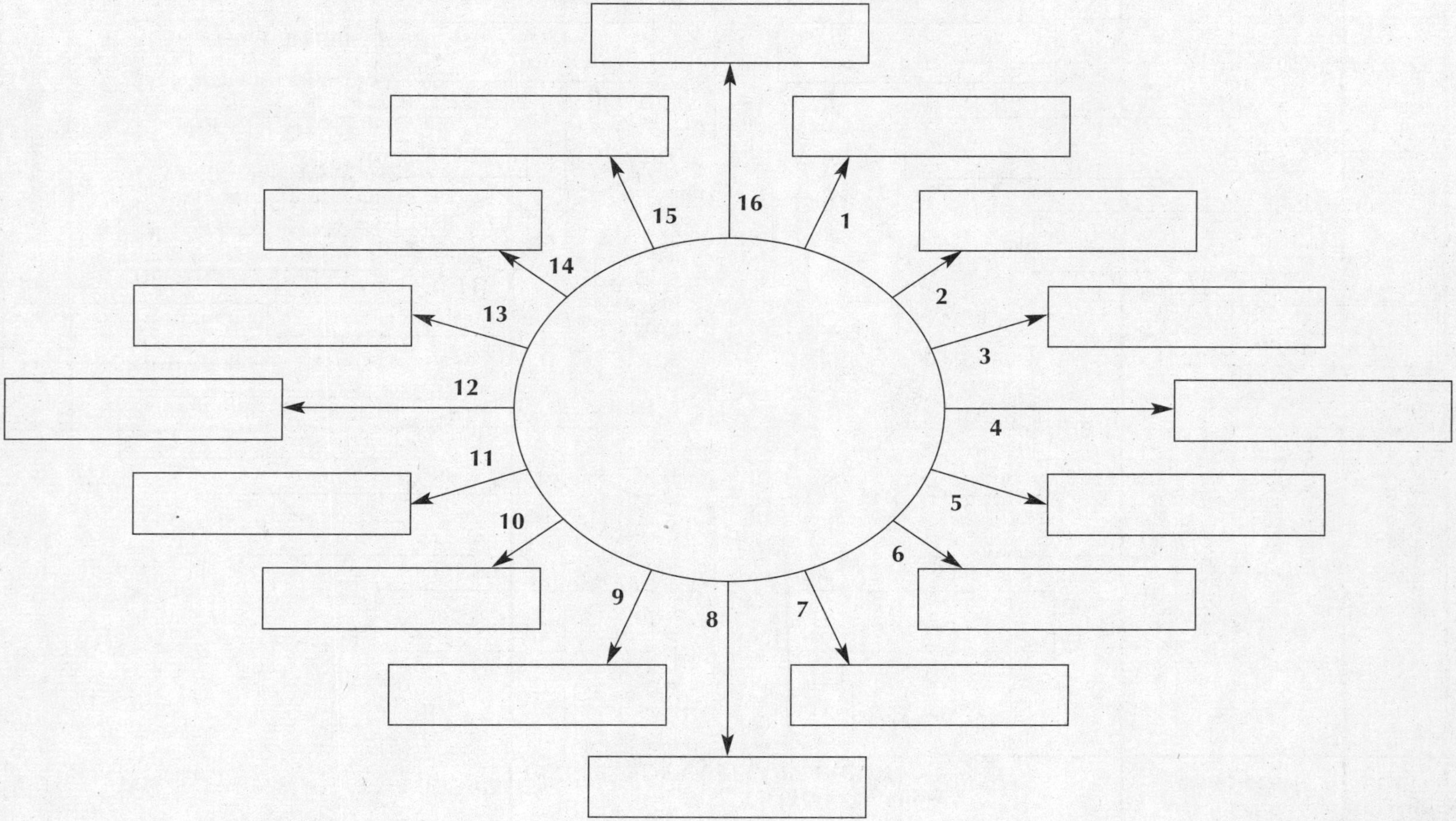

SELECCIÓN DE TÉCNICAS SOBRE LA BASE DE LAS DISTORSIONES DEL PENSAMIENTO NEGATIVO

Distorsiones	Técnicas cognitivas											Técnicas de exposición			Emoción oculta
	Descubrimiento	Basadas en la compasión	Basadas en la verdad	Semánticas	Basadas en la lógica	Cuantitativas	Basadas en el humor	Representación de papeles	Espirituales	Motivacionales	Antipostergación	Exposición clásica	Exposición cognitiva	Exposición interpersonal	Técnica de la emoción oculta
1. Pensamiento todo o nada	✓	✓	✓	✓	✓			✓	✓	✓					
2. Generalización excesiva	✓	✓	✓	✓				✓	✓	✓					
3. Filtro mental	✓	✓	✓	✓	✓	✓		✓	✓	✓					
4. Descartar lo positivo	✓	✓	✓	✓	✓	✓		✓	✓	✓					
5. Saltar a conclusiones															
• Lectura del pensamiento	✓	✓	✓	✓		✓	✓	✓	✓	✓	✓	✓			
• Adivinación del porvenir	✓	✓	✓	✓		✓	✓	✓	✓	✓	✓	✓	✓	✓	✓
6. Magnificación o minimización	✓	✓	✓	✓	✓	✓	✓	✓	✓	✓	✓	✓	✓		
7. Razonamiento emocional	✓	✓	✓	✓	✓		✓	✓	✓		✓	✓			✓
8. Afirmaciones del tipo «Debería»	✓	✓	✓	✓	✓	✓	✓	✓	✓	✓					
9. Poner etiquetas	✓	✓	✓		✓		✓	✓	✓	✓					
10. Inculpación															
• Autoinculpación	✓	✓	✓	✓		✓		✓	✓	✓					
• Inculpación de los demás	✓	✓	✓				✓	✓	✓	✓					

SELECCIÓN DE TÉCNICAS SOBRE LA BASE DEL PROBLEMA EN EL QUE ESTÁ TRABAJANDO

Su problema	Técnicas cognitivas											Técnicas de exposición			Emoción oculta
	Descubrimiento	Basadas en la compasión	Basadas en la verdad	Semánticas	Basadas en la lógica	Cuantitativas	Basadas en el humor	Representación de papeles	Espirituales	Motivacionales	Antipostergación	Exposición clásica	Exposición cognitiva	Exposición interpersonal	Técnica de la emoción oculta
Preocupación crónica	✓	✓	✓			✓		✓		✓		✓	✓		✓
Ataques de ansiedad	✓	✓	✓					✓	✓	✓		✓	✓		✓
Agorafobia	✓	✓	✓					✓		✓		✓	✓		✓
Miedos y fobias	✓	✓	✓					✓	✓	✓		✓	✓		✓
Timidez	✓	✓	✓	✓	✓		✓	✓		✓		✓	✓	✓	✓
Ansiedad por actuación y por hablar en público	✓	✓	✓	✓	✓	✓	✓	✓	✓	✓		✓	✓		✓
Obsesiones y compulsiones (TOC)	✓	✓				✓		✓	✓	✓		✓	✓		✓
Trastorno por estrés postraumático (TEP)	✓	✓						✓		✓			✓		✓
Hipocondría	✓	✓	✓					✓		✓		✓	✓		✓
Trastorno dismórfico corporal (TDC)	✓	✓	✓	✓	✓	✓	✓	✓	✓	✓			✓		✓
Depresión y sentimientos de vergüenza	✓		✓	✓	✓	✓	✓	✓	✓	✓	✓		✓		
Hábitos y adicciones	✓			✓				✓		✓	✓				

El cambio se produce, en general, siguiendo una de dos pautas básicas. En la primera pauta, usted prueba diversas técnicas que le ayudan un poco, sin que ninguna produzca un cambio enorme de sus pensamientos y sus sentimientos negativos. En vez de ello, usted va avanzando poco a poco con las diversas técnicas, cada una de las cuales reduce un poco más su creencia en el pensamiento negativo.

Con la segunda pauta de recuperación, usted prueba una técnica tras otra, pero ninguna de ellas da resultado. Usted sigue creyendo el pensamiento negativo, y sigue tan angustiado, preocupado, lleno de pánico o deprimido como siempre. De pronto, prueba una técnica que tiene un efecto tan poderoso que su creencia en el pensamiento negativo cae hasta el 0%, y usted se recupera de manera casi inmediata. Observo esta pauta en muchos de los pacientes con los que trabajo. Es lo que pasó a June cuando aplicó la técnica experimental para poner a prueba su creencia de que estaba a punto de volverse loca. Cuando descubrió que no era capaz de volverse loca por mucho que lo intentara, sufrió una transformación repentina y casi mágica que puso fin a años de sufrimiento.

¿Qué ha de hacer usted si ha probado todas las técnicas de su círculo de la recuperación pero sigue sintiéndose atascado? Esto tampoco es raro, y desde luego no significa que usted sea un caso perdido. Bastará con que tome otro círculo de la recuperación y elija unas cuantas técnicas más. Después, pruébelas, una tras otra, hasta que encuentre el método que le dé resultado. La paciencia y la constancia serán la clave, pues todos seguimos caminos diferentes hacia la iluminación.

TÉCNICAS COGNITIVAS

Técnicas de descubrimiento	
1. Técnica de la flecha descendente (página 92)	La técnica de la flecha descendente le ayudará a identificar las creencias contraproducentes que le vuelven vulnerable a la depresión y a la ansiedad. Debajo de un pensamiento negativo, escriba una flecha descendente y pregúntese: «Si este pensamiento fuera cierto, ¿por qué me trastornaría? ¿Qué significaría para mí?». Le vendrá a la mente un nuevo pensamiento negativo. Escríbalo bajo la flecha y trace una nueva flecha debajo del nuevo pensamiento. Repita el proceso varias veces. A continuación, observe los pensamientos negativos que ha generado y repase la lista de creencias contraproducentes de la página 28 para poder determinar las creencias subyacentes en su sufrimiento.
2. Técnica del «Qué pasaría si» (página 117)	Esta técnica le ayudará a identificar la fantasía que subyace en sus miedos. Dibuje una flecha descendente debajo de un pensamiento negativo y pregúntese: «¿Qué es lo peor que podría pasar si tal cosa fuese cierta?». Acudirá a la mente una nueva idea o fantasía negativas. Escríbala debajo de la flecha y repita el proceso varias veces. Luego pregúntese: «¿Qué probabilidad hay de que suceda?», «¿Y podría vivir con ello si ocurriera?».
Técnicas basadas en la compasión	
3. Técnica del doble parámetro (página 123)	En vez de despreciarse a sí mismo, puede hablarse con la misma compasión con que hablaría a un amigo querido que estuviera alterado. Pregúntese: «¿Diría cosas tan duras a un amigo querido que tuviera un problema similar?», «¿Qué le diría?».
Técnicas basadas en la verdad	
4. Examinar las pruebas (página 131)	En vez de suponer que un pensamiento negativo es verdadero, pregúntese: «¿Qué pruebas hay de esta afirmación?».
5. Técnica experimental (página 133)	Pregúntese: «¿Cómo puedo poner a prueba ese pensamiento para descubrir si es válido?». Por ejemplo, si tiene ataques de pánico porque se dice a sí mismo que está a punto de volverse loco, podría intentar volverse loco de verdad gritando incoherencias, revolcándose por el suelo y haciendo locuras. Así podrá descubrir si sus temores son realistas.
6. Técnica de la encuesta (página 145)	Haga una encuesta para poner a prueba un pensamiento negativo. Si usted cree, por ejemplo, que su timidez es rara o vergonzosa, puede preguntar a varios amigos si se han sentido tímidos alguna vez. Probablemente descubra que la mayoría de las personas se sienten tímidas en ciertas ocasiones.

Técnicas basadas en la verdad *(continuación)*	
7. Reatribución (página 148)	Si está angustiado o deprimido, puede que se esté riñendo a sí mismo incansablemente y que se culpe de sus defectos. Al aplicar la reatribución, piensa en todos los factores que contribuyeron al problema y se centra en resolverlo o en aprender de él, en vez de culparse y de hacerse trizas a sí mismo.
Técnicas semánticas	
8. Método semántico (página 157)	El método semántico resulta especialmente útil para las afirmaciones del tipo «Debería» y para poner etiquetas. Se limita a sustituir las expresiones por otras menos insultantes y con menor carga emocional.
9. Definamos los términos (página 160)	Cuando usted se imponga a sí mismo la etiqueta de «tonto» o de «neurótico», pregúntese qué significan en realidad. Verá que no existe algo como el «tonto» ni el «neurótico». Existen la conducta tonta y la conducta neurótica, pero no existen los tontos ni los neuróticos.
10. Concretar (página 162)	Cuando utiliza la técnica de concretar, se ciñe a la realidad y evita los juicios generales sobre la realidad. En vez de considerarse «un fracasado», puede determinar con precisión sus puntos fuertes y sus debilidades concretas.
Técnicas basadas en la lógica	
11. Pensar en términos matizados (página 151)	En vez de pensar en sus problemas en términos extremos, o blanco o negro, los evalúa de manera más realista, con matices de gris.
12. Proceso contra resultado (página 155)	Evalúe su actuación sobre la base del proceso (del esfuerzo que aplica usted) más que sobre el resultado. Su preparación y su trabajo duro son cosas que usted siempre puede controlar, pero el resultado normalmente no.
Técnicas cuantitativas	
13. Autoseguimiento (página 167)	Puede llevar la cuenta de sus pensamientos y fantasías negativos haciendo una señal en una ficha que lleva en el bolsillo o por medio de un contador de bolsillo como los que usan los golfistas para llevar la cuenta de los golpes. Al final del día, apunte en su calendario el número total de pensamientos y ponga de nuevo a cero el contador. Practicando esto durante varias semanas, los pensamientos negativos se reducen o desaparecen por completo.

Técnicas cuantitativas *(continuación)*	
14. Ratos de preocupación (página 173)	Ésta es una técnica paradójica. Usted destina momentos concretos a sentirse deprimido, angustiado o culpable. Por ejemplo, si la preocupación constante le está impidiendo estudiar de manera eficaz para preparar un examen, puede interesarle destinar un rato de preocupación de dos minutos cada hora. Durante cada rato de preocupación puede decirse a sí mismo que va a suspender con toda seguridad. Hágase trizas y angústiese todo lo que pueda. No intente combatir los sentimientos. Podrá usar el resto de la hora para estudiar y para prepararse para el examen. Si empieza a ponerse nervioso, recuerde que puede dejar su preocupación para el próximo momento de preocupación.
Técnicas basadas en el humor	
15. Ejercicios de ataque a la vergüenza (página 176)	Esta técnica es estupenda para las personas que sufren timidez. En vez de esforzarse por parecer «normal», usted hace intencionadamente alguna tontería en público, como anunciar en voz alta la hora que es en unos grandes almacenes llenos de público o decir en voz alta el nombre de la calle en cada parada mientras viaja en autobús. Descubrirá que, después de todo, no es el fin del mundo. Si bien esta técnica exige mucho valor, puede ser muy liberadora e iluminadora. Los ejercicios de ataque a la vergüenza también son una forma de exposición interpersonal.
16. Magnificación paradójica (página 178)	En vez de luchar contra sus pensamientos negativos, los exagera. Paradójicamente, suelen empezar a parecer absurdos.
17. Imágenes humorísticas (página 179)	Cuando se siente consumido por la ansiedad o la ira, a veces puede resultarle útil visualizar imágenes humorísticas. Una mujer deprimida se obsesionaba porque había salido mal parada en su sentencia de divorcio. Vivía con estrecheces, y se ponía furiosa cada vez que tenía fantasías en las que se imaginaba a su ex marido pasándolo bien con su nueva esposa elegante, en su yate y entre lujos. Los sentimientos constantes de ira y de resentimiento la estaban convirtiendo en una desgraciada. Descubrió que imaginárselo en calzoncillos en una reunión del consejo de administración le hacía reír. Era un antídoto útil para los sentimientos de ira y de resentimiento que la estaban devorando.
Técnicas de representación de papeles	
18. Externalización de voces (página 181)	Otra persona y usted se turnan para representar el papel de sus pensamientos negativos y el de sus pensamientos positivos. La persona que representa a los pensamientos negativos ataca, hablando en segunda persona («tú»), y la persona que representa a los pensamientos positivos se defiende hablando en primera persona, «yo». Cuando se queden atascados, inviertan los papeles.
	Entre otras técnicas que también dan buen resultado con inversión de papeles se cuentan la técnica del doble patrón, la paradoja de la aceptación, el abogado del diablo, la fantasía temida, el entrenamiento del coqueteo y la técnica de David Letterman.

Técnicas espirituales	
19. Paradoja de la aceptación (página 185)	Usted acepta sus defectos con tranquilidad y con sentido del humor. La paradoja de la aceptación se basa en el principio budista de que cuando uno se defiende a sí mismo, produce un estado de guerra. Si se está defendiendo de sus propias autocríticas, acabará librando una guerra contra sí mismo. Por el contrario, si encuentra lo que hay de verdad en una crítica, deja sin fuerza los argumentos del crítico. Naturalmente, en este caso el crítico es usted mismo, por lo que acaba convirtiéndose en su amigo. Ésta es la crítica más importante y poderosa de todas, pero puede resultar difícil captarla al principio. Sólo cobra vida cuando la combina con una técnica de representación de papeles, tal como la externalización de voces o la fantasía temida.
Técnicas motivacionales	
20. Análisis de costes-beneficios (ACB) (página 189)	Enumere todas las ventajas y las desventajas de un pensamiento negativo («Soy un fracasado»), de una creencia contraproducente («Siempre debo intentar ser perfecto»), de un sentimiento (de ira, de culpa o de ansiedad) o de un hábito (beber, tomar drogas, comer demasiado o postergar las tareas). También puede enumerar las ventajas y las desventajas de culpar a la otra persona de los problemas en sus relaciones con ella. Pregúntese: «¿Cuáles son las ventajas y las desventajas de este pensamiento, creencia, sentimiento o hábito?», «¿De qué manera me ayudará, y de qué manera me hará daño?». Cuando haya escrito todas las ventajas y las desventajas que se le ocurran, calcule su saldo relativo en una escala de 100 puntos. Pregúntese si parecen mayores los costes o los beneficios, y escriba dos números que sumen 100 al pie del formulario de ACB.
21. Análisis de costes-beneficios paradójico (página 193)	Enumere sólo *las ventajas* de un pensamiento o sentimiento negativo. Así será consciente de las fuerzas poderosas que le tienen atascado o angustiado. A continuación, pregúntese: «Dadas todas las ventajas de esta actitud o sentimiento, ¿por qué voy a querer cambiar?». Cuando haya expuesto todos los beneficios ocultos, frecuentemente éstos perderán el poder de vencerle.
22. El abogado del diablo (página 196)	Enumere todos los pensamientos tentadores que tiene, justo antes de ceder al impulso de beber, comer demasiado, postergar las tareas o salir con la persona que no debe. Entregue la lista a un amigo y pídale que represente el papel del diablo que le tienta para hacerle caer. Su amigo debe ser todo lo seductor que pueda y decir cosas tales como: «¿Por qué no te comes ese chocolate tranquilamente? Hum, ¡qué *rico* estaría!». Usted tiene que replicar a los pensamientos tentadores y rebatir al diablo.

Técnicas antipostergación

23. Hoja de predicción de placer (página 201)	Planifique actividades que tienen posibilidades de aportarle placer, aprendizaje o desarrollo personal. Prediga lo satisfactoria y gratificante que resultará cada actividad, en una escala del 0% (nada en absoluto) al 100% (el máximo). Cuando haya completado cada actividad, anote lo satisfactoria que ha sido, aplicando la misma escala. Descubrirá con frecuencia que muchas actividades son más satisfactorias de lo que preveía. Puede aplicar esta técnica para poner a prueba ciertas creencias contraproducentes, tales como: «Necesito amor para sentirme feliz y valioso. Si estoy solo, seré desgraciado».
24. Pasos pequeños para grandes hazañas (página 202)	En vez de sentirse abrumado por una tarea enorme, divídala en partes pequeñas. Después, podrá abordarlas una a una.
25. Hoja antipostergación (página 206)	Divida una tarea grande en pasos pequeños y prediga el grado de dificultad de cada uno y cuán satisfactoria cree que será, en una escala del 0 al 100%. Después de completar cada tarea, apunte su dificultad real y lo satisfactoria que resultó, aplicando la misma escala. Descubrirá con frecuencia que cada paso es mucho más fácil y gratificante de lo que esperaba usted.
26. Lista de problemas y soluciones (página 208)	Elija un momento determinado en que esté dispuesto a emprender una tarea que ha estado dejando. Divida una hoja de papel en dos con una línea y encabece las dos columnas con los títulos de «Problemas» y «Soluciones». Escriba en la columna de problemas la lista de obstáculos que pueden impedirle empezar. Después, escriba en la columna de soluciones lo que hará para resolver cada problema.

TÉCNICAS DE EXPOSICIÓN

Exposición clásica

27. Exposición gradual (página 215)	Cuando utiliza la exposición gradual, usted se expone a lo que teme a pequeños pasos para que no le aterrorice tanto. Por ejemplo, si tiene fobia a los ascensores, puede subirse a un ascensor, subir un piso y bajar. Cuando esto no le dé miedo, puede subir dos pisos en el ascensor, e ir aumentando gradualmente el tiempo que pasa en él. Puede aplicar la exposición gradual para cualquier fobia, como por ejemplo el miedo a las alturas, a las agujas o a los perros, así como a otras formas de ansiedad, tales como la timidez o el trastorno obsesivo-compulsivo.

También puede preparar una jerarquía del miedo, haciendo una lista de situaciones, desde la menos amenazadora, con el número 1, hasta la más amenazadora, con el número 10. Puede anotar el tipo y la cantidad de exposición que practica cada día, además del grado de ansiedad sentida, del 0 al 100%. |

Exposición clásica *(continuación)*	
28. Inundación **(página 218)**	Cuando practica la inundación, se expone de una vez a lo que teme. Por ejemplo, si usted tiene fobia a los ascensores, se puede obligar a sí mismo a subirse a un ascensor y a subir y bajar en él, por mucha ansiedad que sienta, hasta que desaparezca el miedo. La inundación produce más miedo que la exposición gradual, pero da resultados más rápidos. Ambos planteamientos se han aplicado con éxito al tratamiento de la ansiedad, de modo que usted puede usar el que más le atraiga.
29. Prevención de respuesta **(página 223)**	Usted se niega a ceder a sus ritos compulsivos. Por ejemplo, si tiene el impulso poderoso de asomarse al interior del buzón después de echar una carta, para asegurarse de que no se ha quedado atascada, puede obligarse a sí mismo a marcharse sin comprobarlo. Su ansiedad empeorará temporalmente, pero si se niega a ceder al impulso, la ansiedad acabará por desaparecer. Es como dejar una adicción pasando el síndrome de abstinencia.
30. Distracción **(página 225)**	Si siente ansiedad, puede distraerse de los pensamientos que le trastornan. Por ejemplo, si siente pánico durante un vuelo en avión, puede concentrarse en un crucigrama o entablar conversación con su compañero de asiento. Esta técnica da sus mejores resultados combinándola con una técnica de exposición, como la de la inundación.
Exposición cognitiva	
31. Inundación cognitiva **(página 227)**	A veces no es posible exponerse a lo que se teme. Por ejemplo, si usted tiene miedo a volar, no puede hacer que se caiga un avión para superar su miedo. No obstante, puede hacer frente a este miedo con la imaginación utilizando la inundación cognitiva. Visualice que está sufriendo un accidente de avión. Angústiese tanto como pueda e intente soportar la ansiedad. *No luche contra la ansiedad.* Al contrario, intente agudizarla al máximo. Ríndase a ella. La ansiedad acabará por agotarse.
32. Sustitución de imágenes **(página 230)**	Sustituya una imagen temible por otra más positiva o pacífica. Si tiene miedo a volar, puede que esté visualizando cómo cae el avión envuelto en llamas. Esta imagen producirá sentimientos de ansiedad intensa. En vez de ello, puede imaginarse que aterriza a salvo y que disfruta de unas vacaciones maravillosas con su familia.

Exposición cognitiva *(continuación)*	
33. **Reelaboración de recuerdos** (página 232)	Si usted ha sido víctima de algún suceso horrible o traumático, es posible que le persigan recuerdos vívidos y dolorosos de lo sucedido. Puede modificar estas imágenes de manera similar a como un director de cine modifica una escena. Por ejemplo, si tiene recuerdos humillantes de haber sufrido una violación o abusos, puede representarse el suceso en la mente hasta sentirse muy angustiado. Después, puede entrar en la escena convertido en una persona adulta y poderosa y castigar a la persona que abusó de usted. También puede interesarle hablar al niño que sufrió los abusos para poder consolarlo. Naturalmente, en este caso es su propio yo amoroso de adulto quien mantiene una conversación con el niño que lleva dentro y que se siente dolido, traicionado e indigno de ser amado.
34. **Fantasía temida** (página 235)	Puede entrar en un mundo de pesadilla digno de *Alicia en el país de las maravillas*, donde sus sueños más terribles se hacen realidad. Se encuentra con un crítico hostil imaginario que lo hace trizas de la peor manera posible, atacando todas sus debilidades y defectos. Usted puede aplicar la defensa propia y discutir con el crítico, o bien la paradoja de la aceptación, para desarmar al crítico. También puede combinar el paradigma de la defensa propia con la paradoja de la aceptación. Si bien parece que el crítico hostil es otra persona, en realidad es la proyección de sus propias autocríticas más fuertes. Puede practicar la fantasía temida como técnica de representación de papeles con la ayuda de un psicoterapeuta o de un amigo, o bien puede escribir a solas un diálogo de la fantasía temida sobre el papel.
Exposición interpersonal	
35. **Práctica de la sonrisa y el saludo** (página 244)	Fuércese a sí mismo a sonreír y a saludar a diez personas desconocidas al día, por lo menos. Habitualmente descubrirá que las personas son mucho más amistosas de lo que usted esperaba.
36. **Entrenamiento del coqueteo** (página 247)	Aprenda a coquetear con la gente de manera ligera y afectuosa, en lugar de ser demasiado serio, sincero o pesado. Así consigue parecer mucho más lúdico, misterioso y emocionante.
37. **Práctica del rechazo** (página 249)	Si tiene usted miedo al rechazo, intente acumular todos los rechazos que pueda para descubrir que no es el fin del mundo. Por ejemplo, en vez de intentar conseguir una cita para salir con una persona, puede aspirar a recibir diez rechazos en una semana. Cuando yo era estudiante de medicina, un amigo mío y yo salíamos a practicar esto juntos en Palo Alto. Al principio daba miedo, pero resultó ser muy liberador. Naturalmente, a base de practicarlo puede que acabe consiguiendo una cita, pero su objetivo es recoger el máximo posible de rechazos.

40 MANERAS DE REBATIR SUS MIEDOS *(continuación)*

Exposición interpersonal *(continuación)*	
38. Autorrevelación (página 249)	En vez de ocultar vergonzosamente sus sentimientos de timidez o sus nervios, los desvela de manera relajada y abierta. La idea en que se basa esta técnica es que el verdadero problema es su vergüenza, y no la timidez. Sin la vergüenza, la timidez puede ser valiosa, pues hace que parezca más encantador y vulnerable.
39. Técnica de David Letterman (página 251)	Usted aprende a entablar conversaciones superfluas y desenfadadas con cualquiera, en cualquier parte, aplicando las mismas habilidades de los presentadores de programas de entrevistas como David Letterman y Jay Leno. Aprende a centrarse en la otra persona aplicando la técnica del desarme, la empatía de pensamientos y sentimientos, las preguntas y las caricias. Pone a la otra persona bajo la luz del foco en vez de intentar impresionarla hablando de usted. Si hace esto de manera amistosa y con admiración, la persona acabará normalmente por tener sentimientos positivos hacia usted.
Técnica de la emoción oculta	
40. Técnica de la emoción oculta (página 259)	Esta técnica se basa en la idea de que sólo las personas *amables* desarrollan ansiedad. De hecho, la amabilidad es *la causa* de la ansiedad. A consecuencia de ella, cuando usted se siente airado o alterado, oculta sus sentimientos con tanta prisa que ni siquiera llega a darse cuenta de cuál es el problema. Aparta el problema de la atención consciente. Al poco tiempo está luchando contra sentimientos de preocupación, de ansiedad o de pánico, y ni siquiera sabe por qué.
	Cuando esté angustiado, pregúntese: «¿Me estoy centrando en mi ansiedad para evitar algo que me altere?», «¿Cuál es el verdadero problema que me molesta?», «¿Albergo algún resentimiento secreto con mi cónyuge, un amigo o un colega?», «¿Estoy disgustado con mi trabajo o con mi carrera profesional?», «¿Qué siento en realidad con lo que está pasando en mi vida?». Cuando haya llevado el problema a la atención consciente, podrá expresar sus sentimientos o trabajar para resolver el problema que le fastidia. Esto suele conducir a una reducción de la ansiedad o a su eliminación total.
	La técnica de la emoción oculta puede ser preciosa para las personas que sufren hipocondría, dolor crónico, mareos, fatiga u otros problemas médicos que no parecen tener causas orgánicas.

23

Incorporándolo todo

La mujer de la cicatriz en la nariz

¿Ha oído usted hablar del trastorno dismórfico corporal (TDC)? Las personas que padecen TDC desarrollan la creencia de que hay algo en ellas que parece terriblemente feo o grotesco. Se preocupan constantemente por su aspecto y llegan a límites extremos en su afán de intentar corregir el problema. Normalmente, las demás personas, entre ellas su familia y sus amigos, no ven el defecto e intentan tranquilizar a la persona asegurándole que su aspecto es normal. Sin embargo, la persona que padece TDC no se lo cree, y todos acaban exasperados. Es una forma grave de ansiedad que se considera muy difícil de tratar.

Naturalmente, nuestra cultura está obsesionada por la belleza y la perfección física, y resulta bastante difícil estar a la altura de los patrones imposibles que vemos en las fotos de revistas como *Cosmopolitan* y *Gentleman's Quarterly*. Todos somos conscientes de los defectos de nuestro aspecto, pero la mayoría aceptamos nuestras imperfecciones y seguimos adelante con nuestras vidas. Sin embargo, las personas que sufren el trastorno dismórfico corporal llevan a grados extremos sus inquietudes acerca de su aspecto.

En este capítulo conoceremos a una mujer llamada Helen que de pronto empezó a sufrir TDC. Aquello resultaba sorprendente, pues parecía que lo tenía todo en la vida, y casi todo el mundo podría considerarla miembro de la llamada «beautiful people». Era atractiva y bella, tenía un marido que la quería mucho, y era una madre orgullosa de dos estupendos niños. Tenía una gran carrera profesional y vivía en una casa preciosa en Beverly Hills.

Helen se había doctorado en ingeniería electrónica en el Instituto de Tecnología de Massachusetts. Poco después de doctorarse, consiguió un puesto de diseñadora de microcircuitos en una empresa de electrónica muy conocida. Desempeñó un papel clave en el desarrollo de un chip muy popular para ordenadores, y le remuneraron bien su labor. Por entonces, Helen conoció a un hombre llamado Don que era profesor de biología en el colegio universitario local. Se enamoraron, y se casaron al poco tiempo. Helen se quedó embarazada algunos meses más tarde. Poco antes de que naciera el niño, pidió la excedencia en su trabajo para poder cuidar de su familia.

Seis años más tarde, Helen y Don ya tenían dos niños muy guapos, de 3 y 6 años. Una noche, después de cenar, Don preguntó a Helen si había pensado seguir con su carrera profesional. Estaban pensando ampliar su casa, pero no podrían hacerlo sólo con el sueldo de Don. Helen pareció interesarse por la idea de volver a trabajar.

Aquella misma noche, más tarde, mientras Helen lavaba los platos en la cocina, hubo un pequeño terremoto y cayó del techo un pedazo de escayola y le hizo un corte en la nariz. Sangraba mucho, de modo que Don la llevó enseguida a Urgencias. Por fortuna, la herida había sido super-

REGISTRO DIARIO DE ESTADO DE ÁNIMO DE HELEN

Suceso trastornador: Mirarme al espejo esta mañana.

Emociones	% antes	% después		Emociones	% antes	% después
(Triste) melancólico, (deprimido) decaído, infeliz	75%			(Turbado) tonto, (humillado), apurado	100%	
(Angustiado) preocupado, con pánico, nervioso, asustado	100%			(Desesperanzado) desanimado, pesimista, descorazonado	100%	
Culpable, con remordimientos, malo, (avergonzado)	100%			(Frustrado) atascado, chasqueado, derrotado	85%	
(Inferior) sin valor, inadecuado, (deficiente) incompetente	100%			(Airado) enfadado, resentido, molesto, irritado, (trastornado), furioso	60%	
(Solitario) no querido, no deseado, rechazado, (solo), abandonado	80%			Otras (describir)		

Pensamientos negativos	% antes	% después	Distorsiones	Pensamientos positivos	% creencia
1. Esta cicatriz me desfigura la cara.	100%				
2. *Jamás encontraré trabajo.*	100%				
3. La gente me mirará.	100%				

ficial, y a las pocas semanas se curó limpiamente y sin dejar huellas. Sin embargo, Helen se obsesionó con la idea de que tenía en la nariz una fea cicatriz. Cuando consultó a Don, éste dijo que no le veía ninguna señal en la nariz. Ella no le creyó, y se lo preguntó a sus padres. Éstos dijeron lo mismo.

A pesar de las palabras tranquilizadoras de estas personas, Helen se preocupaba cada vez más por su nariz. No podía quitarse de encima la idea de que tenía un aspecto repulsivo, lo que le producía una ansiedad intensa. Empezó a pasar mucho tiempo cada día mirándose al espejo y aplicándose maquillaje para ocultar la cicatriz imaginaria de la nariz. Temía que si salía de casa durante las horas de luz la gente se le quedaría mirando la nariz con repugnancia. Ni siquiera se atrevía a ir al supermercado. Don comprendió que algo marchaba muy mal, y llevó a Helen a la Clínica Psiquiátrica de Stanford, donde el residente de psiquiatría le diagnosticó un TDC.

Veamos si podemos ayudar a Helen aplicando algunas de las herramientas que usted ha aprendido. Observe el registro diario de estado de ánimo de Helen. El suceso trastornador fue simplemente mirarse al espejo esa mañana, intentar tapar la cicatriz con maquillaje. Helen se sentía triste, angustiada, avergonzada, deficiente, sola, humillada, desesperanzada, frustrada y airada. Los números elevados de la columna de «% antes» indican que estos sentimientos eran abrumadores.

Como puede verse, Helen anotó tres pensamientos negativos, y los creía al cien por cien. Señale en la tabla siguiente las distorsiones que se aprecian en el primer pensamiento negativo de Helen, «Esta cicatriz me desfigura la cara». Repase las definiciones de las distorsiones en la página 358, si lo desea. Por favor, no siga leyendo hasta haber señalado las distorsiones.

Distorsión	(✓)	Distorsión	(✓)
1. Pensamiento todo o nada		6. Magnificación o minimización	
2. Generalización excesiva		7. Razonamiento emocional	
3. Filtro mental		8. Afirmaciones del tipo «Debería»	
4. Descartar lo positivo		9. Poner etiquetas	
5. Saltar a conclusiones • Lectura del pensamiento • Adivinación del porvenir		10. Inculpación • Autoinculpación • Inculpación de los demás	

Solución

Helen y yo encontramos las diez distorsiones en su pensamiento: «Esta cicatriz me desfigura la cara».

He escrito el primer pensamiento negativo de Helen en el centro del círculo de la recuperación de la página 307. Usted puede considerar este pensamiento como una trampa en la que Helen ha caído. Mientras siga creyendo que tiene en la nariz una fea cicatriz, sentirá una ansiedad intensa. En cuanto deje de creer en ese pensamiento, sentirá alivio.

Pero Helen es una mujer inteligente, y muchas personas han intentado ya convencerla de que no tiene ninguna cicatriz en la nariz. Sus esfuerzos fueron completamente estériles. Necesitamos técnicas poderosas e innovadoras para ayudarla.

Distorsión	(✓)	Explicación
1. Pensamiento todo o nada	✓	Helen piensa en su aspecto en términos extremos, de blanco o negro. Aunque tuviera una cicatriz en la nariz, ¿la desfiguraría por completo?
2. Generalización excesiva	✓	Helen generaliza a partir de una marca imaginaria en su nariz a todo el conjunto de su aspecto.
3. Filtro mental	✓	Helen se centra en su nariz y filtra todo lo positivo de su aspecto. En realidad, es muy atractiva.
4. Descartar lo positivo	✓	Muchas personas han dicho a Helen que es muy atractiva y que no ven la cicatriz. Ella descarta estas pruebas y se empeña en que no pretenden más que animarla.
5. Saltar a conclusiones • Lectura del pensamiento • Adivinación del porvenir	✓	Helen da por supuesto que su aspecto asustará a la gente, aunque no tiene pruebas de ello (lectura del pensamiento). También predice que la gente la mirará y sentirá asco (adivinación del porvenir).
6. Magnificación o minimización	✓	Helen exagera enormemente la importancia de la cicatriz. De hecho, ésta es invisible para los demás.
7. Razonamiento emocional	✓	Helen *siente* que su cicatriz dará asco a la gente, y por tanto cree que *se lo dará* de verdad.
8. Afirmaciones del tipo «Debería»	✓	Helen cree que *debería* ser *siempre* perfecta y que *no debería* tener ningún defecto. Éste es un «debería» oculto.
9. Poner etiquetas	✓	Helen cree que tiene la cara «desfigurada».
10. Inculpación • Autoinculpación • Inculpación de los demás	✓	Helen se siente frustrada, airada y alterada, y parece que culpa de sus problemas a la cicatriz de su nariz.

Elija al menos quince técnicas que puedan ayudar a Helen a desmentir el pensamiento negativo, y escriba el nombre de una técnica en cada uno de los recuadros del círculo de la recuperación de Helen. Consulte el resumen de las 40 maneras de rebatir sus miedos de la página 274, o la lista con breves descripciones de cada una de las técnicas que empieza en la página 294. Procure incluir de diez a quince técnicas cognitivas, dos o tres técnicas de exposición y la técnica de la emoción

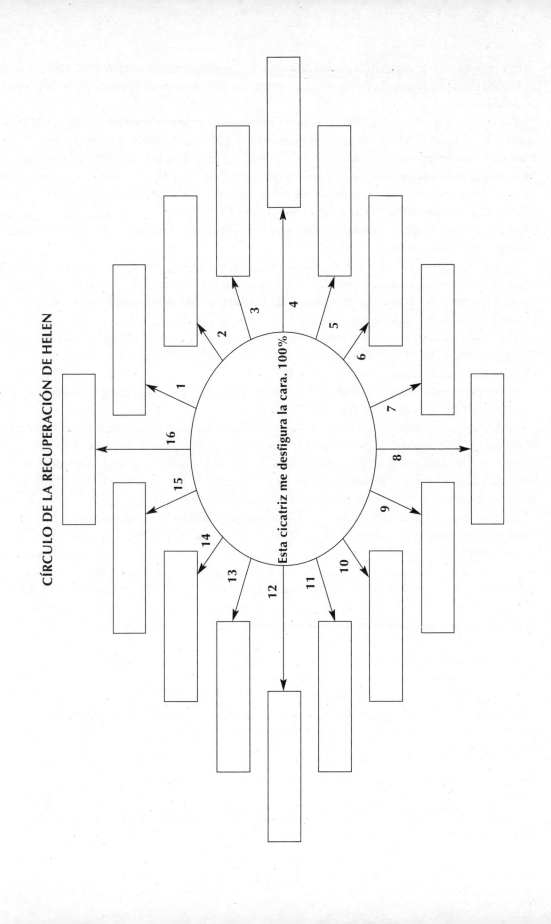

CÍRCULO DE LA RECUPERACIÓN DE HELEN

Esta cicatriz me desfigura la cara. 100%

oculta porque las tres categorías pueden contribuir a la recuperación de Helen. Lo mismo le pasará a usted cuando aplique el círculo de la recuperación para rebatir un pensamiento que le produce ansiedad.

¿Cómo sabrá qué técnicas debe elegir para Helen? Recuerde que puede seleccionar las técnicas sobre la base de las distorsiones de un pensamiento negativo o del problema que se quiere superar. Quizá le interese repasar las tablas de las páginas 291 y 292. Sabemos que el pensamiento negativo de Helen contiene las diez distorsiones y que sufre TDC, por lo que usted tendrá mucha libertad a la hora de seleccionar las técnicas. Como ya he dicho, no olvide incluir la técnica de la emoción oculta, porque puede existir algún sentimiento o problema que Helen está escondiendo. ¿Verdaderamente surgió de la nada su preocupación repentina por su nariz? ¿O está trastornada por algo que no nos ha dicho?

Complete ahora el círculo de la recuperación de Helen. No se preocupe por si elige o no las técnicas «correctas». Si le parece que vale la pena probar una técnica determinada, escríbala en uno de los recuadros. Si se anima y encuentra todavía más de dieciséis técnicas prometedoras, estupendo. Cuantas más armas tenga usted, mejor parado saldrá.

Puede ver en la página 309 el círculo de la recuperación que preparé para Helen. La lista que habrá preparado usted será diferente de la mía, pero eso no es problema con tal de que haya seleccionado una buena cantidad de técnicas. Si prueba una técnica y ésta no resulta eficaz, déjela y pase a la técnica siguiente de su círculo de la recuperación. Recuerde que cuanto más deprisa fracase, antes encontrará la técnica que le dé resultado.

El pensamiento negativo de Helen produce un dolor emocional tremendo, pero ella sabe que está distorsionado porque ella misma identificó en él el conjunto completo de las diez distorsiones. Empecé por preguntarle si se le ocurría alguna manera más positiva y realista de pensar en su nariz. ¿Qué podía decirse a sí misma en vez de «Esta cicatriz me desfigura la cara»? ¿Había otro mensaje que pudiera decirse a sí misma que fuera menos inquietante?

Al principio, los pacientes siempre lo pasan mal replicando a sus pensamientos negativos. Con frecuencia, cuando están tratando de cambiar sus pensamientos negativos sobre sí mismos, sus pensamientos positivos no son muy eficaces. He aquí lo que se le ocurrió a Helen: «Podría decirme a mí misma que esta cicatriz no me deja la cara tan mal como la de un cadáver en descomposición, pero *casi*». ¡Como puede verse en la tabla de la página 310, este pensamiento no resultó demasiado útil! Si bien ella creía el pensamiento positivo al 100%, éste sencillamente no desmentía el pensamiento negativo. Recuerde los dos requisitos para el cambio emocional:

- **Condición necesaria:** el pensamiento positivo debe ser cierto al 100%.
- **Condición suficiente:** el pensamiento positivo debe desmentir el pensamiento negativo.

El pensamiento positivo de Helen cumplía la condición necesaria para el cambio emocional, pero no cumplía la condición suficiente. Voy a explicar a continuación cómo funcionaron las diversas técnicas del círculo de la recuperación de Helen.

CÍRCULO DE LA RECUPERACIÓN DE HELEN

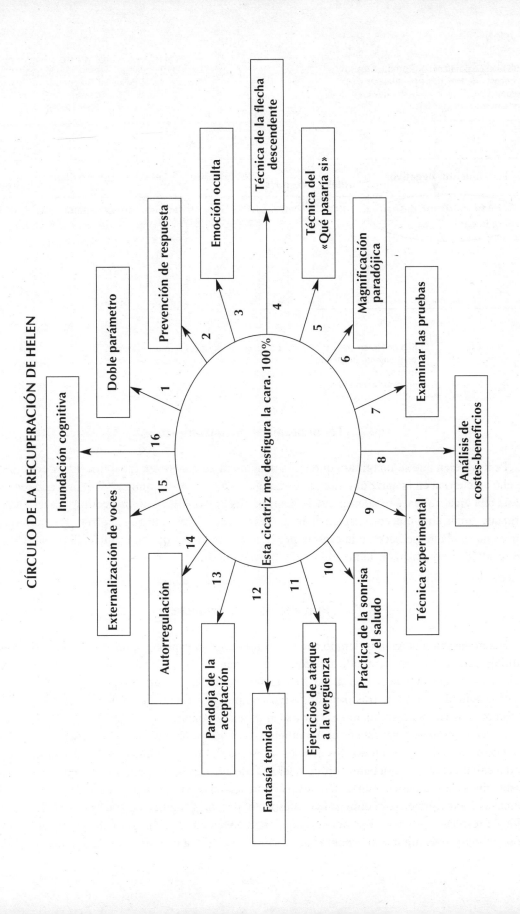

Éste es el pensamiento que produce los sufrimientos de Helen. La puntuación en la columna de «% antes» muestra que cree el pensamiento completamente.

Éste fue el primer intento de pensamiento positivo de Helen. Su puntuación en la columna de «% creencia» muestra que creía completamente el pensamiento.

Pensamientos negativos	% antes	% después	Distorsiones	Pensamientos positivos	% creencia
1. Esta cicatriz me desfigura la cara.	100%	100%	PTN, GE, FM, DP, LP, AP, MAG, RE, ATD, PE, AI	1. ¡Mi cara no está tan mal como la de un cadáver en descomposición, pero *casi*!	100%

Si bien Helen creía al 100% el pensamiento positivo, su creencia en el pensamiento negativo no se redujo. Esto se debía a que el pensamiento positivo no desmentía el pensamiento negativo. En consecuencia, su ansiedad no mejoró.

Técnica del doble parámetro

Pedí a Helen que se imaginara que tenía una amiga de confianza igual que ella, que se hubiera hecho una herida en la nariz durante un terremoto. ¿Qué diría a su amiga? ¿Le diría que tenía en la nariz una cicatriz fea y repelente que le desfiguraba la cara? Helen puso cara de consternación y dijo que jamás diría una cosa así a una amiga. Entonces le pregunté qué le diría. ¡Helen dijo que le diría que se plantease hacerse la cirugía plástica! Era evidente que la técnica del doble parámetro no resultaba muy eficaz. Ella no tenía un doble parámetro.

Prevención de respuesta

Helen pasaba muchísimo tiempo cada día mirándose al espejo y cubriéndose la nariz con maquillaje. Así el problema se agudiza, porque todo el tiempo y la energía que dedica a ponerse maquillaje refuerza su creencia de que su nariz es terriblemente fea. Algunos expertos opinan que el TDC es, en realidad, un tipo de trastorno obsesivo-compulsivo. La obsesión de Helen es su preocupación por su nariz. Su compulsión es mirarse al espejo y ponerse maquillaje.

La prevención de respuesta es el tratamiento de elección para cualquier compulsión. Pedí a Helen que retirara de su casa todos los espejos y los guardara en el garaje, vueltos hacia la pared. No podía quitar el espejo de su baño porque estaba fijado a la pared, pero accedió a limitarse a usarlo sólo un minuto al día, para peinarse. Durante el resto del día no se le permitía mirarse al espejo o en las ventanas o escaparates para comprobar su aspecto, por muy angustiada que estuviera. Esta prevención de respuesta produjo al principio mucha más ansiedad a Helen, pero al cabo de unos cuantos días su impulso de mirarse al espejo y de cubrirse la nariz con maquillaje se hizo menos intenso.

Si bien la prevención de respuesta se impone para toda persona que padezca una compulsión, no suele curar por sí misma. A Helen se le aliviaron los impulsos de comprobar su aspecto en el espejo, pero no le desaparecieron los pensamientos obsesivos y los sentimientos de ansiedad. Esto era así porque seguía creyendo que tenía en la nariz una fea cicatriz que le deformaba la cara.

La técnica de la emoción oculta

Helen es una mujer atractiva, llena de talento, que tiene una familia maravillosa y una carrera profesional destacada. De repente, le asaltó la idea extraña de que su nariz tenía un aspecto grotesco. ¿Por qué sucedió esto? ¿Está alterada Helen por algo que no nos está diciendo? ¿Cuál cree usted que es el *verdadero* problema? Piénselo un momento. No se preocupe por si acierta o no con la solución «correcta». Limítese a anotar algunas ideas:

1._____
_____

2._____
_____

3._____
_____

Solución

En último extremo, sólo Helen podría decirnos si existe un problema oculto y cuál es. Sin embargo, podemos formularnos algunas preguntas sobre lo que le podría estar fastidiando.

¿Está angustiada Helen por la idea de volver a trabajar? El mundo de la alta tecnología evoluciona a una velocidad vertiginosa, y ella lleva seis años sin trabajar. Quizá dentro de sí tema que no está al día y que ya no puede ser brillante. Pero si es verdad que tiene una fea cicatriz en la nariz que nadie soporta, no tendrá que volver a trabajar y evitaría arriesgarse a descubrir que se ha quedado obsoleta.

Si se siente así, ¿por qué no se lo dice a su marido sin más, en vez de engañarse con lo de su nariz? Puede que se deba a que Helen ha sido toda su vida una mujer con confianza en sí misma y triunfadora. De joven fue siempre popular y una buena estudiante. Quizá no esté acostumbrada a sentirse nerviosa o insegura, y puede que tema que su marido tenga peor concepto de ella si se entera de que se siente así.

¿Está enfadada Helen con Don? Fue él quien propuso la idea de que volviera a trabajar para poder ampliar la casa. Puede que Helen se sienta presionada y resentida, pero no quiera expresar sus sentimientos porque es demasiado «amable». Es posible que su ansiedad le sirva de excusa para quedarse en su casa. Así podrá decir: «Don, yo sí que *quiero* volver a trabajar, pero, como ves, no puedo, porque el miedo me incapacita».

¿Acaso lo que desea Helen en realidad es quedarse en casa con sus hijos? Puede que le guste cuidar de sus hijos y que le parezca que sería estupendo ejercer de madre a jornada completa durante algunos años más. Pero tal vez le resulte difícil reconocerlo, porque cree que *debe* ser una mujer triunfadora, con una gran carrera profesional en la alta tecnología y, *además*, una familia.

Me sorprendió que a Helen no le sonara a verdadera ninguna de estas posibilidades. Dijo que verdaderamente deseaba volver a trabajar y que le parecía que era el momento oportuno en lo que se refería a los niños. Además, tampoco se sentía resentida con su marido ni presionada por él para que volviera al trabajo, y tampoco temía haberse quedado obsoleta.

La técnica de la emoción oculta resulta increíblemente iluminadora en muchos casos y conduce a una rápida mejora. Pero no resultaba eficaz para Helen, de modo que había llegado el momento de pasar a la técnica siguiente.

La técnica de la flecha descendente

Para aplicar la técnica de la flecha descendente, trace una flecha debajo del pensamiento negativo y pregúntese: «Si eso fuera cierto, ¿qué significaría para mí? ¿Por qué me trastornaría?». Le vendrá a la mente un pensamiento nuevo. Escríbalo, y trace otra flecha debajo del nuevo pensamiento. Repitiendo el proceso varias veces, podrá identificar las creencias contraproducentes que están desencadenando sus miedos.

Póngase en la piel de Helen y complete el ejercicio siguiente según la técnica de la flecha descendente. He escrito junto a cada flecha las preguntas que se hace usted a sí mismo, pero considérese con libertad de modificarlas según va siguiendo la cadena, en función del pensamiento que le venga a la mente. Si los pensamientos que se le ocurren son menos o más de seis, no importa.

TÉCNICA DE LA FLECHA DESCENDENTE DE HELEN

Pensamientos negativos

1. Esta cicatriz me desfigura la cara.

   ↓ «Si eso fuera verdad, ¿qué significaría para mí? ¿Por qué me trastornaría?»

2. _____
_____

   ↓ «Si eso fuera verdad, ¿qué significaría para mí? ¿Por qué me trastornaría?»

3. _____
_____

   ↓ «Si eso fuera verdad, ¿qué significaría para mí? ¿Por qué me trastornaría?»

4. _____
_____

   ↓ «Si eso fuera verdad, ¿qué significaría para mí? ¿Por qué me trastornaría?»

5. _____
_____

↓ «Si eso fuera verdad, ¿qué significaría para mí? ¿Por qué me trastornaría?»

6. _____
_____

La cadena de pensamientos negativos de Helen, junto con las preguntas que le hice en cada nivel, aparecen a continuación. Repase sus pensamientos y vea si es capaz de determinar algunas de las creencias contraproducentes (CCP) de Helen. Consulte la lista de CCP Comunes de la página 28.

1._____
2._____
3._____
4._____
5._____

TÉCNICA DE LA FLECHA DESCENDENTE DE HELEN

Pensamientos negativos

1. Esta cicatriz me desfigura la cara.

↓ «Si eso fuera verdad, ¿qué significaría para ti? ¿Por qué te trastornaría?»

2. La gente puede ver mi cicatriz y pensar que tengo un aspecto repugnante.

↓ «Supongamos que eso es verdad. ¿Qué significaría para ti? ¿Por qué te trastornaría?»

3. Entonces, me despreciarían.

↓ «¿Y qué? ¿Por qué te trastornaría eso tanto?»

4. Entonces, me rechazarían. Ya no querrían estar conmigo.

↓ «Y si no quisieran estar contigo, ¿qué significaría eso para ti? ¿Por qué te trastornaría tanto?»

5. Entonces, estaría sola.

↓ «¿Y si estuvieras sola, qué significaría eso para ti? ¿Qué es lo que más temes?»

6. Eso querría decir que no valgo nada.

Solución

Las creencias contraproducentes que identificamos Helen y yo son las siguientes:

- **Perfeccionismo:** Helen cree que debe tener un aspecto perfecto y que cualquier imperfección minúscula la afeará por completo.

- **Perfeccionismo percibido:** cree que las demás personas están llenas de juicios de valor y la rechazarán si no tiene un aspecto perfecto.
- **Adicción a la aprobación:** Helen cree que necesita la aprobación de todo el mundo para valer algo.
- **Miedo al rechazo:** cree que se sentirá sin valor y desgraciada si alguien la rechaza.
- **Falacia del foco:** Helen se siente como si estuviera en un escenario, bajo la luz de un foco, mientras todos la observan y juzgan su actuación.
- **Falacia del reguero de pólvora:** Helen se imagina que con que una sola persona la desprecie, correrá la voz y pronto todo el mundo la criticará y la despreciará.

Se ve fácilmente cómo estas CCP alimentan los miedos de Helen. Helen se imagina un mundo lleno de personas cargadas de juicios de valor, superficiales y dispuestas a rechazar a los demás. También está convencida de que si una sola persona la desprecia, todo el mundo lo hará. Su ansiedad no es consecuencia de ningún defecto verdadero ni imaginado de su aspecto, sino de su manera de pensar en sí misma y en el mundo. Además de ayudar a Helen a desmentir sus pensamientos negativos en el aquí y ahora, también tenemos que ayudarle a cambiar las CCP que desencadenaron sus miedos en un primer momento, así no será tan vulnerable en el futuro a los cambios dolorosos de estado de ánimo.

Usted ya aprendió en el capítulo 8 algo sobre cómo cambiar una creencia contraproducente. Le enseñaré más adelante, en el capítulo presente, cómo usamos la fantasía temida y la paradoja de la aceptación para oponernos a las CCP de Helen.

La técnica del «Qué pasaría si»/magnificación paradójica

Recordará usted que la técnica del «Qué pasaría si» es similar a la técnica de la flecha descendente, pero formulándose preguntas como éstas: «¿Qué pasaría si eso sucediera de verdad?», «¿A qué tengo más miedo?», «¿Qué es lo peor que puede pasar?». La técnica del «Qué pasaría si» le permite desvelar la fantasía que ha estado alimentando sus miedos. Si usted lleva esta fantasía hasta el peor extremo posible, es frecuente que empiece a parecer absurda. He aquí cómo usamos Helen y yo estas dos técnicas:

DAVID: Helen, vamos a suponer que vas un día al centro comercial de Stanford sin maquillaje y que la gente ve tu nariz y piensa que es fea y repugnante. ¿Te asusta esa posibilidad?

HELEN: ¡Ay, sí! ¡Me parece horrible!

DAVID: De acuerdo. Quiero que te centres en esta fantasía. ¿A cuánta gente crees que podría repugnar tu nariz?

HELEN: No estoy segura. Podría haber hasta cien.

DAVID: ¿Te asusta eso?

HELEN: ¡Me parece espantoso!

DAVID: ¿Por qué es espantoso? Supongamos que cien personas ven tu nariz y se sienten completamente asqueadas. ¿Y qué? ¿Qué es lo que más temes?

HELEN: Podrían decírselo a sus amigos.

DAVID: De acuerdo; supongamos que cada persona que ve tu nariz se lo dice a diez amigos. Ya son mil personas las que saben lo de tu nariz. ¿Y si pasara eso? ¿Te trastorna esa idea?

HELEN: ¡No soporto siquiera pensarlo!

DAVID: Ya sé que este supuesto te produce ansiedad, pero quiero que lo aguantes un poquito más. Si mil personas estuvieran de acuerdo en que tu nariz es la nariz más fea que han visto en su vida, ¿qué tendría eso de malo? ¿Qué es lo que más temes?

HELEN: Bueno, podrían decírselo a más gente todavía y empezaría a correr la voz.

DAVID: De acuerdo; supongamos que cada una de las mil personas cuenta lo de tu nariz a diez amigos. Ya hay diez mil personas hablando de tu nariz en Los Ángeles. ¿Por qué te alteraría eso? ¿Qué podría pasar entonces?

HELEN: ¡Podrían decírselo a más personas todavía!

DAVID: Vamos a examinar el peor resultado posible. Supongamos que diez mil personas cuentan a otros diez amigos cada una lo de tu nariz. Y que éstos se lo cuentan a otros diez. La noticia se extiende por la región como un reguero de pólvora y hay más de un millón de personas hablando de tu nariz y sintiéndose asqueadas. De hecho, el tema preocupa tanto que publican un artículo en la primera página de *Los Angeles Times*, con una foto de tu nariz tomada por un *paparazzi* con un teleobjetivo. Me imagino los titulares: «Mujer vista en centro comercial de la localidad con cicatriz en la nariz. Miles de personas huyen aterrorizadas. Se recomienda a los padres que no dejen salir de casa a sus hijos durante el día».

La última parte de este diálogo es un ejemplo de magnificación paradójica. No pretendemos burlarnos de Helen, sino más bien hacer que sea consciente de cómo exagera las cosas. ¿Es verdad que la gente la va a juzgar tanto y se va a preocupar tanto por una marca minúscula en la nariz de Helen?

Cuando usted haya desenterrado su fantasía más terrorífica, puede preguntarse a sí mismo: «¿Qué probabilidad hay de que suceda todo esto?», «¿En qué medida son realistas mis miedos?». También puede preguntarse a sí mismo: «Si sucediera esto, ¿podría vivir con ello? ¿Sería verdaderamente el fin del mundo?». Desde luego que sería un fastidio que la nariz de Helen produjera consternación a tanta gente. Pero, en tal caso, ¿quiénes serían los locos, en realidad?

Por desgracia, la técnica del «Qué pasaría si» no produjo a Helen ningún alivio notable. Aunque era capaz de ver que era muy improbable que se hicieran realidad sus peores temores, seguía convencida de que tenía en la nariz una fea cicatriz que repelía a la gente.

Examinar las pruebas

Cuando usted aplica la técnica de examinar las pruebas, se plantea preguntas como las siguientes: «¿Existe alguna prueba sólida que apoye mis pensamientos negativos?», «¿Cómo llegué a esta conclusión en un primer momento?». En algunos casos descubrirá que sus miedos se basan en el razonamiento emocional, y no en una evaluación realista de cómo son las cosas en realidad. Esto es lo que pasó cuando hice esas preguntas a Helen:

DAVID: Helen, quisiera saber cómo llegaste a la conclusión de que una cicatriz fea en tu nariz repelería a la gente. ¿Se apoya esta creencia en alguna prueba sólida?

HELEN: Bueno, cuando me miro al espejo, mi cara me parece fea y me angustio mucho. Eso es lo principal.

DAVID: Parece que eres bastante autocrítica y que te alteras cuando te miras al espejo. Pero quisiera saber si existe alguna prueba de que las demás personas también sientan repugnancia al verte. ¿Te ha preguntado alguien por la cicatriz de la nariz o se ha fijado alguien en que haya cambiado tu aspecto?

HELEN: No; nadie ha dicho nada así, pero cuando pienso en salir siento que todo el mundo va a mirar mi nariz y que todos se van a sentir asqueados.

DAVID: Estoy seguro de que eso te debe producir un estrés terrible. A mí tampoco me gustaría que la gente me mirara fijamente y se sintiera asqueada. Pero lo que quisiera saber es si tienes alguna prueba real de que la gente se sienta verdaderamente asqueada por tu nariz. ¿Te han mirado con gestos de horror cuando has salido a lugares públicos? ¿Han puesto cara de susto las madres cuando les has pasado por delante y han tapado los ojos a sus hijos para que no te vieran?

HELEN: No exactamente. Yo me quedo en casa casi siempre porque pienso que mi nariz parece una nariz de payaso o algo así.

DAVID: A veces es posible sentir algo con mucha fuerza sin que ese sentimiento sea válido. ¿Cómo llegaste a la conclusión de que tu nariz parece una nariz de payaso? ¿Has tenido alguna experiencia trastornadora últimamente? ¿Qué has observado cuando has salido a lugares públicos?

HELEN: La gente siempre se comporta con educación. Hacen como si no se fijaran en mi nariz, pero yo tengo la sensación de que sí lo hacen.

Helen no era capaz de presentar ninguna prueba que apoyara su creencia de que tenía en la nariz una cicatriz fea, aparte del hecho de que se sentía angustiada y evitaba salir de su casa. Sin embargo, no tenía en cuenta el dato de que nadie daba muestras de asco ante su nariz, pues ella tenía el sentimiento abrumador de que era verdaderamente repugnante. No parecía que la técnica de examinar las pruebas sirviera para nada, por lo que seguí adelante.

El análisis de costes-beneficios

En general, no creemos las cosas de las que no tenemos pruebas. ¿Por qué se aferraba Helen a la creencia de que tenía una cicatriz fea en la nariz? Me pregunté si obtendría algún beneficio que estuviera alimentando la ansiedad. En tal caso, eso explicaría por qué seguía atascada. Si fuésemos capaz de sacarlo a relucir, podríamos aliviar la presión en parte y ayudarle a pensar de manera más realista en su aspecto.

Para estudiarlo, decidí realizar un análisis de costes-beneficios. Pedí a Helen que preparara una lista de todas las ventajas y desventajas de decirse a sí misma que tenía en la nariz una fea cicatriz que le afeaba el rostro. ¿En qué sentido le beneficiaría esta creencia, y en qué sentido le haría daño? Podemos ver a continuación el análisis de costes-beneficios (ACB) de Helen. Fue capaz de enumerar bastantes ventajas del pensamiento, así como diversas desventajas. Cuando las sopesó, llegó a la conclusión de que las desventajas del pensamiento eran muy superiores a sus ventajas. Por desgracia, el ACB no le ayudó gran cosa porque, aunque veía que el pensamiento negativo no le resultaba ventajoso, seguía convencida de que era cierto. Estaba claro que había llegado el momento de aplicar una técnica más potente.

La técnica experimental/práctica de la sonrisa y el saludo

La técnica experimental consiste en llevar a cabo un experimento para poner a prueba la validez de un pensamiento negativo o de una creencia contraproducente. Sabemos que Helen no tiene ninguna cicatriz en la nariz. También sabemos que aunque tuviera una señal en la nariz, a la ma-

ANÁLISIS DE COSTES-BENEFICIOS DE HELEN

Describa la actitud, sentimiento o hábito que quiere cambiar: Esta cicatriz me desfigura la cara.

Ventajas	Desventajas
1. No tendré que salir a trabajar fuera.	1. No podré volver a trabajar.
2. Podré quedarme en casa con los niños.	2. Me sentiré angustiada y avergonzada.
3. No tendré que hacer las cosas que me ponen nerviosa, como hacer la compra.	3. Tendré conflictos con mi marido y con mis padres cada vez que se empeñen en que no tengo una cicatriz en la nariz.
4. Podré tener lástima de mí misma.	4. Me sentiré deficiente.
5. Mi marido y mis padres me prestarán mucha atención.	5. Tendré miedo a tratar con la gente.
6. Sentiré que estoy siendo sincera, pues me parece que tengo verdaderamente una cicatriz fea en la nariz.	6. Me sentiré sola y aislada.
	7. Estaré prisionera en mi propia casa.

$$30 \qquad\qquad 70$$

yoría de la gente tampoco le interesaría gran cosa. Juzgarán a Helen en función de cómo los trate ella y de cómo se relacione con ellos. Pero Helen no se da cuenta de esto.

Pregunté a Helen si estaría dispuesta a realizar un experimento atrevido para poner a prueba sus pensamientos negativos. Le propuse que fuera a un centro comercial elegante de Beverly Hills, a plena luz del día, y que sonriese y saludase a veinte personas desconocidas. Le dije que se llevara una ficha y que, después de haber sonreído y saludado a cada persona, hiciera una marca en la carta para indicar si la persona había respondido de manera positiva, neutra o negativa. Así podría poner a prueba su creencia de que su nariz asustaría a la gente.

Helen era muy reacia a llevar a cabo el experimento. Había pasado semanas enteras escondida en su casa y estaba convencida de que su aspecto repelería a la gente. Pero estaba decidida a ponerse bien y accedió a hacer el experimento, a pesar de sus miedos. Yo me ofrecí a reunirme con ella cuando hubiera terminado para poder comentar los resultados.

A la mañana siguiente, Helen fue al centro comercial y realizó su práctica de la sonrisa y el saludo. Se quedó asombrada al ver que quince de las veinte personas a las que saludó le respondían de manera amistosa y agradable. Otras cinco personas no se dieron cuenta de que Helen les había saludado y no le hicieron caso. Ella las puntuó como respuestas neutras. Nadie pareció asustarse ni asquearse de su aspecto.

A Helen le resultaba difícil reconciliar estos resultados con su convencimiento de que tenía en la nariz una cicatriz fea que asustaba a todo el mundo, y su creencia en el pensamiento negativo bajó hasta el 70%. Era la primera vez que hacíamos mella en sus creencias acerca de su nariz. Sin embargo, ella restó importancia a los resultados porque llevaba mucho maquillaje. Llegó a la conclusión de que la gente no se había fijado en la cicatriz, pero que se habrían sentido asqueados, sin duda alguna, si ella no hubiera llevado maquillaje. ¿Qué propondría usted a continuación a Helen si fuera su psiquiatra? Escriba aquí sus ideas antes de seguir leyendo.

_____

_____

_____

_____

_____

Solución

Pedí a Helen que volviera al día siguiente al centro comercial y repitiera el experimento *sin* ponerse maquillaje. La idea la aterrorizó porque estaba segura de que la gente verdaderamente le *miraría* asustada la nariz. Volví a ofrecerme a reunirme con ella cuando hubiera terminado para que pudiésemos debatir los resultados.

Los resultados de este experimento sorprendieron a Helen. Casi todo el mundo la trató de manera amistosa, y no pareció que su nariz repeliera a nadie. Hasta entabló conversación con varias mujeres que estaban de compras con sus hijos. No era capaz de reconciliar esta experiencia con sus creencias acerca de su nariz. Al llegar a este punto, su creencia en el pensamiento negativo cayó hasta el 10% y sintió una oleada de alivio.

Ejercicios de ataque a la vergüenza

Helen se sintió mucho mejor cuando descubrió que en realidad su nariz no repugnaba a la gente. Pero ¿qué pasaría si tuviera verdaderamente un aspecto estúpido o si la gente la despreciara de verdad? ¿Sería eso el fin del mundo? Para descubrirlo, Helen accedió con valentía a volver una vez más al centro comercial para realizar un experimento aún más atrevido, un ejercicio de ataque a la vergüenza. Recordará que, para realizar un ejercicio de ataque a la vergüenza, se hace alguna tontería en público intencionadamente con el objetivo de descubrir si es verdad que eso es el fin del mundo. Para realizar los ejercicios de ataque a la vergüenza hace falta un enorme valor.

Helen se puso un conjunto extravagante para parecer ridícula de verdad: una enorme pamela morada con plumas que se había comprado años atrás para el desfile del carnaval de Nueva Orleans, un vestido rojo chillón, unos collares de cuentas de vivos colores, típicos del carnaval, y zapatos de tacón alto con lentejuelas. Esta vez estaba *segura* de que la gente se la quedaría mirando con incredulidad cuando ella los mirara y los saludara.

Pero, para sorpresa de Helen, la gente seguía sin reaccionar de manera negativa. Me contó que hasta habían parecido más amistosos y entusiastas, y que había visto en el centro comercial a gente con aspecto aún más llamativo que el de ella. ¡Al fin y al cabo, estábamos en California!

Mientras Helen estaba en el centro comercial, se había encontrado con uno de sus antiguos colegas del equipo de desarrollo del chip. Éste le había dicho que todos la echaban de menos y que precisamente habían estado hablando de ella pocos días antes. Le dijo que la competencia los estaba alcanzando y que necesitaban presentar otro chip nuevo e impresionante para volver a ponerse en cabeza. Le preguntó si consideraría la posibilidad de volver con ellos y dirigir de nuevo su equipo. Helen se alegró muchísimo, y le dijo que ya había estado pensando en el diseño de un nuevo chip de alta velocidad. Su colega le pidió que se pasara por la empresa y que hablara con el equipo lo antes posible.

Cuando vi a Helen a la semana siguiente, estaba contentísima y dispuesta a poner fin al tratamiento. Sus temores sobre su nariz habían desaparecido por completo y ya había aceptado una oferta lucrativa de su antigua empresa.

La fantasía temida/la paradoja de la aceptación

Helen se sintió mejor cuando descubrió que sus pensamientos negativos eran falsos. Toda su ansiedad desapareció. Pero existe una diferencia fundamental entre *sentirse* mejor y *ponerse* mejor.

Antes de dejarla a su aire tendremos que realizar algo de instrucción para prevención de recaídas, para que ella no tenga que volver a sufrir el mismo problema una y otra vez en el futuro. Al fin y al cabo, no será joven y bella para siempre. ¿Volverá a sufrir otra caída del estado de ánimo dentro de unos años, cuando empiece a notarse arrugas y canas?

Por decirlo de una manera algo distinta, Helen no ha plantado cara todavía a su peor miedo. Cuando realizó los experimentos en el centro comercial, descubrió que la gente en realidad no era hostil ni la rechazaba. Pero ¿y si lo hubiera sido? ¿Habría sido capaz de soportarlo?

No podrá plantar cara a ese miedo en la realidad, pero sí que puede plantarle cara en la fantasía. Recordará que para aplicar la técnica de la fantasía temida se entra en un mundo de pesadilla en que nuestros peores miedos se hacen realidad. En este mundo imaginario, cuando usted cree que la gente le desprecia, es que le desprecia de verdad. Y, además, le dicen siempre lo que están pensando, por brutal que sea.

En el diálogo siguiente de la fantasía temida, Helen representa el papel de la madre infernal y yo represento el papel de Helen. La madre infernal está en el centro comercial con sus dos hijas pequeñas. Dije a Helen que su misión, en el papel de madre infernal, era intentar hacerme trizas y humillarme diciéndome las peores cosas que pudiera imaginar sobre mi nariz, cosas que una persona no diría en la realidad. El diálogo transcurrió así:

MADRE INFERNAL (*representada por Helen*): Cielo santo. ¿Le ha pasado algo en la nariz?

HELEN (*representada por David*): Sí, en el último terremoto me cayó un trozo de escayola en la nariz. Puede que me haya quedado una pequeña cicatriz.

MADRE INFERNAL: ¿Cómo que pequeña? ¡Es tan pequeña como el Gran Cañón! ¿No se ha planteado ponerse una careta para salir a la calle?

HELEN: Caray, no lo había pensado, y ahora no tengo una careta a mano. ¿Le molesta la cicatriz?

MADRE INFERNAL: ¿Que si me molesta? Creo que es repugnante. ¡No soporto mirarla!

HELEN: No tenía idea de que mi nariz pudiera impresionar tanto a la gente. ¿No le sobrará una bolsa de la compra? A lo mejor podría ponérmela en la cabeza mientras hablamos, haciendo unos agujeros para los ojos y otro para la boca, si así se siente usted más a gusto.

MADRE INFERNAL: La verdad es que creo que debería usted quedarse en casa y no enseñar la cara en público. ¡Su nariz es horrorosa! ¿No se da cuenta de que en este centro comercial hay niños? ¿No ha pensado lo que podría pasar si le vieran la nariz? ¡Apartaos, niñas! ¡No miréis la nariz horrible de esta señora!

HELEN: ¡Cielo santo! Tampoco había pensado en eso. ¿Cree usted que a sus hijas les impresionaría verme la nariz? ¿Es que son muy sensibles? ¿No habían visto nunca a una persona con una tara o un defecto físico?

MADRE INFERNAL: Yo procuro protegerlas al máximo. Sólo van a los mejores colegios y se tratan con la mejor gente. Si vieran esa nariz horrible de usted, podrían acabar traumatizadas y tendrían pesadillas.

HELEN: Eso sí que parece grave. Quizá pudiera usted taparles los ojos mientras hablamos.

MADRE INFERNAL: ¡No sea sarcástica! Me parece que su conducta es intolerable. Salir así a la calle con la nariz visible es un insulto a la moral pública. Voy a dar parte a las autoridades.

HELEN: Hágalo, se lo ruego. Parece buena idea. Quizá puedan decir a la gente que no venga al centro comercial los miércoles, porque ése es el día en que suelo venir yo de compras. Eso sería estupendo, la verdad, porque así tendría todo el centro a mi disposición. No tendría que hacer cola para que me atendiera un dependiente.

Y bien, ¿quién parece que es la loca mayor? ¿Helen o la madre infernal? Helen se dio cuenta de que la que tenía el problema era la madre infernal. Aquello constituyó una revelación para ella porque siempre había rehuido el monstruo que temía. Siempre se decía a sí misma: «No soporto pensar en *eso*. ¡Es demasiado espantoso!». Pero cuando vio la facilidad con la que lo derrotaba aplicando la paradoja de la aceptación, se dio cuenta de que nunca había habido nada que temer.

Recuerde que la fantasía temida *no es* entrenamiento de la asertividad. Las demás personas no se comportarían así nunca. Cuando usted entra en el mundo de la fantasía temida, el monstruo al que planta cara es la proyección de sus propias autocríticas. En realidad, está combatiéndose a sí mismo.

Helen alcanzó su primera victoria cuando descubrió que la gente no se volvía en su contra al verle la nariz. Su segunda victoria fue descubrir que aun si alguien la rechazaba, el loco sería el otro y no ella. Aquello le condujo a un cambio de las creencias contraproducentes que habían desencadenado sus miedos en un primer momento, tales como el perfeccionismo y la adicción a la aprobación. Llegado este punto, estaba preparada para poner fin a la terapia. Presentamos su registro diario de estado de ánimo en la página 321.

El tratamiento de Helen sólo requirió seis sesiones, y ni siquiera tuvimos que aplicar todas las técnicas de su círculo de la recuperación. Resulta alentador el hecho de que el TDC tenga ahora tan buen pronóstico, teniendo en cuenta que antes se consideraba casi imposible de tratar. En el caso de Helen intervino una magia de dos tipos. En primer lugar, ella tenía la motivación y la determinación necesaria para rebatir sus miedos. Era valiente y estuvo dispuesta a probar técnicas que la asustaban. En segundo lugar, fracasamos tan deprisa como pudimos hasta que encontramos técnicas que le daban resultado.

Cuando presento el caso de Helen, algunas personas preguntan: «Bueno, ¿y si tuviera verdaderamente una cicatriz rara en la nariz y su aspecto asustara *de verdad* a la gente?». Helen era una mujer expresiva y atractiva, y los experimentos que llevó a cabo eran los adecuados para ella. Si sus problemas hubieran sido diferentes, yo habría aplicado un tratamiento completamente diferente.

Éste es uno de los mensajes más importantes que quiero transmitir en este libro. No existen fórmulas ni trucos que se puedan aplicar ciegamente a los diversos problemas o tipos de ansiedad. Lo que estoy ofreciendo es, más bien, un planteamiento flexible, poderoso, individualizado, que usted puede aplicar para superar cualquier tipo de problema del estado de ánimo, incluyendo los problemas que le están molestando.

REGISTRO DIARIO DE ESTADO DE ÁNIMO DE HELEN

Suceso trastornador: Mirarme al espejo esta mañana.

Emociones	% antes	% después
Triste, melancólico, deprimido, decaído, infeliz	75%	0%
Angustiado, preocupado, con pánico, nervioso, asustado	100%	0%
Culpable, con remordimientos, malo, avergonzado	100%	0%
Inferior, sin valor, inadecuado, deficiente, incompetente	100%	0%
Solitario, no deseado, rechazado, solo, abandonado	80%	0%

Emociones	% antes	% después
Turbado, tonto, humillado, apurado	100%	0%
Desesperanzado, desanimado, pesimista, descorazonado	100%	0%
Frustrado, atascado, chasqueado, derrotado	85%	0%
Airado, enfadado, resentido, molesto, irritado, trastornado, furioso	60%	0%
Otras (describir)		

Pensamientos negativos	% antes	% después	Distorsiones	Pensamientos positivos	% creencia
1. Esta cicatriz me desfigura la cara.	100%	0%	PTN, GE, FM, DP, LP, AP, MAG, RE, ATD, PE, AI	1. Puede que *sienta* que tengo una cicatriz fea en la cara, pero nadie se me ha quedado mirando fijamente ni ha dado muestras de susto. De hecho, casi todo el mundo me ha tratado de manera calurosa y amistosa, hasta cuando no llevaba maquillaje. Si mi nariz asustara de verdad a alguien, lo podría aguantar. Todo el mundo tiene sus defectos, y a la mayoría de las personas les interesará más cómo les trato que cualquier marca que pueda tener en la nariz.	100%
2. *Jamás* encontraré trabajo.	100%	0%	PTN, DP, LP, AP, MIN, RE	2. Mis conocimientos son valiosos, y probablemente a mis colegas no les interese gran cosa mi nariz.	100%
3. La gente me mirará.	100%	0%	DP, LP, AP, RE	3. Esto no es verdad. Nadie se me ha quedado mirando.	100%

24

Sentirse mejor o estar mejor

La instrucción para la prevención de recaídas

Vamos a suponer que usted ha estado trabajando con el registro diario de estado de ánimo y con el círculo de la recuperación y que ha encontrado algunas técnicas que le dan resultado. Ha desmentido sus pensamientos negativos, y se siente mejor. Si antes tenía ataques de pánico, éstos ya han desaparecido. Si antes era tímido, ya es capaz de tratar con la gente sin sentirse apurado ni avergonzado. Se siente productivo y creativo y goza de sus relaciones con los demás. Se levanta por las mañanas con la ilusión de disfrutar del día que tiene por delante y diciéndose que la vida es bella.

Sentirse mejor es un gran logro. Sin embargo, existe una diferencia trascendental entre sentirse mejor y estar mejor. *Sentirse mejor* significa que los sentimientos de ansiedad o de depresión han desaparecido y que usted vuelve a sentirse feliz y confiado. *Estar mejor* significa que usted tiene las herramientas que necesitará para tratar sus sentimientos de ansiedad o de depresión durante el resto de su vida.

La primera vez que se recupere, puede que se sienta tan bien que le parezca imposible volver a sentirse mal. Es probable que piense que todos sus problemas han quedado resueltos de una vez por todas y que sus sentimientos de alegría y de confianza en sí mismo perdurarán para siempre. Pero ¿qué probabilidad existe de que usted sufra una recaída en el futuro. Le daré una pista. Yo defino la «recaída» como un episodio de un minuto o más de sentirse «fatal»: angustiado, desanimado, inadecuado, frustrado o irritable. Teniendo esto en cuenta, ¿qué probabilidades cree que tiene de sufrir una recaída? Señale aquí la respuesta que considere correcta:

	(✓)		(✓)		(✓)
0%		25%		75%	
10%		50%		100%	

Solución

Si bien las estimaciones de las frecuencias de recaídas varían, considero que la respuesta correcta es el 100%. Si ha padecido usted ansiedad o depresión, seguro que volverá a sentirse angustiado o deprimido. ¡De hecho, todos los seres humanos sufrirán recaídas constantes! El Buda dijo que el sufrimiento es inherente a la condición humana. Es inevitable. Nadie puede sentirse feliz siempre, y ni siquiera sería bueno que pudiésemos sentirnos así. Si siempre estuviésemos felices, no habría contrastes ni desafíos, y la vida no tardaría en resultar aburrida porque nos sentiríamos exactamente igual todo el tiempo. Según una vieja máxima latina, la mejor salsa es el hambre.

Las cosas malas suceden, y todos sufrimos a nuestra manera. Algunas personas se vuelven gruñonas e irritables. Otras se angustian y tienen pánico. Algunas caen en los sentimientos de falta de valor y de depresión. Que nos sentiremos fatal de vez en cuando es tan seguro como que mañana saldrá el sol. La diferencia principal entre las personas que padecen depresión y ansiedad y las que no consiste en que las primeras tienden a quedarse atascadas en sus malos estados de ánimo. Ese minuto de sentirse trastornado se convierte en una hora, la hora se convierte en un día, y el día en una semana, en un mes o incluso en años de sufrimiento. Las personas que no padecen ni depresión ni ansiedad se sienten trastornadas con la misma frecuencia, pero saben salir rápidamente de sus malos estados de ánimo. Y usted puede aprender a hacer esto.

Sentirse decaído y abatido durante una hora, un día, incluso durante una semana o dos es perfectamente razonable. Pero no es necesario pasarse meses o años atrapados en sentimientos de desesperación o de inadecuación. De esto trata la instrucción para la prevención de recaídas. Yo no puedo enseñarle a ser feliz siempre, pero sí a tratar sus malos estados de ánimo para que no vuelva a quedarse atrapado en ellos.

Cuando se ha recuperado de un episodio de depresión o ansiedad grave y se siente estupendamente, ¿cuánto tiempo cree que pasará hasta que sufra su primera recaída? Cada persona es distinta, pero haga una estimación. Haga una señal en la tabla siguiente para indicar cuándo le parece que es más probable que se produzca una recaída:

	(✓)		(✓)
1. Al cabo de unas horas		**4.** Al cabo de unos meses	
2. Al cabo de unos días		**5.** Al cabo de unos años	
3. Al cabo de unas semanas		**6.** Nunca	

Solución

En mi práctica clínica, la mayoría de las personas que se han recuperado de un episodio de depresión o ansiedad grave han sufrido recaídas algunas semanas después de su primera recuperación. A veces recaen al cabo de unos días y a veces tardan un mes o más. Pero la recaída se produce *siempre*.

Cuando usted sufre una recaída, puede sentirse más deprimido y angustiado que nunca. ¿A qué se debe esto? Puede que antes de la recuperación llevara mucho tiempo sufriendo la depresión y la ansiedad hasta el punto de haberse rendido y de haber aceptado el «hecho» de que usted era deficiente y de que estaba condenado a sentirse infeliz para siempre. Después, al recuperarse, le parece increíble lo bien que se siente, y puede que se diga a sí mismo: «¡Caramba, mis problemas han desaparecido para siempre! Me voy a sentir así siempre. ¡Esto es fantástico!».

Naturalmente, éste es el «todo» del pensamiento todo o nada, y es tan ilógico como la desesperanza que surge como consecuencia del «nada», porque le prepara el terreno para llevarse una gran desilusión. Cuando usted recae de pronto, pocas semanas más tarde, el contraste con los pensamientos increíblemente buenos de los que ha estado gozando puede parecer insoportable. Quizá sienta que se había hecho ilusiones pero que éstas han quedado truncadas. Es como que le den a uno una bofetada o que le quiten la silla. El dolor puede ser intenso.

Quiero que sepa que, después de recuperarse, *va* a recaer. Es tan seguro como la ley de la gravedad. La mayoría de las personas creen que una recaída es lo pcor que podría pasarles, pero en realidad es lo mejor. ¿Sabe usted por qué? Porque puede aprender a superarlo y volver con bastante rapidez a sentir optimismo y a tener una autoestima elevada. Entonces se dará cuenta de que su mejoría no había sido casual, sino que fue resultado directo de las herramientas que aprendió a usar. Entonces ya no tendrá que volver a sentir depresión ni ansiedad durante el resto de su vida, porque sabrá que es capaz de tratar sus altibajos dolorosos del estado de ánimo siempre que le haga falta. A eso es a lo que yo llamo *estar* mejor, a diferencia del mero *sentirse* mejor. Éste puede ser uno de los descubrimientos más emocionantes de toda su vida.

En el capítulo 1 conoció tres modelos que le ayudarán a superar la ansiedad y la depresión: el modelo cognitivo, el modelo de la exposición y el modelo de la emoción oculta. Estos tres modelos son también las claves de la prevención de recaídas.

El modelo cognitivo

Imagínese que lleva varias semanas completamente libre de ansiedad y de depresión. Una mañana se despierta y se da cuenta de que se siente angustiado y deprimido otra vez. ¿Cómo se sentiría usted? ¿Qué pensaría? Si se parece a los muchos pacientes a los que he tratado a lo largo de los años, lo más probable es que se sintiera triste, preocupado, desesperanzado, frustrado, airado y desilusionado, y que se diga a sí mismo:

- *Nunca* estaré mejor. Soy un caso perdido.
- Esta recaída demuestra que la terapia no dio resultado.
- Mi mejoría fue una mera casualidad.
- En realidad, no estaba mejor. Sólo *creía* estarlo. En el fondo, no dejé de estar deprimido.
- Esta terapia no puede dar resultado conmigo. Mis problemas son demasiado profundos.
- Al fin y al cabo resulta que no valgo nada.
- ¿De qué me han servido unas pocas semanas de mejoría? Ahora volveré a pasarme otros diez años angustiado y deprimido.
- Esto no es justo. Las demás personas no tienen que trabajar tanto para ser felices.
- Debo de tener algo de malo.

Durante una recaída, estos pensamientos parecerán absolutamente válidos, y pueden resultar devastadores. Los estudios realizados indican que muchas personas se suicidan durante las recaídas porque estos pensamientos les parecen muy convincentes y porque el dolor es abrumador. Sin embargo, estos pensamientos *no son válidos*. Están gravemente distorsionados y son ilógicos. Si usted cede ante ellos, caerá en un nuevo episodio de depresión o de ansiedad. Pero si sabe desmentirlos, podrá volver a levantarse de nuevo.

Si usted supiera con toda certeza que sus pensamientos negativos no son más que temporales y que pronto volverá a sentirse bien, las cosas cambiarían enormemente. Podría limitarse a esperar a que se le pasaran, o bien trazarse un plan para afrontar el problema que le estuviera trastornando. Pero la mayoría de las personas deprimidas están absolutamente convencidas de que no pueden mejorar, hagan lo que hagan. Naturalmente, esta creencia funciona como una profecía autocumplidora. Si usted se rinde, nada cambiará. Entonces, llegará a la conclusión de que las cosas son desesperantes de verdad.

¿Cuál es la solución? Puede prepararse para la recaída *con tiempo*, mientras todavía se siente bien. Si practica replicar a sus pensamientos negativos antes de que se produzca la recaída, le resultará mucho más fácil quitárselos de encima cuando llegue el momento.

Le enseñaré cómo funciona esto. Imagínese que se ha recuperado de un episodio de depresión o de ansiedad y que se siente maravillosamente. Sabe que en algún momento futuro volverá a sentirse deprimido o angustiado, por lo que va a prepararse ahora mismo para la recaída. Tome un registro diario de estado de ánimo y escriba en la parte superior, en el espacio destinado al suceso trastornador, algo así como: «Tener una recaída». Tenga presente que en realidad todavía no la ha tenido. Lo único que está haciendo es imaginarse cómo serán las cosas cuando esté verdaderamente en esa situación.

Vemos en la página 327 un ejemplo de registro diario de estado de ánimo con recaída. Después de haber rodeado con un círculo y de haber puntuado todos los sentimientos negativos que cree usted que tendrá durante la recaída, escriba los pensamientos negativos que crea que tendrá e indique el grado en que piense que creerá en ellos. El primer pensamiento negativo del RDEA es: «*Nunca estaré mejor. Soy un caso perdido*». Yo lo he calificado con un 100%, ya que el pensamiento parecerá completamente válido durante una recaída, aunque no parezca especialmente realista ahora mismo.

¿Qué distorsiones se encierran en este pensamiento? Repase las definiciones de las distorsiones de la página 329 y escriba sus respuestas en la página 352.

Distorsión	(✓)	Distorsión	(✓)
1. Pensamiento todo o nada		6. Magnificación o minimización	
2. Generalización excesiva		7. Razonamiento emocional	
3. Filtro mental		8. Afirmaciones del tipo «Debería»	
4. Descartar lo positivo		9. Poner etiquetas	
5. Saltar a conclusiones • Lectura del pensamiento • Adivinación del porvenir		10. Inculpación • Autoinculpación • Inculpación de los demás	

Solución

Como puede ver en la página 329, encontré las diez distorsiones en el pensamiento «*Nunca estaré mejor. Soy un caso perdido*».

REGISTRO DIARIO DE ESTADO DE ÁNIMO CON RECAÍDA

Suceso trastornador: Sufrir una recaída en la depresión.

Emociones	% antes	% después	Emociones	% antes	% después
Triste, melancólico, deprimido, decaído, infeliz	100%		Turbado, tonto, humillado, apurado	100%	
Angustiado, preocupado, con pánico, nervioso, asustado	100%		Desesperanzado, desanimado, pesimista, descorazonado	100%	
Culpable, con remordimientos, malo, avergonzado	100%		Frustrado, atascado, chasqueado, derrotado	100%	
Inferior, sin valor, inadecuado, deficiente, incompetente	100%		Airado, enfadado, resentido, molesto, irritado, trastornado, furioso	100%	
Solitario, no querido, no deseado, rechazado, solo, abandonado	100%		Otras (describir) desilusionado	100%	

Pensamientos negativos	% antes	% después	Distorsiones	Pensamientos positivos	% creencia
1. *Nunca estaré mejor. Soy un caso perdido.*	100%				
2. Esta recaída demuestra que la terapia no dio resultado.	100%				
3. Mi mejoría fue una mera casualidad.	100%				
4. En realidad, no estaba mejor. Sólo *creía* estarlo. En el fondo, no dejé de estar deprimido.	100%				
5. Esta terapia no puede dar resultado conmigo. Mis problemas son demasiado profundos.	100%				
6. Al fin y al cabo resulta que no valgo nada.	100%				
7. ¿De qué me han servido unas pocas semanas de mejoría? Ahora volveré a pasarme otros diez años angustiado y deprimido.	100%				
8. Esto no es justo. Las demás personas no tienen que trabajar tanto para ser felices.	100%				
9. Debo de tener algo de malo.	100%				

Un pensamiento en el que se encierran las diez distorsiones no puede ser válido. ¿Cómo podía replicar a este pensamiento? ¿Qué podría decirse a sí mismo en vez de «*Nunca* estaré mejor. Soy un caso perdido». Quizá le resulte útil hacerse preguntas como éstas: «Si me siento trastornado ahora mismo, ¿quiere eso decir que la terapia no me resultó útil? Es verdad que ahora mismo me siento mal, pero ¿es verdad que *nunca* volveré a sentirme mejor?».

Como puede verse en el registro diario de estado de ánimo de la página 330, he recogido el pensamiento negativo y todas las distorsiones que se encierran en él. Su tarea consistirá en presentar un pensamiento positivo convincente. Escríbalo en la columna de «Pensamientos positivos» e indique en la columna de «% creencia» el grado en que cree en él, del 0% al 100%. Recuerde las condiciones necesaria y suficiente para el cambio emocional: el pensamiento positivo debe ser cierto al 100% y debe reducir su creencia en el pensamiento negativo.

Considere ahora de nuevo el pensamiento negativo. ¿En qué medida lo cree ahora, en una escala del 0% al 100%? Escriba su valoración en la columna de «% después». Cuando haya terminado, le enseñaré el pensamiento positivo que se me ocurrió a mí. Pero haga el favor de escribir primero su pensamiento positivo.

Solución

¿Ha llegado a escribir un pensamiento positivo o se ha limitado a pensar en ello? Quiero animarle a que escriba un pensamiento positivo antes de seguir leyendo. Ésta es una de las partes más importantes de su instrucción para la prevención de recaídas. No tardará más de un minuto en tomar un bolígrafo y escribir un pensamiento positivo.

Como puede ver en la página 331, yo valoré mi creencia en mi pensamiento positivo en un 100%, y mi creencia en el pensamiento negativo se redujo al 25%. Taché mi primera valoración del 100% y escribí el 25% en la columna de «% después».

Es una reducción excelente, pero si quiere usted bajar todavía más su creencia en el pensamiento negativo puede probar con algunos pensamientos positivos más. La tabla de la página 291, «Selección de técnicas sobre la base de las distorsiones del pensamiento negativo», le aportará muchas ideas sobre las técnicas que puede probar. Por ejemplo, el pensamiento negativo es un ejemplo clásico de pensamiento todo o nada, por lo que podría probar una técnica basada en la compasión, como el doble parámetro, una técnica basada en la lógica, como el pensamiento matizado, o una técnica motivacional, como el análisis de costes-beneficios, por citar sólo unas pocas. En el pensamiento negativo interviene también el poner etiquetas, por lo que bien valdría la pena probar el método semántico.

Ahora quiero que identifique las distorsiones de los demás pensamientos negativos que aparecen en el registro diario de estado de ánimo con recaída que aparece en la página 327. Esto le costará de cinco a diez minutos, seguramente. Después, intente oponerse a cada uno de los pensamientos negativos con otro positivo. Escriba sus pensamientos positivos en la columna de la derecha e indique el grado en que cree en ellos, del 0% al 100%. Después, puntúe de nuevo su grado de creencia en los pensamientos negativos y escriba sus puntuaciones en la columna de «% después».

Lo más probable es que usted no tenga una recaída ahora mismo, por lo que no le resultará demasiado difícil encontrar pensamientos positivos convincentes. Pero, cuando la tenga, encontrar pensamientos positivos eficaces le resultará muy difícil, porque los pensamientos negativos le parecerán completamente ciertos. Si entiende usted esto y se prepara ahora mismo para la recaída, le

Distorsión	(✓)	Explicación
1. Pensamiento todo o nada	✓	Este es un ejemplo clásico de pensamiento todo o nada. Se está diciendo a sí mismo que la terapia o bien funciona perfectamente o bien no funciona en absoluto. No existen los términos medios.
2. Generalización excesiva	✓	Está generalizando demasiado a partir de esta recaída, llegando a la conclusión de que *jamás* se pondrá mejor. Cree que el modo en que se siente ahora se convertirá en una pauta inacabable de derrotas y sufrimientos.
3. Filtro mental	✓	Está centrándose en lo mal que se siente ahora y pasando por alto las últimas tres semanas, cuando se sentía mucho mejor.
4. Descartar lo positivo	✓	Está descartando el hecho de que la terapia le resultó muy útil y que mejoró.
5. Saltar a conclusiones • Lectura del pensamiento • Adivinación del porvenir	✓	Está prediciendo que estará deprimido para siempre (adivinación del porvenir).
6. Magnificación o minimización	✓	Las recaídas no son cosa de risa, pero usted le está dando una importancia desproporcionada.
7. Razonamiento emocional	✓	Está razonando a partir de cómo se siente. Se está diciendo a sí mismo que usted debe de *ser* un caso perdido porque *se siente* perdido.
8. Afirmaciones del tipo «Debería»	✓	Aquí actúa una afirmación oculta del tipo «Debería». Se está diciendo a sí mismo que *no debería nunca* sentirse trastornado ni tener recaídas.
9. Poner etiquetas	✓	Se está poniendo la etiqueta de «caso perdido».
10. Inculpación • Autoinculpación • Inculpación de los demás	✓	No está culpando a nadie de la recaída. Sin embargo, puede que se esté culpando a sí mismo, pensando que la recaída fue culpa suya.

resultará mucho más fácil desmentir más tarde esos pensamientos negativos cuando tenga la recaída.

Cuando haya terminado, puede repasar los pensamientos positivos del registro diario de estado de ánimo con recaída, en las páginas 332-333. Como ésta no es una ciencia exacta, es seguro que sus pensamientos positivos serán diferentes. Lo importante es que usted haya encontrado algunos pensamientos positivos que le den resultado. Advertirá que el grado de creencia en algunos pensamientos negativos bajó más que en otros. El más difícil fue el número 8: «Esto no es justo.

REGISTRO DIARIO DE ESTADO DE ÁNIMO

Pensamientos negativos	% antes	% después	Distorsiones	Pensamientos positivos	% creencia
1. *Nunca* estaré mejor. Soy un caso perdido.	100%	·	PTN, GE, FM, DP, AP, MAG, RE, ATD, PE, AI		

Las demás personas no tienen que trabajar tanto para ser felices». Los pensamientos que contienen inculpación de los demás pueden ser difíciles de rebatir, porque generan sentimientos de ira, de superioridad moral y de autocompasión. Estos sentimientos pueden ser adictivos. Para reducir por debajo del 50% su creencia en este pensamiento, consulte la tabla de selección de técnicas de la página 291 para encontrar nuevas sugerencias sobre las técnicas que podrían resultar útiles. Por ejemplo, estaría bien probar una técnica motivacional tal como el análisis de costes-beneficios. ¿Cómo aplicaría esta técnica para oponerse al pensamiento: «Esto no es justo. Las demás personas no tienen que trabajar tanto para ser felices»? Si no tiene claro cómo funciona la técnica del análisis de costes-beneficios, puede repasar su descripción en la página 297. Escriba aquí sus ideas.

_____

_____

_____

_____

_____

Solución

Podría escribir una lista de las ventajas y de las desventajas de decirse a sí mismo que su recaída es «injusta». Pregúntese: «¿De qué manera me ayudará este esquema mental y de qué manera me hará daño?». Es probable que existan bastantes ventajas.

Pensamientos negativos	% antes	% después	Distorsiones	Pensamientos positivos	% creencia
1. *Nunca* estaré mejor. Soy un caso perdido.	~~100%~~	25%	PTN, GE, FM, DP, AP, MAG, RE, ATD, PE, AI	1. No es verdad que *nunca* estaré mejor, porque hace unas semanas lo estuve. De hecho, siempre que me he sentido angustiado o deprimido, me he puesto mejor tarde o temprano.	100%

- Usted puede sentirse víctima y tener lástima de sí mismo.
- Puede sentirse superior moralmente.
- Puede culpar a Dios de su suerte para no tener que sentir que la recaída es culpa suya.
- Pude sentirse airado.
- Puede sentirse cargado de energía por su ira.

Pueden existir otras muchas. Cuando haya escrito todas las ventajas y desventajas de decirse a sí mismo que la recaída es «injusta», podrá sopesar entre sí las listas. Pregúntese si las ventajas de este esquema mental son superiores a las desventajas, o al contrario. Trace dos círculos al pie de sus listas y escriba en ellos dos números que sumen cien para indicar su valoración.

Si las ventajas del pensamiento negativo son mayores que sus desventajas, entonces lo más probable es que usted no tenga que oponerse a él. Al parecer, a usted le está dando resultado decirse que la recaída es injusta. Si las desventajas son mayores, intente oponerse de nuevo al pensamiento en su registro diario de estado de ánimo.

Cuando haya escrito respuestas eficaces para cada uno de los pensamientos negativos acerca de la recaída en su registro diario de estado de ánimo, podrá oponerse a los pensamientos practicando la externalización de voces. Recordará que ésta es una técnica con representación de papeles, por lo que necesitará la ayuda de un amigo. Su amigo puede representar el papel de sus pensamientos negativos, leyéndolos directamente en su registro diario de estado de ánimo y hablando en segunda persona, «tú». Por ejemplo, su amigo puede decir:

PENSAMIENTOS NEGATIVOS (*representados por su amigo*): *Nunca* estarás mejor. Eres un caso perdido.

Usted puede representar el papel de sus pensamientos positivos y librar batalla contra los pensamientos negativos, utilizando la primera persona, «yo». Puede decir, por ejemplo:

PENSAMIENTOS POSITIVOS (*representados por usted*): Eso es ridículo. Acabo de tener una recaída y hoy me siento alterado. Eso le pasa a todo el mundo. Tengo que determinar qué es lo que me está molestando y replicar a mis pensamientos negativos otra vez.

Recuerde que su amigo, que está representando el papel de sus pensamientos negativos, no es otra persona que le esté atacando, aunque pueda parecerlo. Su amigo no representa más que la voz negativa de su propia mente. En realidad, usted está librando una batalla contra sí mismo. Si su res-

331

REGISTRO DIARIO DE ESTADO DE ÁNIMO CON RECAÍDA

Suceso trastornador: Sufrir una recaída en la depresión.

Emociones	% antes	% después
(Triste) melancólico, deprimido, decaído, infeliz	100%	50%
(Angustiado) preocupado, con pánico, nervioso, asustado	100%	20%
Culpable, con remordimientos, malo, (avergonzado)	100%	10%
Inferior, (sin valor) inadecuado, deficiente, incompetente	100%	15%
Solitario, no querido, no deseado, rechazado, (solo) abandonado	100%	10%

Emociones	% antes	% después
Turbado, tonto, (humillado) apurado	100%	10%
(Desesperanzado) desanimado, pesimista, descorazonado	100%	25%
Frustrado atascado, chasqueado, derrotado	100%	35%
(Airado) enfadado, resentido, molesto, irritado, trastornado, furioso	100%	35%
Otras (describir) (desilusionado)	100%	25%

Pensamientos negativos	% antes	% después	Distorsiones	Pensamientos positivos	% creencia
1. *Nunca* estaré mejor. Soy un caso perdido.	~~100%~~	25%	PTN, GE, FM, DP, AP, MAG, RE, ATD, PE, AI	1. No es verdad que *nunca* estaré mejor, porque hace unas semanas estuve mejor. De hecho, siempre que me he sentido angustiado o deprimido, me he puesto mejor tarde o temprano.	100%
2. Esta recaída demuestra que la terapia no dio resultado.	100%	10%	PTN, GE, FM, DP, MIN, RE, ATD, ID	2. La terapia dio resultado, aunque no fuera un resultado perfecto. Nadie puede ser feliz siempre. Tengo que remangarme y aplicar las mismas técnicas que me ayudaron la primera vez.	100%
3. Mi mejoría fue una mera casualidad.	100%	10%	DP, RE	3. Ésa afirmación es una tontería. Mejoré gracias a mi duro trabajo. No fue ninguna «casualidad».	100%
4. En realidad, no estaba mejor. Sólo *creía* estarlo. En el fondo, no dejé de estar deprimido.	100%	10%	DP, RE	4. Ésa es otra tontería. *Sí* que me sentía mejor. Pero ahora estoy angustiado y deprimido otra vez, y por esto tengo que ponerme a trabajar de nuevo y oponerme a mis pensamientos distorsionados.	100%
5. Esta terapia no puede dar resultado conmigo. Mis problemas son demasiado profundos.	100%	20%	PTN, GE, DP, AP, MAG, RE	5. La terapia me resultó muy útil. Las recaídas son corrientes: todo el mundo las tiene.	100%

© 1984 by David D. Burns. Revisado en 2003

REGISTRO DIARIO DE ESTADO DE ÁNIMO CON RECAÍDA *(continuación)*

Pensamientos negativos	% antes	% después	Distorsiones	Pensamientos positivos	% creencia
6. Al fin y al cabo resulta que no valgo nada.	100%	35%	PTN, GE, FM, DP, MAG, RE, ATD, PE, AI	**6.** Estoy deprimido, pero eso no quiere decir que no valga nada. Quizá tenga que pensar en el problema que desencadenó estos sentimientos.	100%
7. ¿De qué me han servido unas pocas semanas de mejoría? Ahora volveré a pasarme otros diez años angustiado y deprimido.	100%	25%	DP, AP, RE, ATD	**7.** ¡Estas tres semanas de mejoría han sido estupendas! Han sido un gran avance y un alivio. Ahora tengo que volver a ponerme a trabajar. Mi próxima mejoría puede de durar todavía más. Vamos a ir paso a paso.	100%
8. Esto no es justo. Las demás personas no tienen que trabajar tanto para ser felices.	100%	50%	LP, RE, ATD, PE, ID	**8.** Ahora vuelvo a tener lástima de mí mismo. Tengo derecho a ello, pero ¿me interesa de verdad? Es una lástima tener esta tendencia a la depresión, pero no es una injusticia.	100%
9. Debo de tener algo de malo.	100%	25%	PTN, GE, FM, DP, MAG, RE, ATD, PE, AI	**9.** Eh, tengo muchos defectos, pero parece que los demás también los tienen, por lo que he decidido aceptarme a mí mismo con todas mis pegas y mis fallos. Mi verdadero problema es que me bombardeo con pensamientos negativos, y no mi carácter «defectuoso».	100%

puesta no es eficaz, inviertan los papeles. De esta manera, su amigo podrá intentar crear una respuesta más positiva. A base de inversiones de papeles repetidas se suelen encontrar pensamientos eficaces con bastante rapidez.

Para evitar confusiones durante la representación de papeles, puede escribir en un papel: «Yo soy los pensamientos negativos. Hablaré en segunda persona, "tú"». Y escriba en otro papel: «Yo soy los pensamientos positivos. Hablaré en primera persona, "yo"». Si cada uno tiene delante uno de estos papeles durante el ejercicio, quedará claro que:

- Uno de los dos está representando el papel de sus pensamientos negativos de usted, y el otro representa el papel de sus pensamientos positivos.
- Se trata de dos partes de su propia mente, y usted está librando batalla contra sí mismo, no contra otra persona.
- La persona que representa el papel de sus pensamientos negativos deberá hablar siempre en segunda persona, «tú».
- La persona que representa el papel de sus pensamientos positivos deberá hablar siempre en primera persona, «yo».

Estos detalles son fundamentales para el éxito del ejercicio. He aquí un ejemplo de cómo puede desarrollarse la externalización de voces:

PENSAMIENTOS NEGATIVOS (*hablando en segunda persona, «tú»*): Tienes que afrontarlo. Esta recaída demuestra que estos métodos no te pueden servir de ninguna manera. Es evidente que la terapia ha fracasado, porque ahora mismo te encuentras increíblemente deprimido y angustiado.

PENSAMIENTOS POSITIVOS (*hablando en primera persona, «yo»*): La verdad es que estos métodos me han ayudado muchísimo. Mi depresión y mi ansiedad sólo demuestran que ahora mismo tengo una recaída y que tengo que volver a trabajar con estos métodos. Pero si me quedo escuchando tus constantes estupideces, lo más probable es que me desanime y me entren ganas de rendirme. De manera que creo que me voy a limitar a no hacerte caso.

PENSAMIENTOS NEGATIVOS: Podrás intentar no hacerme caso, pero no podrás huir del hecho de que eres un caso perdido y un ser humano sin valor. Además, la terapia no te sirvió de nada en ningún momento. No hiciste más que engañarte a ti mismo. ¡Creías que te sentías mejor, pero no era así!

PENSAMIENTOS POSITIVOS: La verdad es que sí que me sentía mejor y que espero salir de esta recaída para poder volver a sentirme mejor. No soy ni «un caso perdido» ni «un ser humano sin valor», aunque ahora mismo me sienta deprimido y angustiado. Evidentemente, hay algo que me está fastidiando, y tengo que descubrir de qué se trata.

Sigan con el diálogo hasta que la persona que representa el papel de los pensamientos negativos se rinda. Intercambien los papeles siempre que haga falta. No lo dejen hasta que no se hayan rebatido claramente los pensamientos negativos.

Este ejercicio puede ser extremadamente poderoso, y es todo un desafío. No es nada fácil replicar a los propios pensamientos negativos cuando otra persona nos ataca con ellos. Entonces, ¿por qué hacerlo? Porque esto es exactamente lo que va a pasar cuando usted tenga una recaída. Si espera a que se produzca la recaída, sus pensamientos negativos le parecerán abrumadoramente realistas y su motivación se encontrará en su nivel más bajo, por lo que le resultará mucho más difícil oponerse a sus pensamientos negativos. Por el contrario, si aprende a combatirlos por adelantado, cuando se encuentre en un buen estado de ánimo, le resultará mucho más fácil desmentirlos cuando tenga una recaída. Esto puede parecer tonto, complicado o innecesario, pero le aportará la musculatura y la fuerza que necesitará para vencer al demonio cuando llegue la verdadera batalla.

No cabe duda de que sufrirá episodios de depresión o de ansiedad después de haberse recuperado. Esto no se puede evitar de ninguna manera. Pero si toma las herramientas y presenta batalla, con frecuencia cortará de raíz la recaída y se recuperará enseguida.

El círculo de la recuperación es otra herramienta importante para la prevención de recaídas. He recalcado ya que quizá tenga que probar hasta diez o quince técnicas, fracasando una y otra vez, hasta que encuentre la que le da resultado a usted. Pero le daré una buena noticia. Cuando haya encontrado su técnica, lo más probable es que siempre le dé resultado.

Seguramente se acordará de Terri, la mujer que se curó literalmente delante de mí cuando le induje un ataque de pánico durante una de nuestras sesiones. Cuando se puso a dar saltos, comprendió de pronto que no era posible que estuviera al borde de la muerte o de la asfixia, como creía ella, y el pánico desapareció. Para Terri, la técnica experimental puso fin a años de sufrimiento. Si vuelve a tener alguna vez un ataque de pánico en el futuro, le bastará con ponerse a saltar otra vez. Seguramente no tendrá que prepararse otro círculo de la recuperación, porque ya sabe cuál es la técnica que le da resultado.

Aparte de replicar a sus pensamientos negativos acerca de la recaída, también le interesará aplicar la técnica o las técnicas que le resultaron más útiles la primera vez que se recuperó. Naturalmente, éstas serán diferentes para cada persona. Puede tratarse de la técnica de la flecha descendente, de la técnica del doble parámetro, de la técnica de la emoción oculta, de la inundación cognitiva, de la fantasía temida, de la paradoja de la aceptación, o de una combinación de dos o tres técnicas.

Una manera de considerarlo es imaginarse que toda persona, incluida usted, posee en potencia la felicidad, la paz interior, la autoestima y la confianza en sí misma. Sin embargo, a veces parece que están encerradas en una caja fuerte y que no puede acceder a ellas. A consecuencia de ello, usted sufre.

Vamos a trabajar juntos para abrir la cerradura. Probaremos una combinación, aunque quizá no dé resultado. Después probaremos otra, aunque también es fácil que no dé resultado. Fracasaremos una y otra vez. Pero si aguantamos, acabaremos por descubrir la combinación. Entonces, de pronto, la puerta de la caja fuerte se abrirá de par en par y usted volverá a sentirse feliz y confiado.

Pero tiene que recordar la combinación. Anótela para que no se le olvide, pues la puerta de la caja fuerte se cerrará otra vez. Esto no representará ningún problema si usted sabe la combinación.

El modelo de la exposición

Si usted quiere superar cualquier forma de ansiedad, tarde o temprano tendrá que afrontar aquello que más teme. Cuando haya vencido al monstruo y su miedo haya desaparecido, se sentirá maravillosamente, pero no deberá sentirse demasiado complaciente. Aplíquese frecuentes dosis de recuerdo de exposición repetida para que se desarrolle su confianza. Si empieza a evitar de nuevo lo que teme, puede que dé nueva vida al monstruo y que vuelva a sentir ansiedad.

Ya le he contado cómo superé mi miedo a las alturas cuando estaba en el instituto, subiéndome a lo alto de una escalera de mano mientras el profesor de arte dramático me esperaba con paciencia abajo y me daba un poco de ánimo. A partir de entonces, me encantaba subirme a las escaleras e incluso caminar por el borde de los precipicios del desierto, cerca de mi casa, en Arizona. Aquello siempre me resultaba emocionante, y parecía que mi miedo a las alturas había desaparecido por completo.

Cuando fui a la Facultad de Medicina, dejé de exponerme a las alturas. No fue intencionado; simplemente, mi vida seguía otros derroteros y yo no realizaba ninguna actividad que tuviera que ver con las alturas. Veinte años más tarde, de vacaciones con mis hijos en el Cañón Havasupai, en Arizona, descubrí que mi miedo había vuelto, y acrecentado. Naturalmente, si usted tiene la motivación suficiente, siempre podrá superar el miedo aplicando de nuevo las técnicas de exposición, pero resulta mucho más sencillo limitarse a mantenerse por delante en el juego.

He contado también cómo mi ansiedad por hablar en público hizo que mi primera conferencia académica en la Universidad de Oxford fuera un desastre absoluto y cómo superé más tarde mi ansiedad aplicando la sustitución de imágenes. Aquello funcionó como por arte de magia. Ahora doy conferencias y presentaciones con frecuencia. Llevo seminarios de psicoterapia todas las semanas en Stanford e imparto más de veinte talleres de dos días para profesionales de la salud mental cada año por todo el país. Siempre hablo espontáneamente, sin notas, y cada presentación es un éxito. No suelo tener el menor rastro de ansiedad antes de empezar. De hecho, casi siempre estoy impaciente por empezar.

Supongamos que usted ha empezado a superar su timidez y que está aplicando técnicas de exposición interpersonal, tales como la práctica de la sonrisa y el saludo y la técnica de David Letterman. Usted empieza a relajarse y a relacionarse con las personas más natural y eficazmente. Si vuelve a meterse en su cascarón, sus pensamientos y sentimientos negativos empezarán a florecer, y pronto volverá a sentirse inundado por la ansiedad cuando se encuentre en situaciones de trato social. Pero si sigue desafiándose a sí mismo y forzándose, sus habilidades sociales y sus sentimientos de confianza seguirán mejorando, y al cabo de poco tiempo sus nuevas habilidades se harán instintivas.

El modelo de la emoción oculta

Recuerde que la ansiedad suele ser el modo que tiene su cuerpo de decirle que hay algo que le está fastidiando. En vez de considerar los síntomas de la ansiedad (los sentimientos de preocupación, de pánico o de mareo), pregúntese a sí mismo si está enfadado con alguien o si le ha pasado recientemente algo que le trastornara. Intente determinar cuál es el problema. Cuando exprese sus sentimientos y resuelva el problema, generalmente su ansiedad desaparecerá. Mirándolo de esta manera, se dará cuenta de que los sentimientos de ansiedad o de pánico no están mal; son una señal importante de que está pasando algo a lo que usted debe prestar atención.

En cierta ocasión traté a un agente de Bolsa de Nueva York deprimido y angustiado llamado Wilson que tenía una ansiedad crónica leve y ataques de pánico. Durante sus ataques de pánico notaba que el corazón le latía con rapidez y se decía que estaba al borde de la muerte. Entonces iba a toda prisa al servicio de Urgencias más cercano. Tras un breve examen físico, el médico le daba siempre de alta asegurándole que estaba bien. Para complicar las cosas un poco más, Wilson se estaba tratando una anormalidad del ritmo cardíaco, aunque no era un problema que le pusiera en peligro la vida y no tenía que ver con sus ataques de pánico.

Wilson sufría también depresión leve y estaba obsesionado por la idea de que no era lo bastante bueno. Si bien le iba razonablemente bien y vivía en una casa bonita en un buen barrio, algunos amigos suyos habían ganado millones en el mercado bursátil de opciones, y él se comparaba siempre con ellos. Se sentía inferior, y creía que existe alguna sensación intensa y maravillosa que sólo puede sentir la «beautiful people» que tiene montones de dinero. Esta creencia es corriente en nuestra cultura. Hay muchísima gente convencida de que la felicidad y la autoestima se parecen muchísimo a un Lexus nuevo aparcado en la puerta de casa.

Wilson se daba cuenta de que basaba sus sentimientos de valía en su éxito. Ésta es la adicción a los logros, que es una de las creencias contraproducentes más comunes. También sabía que su creencia no le aportaba ninguna ventaja, ya que él no hacía más que reñirse y castigarse a sí mismo por ello, pero estaba convencido de que las personas que tienen un gran éxito y mucho dinero *son verdaderamente* más felices y valen más. Naturalmente, él tenía sus «pruebas» para demostrarlo. Creía que no había conseguido nunca un gran éxito y sabía también que no se había sentido nunca verdaderamente feliz ni con valor, de modo que estaba seguro de que lo uno era consecuencia de lo otro.

A Wilson le encantaba reflexionar acerca del pasado, y hacía remontar su poca autoestima a su relación con su padre. Le parecía que se había tenido que ganar el amor de su padre sacando siempre sobresalientes en la escuela y que no había conocido nunca el amor incondicional. Creía que así se explicaba su preocupación por el éxito. Él esperaba que saber esto le condujera con el tiempo a una mayor autoestima, pero aquello no sucedía. Las puntuaciones que obtenía Wilson cada semana en el test breve del estado de ánimo mostraban que sus sentimientos de depresión y de ansiedad no habían mejorado en absoluto.

Yo apliqué muchas técnicas de terapia cognitivo-conductual para ayudar a Wilson a oponerse al pensamiento «Soy inferior a todas las personas que han conseguido mucho más». Probamos la técnica de la flecha descendente, examinar las pruebas, el análisis de costes-beneficios, la externalización de voces, la fantasía temida y la paradoja de la aceptación, por citar sólo unas pocas. A Wilson le encantaban estas técnicas, y las sesiones siempre parecían enormemente interesantes y gratificantes. Pero simplemente no era capaz de desmentir los pensamientos negativos que hacían su vida tan desgraciada, y seguía sufriendo ansiedad y depresión.

Cierto día, Wilson mantuvo una reunión confidencial con su jefe y se enteró de que la empresa pasaba apuros económicos por la recesión. Su jefe le dijo que estaba seguro de poder salvar la empresa, pero que todos tendrían que reducir sus expectativas durante algún tiempo. Le explicó que tenía que pedir a Wilson y a todos sus compañeros que accedieran a una reducción de sueldo del 20% para que la empresa pudiera salir de números rojos. Prometió a Wilson que le volvería a subir el sueldo cuando la empresa marchara mejor. Wilson admiraba a su jefe y quería ayudar a la empresa, de modo que accedió.

Seis semanas más tarde, Wilson salió a tomarse una cerveza con su compañero Dean después del trabajo. Wilson preguntó a Dean qué pensaba de la reducción de sueldo. Dean dijo que se había negado rotundamente a aceptar ninguna reducción de su sueldo. Dijo que, que él supiera, todos los demás agentes también se habían negado. Wilson se dio cuenta de pronto de que él era *el único* que había aceptado la reducción de sueldo, y se sintió un fracasado. Empezó de pronto a sentir pánico y a obsesionarse por su corazón. Dijo a Dean que no se encontraba bien y se fue en su coche hasta el centro de Urgencias más cercano para que le mirasen el corazón. Naturalmente, Wilson estaba bien, pero seguía angustiado y deprimido.

Este caso arrojó de pronto una nueva luz sobre los problemas de Wilson. Empecé a comprender que sus síntomas se agudizaban casi siempre justo después de que él hubiera tenido un conflicto con alguien: con su mujer, con un amigo o con su jefe. Pero siempre se comportaba con amabilidad y escondía sus sentimientos. Entonces se le avivaban de pronto los sentimientos de ansiedad y de inadecuación y empezaban a devorarlo.

Pregunté a Wilson si había pensado en la relación entre sus sentimientos acerca de la reducción de sueldo y el incremento repentino de sus síntomas de ansiedad. ¡Él me dijo que no se había planteado nunca la posibilidad de que existiera alguna relación! También le pregunté si había pensado hablar del problema con su jefe para decirle que le parecía que se estaban aprovechando de él. Esto provocó un repunte inmediato de la ansiedad de Wilson, que me dio una docena de excusas por las que esto no resultaría útil ni adecuado. Dijo que no quería causar problemas y me explicó que admiraba a su jefe y que creía que éste estaba haciendo todo lo que podía por sacar adelante la empresa. Dijo que no tenía tanta antigüedad como sus colegas y que, en todo caso, la crisis pasaría pronto. Añadió que estaba seguro de que su jefe le volvería a subir el sueldo en cuanto pudiera.

Dije a Wilson que eso eran cuentos, y le pregunté si quería acompañamiento de violín mientras él me iba contando sus excusas. Le expliqué que, en último extremo, él mandaba sobre sí mismo y tendría que hacer lo que le pareciera oportuno, pero que resultaba bastante evidente que tenía fobia a los conflictos. Yo me temía que no sería capaz de superar sus sentimientos crónicos de inadecuación y de ansiedad hasta que empezara a hacerse valer y a decir a la gente cómo se sentía de verdad. Le dije que sabía que aquello le produciría miedo, pues tendría que abrirse y plantar cara al monstruo que había estado evitando. Wilson reconoció a pesar suyo que le parecía lógico hablar las cosas con su jefe y me dijo que iba a hacerlo, aunque lo temía.

En nuestra siguiente sesión, Wilson me contó con satisfacción que la reunión había transcurrido mucho mejor de lo que él había esperado. Su jefe parecía avergonzado y accedió a devolverle todo el sueldo que le había dejado de pagar. Dijo a Wilson cuánto valoraba lo que aportaba a la empresa y le manifestó su esperanza de que siguieran trabajando juntos. Wilson sintió una subida repentina de confianza en sí mismo, y sus puntuaciones en los test de depresión y de ansiedad cayeron hasta cero por primera vez. Los problemas emocionales con los que Wilson y yo llevábamos trabajando seis meses con tan poco éxito desaparecieron de pronto. Wilson me dijo que se sentía mejor de lo que se había sentido en muchos años.

Wilson estaba emocionado por haberse recuperado por fin, pero se sentía algo desilusionado al descubrir que la solución de sus problemas era tan sencilla. Le encantaba hablar de su infancia y debatir cuestiones filosóficas profundas durante nuestras sesiones. Yo apreciaba mucho a Wilson, y también a mí me gustaban las sesiones con él, pero éstas no habían conducido nunca a ninguna mejoría, ni mucho menos a la curación. Por el contrario, cuando aplicamos la técnica de la emoción oculta, sus síntomas desaparecieron en veinticuatro horas.

Ahora voy a hacerle algunas preguntas. Tome lápiz o bolígrafo y escriba las respuestas en los espacios en blanco que aparecen a continuación.

1. Wilson se ha recuperado por fin. Todos sus sentimientos de ansiedad, de pánico y de inferioridad han desaparecido. En su opinión, ¿qué probabilidad hay de que recaiga en el futuro? Anote a continuación su predicción. Escriba un número del 0% (ninguna posibilidad de recaída) al 100% (que querría decir que Wilson tendrá una recaída con toda seguridad).
Creo que la probabilidad de que Wilson tenga una recaída es del _____%.
2. Si Wilson tiene una recaída en el futuro y sufre un episodio de ansiedad y depresión, ¿cuál será su causa?

_____

_____

_____

_____

3. Si Wilson tiene una recaída en el futuro, ¿cómo se le curará?

_____

_____

_____

_____

Soluciones

1. La respuesta es el 100%. Wilson volverá a sentirse angustiado y deprimido tarde o temprano. Lo que hay que preguntarse no es *si tendrá o no* una recaída, sino *cuándo* la tendrá, y si estará preparado para afrontarla.

2. Es probable que los sentimientos de ansiedad y de depresión de Wilson se produzcan siempre que tenga un enfrentamiento con alguien y que esconda sus sentimientos bajo la alfombra porque quiere ser amable y evitar los conflictos. Naturalmente, la mente de Wilson volverá a inundarse de pensamientos negativos, y podría decirse que su ansiedad y su depresión serán consecuencia de sus pensamientos. Pero la verdadera cuestión es ésta: ¿cuál será la causa que provoque el aumento de sus pensamientos y sentimientos negativos? En el caso de Wilson, habrá casi siempre un conflicto que estará intentando esquivar.

3. La técnica de la emoción oculta fue la solución a los problemas de Wilson, por lo que probablemente ésta sea la *única* técnica que necesitará para tratar la ansiedad y la depresión durante el resto de su vida. Cada vez que empiece a sentirse angustiado, esto significará probablemente que está enfadado con alguien, pero que no ha expresado sus sentimientos. En cuanto afronte el problema, sus pensamientos negativos volverán a desaparecer.

He aquí la última tarea que le propongo. Quiero que prepare usted un escrito dirigido a sí mismo con el título de «Mi plan de recuperación». Incluya en él descripciones de:

- Los tipos de sucesos que normalmente hacen que se desencadenen los sentimientos de depresión o de ansiedad. Por ejemplo, usted puede ser especialmente vulnerable al fracaso, a las críticas o al rechazo.
- Cómo se suele sentir cuando está trastornado. Por ejemplo, puede sentirse inferior, angustiado, con pánico, dolido, inadecuado, airado, sin valor o desesperanzado.
- Los tipos de pensamientos negativos que tiene usted característicamente. Por ejemplo, puede decirse a sí mismo que usted no vale nada y que todo el mundo lo despreciará.
- El método o métodos que le ayudaron a desmentir sus pensamientos negativos. Ésta será la técnica que le interesará probar enseguida en el futuro, en cuanto se sienta trastornado. Puede tratarse de la técnica de la flecha descendente, de la técnica experimental, de la técnica del doble parámetro, del análisis de costes-beneficios, de la fantasía temida, de la paradoja de la aceptación, de la autorrevelación o de cualquiera de las 40 maneras de rebatir sus miedos.

Tenga a mano este escrito para poder leerlo cuando sufra una recaída. No olvide incluir en él un registro diario de estado de ánimo con recaída propio, como el que aparece en la página 332. Incluya una lista de los pensamientos negativos que le suelen acosar, junto con los pensamientos positivos que puede aplicar para combatirlos. La próxima vez que caiga en el pozo oscuro, revise este escrito. ¡Es como tener a mano una escalera para poder volver a salir enseguida!

Notas

INTRODUCCIÓN

1. F. Scogin, D. Hamblin y L. Beutler, «Bibliotherapy for Depressed Older Adults: A Self-Help Alternative», *The Gerontologist*, n° 27, 1987, págs. 383-387.

F. Scogin, C. Jamison y K. Gochneaut, «The Comparative Efficacy of Cognitive and Behavioral Bibliotherapy for Mildly and Moderately Depressed Older Adults», *Journal of Consulting and Clinical Psychology*, n° 57, 1989, págs. 403-407.

F. Scogin, C. Jamison y N. Davis, «A Two-Year Follow-up of the Effects of Bibliotherapy for Depressed Older Adults», *Journal of Consulting and Clinical Psychology*, n° 58, 1990, págs. 665-667.

F. Scogin, C. Jamison, M. Floyd y W. Chaplin, «Measuring Learning in Depression Treatment: A Cognitive Bibliotherapy Test», *Cognitive Therapy and Research*, n° 22, 1998, págs. 475-482.

N. M. Smith, M. R. Floyd, C. Jamison y F. Scogin, «Three-Year Follow-up of Bibliotherapy for Depression», *Journal of Consulting and Clinical Psychology*, n° 65, 1997, págs. 324-327.

2. R. J. DeRubeis, S. D. Hollon, J. D. Amsterdam, R. C. Shelton, P. R. Young, R. M. Salomon, J. P. O'-Reardon, M. L. Lovett, M. M. Gladis, L. L. Brown y R. Gallop, «Cognitive Therapy vs. Medications in the Treatment of Moderate to Severe Depression», *Archives of General Psychiatry*, n° 62, 2005, págs. 409-416. Resumen: <http://archpsych.ama-assn.org/cgi/content/abstract/62/4/409>.

S. D. Hollon, R. J. DeRubeis, R. C. Shelton, J. D. Amsterdam, R. M. Salomon, J. P. O'Reardon, M. L. Lovett, P. R. Young, K. L. Haman, B. B. Freeman y R. Gallop, «Prevention of Relapse Following Cognitive Therapy vs. Medications in Moderate to Severe Depression», *Archives of General Psychiatry*, n° 62, 2005, págs. 417-422. Resumen: <http://archpsych.ama-assn.org/cgi/content/abstract/62/4/417>.

3. Tal como se reproduce en *Medical News Today*, 8 de julio de 2005, «Cognitive Therapy as Good as Antidepressants, Effects Last Longer». Accesible en <http://medicalnewstoday.com/medicalnews.php?newsid=22319>.

4. H. A. Westra y S. H. Stewart, «Cognitive Behavioral Therapy and Pharmacotherapy: Complementary or Contradictory Approaches to the Treatment of Anxiety?», *Clinical Psychology Review* 18, n° 3, 1998, págs. 307-340.

CAPÍTULO 1

1. H. A. Westra y S. H. Stewart, «Cognitive Behavioral and Pharmacotherapy: Complementary or Contradictory Approaches to the Treatment of Anxiety?», *Clinical Psychology Review*, vol. 18, n° 3, 1998, págs. 307-340.

CAPÍTULO 4

1. J. Mendels, J. L. Stinnett, D. D. Burns y A. Frazer, «Amine Precursors and Depression», *Archives of General Psychiatry* 32, 1975, págs. 22-30.

2. Hypericum Depression Trial Study Group, «Effect of Hypericum Perforatum (St. John's Wort) in Major Depressive Disorder: A Randomized, Controlled Trial», *Journal of the American Medical Association*, n° 287, 2002, págs. 1.807-1.814. Resumen: <http://www.nih.gov/news/pr/apr2002/nccam-09.htm>.

3. I. Kirsch y G. Sapirstein, «Listening to Prozac but Hearing Placebo: A Meta-Analysis of Antidepressant Medication», *Prevention and Treatment*, n° 1, 1998, artículo 0002a. Accesible en <http://journals. apa.org/prevention/volume1/pre0010002a.html>.

I. Kirsch, T. J. Moore, A. Scoboria y S. S. Nicholls, «The Emperor's New Drugs: An Analysis of Antidepressant Medication Data Submitted to the U.S. Food and Drug Administration», *Prevention and Treatment*, n° 5, 2002, artículo 23. Accesible en <http://journals.apa.org/prevention/volume5/pre0050023a. html>.

4. S. H. Preskorn, «Clinically Relevant Pharmacology of Selective Serotonin Reuptake Inhibitors: An Overview with Emphasis on Pharmacokinetics and Effects on Oxidative Drug Metabolism», *Clinical Pharmacokinetics*, n° 32, supl. 1, 1997, págs. 1-21.

I. Kirsch y G. Sapirstein, «Listening to Prozac but Hearing Placebo: A Meta-Analysis of Antidepressant Medication», *Prevention and Treatment*, n° 1, 1998, artículo 0002a. Accesible en <http://journals.apa.org/ prevention/volume1/pre0010002a.html>.

I. Kirsch, T. J. Moore, A. Scoboria y S. S. Nicholls, «The Emperor's New Drugs: An Analysis of Antidepressant Medication Data Submitted to the U.S. Food and Drug Administration», *Prevention and Treatment*, n° 5, 2002, artículo 23. Accesible en <http://journals.apa.org/prevention/volume5/pre0050023a. html>.

5. D. O. Antonuccio, W. G. Danton y G. Y. DeNelsky, «Psychotherapy versus Medication for Depression: Challenging the Conventional Wisdom with Data», *Professional Psychology: Research and Practice*, n° 26, 1995, págs. 574-585.

D. O. Antonuccio, W. G. Danton, G. Y. DeNelsky, R. Greenberg y J. S. Gordon, «Raising Questions about Antidepressants», *Psychotherapy and Psychosomatics*, n° 68, 1999, págs. 3-14.

D. O. Antonuccio, D. Burns y W. G. Danton, «Antidepressants: A Triumph of Marketing over Science?», *Prevention and Treatment*, n° 5, 2002, artículo 25. Accesible en <http://journals.apa.org/prevention/volume5/toc-jul15-02.htm>.

6. E. J. Garland, «Facing the Evidence: Antidepressant Treatment in Children and Adolescents», *Canadian Medical Association Journal*, n° 170, 2004, págs. 489-491.

N. Jureidini, C. J. Doecke, P. R. Mansfield, M. M. Haby, D. B. Menkes y A. L. Tonkin, «Efficacy and Safety of Antidepressants in Children and Adolescents», *British Medical Journal*, n° 328, 2004, págs. 879-883.

C. J. Whittington, T. Kendall, P. Fonagy, D. Cottrell, A. Colgrove y E. Boddington, «Selective Serotonin Reuptake Inhibitors in Childhood Depression: Systematic Review of Published versus Unpublished Data», *Lancet*, n° 363, 2004, págs. 1.341-1.345.

7. D. Healy, «Lines of Evidence on the Risk of Suicide with Selective Serotonin Reuptake Inhibitors», *Psychotherapy and Psychosomatics*, n° 72, 2003, págs. 71-79.

8. H. A. Westra y S. H. Stewart, «Cognitive Behavioral Therapy and Pharmacotherapy: Complementary or Contradictory Approaches to the Treatment of Anxiety?», *Clinical Psychology Review*, vol. 18, n° 3, 1998, págs. 307-340.

9. D. O. Antonuccio, W. G. Danton y G. Y. DeNelsky, «Psychotherapy versus Medication for Depression: Challenging the Conventional Wisdom with Data», *Professional Psychology: Research and Practice*, n° 26, 1995, págs. 574-585.

10. R. J. DeRubeis, S. D. Hollon, J. D. Amsterdam, R. C. Shelton, P. R. Young, R. M. Salomon, J. P. O'Reardon, M. L. Lovett, M. M. Gladis, L. L. Brown y R. Gallop, «Cognitive Therapy vs. Medications in the Treatment of Moderate to Severe Depression», *Archives of General Psychiatry*, n° 62, 2005, págs. 409-416. Resumen: <http://archpsych.ama-assn.org/cgi/content/abstract/62/4/409>.

S. D. Hollon, R. J. DeRubeis, R. C. Shelton, J. D. Amsterdam, R. M. Salomon, J. P. O'Reardon, M. L. Lovett, P. R. Young, K. L. Haman, B. B. Freeman y R. Gallop, «Prevention of Relapse Following Cognitive

Therapy vs. Medications in Moderate to Severe Depression», *Archives of General Psychiatry*, n° 62, 2005, págs. 417-422. Resumen: <http://archpsych.ama-assn.org/cgi/content/abstract/62/4/417>.

11. F. Scogin, D. Hamblin y L. Beutler, «Bibliotherapy for Depressed Older Adults: A Self-Help Alternative», *The Gerontologist*, n° 27, 1987, págs. 383-387.

F. Scogin, C. Jamison y K. Gochneaut, «The Comparative Efficacy of Cognitive and Behavioral Bibliotherapy for Mildly and Moderately Depressed Older Adults», *Journal of Consulting and Clinical Psychology*, n° 57, 1989, págs. 403-407.

F. Scogin, C. Jamison y N. Davis, «A Two-Year Follow-up of the Effects of Bibliotherapy for Depressed Older Adults», *Journal of Consulting and Clinical Psychology*, n° 58, 1990, págs. 665-667.

F. Scogin, C. Jamison, M. Floyd y W. Chaplin, «Measuring Learning in Depression Treatment: A Cognitive Bibliotherapy Test», *Cognitive Therapy and Research*, n° 22, 1998, págs. 475-482.

N. M. Smith, M. R. Floyd, C. Jamison y F. Scogin, «Three-Year Follow-up of Bibliotherapy for Depression», *Journal of Consulting and Clinical Psychology*, n° 65, 1997, págs. 324-327.

Su caja de herramientas para la ansiedad

En esta sección aparecen ejemplares adicionales en blanco de los formularios que puede necesitar. Si no escribe en ellos, puede hacer fotocopias adicionales para su uso personal mientras trabaje con los métodos que se exponen en este libro. Los profesionales de la salud mental que deseen obtener autorización para fotocopiar estas herramientas de tratamiento y de evaluación, y otras muchas, pueden obtener más información y un formulario de pedido solicitándolos por correo electrónico a: Toolkit@FeelingGood.com.

TEST BREVE DEL ESTADO DE ÁNIMO

Instrucciones: escriba la fecha de hoy en una de las columnas de la derecha. Después, escriba su puntuación en cada ítem en los recuadros por debajo de la fecha, sobre la base de cómo se ha sentido últimamente. Escriba la puntuación total en el recuadro inferior. **Por favor, responda a todos los ítem.**	**Escriba aquí la fecha de hoy**							

Puntúe cada ítem de esta manera: 0 = Nada en absoluto; 1= Algo; 2 = Moderadamente; 3 = Mucho; 4 = Muchísimo

Sentimientos de ansiedad

1. Angustiado								
2. Nervioso								
3. Preocupado								
4. Asustado o aprensivo								
5. Tenso o con los nervios de punta								
Total de hoy →								

Sentimientos de ansiedad física

1. Palpitaciones, pulso acelerado o taquicardia								
2. Sudores, escalofríos o sofocos								
3. Temblores o estremecimientos								
4. Falta de aliento o dificultades para respirar								
5. Sensación de ahogo								
6. Dolor o tensión en el pecho								
7. Estómago revuelto o náuseas								
8. Sensación de mareo o de que todo da vueltas								
9. Sensación de que usted es irreal o de que el mundo es irreal								
10. Sensación de insensibilidad o de hormigueos								
Total de hoy →								

Depresión

1. Triste o decaído								
2. Desanimado o desesperanzado								
3. Autoestima baja								
4. Sensación de no valer o de ser inadecuado								
5. Pérdida de placer o de satisfacción con la vida								
Total de hoy →								

Impulsos suicidas

1. ¿Tiene algún pensamiento de suicidarse?								
2. ¿Quisiera poner fin a su vida?								
Total de hoy →								

Cómo usar el registro diario de estado de ánimo

El registro diario de estado de ánimo (RDEA) es la técnica más básica e importante de todas. Consta de cinco pasos:

Paso 1. Suceso trastornador: si desea usted ayuda para superar su ansiedad, describa un momento concreto en que se sintió angustiado. Si desea ayuda para superar su depresión, describa un momento concreto en que se sintió deprimido. Si desea ayuda con un problema de relaciones personales, describa un momento concreto en que se sintiera enfadado o tuviera malas relaciones con la otra persona.

Escriba en la parte superior del RDEA una descripción de la situación. Las descripciones inconcretas y generales de sus problemas no servirán. Recuerde que el problema debe referirse a una persona, un lugar y un tiempo concretos. Pregúntese: «¿A qué hora pasó? ¿Dónde estaba yo? ¿Con quién me estaba tratando? ¿Qué estaba pasando?».

Paso 2. Emociones: rodee con un círculo las palabras que describan cómo se siente usted y califique cada sentimiento en una escala del 0% (nada en absoluto) al 100% (extremadamente). Escriba sus calificaciones en la columna de «% antes».

Paso 3. Pensamientos negativos: intente sintonizar con sus pensamientos negativos. ¿Qué se está diciendo a sí mismo cuando se siente trastornado? Recuerde que cada tipo de sentimiento negativo estará asociado a un tipo concreto de pensamiento negativo. Por ejemplo:

- **Ansiedad, nervios o preocupación:** usted se dice a sí mismo que corre peligro o que está a punto de pasar algo terrible.
- **Pánico:** se dice a sí mismo que está a punto de morirse, de asfixiarse, de desmayarse, de perder el control o de volverse loco.
- **Turbación:** se dice que ha quedado como un tonto delante de otras personas.
- **Timidez:** se dice que las demás personas verán lo nervioso e inseguro que se siente y le despreciarán.

- **Soledad:** se dice que no le puede querer nadie y que está condenado a quedarse solo para siempre.
- **Depresión:** se dice que ha perdido algo importante para su sentido de la autoestima. **Desesperanza:** se dice que sus problemas no se resolverán nunca y que sus sufrimientos durarán para siempre.
- **Culpa:** se dice que es una mala persona o que ha quebrantado su propio sistema de valores.
- **Vergüenza:** se dice que las demás personas verán lo inadecuado o lo malo que es usted y le despreciarán.
- **Inferioridad:** se dice que no es tan bueno como las demás personas o que no es tan bueno como debería ser.
- **Falta de valor:** se dice a sí mismo que tiene defectos o faltas inherentes.
- **Frustración:** se dice que el mundo debería ser como usted espera que sea.
- **Ira:** se dice que los demás son unos canallas egoístas que le están tratando injustamente o que se están aprovechando de usted intencionadamente.
- **Sentirse atrapado:** se dice que tiene que ceder ante las exigencias de su cónyuge, de su novio o novia, de sus amigos o de su familia.

Registre sus pensamientos negativos y estime en qué grado cree en cada uno de ellos en una escala del 0% (nada en absoluto) al 100% (completamente). Anote sus puntuaciones en la columna de «% antes».

Paso 4. Distorsiones: identifique las distorsiones de cada pensamiento negativo usando la lista de comprobación de distorsiones cognitivas que aparece al final de la segunda página del RDEA. Utilice abreviaturas, tales como PTD para «pensamiento todo o nada», GE para «generalización excesiva», etc.

Paso 5. Pensamientos positivos: opóngase a cada pensamiento negativo con un pensamiento más positivo y realista. Indique el grado en que cree en cada pensamiento positivo en una escala del 0% (nada en absoluto) al 100% (completamente). Anote esas puntuaciones en la columna de «% creencia». Recuerde que el pensamiento positivo no le ayudará si no cumple las condiciones necesaria y suficiente para el cambio emocional:

- **Condición necesaria:** el pensamiento positivo debe ser cierto al 100%.
- **Condición suficiente:** el pensamiento positivo debe desmentir el pensamiento negativo.

A continuación, puntúe de nuevo su creencia en el pensamiento negativo en la columna de «% después». Si el pensamiento positivo no resultó eficaz, inténtelo de nuevo. En muchos casos tendrá que desafiar un pensamiento negativo desde muchos ángulos distintos hasta que descubra el modo de desmentirlo. Ésta es una de las ideas básicas más importantes (y menos entendidas) de la terapia cognitivo-conductual.

El círculo de la recuperación

El círculo de la recuperación le ayudará con el paso 5 del registro diario de estado de ánimo. Elija el pensamiento negativo con el que quiera trabajar en primer lugar. Escríbalo en el centro de un círculo de la recuperación . Elija al menos quince técnicas que podría utilizar para oponerse a ese pensamiento. Escriba el nombre de una técnica en cada recuadro. Procure incluir al menos de doce a quince técnicas cognitivas, dos o tres técnicas de exposición y la técnica de la emoción oculta.

La lista de 40 maneras de rebatir sus miedos aparece resumida en la página 355. También puede repasar la lista más detallada de técnicas con sus definiciones que empieza en la página 294.

Con el tiempo, irá dominando mejor el arte de elegir técnicas que tienen probabilidades de ser eficaces. En la tabla de la página 356 se indican los tipos de técnicas que tienen más probabilidades de ser eficaces para diversas distorsiones, como el pensamiento todo o nada, la adivinación del porvenir o las afirmaciones del tipo «Debería». En la tabla de la página 357 se enumeran los tipos de técnicas que tienen más probabilidades de ser eficaces para los diversos problemas, como la timidez, el trastorno obsesivo-compulsivo o la depresión. Sin embargo, yo en su lugar no interpretaría estas tablas demasiado al pie de la letra, pues las técnicas que dan resultado para cualquier persona dada siempre son imprevisibles. No obstante, una vez que haya encontrado las técnicas que le funcionan, lo más probable es que le sigan funcionando siempre.

REGISTRO DIARIO DE ESTADO DE ÁNIMO

Suceso trastornador:

Emociones	% antes	% después
Triste, melancólico, deprimido, decaído, infeliz		
Turbado, tonto, humillado, apurado		
Angustiado, preocupado, con pánico, nervioso, asustado		
Desesperanzado, desanimado, pesimista, descorazonado		
Culpable, con remordimientos, malo, avergonzado		

Emociones	% antes	% después
Frustrado, atascado, chasqueado, derrotado		
Inferior, sin valor, inadecuado, deficiente, incompetente		
Airado, enfadado, resentido, molesto, irritado, trastornado, furioso		
Solitario, no querido, no deseado, rechazado, solo, abandonado		
Otras (describir)		

Pensamientos negativos	% antes	% después	Distorsiones	Pensamientos positivos	% creencia
1.				1.	
2.				2.	
3.				3.	
4.				4.	
5.				5.	

Pensamientos negativos	% antes	% después	Distorsiones	Pensamientos positivos	% creencia
6.				6.	
7.				7.	
8.				8.	

LISTA DE COMPROBACIÓN DE DISTORSIONES COGNITIVAS

1. **Pensamiento todo o nada:** usted considera las cosas en categorías absolutas, o blanco o negro.

2. **Generalización excesiva:** toma un hecho negativo aislado por una pauta interminable de derrotas: «Esto pasa *siempre*».

3. **Filtro mental:** usted da vueltas a lo negativo y pasa por alto lo positivo.

4. **Descartar lo positivo:** se empeña en que sus cualidades positivas no cuentan.

5. **Saltar a conclusiones:** usted salta a conclusiones que no se justifican con los hechos.

 • **La lectura del pensamiento:** da por supuesto que la gente reacciona negativamente ante usted.

 • **La adivinación del porvenir:** predice que las cosas saldrán mal.

6. **Magnificación y minimización:** usted hincha las cosas desproporcionadamente o bien empequeñece su importancia.

7. **Razonamiento emocional:** razona en función de cómo se siente, diciéndose, por ejemplo: «Me *siento* idiota, así que debo *serlo* de verdad».

8. **Afirmaciones del tipo «Debería»:** utiliza verbos del tipo «Debería», «No debería», «Tendría que» y «No tendría que».

9. **Poner etiquetas:** en vez de decirse: «He cometido un error», dice: «Soy un memo» o «Soy un perdedor».

10. **Inculpación:** en vez de detectar la causa de un problema, usted asigna culpabilidades.

 • **Autoinculpación:** se culpa a sí mismo de algo que no fue responsabilidad suya.

 • **Inculpación de los demás:** culpa a los demás, negando el papel de usted mismo en el problema.

REGISTRO DIARIO DE ESTADO DE ÁNIMO (continuación)

Pensamientos negativos	% antes	% después	Distorsiones	Pensamientos positivos	% creencia

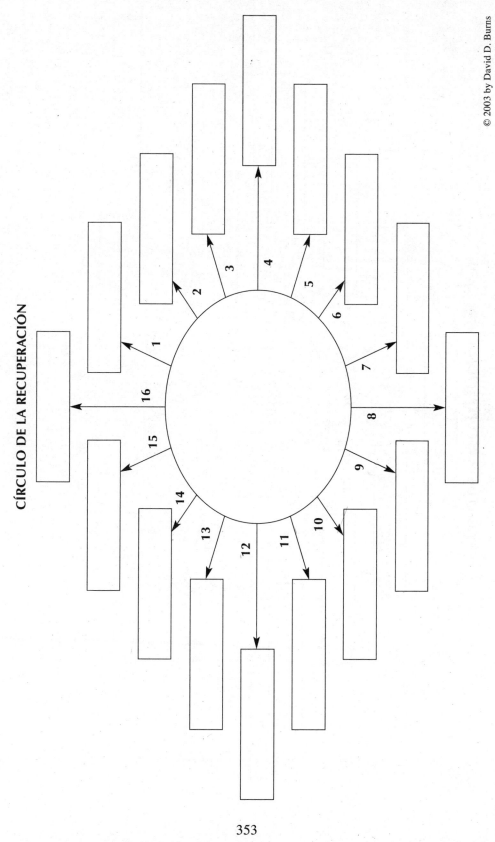

CÍRCULO DE LA RECUPERACIÓN

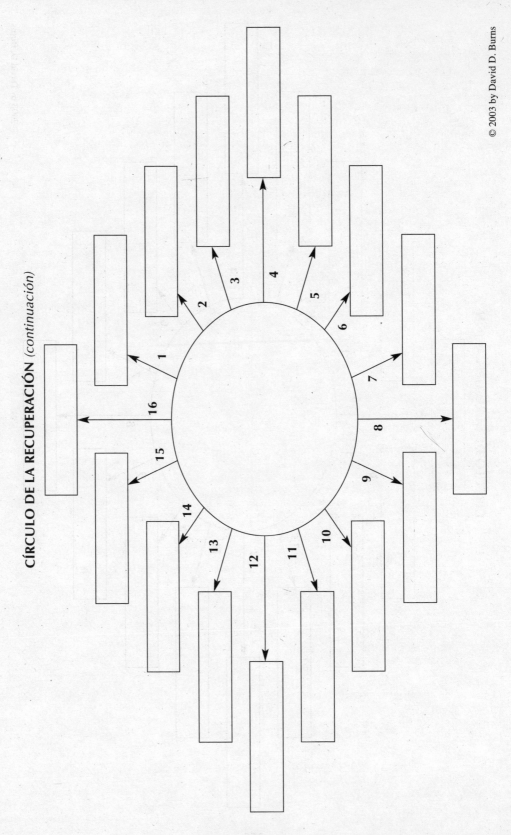

CÍRCULO DE LA RECUPERACIÓN *(continuación)*

40 MANERAS DE REBATIR SUS MIEDOS

Modelo cognitivo	Técnicas espirituales
	19. Paradoja de la aceptación

Técnicas de descubrimiento

1. Técnica de la flecha descendente
2. Técnica del «Qué pasaría si»

Técnicas espirituales

19. Paradoja de la aceptación

Técnicas motivacionales

20. Análisis de costes-beneficios (ACB)
21. ACB paradójico
22. El abogado del diablo

Técnica basada en la compasión

3. Técnica del doble parámetro

Técnicas antipostergación

23. Hoja de predicción de placer
24. Pasos pequeños para grandes hazañas
25. Hoja antipostergación
26. Lista de problemas y soluciones

Técnicas basadas en la verdad

4. Examinar las pruebas
5. Técnica experimental
6. Técnica de la encuesta
7. Reatribución

Modelo de exposición

Exposición clásica

27. Exposición gradual
28. Inundación
29. Prevención de respuesta
30. Distracción

Técnicas semánticas

8. Método semántico
9. Definamos los términos
10. Concretar

Exposición cognitiva

31. Inundación cognitiva
32. Sustitución de imágenes
33. Reelaboración de recuerdos
34. Fantasía temida

Técnicas basadas en la lógica

11. Pensar en términos matizados
12. Proceso contra resultado

Técnicas cuantitativas

13. Autoseguimiento
14. Ratos de preocupación

Exposición interpersonal

35. Práctica de la sonrisa y el saludo
36. Entrenamiento del coqueteo
37. Práctica del rechazo
38. Autorrevelación
39. Técnica de David Letterman

Técnicas basadas en el humor

15. Ejercicios de ataque a la vergüenza*
16. Magnificación paradójica
17. Imágenes humorísticas

Modelo de la emoción oculta

Técnicas de representación de papeles**

18. Externalización de voces

40. Técnica de la emoción oculta

* Esta técnica podría clasificarse también como técnica de exposición interpersonal.

** Otras técnicas que dan buen resultado con representación de papeles son la técnica del doble parámetro, la paradoja de la aceptación, la del abogado del diablo, la de la fantasía temida, el entrenamiento del coqueteo y la técnica de David Letterman.

SELECCIÓN DE TÉCNICAS SOBRE LA BASE DE LAS DISTORSIONES DEL PENSAMIENTO NEGATIVO

Distorsiones	Técnicas cognitivas											Técnicas de exposición			Emoción oculta
	Descubrimiento	Basadas en la compasión	Basadas en la verdad	Semánticas	Basadas en la lógica	Cuantitativas	Basadas en el humor	Representación de papeles	Espirituales	Motivacionales	Antipostergación	Exposición clásica	Exposición cognitiva	Exposición interpersonal	Técnica de la emoción oculta
1. Pensamiento todo o nada	✓	✓	✓	✓	✓			✓	✓	✓					
2. Generalización excesiva	✓	✓	✓	✓				✓	✓	✓					
3. Filtro mental	✓	✓	✓	✓	✓	✓		✓	✓	✓					
4. Descartar lo positivo	✓	✓	✓	✓	✓	✓		✓	✓	✓					
5. Saltar a conclusiones															
• Lectura del pensamiento	✓✓	✓✓	✓✓	✓✓	✓	✓✓	✓✓	✓✓	✓✓	✓✓	✓✓	✓	✓✓	✓✓	✓
• Adivinación del porvenir	✓✓	✓✓	✓✓	✓✓	✓	✓✓	✓✓	✓✓	✓✓	✓✓	✓✓	✓	✓✓	✓✓	✓
6. Magnificación o minimización	✓	✓	✓	✓	✓		✓	✓	✓	✓	✓	✓	✓		
7. Razonamiento emocional	✓	✓	✓	✓	✓		✓	✓	✓	✓		✓			
8. Afirmaciones del tipo «Debería»	✓	✓	✓	✓	✓		✓	✓	✓	✓	✓				
9. Poner etiquetas	✓	✓	✓	✓	✓	✓	✓	✓	✓	✓	✓				
10. Inculpación															
• Autoinculpación	✓✓	✓✓	✓✓	✓	✓		✓✓	✓✓	✓✓	✓✓					
• Inculpación de los demás	✓✓	✓✓	✓✓				✓✓	✓✓	✓✓	✓✓					

SELECCIÓN DE TÉCNICAS SOBRE LA BASE DEL PROBLEMA EN EL QUE ESTÁ TRABAJANDO

Su problema	Técnicas cognitivas											Técnicas de exposición			Emoción oculta
	Descubrimiento	Basadas en la compasión	Basadas en la verdad	Semánticas	Basadas en la lógica	Cuantitativas	Basadas en el humor	Representación de papeles	Espirituales	Motivacionales	Antipostergación	Exposición clásica	Exposición cognitiva	Exposición interpersonal	Técnica de la emoción oculta
Preocupación crónica	✓	✓	✓			✓		✓		✓		✓	✓		✓
Ataques de ansiedad	✓	✓	✓					✓	✓	✓		✓	✓		✓
Agorafobia	✓	✓	✓					✓		✓		✓	✓		✓
Miedos y fobias	✓	✓	✓					✓	✓	✓		✓	✓		✓
Timidez	✓	✓	✓		✓		✓	✓	✓	✓		✓	✓	✓	✓
Ansiedad por actuación y por hablar en público	✓	✓		✓	✓	✓	✓	✓	✓	✓		✓	✓		✓
Obsesiones y compulsiones (TOC)	✓	✓				✓				✓					
Trastorno por estrés postraumático (TEP)	✓	✓						✓		✓		✓	✓		✓
Hipocondría	✓	✓	✓					✓		✓					✓
Trastorno dismórfico corporal (TDC)	✓	✓	✓	✓	✓	✓	✓	✓	✓	✓		✓	✓		✓
Depresión y sentimientos de vergüenza	✓	✓	✓	✓	✓	✓	✓	✓	✓	✓	✓	✓	✓		✓
Hábitos y adicciones	✓			✓				✓			✓		✓		

LISTA DE COMPROBACIÓN DE DISTORSIONES COGNITIVAS

1. **Pensamiento todo o nada:** usted considera las cosas en categorías absolutas, o blanco o negro. Si su éxito no es absoluto, se considera un fracasado total.
2. **Generalización excesiva:** toma un hecho negativo aislado por una pauta interminable de derrotas. Puede que se diga a sí mismo: «Esto pasa *siempre*» o: «*Jamás* lo haré bien».
3. **Filtro mental:** es como la gota de tinta que tiñe todo un vaso de agua. Usted da vueltas a un solo detalle negativo, como puede ser un error que cometió, y pasa por alto todas las cosas que hizo bien.
4. **Descontar lo positivo:** se empeña en que sus logros o sus cualidades positivas no cuentan.
5. **Saltar a conclusiones:** usted salta a conclusiones que no se justifican con los hechos. Existen dos tipos:

   - **La lectura del pensamiento:** da por supuesto que la gente tiene una tendencia terrible a hacer juicios de valor y que le desprecian.
   - **La adivinación del porvenir:** se dice a sí mismo que está a punto de suceder algo terrible. «Sé que voy a meter la pata la semana que viene, cuando haga el examen».

6. **Magnificación y minimización:** usted hincha las cosas desproporcionadamente o bien empequeñece su importancia. A esto se le llama «el truco de los prismáticos». Cuando mira por un lado de los prismáticos, todos sus defectos le parecen tan grandes como el Everest. Cuando mira por el otro lado, le parece que todos sus puntos fuertes y sus cualidades positivas se empequeñecen hasta quedar en nada.
7. **Razonamiento emocional:** razona en función de cómo se siente, diciéndose, por ejemplo: «*Me siento* angustiado, así que debo de *estar* de verdad en peligro» o: «*Me siento* fracasado, así que debo de *serlo* de verdad».
8. **Afirmaciones del tipo «Debería»:** se critica a sí mismo o a otras personas con «deberías», «no deberías», «tendría que» y «no tendría que». Por ejemplo: «No debería ser tan tímido y nervioso. ¿Qué pasa conmigo?».
9. **Poner etiquetas:** a partir de una sola falta o defecto, hace usted generalizaciones que aplica a toda su identidad. En vez de decirse: «He cometido un error», se pone la etiqueta de «fracasado». Es un caso extremo de la generalización excesiva.
10. **Inculpación:** en vez de detectar la causa de un problema, se dedica a asignar culpabilidades. Existen dos pautas básicas de inculpación:

    - **Autoinculpación:** se culpa de algo que no fue responsabilidad suya o se riñe sin compasión siempre que ha cometido un error.
    - **Inculpación de los demás:** culpa a los demás, negando su propio papel en el problema.

CREENCIAS CONTRAPRODUCENTES COMUNES (CCP)

Logros

1. **Perfeccionismo de la actuación:** no debo fracasar jamás ni cometer nunca un error.
2. **Perfeccionismo percibido:** la gente no me querrá ni me aceptará si tengo algún defecto o si soy vulnerable.
3. **Adicción a los logros:** mi valía como ser humano depende de mis logros o de mi inteligencia, talento, estatus, ingresos o belleza.

Amor

4. **Adicción a la aprobación:** necesito recibir la aprobación de todo el mundo para valer algo.
5. **Adicción al amor:** no puedo sentirme feliz y realizado sin ser querido. Si no me quieren, no vale la pena vivir.
6. **Miedo al rechazo:** si me rechazas, eso demuestra que hay algo malo en mí. Si estoy solo, tiendo a sentirme desgraciado y sin valía.

Sumisión

7. **Agradar a los demás:** siempre debo procurar agradar, aunque para ello me haga desgraciado a mí mismo.
8. **Fobia a los conflictos:** las personas que se quieren no deben reñir ni discutir nunca.
9. **Autoinculpación:** los problemas de mis relaciones personales han de ser por culpa mía.

Exigencias

10. **Inculpación de los demás:** los problemas de mis relaciones personales siempre son por culpa de la otra persona.
11. **Prerrogativas:** debes tratarme siempre como yo quiero.
12. **Verdad:** yo tengo la razón y tú estás equivocado.

Depresión

13. **Desesperanza:** mis problemas no podrán resolverse nunca. Jamás podré sentirme verdaderamente feliz o realizado.
14. **Falta de valor/Inferioridad:** soy eminentemente falto de valor, deficiente e inferior a los demás.

Ansiedad

15. **Perfeccionismo emocional:** debo sentirme siempre feliz, confiado y controlado.
16. **Fobia a la ira:** la ira es peligrosa y debe evitarse a cualquier precio.
17. **Emotofobia:** nunca debo sentirme triste, angustiado, inadecuado, celoso ni vulnerable. Debo esconder mis sentimientos bajo la alfombra y no trastornar a nadie.
18. **Narcisismo percibido:** las personas que me importan son exigentes, manipuladoras y poderosas.
19. **Falacia del reguero de pólvora:** las personas son clones que piensan todos igual. Si una persona me desprecia, correrá la voz como un reguero de pólvora y pronto me despreciará todo el mundo.
20. **Falacia del foco:** hablar con las personas es como tener que actuar en un escenario bajo la luz de un foco. Si no las impresiono, siendo sofisticado, ingenioso o interesante, no les gustaré.
21. **Pensamiento mágico:** si me preocupo lo suficiente, todo saldrá bien.

Otras

22. **Bajo umbral de tolerancia a la frustración:** nunca debo sentirme frustrado. La vida debe ser siempre fácil.
23. **Superhombre/Supermujer:** siempre debo ser fuerte, nunca debo ser débil.

ANÁLISIS DE COSTES-BENEFICIOS

Describa la actitud, sentimiento o hábito que quiere cambiar: _____
_____

Ventajas	Desventajas

MI JERARQUÍA DEL MIEDO

Describa su miedo: _____

Escriba la actividad que menos miedo le produzca en el nivel 1 y la que más, en el nivel 10.

Nivel	Lo que temo
1	
2	
3	
4	
5	
6	
7	
8	
9	
10	

REGISTRO DE EXPOSICIÓN

Instrucciones: anote la fecha y el nivel de la jerarquía del miedo en que está trabajando. Cada uno o dos minutos, anote la hora y su nivel de ansiedad del 0% (ninguna ansiedad) al 100% (ansiedad intensa). Describa los pensamientos o las fantasías temibles que tenga. Por ejemplo, si va en ascensor, puede pensar: «Las paredes se me caen encima» o bien «El ascensor se quedará parado, y me quedaré atrapado aquí» o «Se me acabará el aire».

Fecha: _____ **Nivel de la jerarquía del miedo:** _____

Hora	Ansiedad (0-100%)	Pensamientos y fantasías temibles

REGISTRO DE FOBIA

Instrucciones: al principio de cada sesión de exposición, valore su nivel de ansiedad en una escala del 0% (ninguna ansiedad) al 100% (la máxima ansiedad posible). Describa los pensamientos o fantasías que tenga.

Tipo de exposición: _____

Fecha	Tiempo de exposición	Ansiedad al principio (0-100%)	Ansiedad al final (0-100%)	Pensamientos y fantasías temibles

LOS CINCO SECRETOS DE LA COMUNICACIÓN EFICAZ (EAR)

E = empatía

1. **La técnica del desarme (TD):** encuentre algo de verdad en lo que dice la otra persona, aunque parezca completamente irracional o injusto.
2. **Empatía:** póngase en el lugar de la otra persona e intente ver el mundo a través de sus ojos.

   - **Empatía de pensamientos (EP):** refleje en sus palabras las de la otra persona.
   - **Empatía de sentimientos (ES):** reconozca los sentimientos probables de la otra persona sobre la base de lo que ha dicho.

3. **La pregunta (PR):** haga preguntas delicadas, llenas de interés, para conocer mejor lo que piensa y siente la otra persona.

A = asertividad

4. **Afirmaciones del tipo «Siento que» (SQ):** exprese sus ideas y sentimientos de manera directa, con tacto. Utilice afirmaciones del tipo «Siento que», como por ejemplo «Me siento molesto», más que del tipo «Tú eres/estás», como por ejemplo, «¡Estás equivocado!» o «¡Me estás sacando de quicio!».

R = respeto

5. **Las caricias (CA):** transmita una actitud de respeto, aunque se sienta frustrado o enfadado con la otra persona. Busque algo verdaderamente positivo que decir a la otra persona, incluso durante el fragor de la batalla.

HOJA DE PREDICCIÓN DE PLACER

Creencia: _____

Actividad Planifique actividades con posibilidades de placer, aprendizaje o desarrollo personal.	Compañero Si piensa realizar la actividad a solas, escriba «Yo».	Satisfacción prevista (0%-100%) Anotar antes de realizar cada actividad	Satisfacción real (0%-100%) Anotar después de realizar cada actividad

LA HOJA ANTIPOSTERGACIÓN

Tarea Divida la tarea en pequeños pasos que pueda completar en pocos minutos.	Dificultad prevista (0%-100%)	Satisfacción prevista (0%-100%)	Dificultad real (0%-100%)	Satisfacción real (0%-100%)
1.				
2.				
3.				
4.				
5.				
6.				
7.				

Índice analítico y de nombres

Los números de páginas en *cursiva* se refieren a las listas de comprobación, a los formularios y a las hojas de trabajo.